1권

2025 ~ 2024년
피듈형 NCS
기출복원 모의고사

www.sdedu.co.kr

〈문항 및 시험시간〉

평가영역	문항 수	시험시간	모바일 OMR 답안채점 / 성적분석 서비스
의사소통능력 / 수리능력 / 문제해결능력 / 자원관리능력 / 정보능력 / 조직이해능력 / 직업윤리 / 대인관계능력	70문항	70분	

피듈형 NCS 집중학습 봉투모의고사

2025 ~ 2024년 피듈형 NCS 기출복원 모의고사

문항 수	: 70문항
시험시간	: 70분

01 모듈형

❙ 코레일 한국철도공사(25상) / 의사소통능력

01 다음 제시된 표현법에 대한 사례로 가장 적절한 것은?

> 관용의 격률이란 자신의 이익은 최소화하고 부담은 최대화하여 말하는 표현법이다. 관용의 격률에 따르면 자신의 부담이 커질수록 상대에게는 예의 있는 표현으로 여겨지기 때문에 어떠한 문제를 자신 탓으로 돌려 말하는 것이라고도 해석된다.

① 민재 : 조은 씨는 좋겠네요. 아들이 훤칠한데 공부까지 잘해서요.
② 지우 : 설명이 너무 어려워서 이해가 되지 않아요. 더 쉽게 설명해 주시겠어요?
③ 다예 : 제가 다음 주에 발표가 있으니, 이번 주까지 자료 정리해서 보내줄 수 있나요?
④ 동현 : 짐을 옮겨야 되는데 너무 무거워서, 미안한데 잠깐 도와줄 수 있을까요?
⑤ 선주 : 제가 시력이 안 좋아서 잘 보이지가 않네요. 조금 더 크게 보여주실 수 있나요?

❙ 코레일 한국철도공사(25상) / 수리능력

02 다음 수식을 계산한 결과는 $\frac{q}{p}$의 기약분수 형태로 나타낼 수 있으며, p와 q는 서로소이다. 이때, $p+q$의 값은?

$$\frac{18\times(15^2+12+3)}{90^2-2\times45\times4}+1$$

① 90
② 100
③ 110
④ 120
⑤ 130

❙ 코레일 한국철도공사(25상) / 수리능력

03 K시의 전철 요금은 1회 탑승 시 1,500원이며, 오전 6시 30분 이전에 탑승할 경우 20%의 할인이 적용된다. K시에 사는 A씨는 전철을 이용하여 한 달간 총 22일의 출근과 퇴근을 할 예정이다. 한 달 전철 요금을 62,000원 이하로 유지하려면 A씨가 할인을 받아야 하는 날은 최소 며칠이어야 하는가?(단, A씨는 오후 6시에 회사에서 퇴근한다)

① 12일
② 13일
③ 14일
④ 15일
⑤ 16일

❙ 코레일 한국철도공사(25상) / 문제해결능력

04 다음 사례에서 나타나는 창의적 사고 개발방법으로 가장 적절한 것은?

> 3개의 노선이 교차하는 환승역인 K역은 복잡한 역사 구조로 인해 승객들이 길을 헤매는 문제가 있다. A주임은 이러한 문제를 창의적으로 해결하기 위해 지하철역과 비슷하게 사람이 많고 구조가 복잡한 쇼핑센터의 사례를 탐색하였다. 탐색 결과 쇼핑센터에서 입점 가게 위치를 스마트폰 증강현실 지도로 보여주는 기술이 있음을 확인하고, 이를 바탕으로 K역에 적용하여 QR코드를 찍고, 환승구역이나 나가는 곳을 입력하면, 그 위치를 스마트폰 증강현실을 통해 안내하는 서비스를 기획하였다.

① NM법
② Synectics
③ 체크리스트
④ SCAMPER
⑤ 브레인스토밍

❙ 코레일 한국철도공사(25상) / 문제해결능력

05 다음은 철도사업을 수행하는 K공사에 대한 SWOT 분석 결과이다. 기회(Opportunity)요인에 해당하는 사례를 〈보기〉에서 모두 고르면?

〈보기〉

> ㄱ. 신재생 관련 법안 개정으로 인한 철도 이용객 수 증가
> ㄴ. 높은 국내 철도망 운영 노하우
> ㄷ. 도시철도에 대한 민간투자의 확대
> ㄹ. 정부의 교통요금 동결 정책 지속
> ㅁ. 직원 수 부족으로 인해 저조한 고객 만족도
> ㅂ. 글로벌 공동 철도 프로젝트 참여

① ㄱ, ㄴ, ㅁ
② ㄱ, ㄷ, ㅂ
③ ㄴ, ㄷ, ㄹ
④ ㄴ, ㅁ, ㅂ
⑤ ㄷ, ㅁ, ㅂ

06 **다음 사례에서 나타나는 A씨의 논리적 오류로 가장 적절한 것은?**

> 매일 지하철을 이용하여 출퇴근하는 A씨는 혼잡해진 지하철 상황에 불만을 가지고 있다. 어느 날 혼잡한 출근시간에 지하철이 흔들려 어떤 학생이 A씨와 부딪히게 되었다. 부딪힌 학생은 즉시 A씨에게 사과하였지만, A씨는 화를 내며 요즘 젊은이들은 전부 조심성도 없고 남을 배려하지도 않는다고 학생을 비난하였다.

① 무지의 오류
② 결합의 오류
③ 애매성의 오류
④ 과대 해석의 오류
⑤ 성급한 일반화의 오류

07 **다음은 한국철도공사의 문제해결 사례이다. 〈보기〉의 사례와 문제해결 방법을 바르게 연결한 것은?**

〈보기〉

ㄱ. 한국철도공사는 65세 이상의 노인을 위한 복지 정책으로 노인 무임승차제도를 실시하고 있다. 그러나 한국철도공사의 재정문제와 더불어 이용자 세대별 형평성 문제로 인해 무임승차 혜택에 대해 이용자들의 갈등이 첨예해졌다. 이 문제를 해결하기 위해 A차장은 노인 이용자 대표를 한국철도공사에 초청하여 노인 무임승차제도 혜택 축소를 목적으로 합의점을 찾기 위한 토론회를 개최하였다.

ㄴ. 최근 한국철도공사의 고객센터에는 노인들이 매표 키오스크를 사용하기 불편하다는 불만이 자주 들어오고 있다. A센터장은 직원들에게 이 사실을 알리고, 노인 이용자가 편하게 키오스크를 사용할 수 있는 방법을 모색하기 위해 노인 역할극 및 브레인스토밍을 통해 아이디어를 모으도록 유도하였다. 그 결과 직원들의 아이디어를 결합하여 키오스크를 조작하는 동안 잠시 기대어 앉을 수 있는 간이 의자와 주요 기능을 크게 강조하는 방안이 채택되어 노인 이용자들이 편하게 이용할 수 있게 되었다.

ㄷ. 신입사원 B는 철도회사 업무에 익숙하지 않아 발생하는 실수로 팀 내부에서 갈등을 일으키고 있다. 이를 해결하기 위해 A팀장은 B사원에게 철도업무에서 실수가 있을 때, 어떤 상황이 일어날 수 있는지 넌지시 이야기하며 헷갈리는 일이 있을 때는 팀원들의 도움을 받는 것이 좋다고 조언하였고, 다른 팀원들에게는 신입사원 시절에는 모두가 실수가 많았다며 B사원이 업무에 빨리 적응할 수 있도록 도와달라고 격려하였다. 이후 B사원과 다른 팀원들의 노력으로 B사원은 빠르게 업무에 적응하게 되었다.

	ㄱ	ㄴ	ㄷ
①	소프트 어프로치	하드 어프로치	퍼실리테이션
②	소프트 어프로치	퍼실리테이션	하드 어프로치
③	하드 어프로치	소프트 어프로치	퍼실리테이션
④	하드 어프로치	퍼실리테이션	소프트 어프로치
⑤	퍼실리테이션	소프트 어프로치	하드 어프로치

| 서울교통공사(25상) / 의사소통능력

08 다음 중 밑줄 친 어휘의 쓰임이 옳은 것은?

① 보복관세는 사실상 총구만 겨루지 않았을 뿐 보이지 않는 전쟁이다.
② 비타민 B3의 복용이 암환자의 수명을 늘인다는 연구 결과가 나타났다.
③ 오해에 대해 해명하지 않았더니 소문은 걷잡을 수 없이 퍼져나갔다.
④ 자신과 정치적 성향이 다르다고 편을 가늠하는 것은 폭력과 다름이 없다.
⑤ 전라도 김치는 갖은 양념과 속이 꽉 찬 배추로 K-푸드의 선두주자로 자리매김하고 있다.

| 서울교통공사(25상) / 의사소통능력

09 다음 중 공문서의 항목의 표시에 대한 설명으로 옳지 않은 것은?

① 항목을 표시할 때 항목 기호와 그 항목의 내용 사이에는 1타를 띄운다.
② 문서의 두 번째 항목부터는 바로 위 항목 위치에서 오른쪽으로 2타씩 옮겨 시작한다.
③ 항목의 순서는 숫자인 경우에는 오름차순으로, 한글인 경우에는 가나다순으로 표시한다.
④ 항목을 표시할 때 필요한 경우에 한하여 □, ○, -, · 등의 특수기호 표시를 허용한다.
⑤ 항목을 표시할 때에는 상위 항목부터 가. → 1. → 가) → 1) → (가) → (1)의 순서로 표시한다.

| 서울교통공사(25상) / 의사소통능력

10 다음 중 공문서의 금액 표기로 옳은 것은?

① 금1,130,000원(금백십삼만원)
② 금1,130,000원(금일백십삼만원)
③ 금1,130,000원(금일백일십삼만원)
④ 금 1,130,000원(금 일백십삼만원)
⑤ 금 1,130,000원(금 일백일십삼만원)

| 서울교통공사(25상) / 대인관계능력

11 다음 중 두 팀장의 대화에서 나타나는 임파워먼트 장애요인의 차원으로 가장 적절한 것은?

> 김팀장 : 박팀장님, 요즘 우리 부서원들이 회의 때 별다른 의견을 내지 않고, 자신들의 생각도 잘 표현하지 않는 것 같아요.
> 박팀장 : 저희 팀도 그래요. 사실 새로운 시도나 아이디어를 말해 보라고 하면, 다들 조심스러워하는 분위기입니다.
> 김팀장 : 우리 회사가 실수를 거의 용납하지 않는 분위기라 그런 것 같지 않으세요? 한 번 실수라도 하면 바로 윗선에서 문제 삼고, 실패에 대한 압박도 심하잖아요.
> 박팀장 : 맞아요. 위에서 항상 '실수 없이 일하라'고 강조하니까, 팀원들도 무엇인가를 시도하는 일 자체를 꺼리는 것 같아요. 새로운 아이디어를 내거나 도전하는 걸 아예 포기한 모습이 보이더라고요.
> 김팀장 : 너무 엄격한 시스템 때문에 팀원들이 자율적으로 움직이기 힘든 상황인 것 같네요.
> 박팀장 : 실제로 우리가 더 권한을 주고 싶어도 이 분위기에서는 팀원들이 책임질 일이 생길까봐 더 소극적으로 움직일 수밖에 없는 것 같습니다.

① 개인 차원
② 대인 차원
③ 관리 차원
④ 조직 차원
⑤ 장애요인 없음

| 건강보험심사평가원(25상) / 의사소통능력

12 다음 밑줄 친 외래어를 우리말로 바르게 순화하지 않은 것은?

① 그 전시회의 <u>테마</u>는 극사실주의로 현실보다 더 현실적인 작품을 볼 수 있다.
→ 주제

② 전문가들은 이번 <u>포럼</u>에서 관세전쟁 속에서의 지속 가능한 전략에 대해 논하였다.
→ 회의

③ 코로나19가 재확산하는 양상을 보이자 시민들의 <u>팬데믹</u>에 대한 우려가 커지고 있다.
→ 세계적인 감염병 대유행

④ 세계 유명 도시는 지역만의 정체성과 타 지역과의 차별성을 가진 <u>랜드마크</u>를 갖고 있다.
→ 상징물

13 A와 B는 둘레가 9km인 호수를 달리고 있다. 둘은 같은 방향으로 달릴 때 1시간 30분 만에 만나고, 반대 방향으로 달릴 때 30분 만에 만난다고 한다. A가 B를 업으면 A는 원래 자신의 이동 속도보다 2km/h 느리게 달리게 되고, B가 A를 업으면 B는 원래 자신의 이동 속도보다 1km/h 느리게 이동한다. A가 B를 업고 호수 절반을 달린 뒤, B가 A를 업고 나머지 절반을 달렸을 때, 걸린 시간은?(단, 업는 시간, 가속도 등 제시된 조건 이외의 사항은 고려하지 않는다)

① 72분　　② 81분

③ 96분　　④ 102분

14 다음 중 빈칸 ㉠～㉢에 들어갈 단어가 바르게 연결된 것은?

> 현대 사회는 ___㉠___의 발전으로 인해 방대한 양의 ___㉡___을/를 수집하고 분석할 수 있게 되었다. 이러한 기술의 진보는 ___㉢___와/과 같이 인간의 한계를 넘어서는 지능적 판단을 가능하게 할 것이다.

	㉠	㉡	㉢
①	정보기술	데이터	초지능
②	정보기술	초지능	데이터
③	초지능	데이터	정보기술
④	데이터	정보기술	초지능

| 한국전력공사(25상) / 의사소통능력

15 다음 중 제시된 단어와 가장 비슷한 어휘는?

된서리

① 타계(他界)
② 타격(打擊)
③ 타점(打點)
④ 타락(墮落)
⑤ 타산(打算)

| 한국전력공사(25상) / 의사소통능력

16 다음 중 빈칸에 들어갈 단어로 가장 적절한 것은?

정조는 애민주의를 ______하며 백성들을 위한 정책을 펼쳤다.

① 표징(表徵)
② 표집(標集)
③ 표방(標榜)
④ 표류(漂流)
⑤ 표리(表裏)

| 한국중부발전(25상) / 의사소통능력

17 다음 중 밑줄 친 단어의 의미가 다른 것은?

① 인간은 네 번째 차원인 시간을 인식하며 살아간다.
② 그의 능력은 취미의 차원을 넘어 예술의 경지로 나아갔다.
③ 과도한 사탕발림이 예의의 차원을 넘어 불편하게 다가왔다.
④ 독창적인 아이디어가 한 차원 높은 수준의 품질을 이끌어 내었다.

18 다음 글과 가장 관련 있는 한자성어는?

> A씨는 대학 졸업 후 창업에 도전하기로 결심했다. 그는 자신의 아이디어에 확신을 가지고 작은 카페를 열었지만, 예상치 못한 문제들이 끊임없이 발생했다. 위치 선정이 잘못되었고, 경쟁이 치열했으며, 운영 경험 부족으로 인해 손님을 끌어들이지 못했다. 결국 1년 만에 카페는 문을 닫아야 했고, A씨는 큰 빚과 좌절감 속에서 실패를 받아들여야 했다.
> 하지만 A씨는 실패를 통해 얻은 교훈을 놓치지 않았다. 그는 자신이 부족했던 점들을 분석하며 경영과 마케팅에 대해 더 깊이 공부하기 시작했다. 또한 카페를 운영하며 쌓은 고객 관리 경험과 식음료 산업에 대한 이해를 바탕으로 새로운 방향을 모색했다. 그러던 중, 그는 소규모 카페 운영자들이 겪는 어려움 해소를 돕기 위해 전문 컨설팅 서비스를 제공하는 사업 아이디어를 떠올렸다.
> A씨는 이전의 실패를 발판 삼아 철저히 준비한 끝에 컨설팅 회사를 설립했다. 그의 서비스는 소규모 카페 운영자들에게 실질적인 도움을 제공하며 빠르게 입소문을 탔고, 사업은 성공적으로 성장했다.

① 전화위복(轉禍爲福)
② 사필귀정(事必歸正)
③ 일취월장(日就月將)
④ 우공이산(愚公移山)

19 다음 사례에서 나타나는 논리적 오류로 가장 적절한 것은?

> A씨는 오랜만에 고향 친구를 만났다. 약속 장소에서 A씨는 고향 친구가 말끔한 정장을 입고 나온 것을 보고, 그가 부자일 확률보다 부자이면서 좋은 차를 끌고 다닐 확률이 높다고 생각하였다.

① 결합의 오류
② 무지의 오류
③ 연역법의 오류
④ 과대해석의 오류

20 다음 중 단어의 뜻이 나머지와 다른 것은?

① 호도(糊塗) ② 맹아(萌芽)
③ 무마(撫摩) ④ 은폐(隱蔽)

21 다음 중 밑줄 친 어휘가 나머지와 다른 의미로 사용된 것은?

① 건조한 환경으로 인해 쉽게 <u>불이 붙었다</u>.
② 새로운 소재로 <u>불이 붙는</u> 것을 방지하였다.
③ 토론은 양측이 첨예하게 대립해 <u>불이 붙었다</u>.
④ 들판에 <u>불이 붙자</u> 걷잡을 수 없이 퍼져 나갔다.

22 K고등학교의 운동장은 윗변이 20m, 밑변이 50m, 높이가 20m인 등변 사다리꼴 형태이다. 운동장의 가장자리에 2m마다 의자를 놓고 학생을 앉힐 때, 의자에 앉을 수 있는 학생의 수로 옳은 것은?

① 59명 ② 60명
③ 61명 ④ 62명

| K-water 한국수자원공사(25상) / 자원관리능력

23 다음 중 효과적인 시간관리를 통하여 빠르고 효율적인 생산으로 작업 소요 시간을 단축시켰을 때, 기업의 입장에서 나타나는 효과로 옳지 않은 것은?

① 가격 인상
② 위험 감소
③ 정확한 예산 분배
④ 시장 점유율 증가

| K-water 한국수자원공사(25상) / 자원관리능력

24 다음 중 효율적이고 합리적인 인사관리 원칙 중 해당 직무 수행에 가장 적합한 인재를 배치해야 한다는 원칙으로 옳은 것은?

① 단결의 원칙
② 공정 인사의 원칙
③ 종업원 안정의 원칙
④ 적재적소 배치의 원칙

| K-water 한국수자원공사(25상) / 자원관리능력

25 다음 사례에서 나타나는 물적자원관리의 원칙으로 옳은 것은?

편의점 점장인 A씨는 상품의 판매량과 입고량을 파악하여 많이 팔리고, 많이 들어오는 상품은 출입구에 가깝게 위치시켰으며, 적게 팔려서 주문할 양이 적은 상품은 매장 안쪽에 배치하여 상품의 입·출하가 원활하게 이루어지도록 하였다.

① 동일성의 원칙
② 유사성의 원칙
③ 회전대응의 원칙
④ 기호화의 원칙

| 코레일 한국철도공사(24하) / 의사소통능력

26 다음 중 비언어적 요소인 쉼을 사용하는 경우로 적절하지 않은 것은?

① 양해나 동조를 구할 경우
② 상대방에게 반문을 할 경우
③ 이야기의 흐름을 바꿀 경우
④ 연단공포증을 극복하려는 경우
⑤ 이야기를 생략하거나 암시할 경우

| 건강보험심사평가원(24하) / 정보능력

27 다음 중 빅데이터 분석 기획 절차를 순서대로 바르게 나열한 것은?

① 범위 설정 → 프로젝트 정의 → 위험 계획 수립 → 수행 계획 수립
② 범위 설정 → 프로젝트 정의 → 수행 계획 수립 → 위험 계획 수립
③ 프로젝트 정의 → 범위 정의 → 위험 계획 수립 → 수행 계획 수립
④ 프로젝트 정의 → 범위 설정 → 수행 계획 수립 → 위험 계획 수립

| 한국전력공사(24하) / 수리능력

28 A열차가 어떤 터널을 진입하고 5초 후 B열차가 같은 터널에 진입하였다. 이후 B열차가 먼저 터널을 빠져나왔고 5초 후 A열차가 터널을 빠져나왔다. A열차가 터널을 빠져나오는 데 걸린 시간이 14초일 때, B열차는 A열차보다 몇 배 빠른가?(단, A열차와 B열차 모두 속력의 변화는 없으며, 두 열차의 길이는 서로 같다)

① 2배
② 2.5배
③ 3배
④ 3.5배
⑤ 4배

29 다음 중 비영리 조직에 해당하지 않는 것은?

① 교육기관 ② 자선단체
③ 사회적 기업 ④ 비정부기구

30 다음은 갈등 정도와 조직 성과의 관계에 대한 그래프이다. 이에 대한 설명으로 옳지 않은 것은?

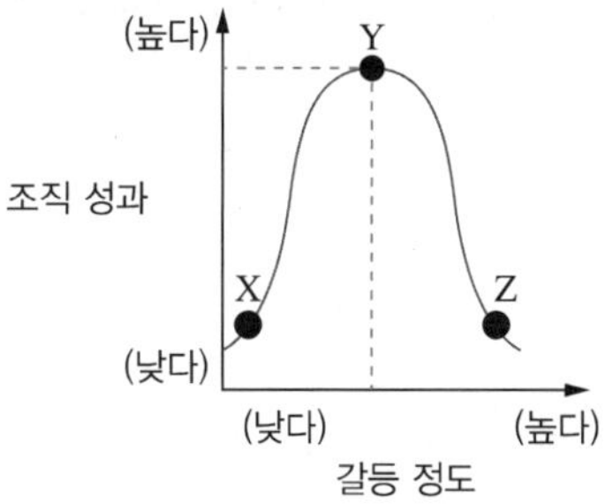

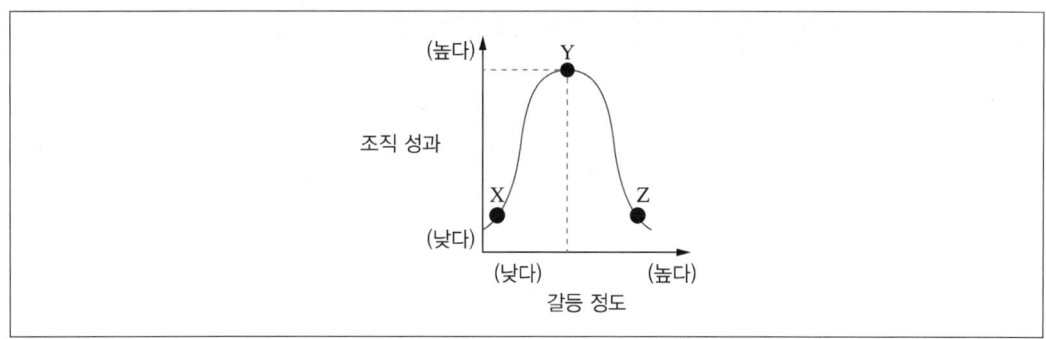

① 적절한 갈등이 있을 경우 가장 높은 조직 성과를 얻을 수 있다.
② 갈등이 없을수록 조직 내부가 결속되어 높은 조직 성과를 보인다.
③ Y점에서는 갈등의 순기능, Z점에서는 갈등의 역기능이 작용한다.
④ 갈등이 없을 경우 낮은 조직 성과를 얻을 수 있다.
⑤ 갈등이 잦을 경우 낮은 조직 성과를 얻을 수 있다.

02 PSAT형

※ 다음 글의 내용으로 적절하지 않은 것을 고르시오. [31~32]

| 코레일 한국철도공사(25상) / 의사소통능력

31

> 요즘은 콘텐츠 이용 편의를 위해 오디오북을 제공하는 책들을 종종 접할 수 있다. 하지만 모든 책들이 오디오북화되고 있는 것은 아닌데, 이는 제작 환경에서 발생하는 막대한 비용 때문이다.
> 10시간짜리 오디오북을 만들기 위해서는 그 이상의 실제 녹음 시간이 필요하다. 또한 편집 과정에 들어가는 시간과 비용, 전문 성우에게 지급하는 비용까지 고려하면 결국 제작비용의 한계에 부딪히게 된다.
> 이러한 현실에서 고안된 방법이 AI 음성 합성 기술이다. 이 기술을 통해 오디오북 제작비용과 시간은 줄이고, 오디오북 제작률은 높여 이용자의 편의를 높일 수 있게 된 것이다.
> 하지만 이 기술에도 한계는 존재하는데, 이는 현재 AI 음성 합성 기술이 사람의 감정까지 담아 표현할 수 없다는 것이다. 이에 따라 현재는 전문 성우가 반드시 필요하지는 않은 경제, 과학 등과 관련된 비문학 도서들은 AI 음성 합성 기술로 제작하고, 소설, 동화 등 문학 도서는 전문 성우들이 낭독하는 방식으로 제작되고 있다.

① AI 음성 합성 기술이 전문 성우의 녹음보다 더 효율적이다.
② AI 음성 합성 기술이 오디오북 제작에서 전문 성우의 역할을 대체할 수 있다.
③ 문학보다는 비문학이 AI 음성 합성 기술을 통한 오디오북화에 더 유리하다.
④ 전문 성우들의 오디오북 녹음에는 많은 시간이 소요되어 제작에 어려움을 겪고 있다.
⑤ 전문 성우들의 오디오북 녹음에는 막대한 비용이 소요되어 현실적으로 제작이 어렵다.

32

민족의 대명절인 설날과 추석은 가족과 친지를 만나기 위해 전국 각지로 이동하는 사람들이 급증하는 시기이다. 이때 코레일의 기차 이용률은 평소보다 훨씬 높아진다. 예매가 시작되면 몇 분 만에 전 노선의 승차권이 매진되고, 예매 경쟁률이 수십 배에 달하는 경우도 흔하다. 그만큼 명절 기간 기차는 국민들의 중요한 이동 수단으로 자리 잡았지만, 최근에는 '노쇼' 문제로 인해 심각한 어려움을 겪고 있다. 이 문제는 명절 기간에 더욱 두드러지며, 해마다 노쇼 비율이 증가하는 추세이다.

2024년 설 연휴 기간 코레일이 판매한 승차권은 약 408만 매에 이른다. 추석 연휴 역시 약 120만 매가 판매되어 명절에 기차 이용 수요가 얼마나 폭발적인지 알 수 있다. 하지만 이 중 상당수가 실제 탑승하지 않아 공석으로 남는 일이 반복되고 있다. 2024년 설날 노쇼 비율은 무려 46%에 달했으며, 이 중 약 19만 매 이상의 좌석이 재판매되지 못해 빈 좌석으로 운행되었다. 추석 연휴에도 비슷한 수준의 노쇼와 공석 운행 문제가 발생했다. 이는 단순히 좌석이 비어 있는 것 이상의 심각한 문제를 야기한다.

공석 운행은 여러 측면에서 부정적인 영향을 끼친다. 우선, 실제로 기차를 타고자 하는 실수요자들이 좌석을 구하지 못하는 상황이 발생한다. 예매 경쟁이 매우 치열한 명절 기간에 노쇼로 인해 좌석이 비어 있음에도 불구하고, 다른 승객들이 그 좌석을 이용하지 못하는 것은 매우 불합리하다. 결국 노쇼는 국민들의 이동권을 제한하는 결과를 낳는다. 두 번째로, 공석 운행은 철도 운영의 효율성을 떨어뜨린다. 빈 좌석을 채우지 못한 채 열차를 운행하는 것은 불필요한 에너지와 인력, 비용 낭비로 이어진다. 이는 코레일뿐 아니라 국가적으로도 큰 손실이다. 세 번째로, 노쇼 문제는 사회적 비용 증가로 연결된다. 노쇼를 줄이기 위한 정책 마련과 시스템 개선에 투입되는 비용, 그리고 이에 따른 환불 정책 변경 등은 모두 국민의 부담으로 돌아올 수밖에 없다.

이러한 문제를 해결하기 위해 코레일은 다양한 대책을 시행하고 있다. 2025년부터 명절 특별수송기간에 출발 후 20분까지의 위약금을 기존 15%에서 30%로 상향 조정하는 등 노쇼 억제에 나서고 있으며, 취소・반환 기준 시점을 앞당겨 승객들이 불필요한 예약을 조기에 취소할 수 있도록 유도하고 있다. 이와 함께 좌석 재판매율을 높이기 위한 시스템 개선 작업도 진행 중이다.

하지만 노쇼 문제는 단순히 코레일의 노력만으로 해결되기 어렵다. 근본적인 제도 개선과 국민들의 인식 변화가 함께 이루어져야 한다. 예매 시스템의 투명성 강화, 노쇼에 대한 법적 제재 강화 그리고 국민들의 책임감 있는 예약 문화 정착이 필요하다. 또한 실수요자 중심의 예약 정책과 더불어, 노쇼 발생 시 불이익을 명확히 하는 제도적 장치가 마련되어야 한다. 이러한 종합적인 접근이 이루어질 때 비로소 명절 노쇼 문제를 효과적으로 줄이고, 국민 모두가 편리하고 공정하게 기차를 이용할 수 있을 것이다.

① 명절에는 승차권 예매 경쟁이 평소보다 수십 배에 달한다.

② 노쇼로 인해 발생하는 비용은 결국 국민의 부담으로 돌아온다.

③ 2024년 설날에 판매된 승차권 중 46%는 노쇼로 인해 공석으로 운행되었다.

④ 2025년부터 명절 특별수송기간에는 승차권 취소 위약금이 평소보다 커진다.

⑤ 노쇼 문제를 해결하기 위해서는 코레일의 노력뿐만 아니라 국민들의 의식 변화와 정부의 제도 개선이 필요하다.

33 다음은 2019년부터 2024년까지의 노인 취업자 수 추이에 대한 그래프이다. 이에 대한 설명으로 옳은 것은?

〈노인 취업자 수 추이〉

(단위 : 만 명)

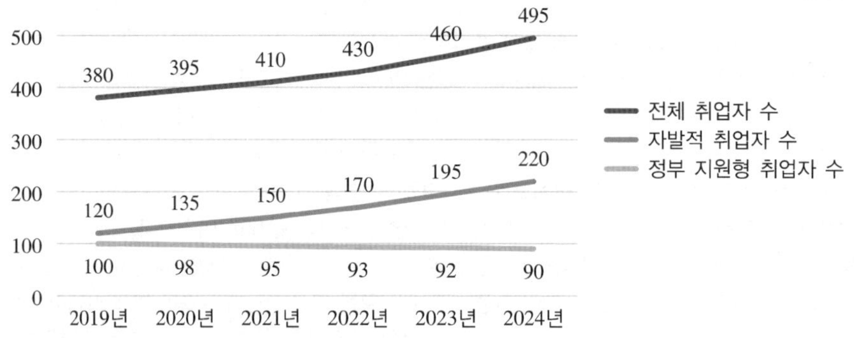

① 정부 지원형 취업자 수는 꾸준히 증가하고 있다.
② 노인 취업자의 증가는 전적으로 정부 일자리 확대에 의한 것이다.
③ 전체 노인 취업자 수는 감소하고 있지만 자발적 취업자는 증가하고 있다.
④ 자발적으로 취업하는 노인의 수는 정부 지원 취업자 수에 비해 점점 줄고 있다.
⑤ 자발적 취업자 수는 매년 증가하고 있으며, 이는 정부 지원 일자리 증가와는 별개의 흐름이다.

34 다음은 서울시 전철 3개 주요 역사에서 시간대별 탑승 및 하차 인원수에 대한 자료이다. 이에 대한 설명으로 옳은 것은?

〈서울시 주요 역사 시간대별 탑승 및 하차 인원수〉

(단위 : 명)

구분	역삼역		시청역		구로디지털단지역	
	탑승	하차	탑승	하차	탑승	하차
07:00 ~ 09:00(출근시간)	1,150	350	620	870	2,300	400
12:00 ~ 14:00(점심시간)	480	520	530	500	900	950
17:00 ~ 19:00(퇴근시간)	390	1,250	420	1,480	280	2,150

① 역삼역은 모든 시간대에서 탑승 인원이 하차 인원보다 많다.
② 시청역은 점심시간대보다 퇴근시간대에 탑승 인원이 더 많다.
③ 역삼역은 전 시간대를 통틀어 탑승보다 하차 인원이 많은 유일한 역이다.
④ 시청역은 출근시간대 대비 퇴근시간대 하차 인원의 증가 폭이 역삼역보다 크다.
⑤ 구로디지털단지역은 퇴근시간대 하차 인원이 출근시간대 하차 인원의 5배 이상이다.

35 다음 글을 읽고 추론한 내용으로 적절하지 않은 것은?

> 목재나 금속을 가공하는 등의 생산 과정에서는 불가피하게 분진이 발생하게 된다. 이러한 분진은 작업자의 건강을 위협하기 때문에 산업 현장이나 작업장, 공장에서는 주로 분진 집진기를 사용한다. 분진 집진기는 작업자의 안전과 쾌적한 작업환경을 유지하기 위해 공기 중 떠다니는 분진을 제거하는 장비이다.
> 집진기는 강력한 팬(Fan)이나 블로워(Blower)를 이용해 작업하면서 발생한 분진이 포함된 공기를 흡입한다. 이렇게 흡입된 공기는 집진기의 필터 또는 집진 장치로 이동하여 분진과 공기를 분리하는 과정을 거친다. 이때 분리 과정은 집진기가 작동하는 기술 방식에 따라 사이클론, 필터, 전기 등으로 구분할 수 있다. 사이클론 집진기의 경우 원심력을 이용해 분진을 분리하는 방식이라 큰 입자 제거에 유리한 반면, 전기 집진기는 분진에 (+) 전하를 부여하여 이를 집진판에 흡착시키는 방식이기 때문에 미세한 분진 제거에 유리하다. 또한 필터 집진기의 경우 섬유필터를 통해 분진을 걸러내기 때문에 다양한 크기의 분진을 제거할 수 있으나 그만큼 필터 관리에 주의를 기울여야 한다. 이렇게 분리된 깨끗한 공기는 다시 작업 공간으로 배출되거나 외부로 배출되어 이용한다.

① 분진 집진기는 공기 흡입, 분진 분리, 공기 배출 3단계로 작동한다.
② 분진 집진기는 분진을 없애는 것이 아니라 분진과 공기를 분리한다.
③ 전기 집진기의 집진판은 (+) 전하를 띄고 있어 분진의 부착이 용이하도록 되어있다.
④ 필터 집진기는 다른 방식에 비해 발생하는 분진의 크기에 따라 광범위하게 사용할 수 있다.
⑤ 작업환경에서 발생하는 분진의 크기에 따라 집진기 작동방식을 선택하여야 효과적으로 사용할 수 있다.

※ S공사는 인천국제공항과 제휴를 통해 캐리어 보관 및 이동 서비스인 또타 T-luggage를 제공하고 있다. 이어지는 질문에 답하시오. **[36~37]**

〈공항 – 지하철역 간 캐리어 이동 비용〉

(단위 : 원)

출발지 \ 도착지		인천국제공항		서울역	홍대입구역	강변역
		제1터미널	제2터미널			
인천공항	제1터미널	–	30,000	50,000	40,000	60,000
	제2터미널	30,000	–	45,000	60,000	65,000
서울역		50,000	45,000	–	–	–
홍대입구역		40,000	60,000	–	–	–
강변역		60,000	65,000	–	–	–

〈지하철역 간 거리 및 이동 시간〉

출발지 \ 도착지	서울역	신촌역	수서역	영등포역	광명역
서울역	–	5km, 7분	21km, 42분	10km, 15분	27km, 37분
신촌역	5km, 7분	–	26km, 51분	7km, 14분	20km, 34분
수서역	21km, 42분	26km, 51분	–	25km, 43분	28km, 28분
영등포역	10km, 15분	7km, 14분	25km, 43분	–	15km, 20분
광명역	27km, 37분	20km, 34분	28km, 28분	15km, 20분	–

※ 지하철역 간 캐리어 1개당 거리 비용은 지하철역 간 거리가 15km 이하인 경우 기본 비용(10,000원)이 부과되고, 15km를 초과할 경우 초과한 1km당 3,000원의 추가 비용이 발생함

※ 지하철역 간 캐리어 1개당 시간 비용은 1분당 200원이 부과됨

〈캐리어 크기별 보관료〉

(단위 : 원)

시간 \ 크기	30인치 미만	30인치 이상 44인치 미만	44인치 이상 55인치 미만	55인치 이상
4시간 미만	7,000	10,000	15,000	20,000
4시간 이상	기본 시간(4시간) 이후 시간당 1,000원의 추가 비용 발생			

※ 캐리어 크기는 (가로)×(세로)×(높이)로 표시하며, 가로, 세로, 높이의 합을 기준으로 함

※ 1인치는 2.54cm임

36 다음은 또타 T-luggage 서비스를 이용한 A～E고객 5명의 이용내역이다. 이들 중 캐리어 이동 비용 및 보관료를 가장 많이 지불한 사람은?(단, 소수점 둘째 자리에서 반올림한다)

> A고객 : 40cm×20cm×55cm 크기의 캐리어를 홍대입구역에서 인천국제공항 제1터미널로 이동시켰고, 5시간 동안 보관하였다.
> B고객 : 40cm×40cm×55cm 크기의 캐리어를 강변역에서 인천국제공항 제1터미널로 이동시켰고, 7시간 동안 보관하였다.
> C고객 : 40cm×60cm×60cm 크기의 캐리어를 서울역에서 인천국제공항 제2터미널로 이동시켰고, 14시간 동안 보관하였다.
> D고객 : 25cm×30cm×60cm 크기의 캐리어를 홍대입구역에서 인천국제공항 제2터미널로 이동시켰고, 5시간 동안 보관하였다.
> E고객 : 20cm×20cm×30cm 크기의 캐리어를 서울역에서 인천국제공항 제1터미널로 이동시켰고, 12시간 동안 보관하였다.

① A고객
② B고객
③ C고객
④ D고객
⑤ E고객

37 다음은 또타 T-luggage 서비스를 이용한 갑～정 고객 4명의 이용내역이다. 지하철역 간 캐리어 이동 서비스 비용은 거리 비용과 시간 비용의 합이라고 할 때, 이들이 지불한 비용의 총합은?(단, 1인당 캐리어 이동 서비스 비용이 50,000원 이상인 경우 서비스 비용의 10%를 할인한다)

> 갑 고객 : 서울역에서 수서역까지 캐리어 2개 이동 서비스를 이용하였다.
> 을 고객 : 신촌역에서 영등포역까지 캐리어 3개 이동 서비스를 이용하였다.
> 병 고객 : 광명역에서 신촌역까지 캐리어 2개 이동 서비스를 이용하였다.
> 정 고객 : 수서역에서 영등포역까지 캐리어 1개 이동 서비스를 이용하였다.

① 209,760원
② 216,120원
③ 217,040원
④ 223,400원
⑤ 235,560원

38 다음은 S시 지하철 노선별 에스컬레이터 설치 현황에 대한 자료이다. 이에 대한 설명으로 옳지 않은 것은?

〈S시 지하철 노선별 에스컬레이터 설치 현황〉

(단위 : 개)

구분	전체 역사 수	에스컬레이터 설치 역사 수
1호선	50	38
2호선	65	50
3호선	45	30
4호선	55	44
합계	215	162

① 3호선의 에스컬레이터 설치율은 2호선의 에스컬레이터 설치율보다 높다.

② 1호선에서 에스컬레이터가 설치된 역사의 비율은 75% 이상이다.

③ 4호선에서 에스컬레이터가 설치되지 않은 역사 수는 11개이다.

④ 전체 역사 중 에스컬레이터가 설치되지 않은 역사의 비율은 $\frac{1}{4}$ 이하이다.

⑤ 3호선에서 에스컬레이터가 설치된 역사 수는 1, 2, 4호선의 평균 설치 역사 수보다 적다.

39 다음은 S시의 버스 이용 현황에 대한 자료이다. 2025년의 노선당 평균 이용자 수를 2024년의 노선당 평균 이용자 수 이하로 유지하려면 2025년에 충원해야 하는 최소한의 버스 노선 수는?

〈S시 버스 이용 현황〉

구분	2024년	2025년(예상)
총이용자 수(천 명)	5,200	5,850
운영 버스 노선 수(개)	250	

① 28개　　② 29개

③ 30개　　④ 31개

⑤ 32개

40 다음은 S국의 기업 A ~ E에 대한 자료이다. 총자본 대비 순수익의 비율이 높은 경우 효율적인 사업을 한다고 할 때, 가장 효율적인 사업을 하는 기업은?

〈S국 기업별 자본〉

(단위 : 만 원)

구분	부동산	토지	예금	부채	합계
A기업	3,500	500	1,000	2,300	7,300
B기업	5,000	1,000	700	1,800	8,500
C기업	3,500	800	400	2,100	6,800
D기업	5,700	200	500	1,200	7,600
E기업	4,300	1,000	800	2,700	8,800

〈S국 기업별 투입 비용〉

(단위 : 명, 만 원, 개, 시간)

구분	인원	장비		자금	시간	비고
		가격	개수			
A기업	4	100	3	500	120	–
B기업	3	150	2	470	100	특별
C기업	5	130	3	510	75	–
D기업	2	200	1	535	135	–
E기업	5	170	2	495	150	특별

※ (전체 투입 비용)=(인건비)+(장비비용)+(자금)+(시간비용)
※ 특별 기업의 경우 전체 투입 비용의 20%가 추가로 소요됨
※ 인건비는 1인당 100만 원씩 소요됨
※ 시간비용은 1시간당 10,000원으로 계산함

〈S국 기업별 판매 정보〉

(단위 : 개, 원)

구분	판매량	단가	비고
A기업	400	70,000	–
B기업	650	50,000	–
C기업	550	65,000	세일
D기업	300	85,000	–
E기업	850	55,000	세일

※ (전체 수입)=(판매량)×(단가)
※ (순수익)=(전체 수입)−(전체 투입 비용)
※ 세일 기업의 경우 전체 수입의 80%를 전체 수입으로 얻음

① A기업
② B기업
③ C기업
④ D기업
⑤ E기업

41 다음은 S공사의 여비 및 국내외 파견 강사료에 대한 자료이다. S공사에 귀속할 강사료가 임직원에게 지급한 여비보다 많으면 흑자이고, 그 반대는 적자일 때, 이에 대한 설명으로 옳은 것은?

〈S공사 임직원 구분〉

- 임원 : 제1호(회장, 사장, 부사장), 제2호(전무, 상무, 이사)
- 직원 : 제3호(부장, 차장, 과장), 제4호(대리, 주임, 사원)

〈S공사 여비 지급표〉

(단위 : 원)

구분	교통비(편도)				출장비		
	철도운임	선박운임	항공운임	자동차	일비(1일)	숙박비(1박)	식비(1일)
제1호	100,000	100,000	1,000,000	100,000	50,000	100,000	60,000
제2호	100,000	50,000	1,000,000	100,000	50,000	100,000	50,000
제3호	50,000	50,000	500,000	50,000	30,000	50,000	40,000
제4호	30,000	30,000	500,000	50,000	30,000	50,000	30,000

〈S공사 국내외 파견 강사료 1일 수령 기준표〉

(단위 : 원)

구분	국내			국외		
	2시간 미만	4시간 미만	4시간 이상	2시간 미만	4시간 미만	4시간 이상
제1호	100,000	200,000	250,000	200,000	350,000	500,000
제2호	80,000	150,000	200,000	150,000	300,000	450,000
제3호	50,000	70,000	180,000	120,000	250,000	400,000
제4호	30,000	50,000	150,000	100,000	200,000	300,000

※ S공사의 임원은 자신이 받은 강사료의 80%를 S공사에 귀속시킴
※ S공사의 직원은 자신이 받은 강사료의 60%를 S공사에 귀속시킴

① A부사장이 철도를 왕복 이용하여 출장을 떠나 국내에서 2박 3일 동안 매일 4시간씩 강의를 했다면, S공사는 흑자이다.
② B상무가 선박을 왕복 이용하여 출장을 떠나 국내에서 1박 2일 동안 매일 8시간씩 강의를 했다면, S공사는 흑자이다.
③ C부장이 자동차를 왕복 이용하여 출장을 떠나 국내에서 4박 5일 동안 매일 4시간씩 강의를 했다면, S공사는 적자이다.
④ D대리가 선박을 왕복 이용하여 출장을 떠나 국외에서 3박 4일 동안 매일 4시간씩 강의를 했다면, S공사는 적자이다.
⑤ E사원이 선박을 왕복 이용하여 출장을 떠나 국외에서 5박 6일 동안 매일 3시간씩 강의를 했다면, S공사는 적자이다.

42 다음은 S사의 고객문의에 대한 스프레드 시트이다. [A7] 셀에 [A6] 셀에 입력된 날짜에 5일을 더한 값을 표기하려고 할 때, [A7] 셀에 들어갈 함수식으로 옳은 것은?

	A	B	C	D
1	날짜	처리 건수	담당 부서	비고
2	2024-10-12	6건	품질관리부	–
3	2024-10-13	4건	품질관리부	–
4	2024-10-14	2건	품질관리부	미해결 2건
5	2024-10-15	5건	홍보부	–
6	2024-10-16	8건	홍보부	–
7				

① =A6+5
② =A6+DAY(5)
③ =EDATE(A6,5)
④ =A6+5,$A6+5
⑤ =MONTH(A6)+DATE(A6,5)

43 다음 글을 읽고 추론한 내용으로 적절하지 않은 것은?

> 개인의 DNA 내에 있는 특정 유전자의 변화 또는 돌연변이는 질병을 유발한다. 우성 유전은 한 쌍의 대립 유전자 중 하나만 있어도 그 특성이 발현되는 반면, 열성 유전은 두 쌍 모두 열성일 때 그 특성이 나타난다. 유전성 질병의 발생 원인은 다양하며, 단일 유전자 변이에 의해 유발되거나 복수의 유전자와 환경 요인의 상호작용으로 발생할 수 있다.
> 유전자 이상으로 발생하는 낫적혈구 빈혈은 부모 양쪽 모두에게서 낫적혈구 유전자를 물려받은 사람에게 관찰되는 질환이다. 정상적인 적혈구가 둥글납작한 형태를 가졌다면, 낫적혈구 빈혈 환자의 적혈구는 낫 모양이나 초승달 모양을 가지고 있다.
> 낫적혈구는 생존 기간이 짧고, 세포 자체가 딱딱하고 서로 잘 달라붙는 특성 때문에 얇은 혈관의 통과가 어려워 혈류를 막히게 하고 이로 인해 조직으로의 산소 공급을 방해해 신체 기관의 손상을 발생시키기도 한다. 각 기관은 산소를 효율적으로 전달받지 못해 쉽게 피로해지고 황달 증상이 생기기도 하며, 심각해지면 폐의 혈관이 막혀 호흡까지 어려워진다. 그러나 현재까지 이 질환의 치료방법은 타인의 혈액을 수혈받는 조혈모세포 이식이 유일하다.
> 낫적혈구 빈혈 환자는 정기적인 수혈이 필요한데, 적혈구의 수명은 약 120일 정도로 짧으며 수혈 받은 혈액 속에는 젊은 적혈구뿐만 아니라 늙은 적혈구도 섞여 있어 실제로는 120일이 되기 전에 수혈받은 적혈구의 수명이 끝나 더 빈번한 수혈이 필요하다. 하지만 혈액 공급 부족 문제로 이마저도 쉽지 않은 게 현실이다. 이러한 혈액 공급 부족 상황을 해결하고자 영국에서는 인공혈액의 임상 시험이 시작되었다. 인공혈액의 경우 실제 사람의 혈액과 달리 모두 젊은 적혈구로 구성되어 있어 120일 동안 온전히 그 기능을 다할 수 있을 것으로 예상돼 수혈의 빈도도 감소할 것으로 예측된다.

① 낫적혈구 빈혈은 열성 유전되는 질환이다.
② 낫적혈구는 모세혈관에서의 통과가 어렵다.
③ 낫적혈구 빈혈 환자는 최소 4개월의 한 번씩 수혈을 받아야 한다.
④ 인공혈액으로 수혈을 받을 경우 수혈을 받는 주기가 길어질 것이다.

44 다음은 주택담보대출 비교 자료이다. 이에 대한 설명으로 옳지 않은 것은?

〈주택담보대출 비교 자료〉

구분	보금자리론	디딤돌대출
신청대상	• 민법상 성년 • 대한민국 국민 • 한국신용정보원 신용정보관리규약에 해당사항 없고, 신용점수(CB) 271점 이상	• 민법상 성년 • 대한민국 국민 • 접수일 현재 세대주(만 30세 미만 단독세대주는 제외) • 한국신용정보원 신용정보관리규약에 해당사항 없고, 신용점수(CB) 350점 이상 • 본인 및 배우자 합산 순자산 가액 4.88억 원 이하
대출요건	• 6억 원 이하 공부상 주택 • 구입용도, 보전용도, 상환용도로 취급 가능 • 본건 담보주택 제외 무주택 또는 1주택 • 부부합산 연소득 7천만 원 이하(신혼부부 8천 5백만 원 이하, 미성년 자녀 1명 9천만 원, 다자녀 1억 원) • LTV 최대 70% • DTI 최대 60%	• 5억 원(신혼, 다자녀 6억 원) 이하 공부상 주택 • 주거전용면적 $85m^2$(수도권을 제외한 도시지역이 아닌 읍 또는 면 지역은 $100m^2$) 이하 • 구입용도의 대출만 취급 가능 • 세대원 전원이 무주택 • 부부합산 연소득 6천만 원 이하(생애 최초, 다자녀 7천만 원, 신혼부부 8천 5백만 원) • LTV 최대 70% • DTI 최대 60%
대출한도	• 최대 3.6억 원(다자녀, 전세사기 피해자 4억 원, 생애 최초 4.2억 원)	• 최대 2.5억 원(생애 최초 3억 원, 신혼 및 다자녀 4억 원)
대출만기	• 10, 15, 20, 30, 40, 50년	• 10, 15, 20, 30년(거치기간 1년 또는 비거치)
상환방법	• 원리금 균등, 원금 균등, 체증식 분할상환	• 원리금 균등, 원금 균등, 체증식 분할상환

※ 신혼부부 : 신청일 당시, 혼인 신고일 기준으로 7년 이내인 사람

① 주택 구입 목적이 아닌 단순 임차 목적이라면 보금자리론만 이용이 가능하다.

② 디딤돌대출은 30세 이상 세대주만 신청 가능하나, 보금자리론은 민법상 성인이라면 신청할 수 있다.

③ 신혼부부의 경우 담보주택의 평가액 한도와 소득요건이 두 대출 모두 동일하나 대출한도에서 디딤돌대출이 유리하다.

④ 신용도가 낮거나 본인 및 배우자의 합산 순자산 가액이 높다면 디딤돌대출보다 보금자리론 대출을 이용하는 것이 유리하다.

※ 다음은 K공사의 A ~ D 부서에 대한 외부 · 내부평가 결과이다. 이어지는 질문에 답하시오. **[45~47]**

〈외부평가 점수 기준표〉

(단위 : 점)

구분	세부 평가 항목별 점수	평가 반영 비율
프로젝트 목표 달성률	백분율로 평가하여 그 수치만큼 점수로 환산(80% → 80)	35%
업무 프로세스 효율	높음(100), 약간 높음(80), 약간 낮음(60), 낮음(40)	20%
고객 및 민원 대응	매우 만족(100), 만족(75), 보통(50), 불만족(25), 매우 불만족(0)	20%
규정 준수 및 책임성	모범 사례(100), 기본 준수(75), 개선 필요(50)	25%

〈내부평가 점수 기준표〉

(단위 : 점)

구분	세부 평가 항목별 점수					평가 반영 비율
	매우 높음	높음	보통	낮음	매우 낮음	
예산관리 효율	100	80	60	40	20	20%
근무자 성과	100	75	50	25	0	30%
직원 만족도	100	80	60	40	20	15%
내부 협업 수준	100	85	70	55	40	35%

〈부서별 외부평가 결과〉

구분	프로젝트 목표 달성률	업무 프로세스 효율	고객 및 민원 대응	규정 준수 및 책임성
A부서	78%	약간 높음	만족	기본 준수
B부서	91%	약간 낮음	불만족	모범 사례
C부서	84%	약간 높음	만족	개선 필요
D부서	71%	높음	보통	기본 준수

〈부서별 내부평가 결과〉

구분	예산관리 효율	근무자 성과	직원 만족도	내부 협업 수준
A부서	낮음	보통	낮음	보통
B부서	낮음	보통	매우 높음	높음
C부서	낮음	매우 높음	높음	낮음
D부서	높음	낮음	보통	높음

〈최종 평가 점수 산정 방법〉

- 항목별 점수에 평가 반영 비율을 적용한 뒤 합산하여 외부평가 총점과 내부평가 총점을 구한다.
- 외부평가 총점과 내부평가 총점에 6 : 4의 비율을 적용하여 최종 평가 점수를 구한다.

❙ 건강보험심사평가원(25상) / 문제해결능력

45 다음 중 최종 평가 점수가 가장 높은 부서는?

① A부서　　② B부서
③ C부서　　④ D부서

❙ 건강보험심사평가원(25상) / 문제해결능력

46 다음 〈보기〉에서 자료에 대한 설명으로 옳은 것을 모두 고르면?

〈보기〉

ㄱ. 모든 부서는 내부평가 총점보다 외부평가 총점이 더 높다.
ㄴ. 외부평가와 내부평가 총점이 가장 많이 차이나는 부서는 D부서이다.
ㄷ. 최종 평가 점수가 가장 높은 부서와 가장 낮은 부서의 점수 차이는 5점 이하이다.
ㄹ. 외부평가와 내부평가의 최종 평가 점수 반영 비율이 5 : 5라면 최종 평가 점수가 가장 높은 부서는 B부서이다.

① ㄱ, ㄴ　　② ㄱ, ㄷ
③ ㄴ, ㄷ　　④ ㄴ, ㄹ

❙ 건강보험심사평가원(25상) / 문제해결능력

47 K공사에서 최종 평가 점수가 4등인 부서의 내부평가 총점에 가점을 부여하려고 한다. 다음 중 최종 평가 점수가 4등인 부서가 3등이 되기 위해서 필요한 가점은 최소 몇 점인가?(단, 내부평가 총점에 부여하는 가점은 자연수로 한다)

① 2점　　② 4점
③ 8점　　④ 16점

48 다음은 K공사의 문자 암호화 규칙이다. 제시된 규칙에 따라 'BANANA'를 암호화했을 때 나오는 문자로 옳은 것은?

- 암호화할 문자의 위치에 따라 알파벳을 변경한다.
  - 첫 번째 자리의 알파벳을 1글자 뒤의 알파벳으로 변경한다.
  - 두 번째 자리의 알파벳을 2글자 뒤의 알파벳으로 변경한다.
  - 세 번째 자리의 알파벳을 3글자 뒤의 알파벳으로 변경한다.
  - 네 번째 자리의 알파벳을 4글자 뒤의 알파벳으로 변경한다.
  - 다섯 번째 자리의 알파벳을 5글자 뒤의 알파벳으로 변경한다.
  - 여섯 번째 자리의 알파벳을 6글자 뒤의 알파벳으로 변경한다.
- 알파벳 Z 다음은 A로 순환한다.

① CBPBQE ② CBQCSG
③ CCQCRF ④ CCQESG

| 건강보험심사평가원(25상) / 정보능력

49 다음 엑셀 시트를 토대로 사용한 함수식 중 사용법이 옳지 않은 것은?

	A	B
1	이름	점수
2	김규진	80
3	손나은	90
4	오현석	70
5	주현호	95

① =SUMIF(B2:B5,"> 80")
② =COUNTIFS(B2:B5,"> 85",B2:B5,"< 95")
③ =COUNTA(A2:A5)
④ =SUMIF(A2:A5,"오현석",B2:B5,"70")

※ 다음 글의 주제로 가장 적절한 것을 고르시오. **[50~51]**

| 한국전력공사(25상) / 의사소통능력

50

> 결핵은 기원전 7000년경 석기 시대의 화석에서도 흔적이 발견될 만큼 인류와 오랜 시간을 함께 해온 질병이다. 결핵균(Mycobacterium Tuberculosis)에 의해 발병하는 결핵은 치료법이 없던 시기에는 수많은 사람들의 생명을 앗아가 백색 페스트라고 불릴 정도로 전염성과 치명률이 높은 질병이다.
> 그러나 결핵균에 감염된다 하더라도 모든 사람이 즉시 결핵이 발병하지는 않는다. 상당수의 감염자는 결핵균에 노출된 후에도 바로 증상을 보이지 않는데, 이를 일컬어 잠복결핵감염(LTBI; Latent TuBerculosis Infection)이라고 한다. 잠복결핵감염은 결핵균에 감염되어 있지만 몸속에 들어온 결핵균이 활동하지 않아 결핵 증상이 없고, 몸 밖으로 균이 배출되지 않아 전염성 또한 없는 상태이다. 증상과 전염성이 없어 잠복결핵감염은 별거 아닌 것 같아 보이지만, 이는 면역체계가 결핵균을 억제하고 있기 때문이며, 면역력이 약해지는 경우 언제든지 결핵으로 이어질 가능성이 있음을 의미한다.
> 잠복결핵감염이 결핵으로 악화되는 경우는 약 5 ~ 10% 수준으로 특히 고령자, 당뇨병 환자, 면역억제 치료를 받는 환자 등 면역력이 저하된 사람들에게서 더욱 빈번하게 발생한다. 잠복결핵감염이 활동성 결핵으로 진행된 경우 이미 다른 요인에 의해 면역력이 떨어진 상황이므로 독성이 더욱 강력하며, 본인은 물론 주변 사람들에게도 광범위하게 결핵을 전파할 수 있어 공중보건상의 심각한 문제를 야기한다.
> 잠복결핵감염은 증상이 없기 때문에 본인이 감염 사실을 인지하지 못하는 경우가 많다. 따라서 결핵 발생률이 높은 국가에서는 결핵 환자와 밀접하게 접촉한 사람, 면역 저하자, 의료업계 종사자 등 고위험군을 대상으로 잠복결핵감염 검사를 권고하고 있다. 대표적인 검사 방법으로는 투베르쿨린 피부반응 검사(TST)와 인터페론 감마 분비 검사(IGRA)가 있다. 만일 잠복결핵감염에 양성 반응이 있을 경우 3 ~ 9개월 동안 꾸준한 투약 치료가 필요하며, 적절한 치료를 받을 경우 결핵 발병 확률을 60 ~ 90%까지 예방할 수 있다.
> 잠복결핵감염의 위험성은 단순히 개인의 건강 문제를 넘어 사회 전체의 공중보건과 직결되는 문제이므로 무증상이라고 방치할 것이 아니라, 적극적인 검사와 예방적 치료를 통해 결핵의 확산을 차단하는 노력이 필요하다. 특히 우리나라의 경우 보건소나 가까운 의료 기관에서 잠복결핵감염 치료를 전액 무료로 받을 수 있으므로 평소에 잠복결핵감염에 관심을 가지고, 미연에 예방하는 것이 가장 중요하다.

① 잠복결핵감염의 위험성
② 잠복결핵감염의 치료 과정
③ 잠복결핵의 증상과 전염성
④ 효과적인 결핵의 억제 방법
⑤ 잠복결핵감염이 활동성 결핵으로 이어지는 과정

51

온실가스를 적게 배출하면서도 높은 경제성을 가진 원자력 발전소는 원전에서 나오는 방사성 물질의 차단이나 외부 오염물질의 유입 방지를 위한 강력한 공기조화시스템(공조시스템)이 필요하다. 특히 공기 중으로 떠다닐 수 있는 에어로졸 형태의 방사성 물질은 $1 \sim 10\mu m$ 정도의 아주 작은 물질이지만, 높은 밀도의 방사성 기체는 인체에 치명적일 수 있으며 환경 오염문제 또한 발생할 수 있다. 따라서 원자력 발전소의 공조시스템은 이러한 미립자를 걸러내기 위하여 헤파필터(HEPA Filter)를 사용하고 있다.

헤파필터는 'High Efficiency Particulate Air Filter'의 약자로, 공기 중의 아주 미세한 입자까지 효과적으로 걸러내는 고성능 필터이다. 일상 생활에서는 주로 공기청정기, 진공청소기, 에어컨 등에 사용되며 $0.3\mu m$ 크기의 입자(MPPS; Most Penetrating Particle Size)를 99.97% 이상 포획할 수 있다. 헤파필터는 주로 유리섬유나 폴리프로필렌 같은 합성섬유로 만들어지는데, $0.5 \sim 2.0\mu m$의 섬유가 불규칙하게 얽혀있는 거미줄 구조로 구성되어 있다. 오염물질이 포함된 공기가 헤파필터를 통과할 때, 헤파필터의 간격보다 큰 오염물질은 걸러지고 그보다 작은 오염물질은 공기 흐름을 따라 진행하다 섬유에 달라붙게 된다. 또한 헤파필터는 등급에 따라 E10(85%), E11(95%), E12 (99.5%), H13(99.75%), H14(99.975%) 등으로 나뉘며 등급이 높을수록 더 작은 입자까지 걸러낼 수 있다. 특히 H13 이상을 트루 헤파필터라고 부르며, 원자력 발전소의 경우 H13 이상의 트루 헤파필터를 사용하는 등 일반적인 산업용 필터보다 엄격한 기준을 충족해야 한다.

이처럼 헤파필터는 원자력 발전소의 안전을 지키는 핵심 장치로, 방사성 입자와 미세먼지, 바이러스까지도 효과적으로 제거하는 중요한 역할을 한다. 특히 헤파필터의 정화 성능을 보장하기 위하여 ASME AG-1이나 KEPIC-MH 등 국내외에서 기술기준을 정해 시설, 유지, 보수 등 관리법의 기준을 제시하고 있다. 안전관리가 필요한 원자력 발전소의 특성상 헤파필터는 없어서는 안 될 중요한 안전 설비이다.

① 헤파필터의 역과 원리
② 헤파필터의 등급별 성능
③ 방사성 물질의 위험과 대처방법
④ 원자력 발전소에서의 헤파필터의 역할
⑤ 원자력 발전소의 발전 효율과 미래 전망

52 다음 〈조건〉에 따라 J공사 직원들이 본회의를 시작할 수 있는 가장 빠른 시각은?

J공사의 직원들은 공사 프로젝트 회의를 1시간 동안 진행하려고 한다. 회의 시작 30분 전에는 반드시 회의실에서 회의 준비를 해야 하며, 본회의 이후 30분 동안 회의록을 작성해야 한다. 회의 준비, 본회의, 회의록 작성은 다음 조건에 따라 연속적으로 이루어져야 한다.

〈조건〉

- 회의실은 오전 9시부터 오후 6시 사이에 사용할 수 있다.
- J공사의 점심시간은 12:00 ~ 13:00로 이 시간에는 준비 및 회의, 회의록 작성이 불가능하다.
- 참석자 중 1명은 15:00 ~ 16:00에 외부 미팅이 있어 이 시간에는 준비 및 회의, 회의록 작성이 불가능하다.
- 현재 회의실은 10:00 ~ 10:30, 14:00 ~ 14:30에 이미 예약되어 사용할 수 없다.

① 9시 30분
② 11시
③ 13시
④ 16시
⑤ 16시 30분

53 다음 A ~ E의 대화에서 1명만 거짓말을 할 때 항상 옳은 것은?(단, 한 층에 1명만 내린다)

A : B는 1층에서 내렸다.
B : C는 1층에서 내렸다.
C : D는 적어도 3층에서 내리지 않았다.
D : A는 4층에서 내렸다.
E : A는 4층에서 내리고 나는 5층에 내렸다.

① C는 1층에서 내렸다.
② A는 4층에서 내리지 않았다.
③ D는 3층에서 내렸다.
④ C는 B보다 높은 층에서 내렸다.
⑤ A는 D보다 높은 층에서 내렸다.

※ 다음은 J국의 소송에 대한 자료이다. 이어지는 질문에 답하시오. **[54~55]**

〈연도별 J국 전체 소송 건수〉

(단위 : 건)

구분	민사소송	형사소송	기관소송	권한쟁의	헌법소원	합계
2019년	150,000	50,000	5,000	3,000	500	208,500
2020년	160,000	70,000	7,000	5,000	600	242,600
2021년	300,000	140,000	15,000	40,000	2,000	497,000
2022년	270,000	150,000	20,000	40,000	1,900	481,900
2023년	310,000	130,000	17,000	50,000	2,500	509,500
2024년	290,000	170,000	16,000	53,000	2,500	531,500
합계	1,480,000	710,000	80,000	191,000	10,000	2,471,000

※ J국에서 진행되는 소송은 민사소송, 형사소송, 기관소송, 권한쟁의, 헌법소원만 존재함

※ J국에서 소송은 개인과 기관만 제기할 수 있으며, 기관소송과 권한쟁의는 기관만 제기할 수 있음

〈연도별 J국 개인이 제기한 주요 소송 종류〉

(단위 : 건)

구분	민사소송			형사소송			헌법소원	합계
	부동산	사기	혼인	상해	사기	살인		
2019년	30,000	20,000	10,000	10,000	5,000	5,000	200	80,200
2020년	35,000	20,000	15,000	20,000	10,000	10,000	200	110,200
2021년	70,000	50,000	30,000	40,000	40,000	20,000	1,000	251,000
2022년	50,000	50,000	30,000	30,000	30,000	15,000	1,000	206,000
2023년	50,000	60,000	20,000	20,000	30,000	10,000	1,000	191,000
2024년	80,000	50,000	15,000	25,000	10,000	12,500	800	193,300
합계	315,000	250,000	120,000	145,000	125,000	72,500	4,200	1,031,700

〈연도별 J국 기관이 제기한 주요 소송 종류〉

(단위 : 건)

구분	민사소송		형사소송		헌법소원	합계
	부동산	사기	상해	사기		
2019년	20,000	10,000	20,000	10,000	300	60,300
2020년	15,000	10,000	15,000	10,000	400	50,400
2021년	50,000	40,000	20,000	5,000	( )	( )
2022년	40,000	30,000	10,000	5,000	( )	( )
2023년	30,000	30,000	5,000	10,000	1,500	76,500
2024년	30,000	20,000	20,000	10,000	1,700	81,700
합계	185,000	140,000	90,000	50,000	5,800	470,800

54 다음은 자료를 토대로 작성한 보고서이다. 이에 대한 내용으로 옳지 않은 것은?

〈J국 개인 · 기관 소송 보고서〉

① J국의 전체 소송 건수는 2019년부터 2021년까지 그리고 2022년부터 2024년까지 증가하는 추세를 보이고 있으며, 특히 2021년의 경우 전년 대비 소송 제기 건수가 큰 폭으로 증가했는데 이는 전자 소송이 활성화되기 시작했기 때문으로 보인다.
민사소송과 형사소송에 있어 사기는 모두 주요 소송의 유형으로 집계되었는데, ② 사기소송 유형이 민사소송에서 차지하는 비율은 형사소송에서 차지하는 비율보다 크다. ③ 또한, 기관에서만 제기하는 소송의 총합 건수는 매년 전년 대비 증가하였다. 이는 기관이 소송을 자제하던 분위기가 풀려가면서 발생한 것으로 보인다. 이와 함께 2023년부터 2024년까지 전체 소송의 건수는 감소하였다가 증가하는 추세를 보이고 있는데, ④ 이에 따라 기관에서 제기한 기관소송 및 권한쟁의 건수의 비율 역시 2023년부터 2024년까지 전년 대비 증가하였다.
⑤ 마지막으로, 개인이 제기한 형사소송에서 상해 대비 살인의 비율은 매년 동일하다.

55 다음 〈보기〉에서 자료를 토대로 잘못 설명한 사람을 모두 고르면?

〈보기〉

가영 : 2019년부터 2024년까지 기관에서만 제기하는 소송 건수의 합은 80,000건이야.
나리 : 2021년에 제기된 민사소송 중 개인이 제기한 민사소송의 비율은 50%야.
다솜 : 2019년부터 2024년까지 기관이 제기한 헌법소원은 매년 증가했어.
라주 : 2021년부터 2024년까지 개인이 제기한 소송은 매년 전년 대비 감소했어.

① 가영, 나리
② 가영, 나리, 다솜
③ 가영, 다솜, 라주
④ 나리, 다솜, 라주
⑤ 가영, 나리, 다솜, 라주

56 다음은 응시자 A ~ E의 J국가자격 필기시험 결과에 대한 자료이다. 합격한 사람은 모두 몇 명인가?

〈J국가자격 필기시험 결과〉

(단위 : 점)

구분	필기시험				가점
	객관식 1과목	객관식 2과목	논술형	약술형	
A응시자	85	52	61	57	6
B응시자	75	71	67	81	–
C응시자	67	81	72	54	2
D응시자	87	72	57	48	5
E응시자	66	82	58	78	–

※ 한 과목이라도 50점 이하 득점 시 과락 처리
※ 전체 평균 점수에 가점을 합하여 70점 이상 득점 시 합격

① 1명
② 2명
③ 3명
④ 4명
⑤ 5명

57 다음 중 엑셀에서 「=A1+B1」 수식을 [C2] 셀에 상대참조 복사했을 때의 수식으로 옳은 것은?

① 「=A1+B1」
② 「=A2+B2」
③ 「=AA1+BB1」
④ 「=A1+A1+B2」
⑤ 「=A2+B2+B1」

58 다음 중 점수(참조 대상)가 90점 이상이면 '합격'을, 그렇지 않으면 '불합격'을 출력하는 엑셀 함수식으로 옳은 것은?

① 「=IF(참조 대상>90,"합격","불합격")」
② 「=IF(참조 대상>=90,"불합격","합격")」
③ 「=IF(참조 대상>=90,"합격","불합격")」
④ 「=CHOOSE(참조 대상<=90,"불합격","합격")」
⑤ 「=CHOOSE(참조 대상>=90,"합격","불합격")」

59 다음 글에 대한 설명으로 적절하지 않은 것은?

> 큐비트(Qubit)는 양자 컴퓨터에서 정보를 저장하고 처리하는 기본 단위이다. 기존의 컴퓨터가 정보를 0과 1로 이루어진 비트(Bit)로 표현하는 것과 달리, 큐비트는 양자역학의 특성을 활용해 더 복잡하고 강력한 방식으로 정보를 다룬다.
> 큐비트는 0과 1의 상태를 동시에 가질 수 있는 양자 중첩 특성을 가지고 있다. 양자 중첩이란 빛이 입자와 파동 2가지 상태를 가진 것과 마찬가지로 미시적 세계에서 여러 양자 상태가 동시에 존재할 수 있는 현상을 뜻하며, 측정하기 전까지 양자 상태를 정확히 파악할 수 없고 관측과 동시에 상태가 결정되는 것을 의미한다. 이처럼 큐비트 또한 측정하기 전까지 0과 1의 상태를 동시에 가진 중첩 상태가 유지되며 측정 시에는 0 또는 1 중 하나의 값으로 확정된다. 이를 통해 큐비트는 병렬 계산을 가능하게 만들어 복잡한 문제를 빠르게 해결할 수 있다.
> 또한 두 개 이상의 큐비트가 양자 얽힘 상태에 있으면, 한 큐비트의 상태가 다른 큐비트의 상태와 즉각적으로 연결된다. 이에 따라 한 큐비트가 측정되면 얽혀 있는 다른 큐비트의 상태 또한 자동으로 결정되므로 큐비트 간의 빠른 정보 전달과 협력 계산을 가능하게 한다.
> 양자 컴퓨터에 사용되는 큐비트는 다양한 방식으로 개발되고 있으며 대표적인 방식은 초전도 회로, 이온 트랩, 광자, 스핀 등이 있다. 초전도 회로는 전기적 초전도체를 활용해 양자 상태를 생성하고, 이온 트랩은 전기장으로 이온을 가두고 조작한다. 광자는 빛 입자를 이용한 정보 저장 및 전송에 사용되며, 스핀은 전자의 스핀 상태를 활용한다.
> 큐비트는 기존 컴퓨터보다 훨씬 더 많은 정보를 처리할 수 있다. 예를 들어, 20개의 큐비트를 활용하면 2^{20}, 약 100만 개의 상태를 동시에 표현할 수 있다. 이는 암호 해독이나 복잡한 시뮬레이션 같은 문제에서 기존 컴퓨터보다 월등히 빠른 성능을 발휘한다. 하지만 현재 기술로는 큐비트를 안정적으로 유지하고 제어하는 데 한계가 있다. 환경적 요인으로 인해 양자 상태가 쉽게 붕괴되기 때문에 이를 극복하기 위한 연구가 활발히 진행 중이다.
> 큐비트는 양자역학의 원리를 기반으로 기존 컴퓨터와는 완전히 다른 방식으로 정보를 처리한다. 중첩과 얽힘 같은 특성 덕분에 복잡한 계산 문제를 해결하는 데 강력한 도구가 될 수 있지만, 기술적 도전 과제도 많다. 앞으로 양자 컴퓨팅 기술이 발전하면 큐비트를 활용한 혁신적인 응용이 더욱 확대될 것으로 기대된다.

① 큐비트의 값은 측정과 동시에 정해진다.
② 큐비트는 정보를 0과 1의 2진수로 나타내는 것이다.
③ 큐비트는 측정하기 전까지는 양자 중첩 상태로 존재한다.
④ 4개의 큐비트를 활용하면 16번의 상태를 동시에 표현할 수 있다.

60 다음은 J공사의 컴퓨터 비밀번호 규칙에 대한 내용이다. 〈보기〉에서 J공사 비밀번호 규칙에 맞지 않는 것의 개수를 구하면?

> J공사의 직원들은 업무를 시작하기 위해 컴퓨터에 직원별 비밀번호를 입력해야 한다. 직원들의 비밀번호는 9자리의 숫자와 문자로 구성되어 있다. 첫 번째 자리는 직원 종류별 코드로 정직원은 1, 계약직은 2, 파견직은 3이 부여된다. 두 번째 자리부터는 직원별 입사일이 YYMMDD 방식으로 부여된다. 이후 데이터의 진위 여부를 확인하기 위해 체크데이터로 앞의 숫자를 모두 더한 뒤, 2를 뺀 값에 해당하는 알파벳이 대문자로 부여된다. 마지막으로 비밀번호 식별의 용이성을 위해 첫 번째 자리의 숫자와 동일한 숫자가 부여된다.

〈보기〉

- 3011210F3
- 2981111U2
- 3051231M3
- 1241215N2
- 4200817T4
- 1942131S1
- 1840624W1
- 1211014H1
- 2210830P2
- 2191229Z2

① 2개
② 3개
③ 4개
④ 5개

61 다음 명제가 모두 참일 때 항상 참인 것을 고르시오.

> - A카페에 가면 타르트를 주문한다.
> - 빙수를 주문하면 타르트를 주문하지 않는다.
> - 타르트를 주문하면 아메리카노를 주문한다.

① 아메리카노를 주문하면 빙수를 주문하지 않는다.
② 빙수를 주문하지 않으면 A카페를 가지 않았다는 것이다.
③ 아메리카노를 주문하지 않으면 A카페를 가지 않았다는 것이다.
④ 타르트를 주문하지 않으면 빙수를 주문한다.

※ 다음은 J기업의 본사와 부속 공장 간의 도로에 대한 자료이다. 이어지는 질문에 답하시오. **[62~63]**

〈본사와 부속 공장 간 도로〉

(단위 : km)

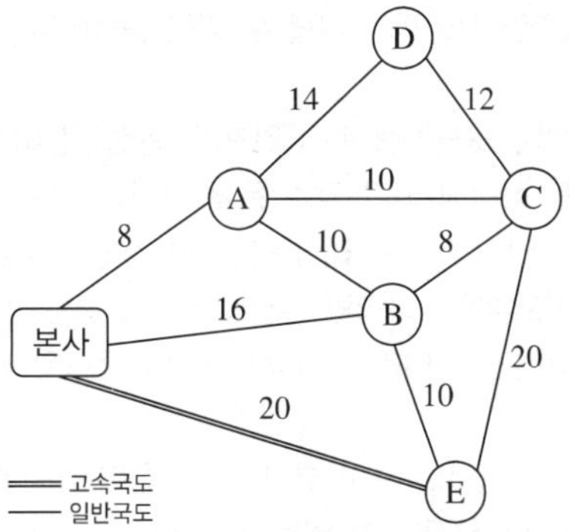

| 한국중부발전(25상) / 자원관리능력

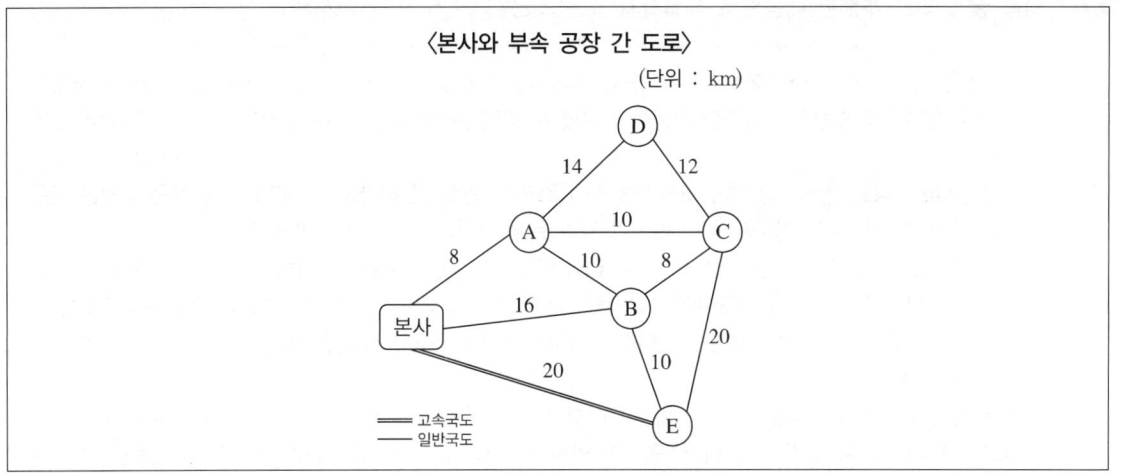

62 S대리는 본사에서 출발하여 모든 부속 공장을 방문한 뒤, 본사로 복귀하려고 한다. 다음 중 S대리가 일반국도만을 이용할 때의 최단거리는?(단, 한 번 방문한 공장은 다시 방문하지 않는다)

① 72km ② 76km

③ 80km ④ 84km

| 한국중부발전(25상) / 자원관리능력

63 S대리는 회사로부터 교통비를 지원받아 고속국도를 이용할 수 있게 되었다. 다음 중 S대리가 고속국도를 이용하여 모든 부속 공장을 방문한 뒤, 본사로 복귀할 때의 최단거리와 고속국도를 이용하지 않을 때의 최단거리의 차이는?(단, 한 번 방문한 공장은 다시 방문하지 않는다)

① 6km ② 8km

③ 10km ④ 12km

64 다음 글을 읽고 추론한 내용으로 적절하지 않은 것은?

> 만성질환이란 증상이 극심하지는 않지만 오래 지속되는 질환인 탓에 삶의 질을 저하시키고, 관리를 소홀히 할 경우 합병증의 발생으로 심하면 사망까지 이를 수 있어 운동이나 식이 등 꾸준한 관리가 필요한 질환을 말한다.
> 만성질환에는 당뇨, 천식, 심장병, 허리통증 등이 있으며, 만성질환이라고 하더라도 모든 운동이 좋은 것은 아니다. 또한 질환별로, 환자의 상태에 따라 맞는 운동 방법과 강도는 천차만별이다.
> 당뇨병의 경우 인슐린 분비량이 없거나 혹은 적어 인슐린이 혈당을 낮추는 기능을 정상적으로 수행할 수 없는 상태를 말한다. 따라서 혈당조절에 효과적인 유산소 운동을 통해 인슐린이 더 효율적으로 사용되도록 하여 혈당 수치를 낮출 수 있다. 이뿐만 아니라 규칙적인 유산소 운동은 심혈관계를 향상시켜 심장 건강을 개선시킬 수 있다.
> 운동 중 또는 운동 후에 호흡곤란과 반복적이고 발작적인 기침이 나타날 수 있는 천식의 경우 운동 시 각별히 주의하여야 한다. 특히 건조하거나 찬 공기가 있는 환경에서 운동하거나, 갑작스레 격렬한 운동을 할 경우 천식 발작이 일어날 수 있다. 따라서 수영과 같이 건조하지 않고, 심장 박동이나 호흡 수가 급격히 증가하지 않는 환경에서 운동하는 것이 도움이 될 수 있다.
> 허리 통증의 경우는 유산소 운동보다는 코어 운동이 도움이 된다. 코어 운동을 통해 척추 주위의 근육이 강화되면서 척추를 지지하는 힘이 늘어나 허리 통증이 감소하는 것이다.

① 당뇨 환자는 달리기나 등산, 수영과 같은 운동을 하는 것이 혈당 개선에 도움이 된다.
② 규칙적인 걷기 운동은 당뇨 환자와 심장병 환자의 질환을 개선시킬 수 있다.
③ 천식 환자는 심장박동 및 호흡 수를 증가시키는 달리기나 줄넘기보다는 등산이 좋다.
④ 허리 통증을 가진 환자에게는 허리의 중심 부위를 강화시키는 플랭크나 브릿지와 같은 운동이 좋다.

65 다음은 보건의료 빅데이터 심포지엄의 개최에 대한 개요이다. 각 발표자가 준비한 자료의 내용으로 적절하지 않은 것은?

〈2024년 보건의료 빅데이터 활용 성과 공유 심포지엄〉

1부 : 빅데이터 · AI 기반 건강보험 서비스 혁신

1. 인공지능(AI) 기술을 통해 공단이 어떻게 데이터 기반의 가입자 맞춤형 서비스를 제공하고, 보험자의 역할을 더욱 강화할 수 있을지에 대한 비전
   – ○○대병원 A교수
2. 'sLLM(소형언어모델)을 활용한 건강보험 내 · 외부 서비스 향상'을 주제로 인공지능(AI) 기술을 통한 고객 서비스와 업무 효율성 증대 사례
   – ○○대 B교수
3. 공단이 보유한 방대한 건강보험 데이터를 어떻게 인공지능(AI)을 통해 분석하고 활용할 수 있는지에 대한 방안
   – 공단 C실장(빅데이터연구개발실)

2부 : 건강보험 빅데이터를 활용한 우수 연구 성과

1. 야간 인공조명이 인간의 건강에 미치는 영향에 대한 분석 결과
   – ○○대 D교수
2. 결핵 빅데이터인 국가결핵통합자료원(K-TB-N Cohort) 구축을 통해 국가 결핵 관리 정책 · 사업의 효과를 평가, 정책을 수립 · 보완할 근거를 생산
   – ○○청 E과장
3. 병원 내에서 발생하는 폐렴 데이터의 분석을 통해, 이를 예방하기 위한 실효성 있는 병원 내 감염관리 체계 마련 필요성 제시
   – 공단 F팀장(빅데이터연구개발실)

① A교수 : 사람과의 직접 대면이 아닌 인공지능 기술로 대체할 수 있는 공단의 서비스에 대한 자료가 필요하겠군.

② B교수 : 인공지능 기술을 활용해 건강보험 서비스를 이용한 고객과 공단 근로자에게 편리성 및 효율성에 대한 설문조사를 진행해야겠군.

③ D교수 : 자연광에만 주로 노출된 사람과 자연광과 더불어 인공조명에 많이 노출된 사람의 건강 상태를 비교할 수 있는 자료가 필요하겠군.

④ F팀장 : 병원 내 병동별 폐렴 발생 현황과 주로 발병하는 연령대에 대한 조사가 필요하겠군.

※ 다음은 K국의 연도별 7대 주요 범죄 발생 현황과 교도소별 복역자 현황에 대한 자료이다. 이어지는 질문에 답하시오. **[66~67]**

〈연도별 7대 주요 범죄 발생 현황〉

(단위 : 건)

구분	살인	사기	폭행	강도	절도	성범죄	방화
1989년	500	2,000	5,000	4,000	25,000	3,000	500
1990년	600	2,500	7,000	8,000	20,000	2,500	600
1991년	700	3,000	10,000	5,000	23,000	2,000	800
1992년	800	2,000	15,000	8,000	18,000	2,500	700
1993년	900	3,000	10,000	10,000	20,000	3,000	1,000
1994년	1,000	2,000	20,000	10,000	27,000	5,000	900
1995년	1,100	3,500	17,000	9,000	34,000	2,000	1,100

※ 현 시점은 2025년임

〈K국 교도소의 잔여 형량별 복역자 수〉

(단위 : 명)

구분	A교도소	B교도소	C교도소	D교도소	E교도소	F교도소
1년 미만	3,000	4,000	5,000	6,000	7,000	8,000
1년 이상 3년 미만	1,500	1,000	2,000	3,000	2,000	2,500
3년 이상 5년 미만	400	400	500	600	800	1,000
5년 이상 10년 미만	350	250	250	300	400	50
10년 이상 20년 미만	30	35	40	60	55	35
20년 이상	20	15	10	40	45	15
합계	5,300	5,700	7,800	10,000	10,300	11,600

※ K국의 교도소는 A～F 6개 존재함

66 **다음 중 자료의 수치를 계산하여 해석한 내용으로 옳지 않은 것은?**

① 1990년부터 1995년까지 전년 대비 살인 사건 발생 변화율은 매년 감소한다.

② K국 전체 교도소 복역자 수 중 D교도소 복역자 수의 비율은 20% 이하이다.

③ 1993년부터 1995년까지 7대 주요 발생 범죄 중 절도가 차지하는 비율은 45% 이하이다.

④ 교도소별 잔여 형량이 1년 미만인 복역자 수 대비 3년 이상 5년 미만인 복역자 수의 비율은 F교도소가 가장 높다.

67 **다음 중 자료에 대한 설명으로 옳지 않은 것은?**

① 살인이 가장 많이 발생한 해에는 절도 역시 가장 많이 발생하였다.

② 모든 교도소에서 잔여 형량이 많을수록 복역자 수는 감소한다.

③ 범죄가 가장 많이 발생한 해는 폭행도 가장 많이 발생하였다.

④ 잔여 형량이 1년 미만인 경우가 가장 많은 교도소는 전체 복역자 수가 가장 많다.

※ 다음은 2025년 2월 10일을 기준으로 한 국내 월평균 식재료 가격에 대한 자료이다. 이어지는 질문에 답하시오. **[68~69]**

〈월평균 식재료 가격(2025.02.10 기준)〉

구분	세부항목	2024년						2025년
		7월	8월	9월	10월	11월	12월	1월
곡류	쌀 (원/kg)	1,992	1,083	1,970	1,895	1,850	1,809	1,805
채소류	양파 (원/kg)	1,385	1,409	1,437	1,476	1,504	1,548	1,759
	배추 (원/포기)	2,967	4,556	7,401	4,793	3,108	3,546	3,634
	무 (원/개)	1,653	1,829	2,761	3,166	2,245	2,474	2,543
수산물	물오징어 (원/마리)	2,286	2,207	2,267	2,375	2,678	2,784	2,796
	건멸치 (원/kg)	23,760	23,760	24,100	24,140	24,870	25,320	25,200
축산물	계란 (원/30개)	5,272	5,332	5,590	5,581	5,545	6,621	9,096
	닭 (원/kg)	5,436	5,337	5,582	5,716	5,579	5,266	5,062
	돼지 (원/kg)	16,200	15,485	15,695	15,260	15,105	15,090	15,025
	소_국산 (원/kg)	52,004	52,220	52,608	52,396	51,918	51,632	51,668
	소_미국산 (원/kg)	21,828	22,500	23,216	21,726	23,747	22,697	21,432
	소_호주산 (원/kg)	23,760	23,777	24,122	23,570	23,047	23,815	24,227

※ 주요 식재료 소매 가격

: 물오징어는 냉동과 생물의 평균 가격, 계란은 특란의 평균 가격, 돼지는 국내 냉장과 수입 냉동의 평균 가격, 국산 소고기는 갈비, 등심, 불고기의 평균 가격, 미국산 소고기는 갈비, 갈빗살, 불고기의 평균 가격, 호주산 소고기는 갈비, 등심, 불고기의 평균 가격임

※ 표시 가격은 주요 재료의 월평균 가격이며, 조사 주기는 일별로 조사함

68 **다음 중 자료에 대한 설명으로 옳지 않은 것은?**

① 2024년 8월 대비 9월 쌀 가격의 증가율은 2024년 11월 대비 12월 무 가격의 증가율보다 크다.
② 소의 가격은 국산, 미국산, 호주산 모두 2024년 7월부터 9월까지 증가하다가 10월에 감소한다.
③ 계란 가격은 2024년 7월부터 2025년 1월까지 꾸준히 증가하고 있다.
④ 쌀 가격은 2024년 8월에 감소했다가 9월에 증가한 후 그 후로 계속 감소하고 있다.

69 **K식품회사에 재직 중인 A사원은 국내 농수산물의 동향과 관련한 보고서를 쓰기 위해 자료를 토대로 2024년 12월 대비 2025년 1월 식재료별 가격의 증감률을 구하고 있으며, 다음은 A사원이 작성한 보고서의 일부이다. 증감률이 가장 큰 재료는?(단, 소수점 셋째 자리에서 버림한다)**

〈국내 농수산물 가격 동향에 따른 보고서〉

식품개발팀 A사원

저희 개발팀에서 올해 기획하고 있는 신제품 출시를 위하여 국내 농수산물 가격 동향을 조사하였습니다. 하단에 월평균 식재료 증감률을 첨부하였으니 신제품 개발 일정을 수립하는 데 참고하시면 될 것 같습니다. 자세한 사항은 식품개발팀 B과장님께 문의하십시오.

〈월평균 식재료 증감률(2025.02.10 기준)〉

구분	세부항목	2024년 12월	2025년 1월	증감률(%)
곡류	쌀(원/kg)	1,809	1,805	
채소류	양파(원/kg)	1,548	1,759	
	무(원/개)	2,474	2,543	
수산물	건멸치(원/kg)	25,320	25,200	
… 생략 …				

① 쌀
② 양파
③ 무
④ 건멸치

70 다음 자료를 변환한 그래프로 옳은 것은?

〈K-water 한강유역 대수력 발전소 연간 발전량〉

(단위 : GWh)

구분	2019년	2020년	2021년	2022년	2023년	2024년
소양강댐	347	551	314	600	430	490
충주댐	484	769	574	680	706	759

①
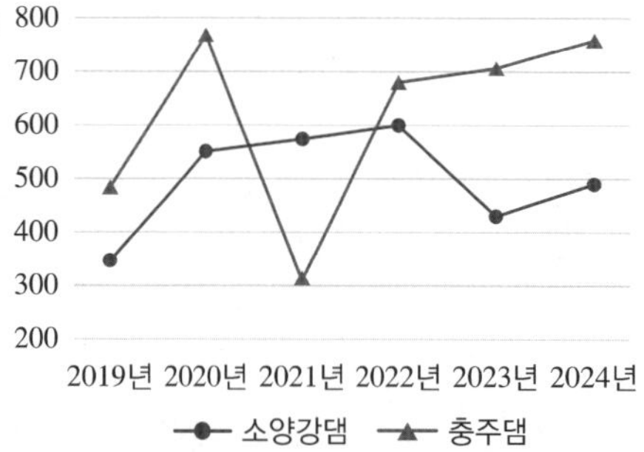

②
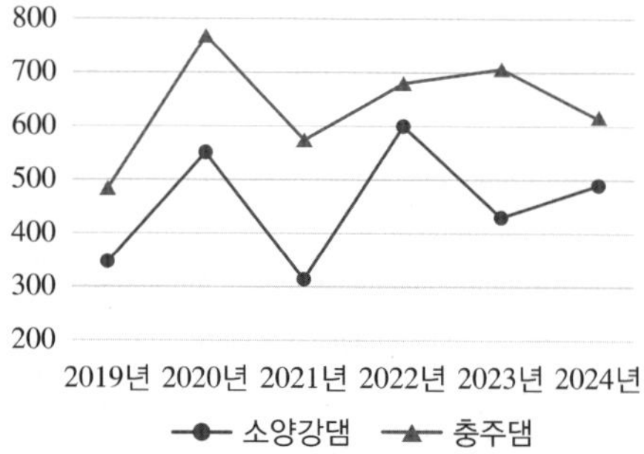

③
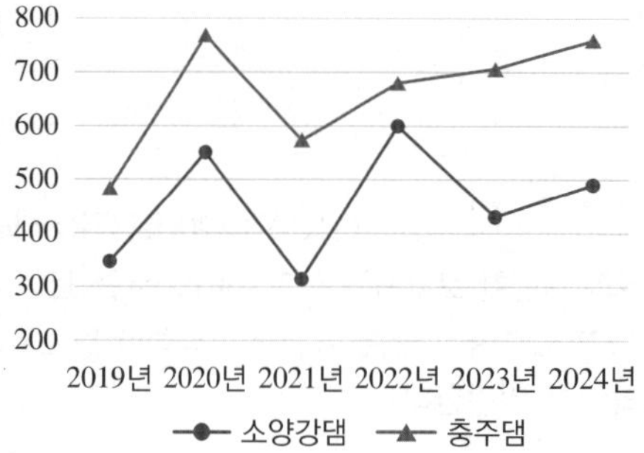

④
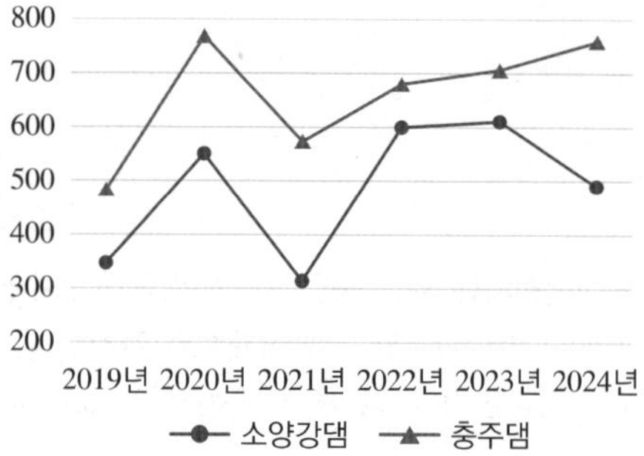

2권

제1회 피듈형 NCS 모의고사

www.sdedu.co.kr

〈문항 및 시험시간〉

평가영역	문항 수	시험시간	모바일 OMR 답안채점 / 성적분석 서비스
의사소통능력 / 수리능력 / 문제해결능력 / 자원관리능력	70문항	70분	

피듈형 NCS 집중학습 봉투모의고사	
제1회 모의고사	문항 수 : 70문항 시험시간 : 70분

Ⅰ 의사소통능력

01 다음 글을 통해 알 수 있는 내용으로 가장 적절한 것은?

> 국내에서 벤처버블이 발생한 1999～2000년 동안 한국뿐 아니라 미국, 유럽 등 전 세계 주요 국가에서 벤처버블이 나타났다. 미국 나스닥의 경우 1999년 초 이후에 주가가 급상승하여 2000년 3월을 전후해서 정점에 이르렀는데, 이는 한국의 주가 흐름과 거의 일치한다. 또한 한국에서는 1998년 5월부터 외국인의 종목별 투자한도를 완전 자유화하였는데, 외환위기 이후 해외투자를 유치하기 위한 이런 주식시장의 개방은 주가 상승에 영향을 미쳤다. 외국인 투자자들은 벤처버블이 정점에 이르렀던 1999년 12월에 벤처기업으로 구성되어 있는 코스닥 시장에서 투자금액을 이전 달의 1조 4천억 원에서 8조 원으로 늘렸으며, 투자비중도 늘렸다.
> 또한, 벤처버블 당시 국내에서는 인터넷이 급속히 확산되고 있었다. 초고속 인터넷 서비스는 1998년 첫 해에 1만 3천 가구에 보급되었지만 1999년에는 34만 가구로 확대되었다. 또한, 1997년 163만 명이던 인터넷 이용자는 1999년에 천만 명으로 폭발적으로 증가하였다. 이처럼 초고속 인터넷의 보급과 인터넷 사용인구의 급증은 뚜렷한 수익모델이 없는 업체라 할지라도 인터넷을 활용한 비즈니스를 내세우면 투자자들 사이에서 높은 잠재력을 가진 기업으로 인식되는 효과를 낳았다.
> 한편, 1997년 8월에 시행된 벤처기업 육성에 관한 특별조치법은 다음과 같은 상황으로 인해 제정되었다. 법 제정 당시 우리 경제는 혁신적 기술이나 비즈니스 모델에 의한 성장보다는 설비확장에 토대한 외형성장에 주력해 왔다. 그러나 급격한 임금상승, 공장용지와 물류 및 금융 관련 비용 부담 증가, 후발국가의 추격 등은 우리 경제가 하루빨리 기술과 지식을 경쟁력의 기반으로 하는 구조로 변화해야 할 필요성을 높였다. 게다가 1997년 말 외환위기로 30대 재벌의 절반이 부도 또는 법정관리에 들어가게 되면서 재벌을 중심으로 하는 경제성장 방식의 한계가 지적되었고, 이에 따라 우리 경제는 고용창출과 경제성장을 주도할 새로운 기업군을 필요로 하게 되었다. 이로 인해 시행된 벤처기업 육성 정책은 벤처기업에 세제 혜택은 물론, 기술개발, 인력공급, 입지공급까지 다양한 지원을 제공하면서 벤처기업의 폭증에 많은 영향을 주게 되었다.

① 해외 주식시장의 주가 상승은 국내 벤처버블 발생의 주요 원인이 되었다.
② 벤처버블은 한국뿐 아니라 전 세계 모든 국가에서 거의 비슷한 시기에 발생했다.
③ 국내의 벤처기업 육성책 실행은 한국 경제구조 변화의 필요성과 관련을 맺고 있다.
④ 국내 초고속 인터넷 서비스 확대는 벤처기업을 활성화시켰으나 대기업 침체의 요인이 되었다.
⑤ 외환위기는 새로운 기업과 일자리 창출의 필요성을 불러왔고 해외 주식을 대규모로 매입하는 계기가 되었다.

02 다음 빈칸에 들어갈 내용으로 가장 적절한 것은?

> 질병(疾病)이란 유기체의 신체적, 정신적 기능이 비정상으로 된 상태를 일컫는다. 인간에게 있어 질병이란 넓은 의미에서는 극도의 고통을 비롯하여 스트레스, 사회적인 문제, 신체기관의 기능 장애와 죽음까지를 포괄하며, 넓게는 개인에서 벗어나 사회적으로 큰 맥락에서 이해되기도 한다.
> 하지만 다분히 진화 생물학적 관점에서 질병은 인간의 몸 안에서 일어나는 정교하고도 합리적인 자기조절 과정이다. 질병은 정상적인 기능을 할 수 없는 상태임과 동시에, 진화의 역사 속에서 획득한 자기 치료 과정이 ________________이기도 하다. 가령, 기침을 하고, 열이 나고, 통증을 느끼고, 염증이 생기는 것 따위는 자기 조절과 방어 시스템이 작동하는 과정인 것이다.

① 문제를 일으킨 상태
② 비일상적인 특이 상태
③ 정상적으로 가동하고 있는 상태
④ 인구의 개체 변이를 도모하는 상태
⑤ 보다 새로운 정보를 습득하려는 상태

03 다음 중 밑줄 친 ㉠과 관련된 문제해결을 위한 기본요소로 가장 적절한 것은?

> 문제해결을 위해서는 기존의 패러다임, 고정관념, 편견 등 심리적 타성을 극복하고 새로운 아이디어를 효과적으로 낼 수 있어야 하며, 문제해결과정에 필요한 스킬 등을 습득해야 한다. 문제해결을 위해서는 ㉠ <u>이것</u>을 통해 문제해결을 위한 기본 지식과 스킬을 습득해야 한다.

① 체계적인 교육훈련
② 문제해결방법에 대한 지식
③ 문제관련 지식에 대한 가용성
④ 문제해결자의 도전의식과 끈기
⑤ 문제에 대한 체계적인 접근

04 P공사의 기획팀 B팀장은 C사원에게 P공사에 대한 마케팅 전략 보고서를 요청하였다. C사원이 B팀장에게 제출한 SWOT 분석이 다음과 같을 때, 밑줄 친 ㉠ ~ ㉤ 중 SWOT 분석에 들어갈 내용으로 적절하지 않은 것은?

강점(Strength)	• 새롭고 혁신적인 서비스 • ㉠ 직원들에게 가치를 더하는 공사의 다양한 측면 • 특화된 마케팅 전문 지식
약점(Weakness)	• 낮은 품질의 서비스 • ㉡ 경쟁자의 시장 철수로 인한 시장 진입 가능성
기회(Opportunity)	• ㉢ 합작회사를 통한 전략적 협력 구축 가능성 • 글로벌 시장으로의 접근성 향상
위협(Threat)	• ㉣ 주력 시장에 나타난 신규 경쟁자 • ㉤ 경쟁 기업의 혁신적 서비스 개발 • 경쟁 기업과의 가격 전쟁

① ㉠
② ㉡
③ ㉢
④ ㉣
⑤ ㉤

05 K씨는 진찰을 받기 위해 병원에 갔다. 진찰 대기자는 K씨를 포함하여 총 5명이 있다. 이들의 순서가 다음 〈조건〉을 모두 만족한다면, K씨는 몇 번째로 진찰을 받을 수 있는가?

〈조건〉

- A는 B의 바로 앞에 이웃하여 있다.
- A는 C보다 뒤에 있다.
- K는 A보다 앞에 있다.
- K와 D 사이에는 2명이 있다.

① 첫 번째
② 두 번째
③ 세 번째
④ 네 번째
⑤ 다섯 번째

06 다음 기사의 제목으로 가장 적절한 것은?

정부는 '미세먼지 저감 및 관리에 관한 특별법(이하 미세먼지 특별법)' 제정・공포안이 의결돼 내년 2월부터 시행된다고 밝혔다. 미세먼지 특별법은 그동안 수도권 공공・행정기관을 대상으로 시범・시행한 '고농도 미세먼지 비상저감조치'의 법적 근거를 마련했다. 이로 인해 미세먼지 관련 정보와 통계의 신뢰도를 높이기 위해 국가미세먼지 정보센터를 설치하게 되고, 이에 따라 시・도지사는 미세먼지 농도가 비상저감조치 요건에 해당하면 자동차 운행을 제한하거나 대기오염물질 배출시설의 가동시간을 변경할 수 있다. 또한 비상저감조치를 시행할 때 관련 기관이나 사업자에 휴업, 탄력적 근무제도 등을 권고할 수 있게 되었다. 이와 함께 환경부 장관은 관계 중앙행정기관이나 지방자치단체의 장, 시설운영자에게 대기오염물질 배출시설의 가동률 조정을 요청할 수도 있다.

미세먼지 특별법으로 시・도지사, 시장, 군수, 구청장은 어린이나 노인 등이 이용하는 시설이 많은 지역을 '미세먼지 집중관리구역'으로 지정해 미세먼지 저감사업을 확대할 수 있게 되었다. 그리고 집중관리구역 내에서는 대기오염 상시측정망 설치, 어린이 통학차량의 친환경차 전환, 학교 공기정화시설 설치, 수목 식재, 공원 조성 등을 위한 지원이 우선적으로 이뤄지게 된다.

국무총리 소속의 '미세먼지 특별대책위원회'와 이를 지원하기 위한 '미세먼지 개선기획단'도 설치된다. 국무총리와 대통령이 지명한 민간위원장은 위원회의 공동위원장을 맡는다. 위원회와 기획단의 존속 기간은 5년으로 설정했으며 연장하려면 만료되기 1년 전에 그 실적을 평가해 국회에 보고하게 된다.

아울러 정부는 5년마다 미세먼지 저감 및 관리를 위한 종합계획을 수립하고 시・도지사는 이에 따른 시행계획을 수립하고 추진실적을 매년 보고하도록 했다. 또한 미세먼지 특별법은 입자의 지름이 $10\mu m$ 이하인 먼지는 '미세먼지', $2.5\mu m$ 이하인 먼지는 '초미세먼지'로 구분하기로 확정했다.

① 미세먼지와 초미세먼지 구분 방법
② 미세먼지 특별대책위원회의 역할
③ 미세먼지 집중관리구역 지정 방안
④ 미세먼지 저감을 위한 대기오염 상시측정망의 효과
⑤ 미세먼지 특별법의 제정과 시행

07 다음은 P사 직원들이 문화재 관광 콘텐츠의 개발방향을 찾기 위해 자료를 토대로 나눈 대화이다. 이에 대해 옳지 않은 설명을 한 사람은?

〈궁능원 관람객 수 추이〉

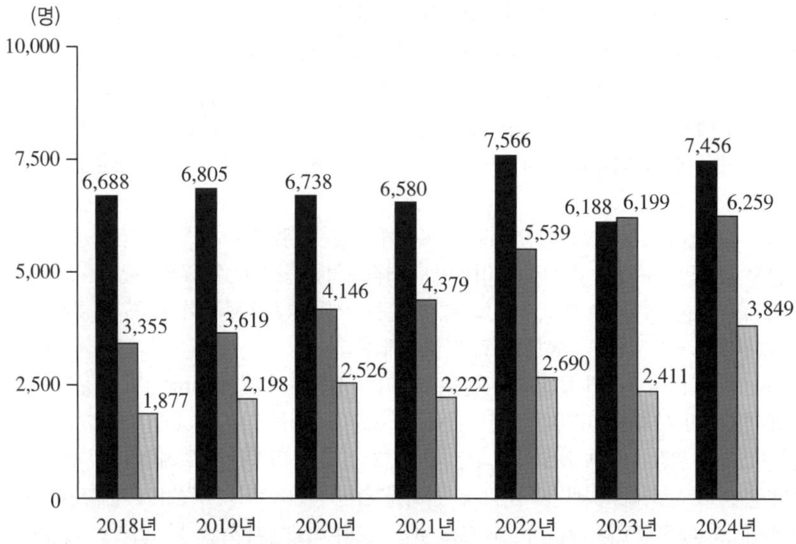

※ 외국인 관람객 수는 전체 관람객 수에 포함된 인원임
※ (전체 관람객 수)=(유료관람객 수)+(무료관람객 수)

① A씨 : 2024년 외국인 관광객 수는 2018년에 비해 102% 이상 증가했네요. 외국인 관광객에 대한 콘텐츠 개발을 더욱더 확충했으면 좋겠어요.

② B씨 : A씨의 의견이 맞는 것 같아요. 2024년의 전체 관람객 수에서 외국인 관람객이 차지한 비중이 2018년에 비해 15%p 이상 증가했네요. 외국인 관람객을 위한 외국어 안내문과 팸플릿을 개선하면 좋겠네요.

③ C씨 : 유료관람객은 2023년을 제외하고 항상 많은 비중을 차지하고 있어요. 유료관람객 확대 유치를 위한 콘텐츠가 필요해요.

④ D씨 : C씨의 의견에 덧붙이자면, 유료관람객 수는 2018년 이후로 증가와 감소가 반복되고 있어요. 유료관람객 수의 지속적인 증가를 위해 지역주민에 대한 할인, 한복업체와 연계한 생활한복 무료대여 행사같이 여러 가지 이벤트를 개발했으면 좋겠어요.

⑤ E씨 : 무료관람객 수의 경우 2018년 이후 지속적으로 증가하는 양상을 보였고 2022년에 전년 대비 가장 많이 증가했지만, 2024년에는 전년 대비 가장 적게 증가했어요.

08 다음은 도서코드(ISBN)에 대한 자료이다. 이를 참고할 때 주문한 도서에 대한 설명으로 옳은 것은?

〈[예시] 도서코드(ISBN)〉

국제표준도서번호					부가기호		
접두부	국가번호	발행자번호	서명식별번호	체크기호	독자대상	발행형태	내용분류
123	12	1234567		1	1	1	123

※ 국제표준도서번호는 5개의 군으로 나누어지고 군마다 '-'로 구분함

〈도서코드(ISBN) 세부사항〉

접두부	국가번호	발행자번호	서명식별번호	체크기호
978 또는 979	한국 89 미국 05 중국 72 일본 40 프랑스 22	발행자번호 – 서명식별번호 7자리 숫자 예 8491 – 208 : 발행자번호가 8491번인 출판사에서 208번째 발행한 책		0 ~ 9

독자대상	발행형태	내용분류
0 교양	0 문고본	030 백과사전
1 실용	1 사전	100 철학
2 여성	2 신서판	170 심리학
3 (예비)	3 단행본	200 종교
4 청소년	4 전집	360 법학
5 중고등 학습참고서	5 (예비)	470 생명과학
6 초등 학습참고서	6 도감	680 연극
7 아동	7 그림책, 만화	710 한국어
8 (예비)	8 혼합자료, 점자자료, 전자책, 마이크로자료	770 스페인어
9 전문		740 영미문학
	9 (예비)	720 유럽사

〈주문도서〉

978 – 05 – 441 – 1011 – 3 14710

① 한국에서 출판한 도서이다.

② 441번째 발행된 도서이다.

③ 발행자번호는 총 7자리이다.

④ 한 권으로만 출판되지는 않았다.

⑤ 한국어로 되어있다.

09 다음은 지역별 전력 최종에너지 소비량 변화에 대한 자료이다. 〈보기〉 중 이에 대한 설명으로 옳지 않은 것은?

〈지역별 전력 최종에너지 소비량〉

구분	2014년		2024년		연평균 증가율(%)
	소비량(천 TOE)	비중(%)	소비량(천 TOE)	비중(%)	
전국	28,588	100.0	41,594	100.0	3.8
서울	3,485	12.2	3,903	9.4	1.1
부산	1,427	5.0	1,720	4.1	1.9
대구	1,063	3.7	1,286	3.1	1.9
인천	1,562	5.5	1,996	4.8	2.5
광주	534	1.9	717	1.7	3.0
대전	624	2.2	790	1.9	2.4
울산	1,793	6.3	2,605	6.3	3.8
세종	–	–	227	0.5	–
경기	5,913	20.7	9,034	21.7	4.3
강원	1,065	3.7	1,394	3.4	2.7
충북	1,244	4.4	1,974	4.7	4.7
충남	1,931	6.8	4,067	9.8	7.7
전북	1,169	4.1	1,899	4.6	5.0
전남	1,617	5.7	2,807	6.7	5.7
경북	2,852	10.0	3,866	9.3	3.1
경남	2,072	7.2	2,913	7.0	3.5
제주	238	0.8	381	0.9	4.8

〈보기〉

전력은 모든 지역에서 소비가 증가하였다. 특히 ㉠ 충청남도가 7.7%로 가장 높은 상승세를 나타냈으며, 이어서 ㉡ 전라도가 5%대의 연평균 증가율을 보이며 뒤를 이었다. 반면에 ㉢ 서울과 달리 부산 및 인천 지역은 증가율이 상대적으로 낮은 편인 것으로 나타났다.
인구가 가장 많은 경기도는 20%대의 비중을 유지하면서 지속해서 가장 높은 수준의 전력을 소비하는 지역으로 나타났으며, ㉣ 2014년 두 번째로 많은 전력을 소비했던 서울은 충청남도에 밀려 2024년에는 세 번째가 되었다. 한편, ㉤ 전국 에너지 소비량은 10년 사이 천만 TOE 이상의 증가를 나타냈다.

① ㉠
② ㉡
③ ㉢
④ ㉣
⑤ ㉤

10 **철수, 영희, 상수는 재충전 횟수에 따른 업체들의 견적을 비교하여 리튬이온배터리를 구매하려고 한다. 다음 〈조건〉을 참고할 때 옳지 않은 것은?**

재충전 \ 방수액	유	무
0회 이상 100회 미만	5,000원	5,000원
100회 이상 300회 미만	10,000원	5,000원
300회 이상 500회 미만	20,000원	10,000원
500회 이상 1,000회 미만	30,000원	15,000원
12,000회 이상	50,000원	20,000원

〈조건〉

- 철수 : 재충전이 12,000회 이상은 되어야 해.
- 영희 : 나는 그렇게 많이는 필요하지 않고, 200회면 충분해.
- 상수 : 나는 무조건 방수액을 발라야 해.

① 철수, 영희, 상수 세 사람이 리튬이온배터리를 가장 저렴하게 구매하는 가격의 총합은 30,000원이다.
② 철수, 영희, 상수 세 사람이 리튬이온배터리를 가장 비싸게 구매하는 가격의 총합은 110,000원이다.
③ 영희가 리튬이온배터리를 가장 저렴하게 구매하는 가격은 10,000원이다.
④ 영희가 가장 비싸게 구매하는 가격과 상수가 가장 비싸게 구매하는 가격의 차이는 30,000원 이상이다.
⑤ 상수가 구매하는 리튬이온배터리의 가장 저렴한 가격과 가장 비싼 가격의 차이는 45,000원이다.

※ 다음은 이번 달 P공사의 업무일정에 대한 자료이다. 이어지는 질문에 답하시오. **[11~12]**

〈업무별 소요 기간 및 순서〉

구분	소요 기간	선결업무
A업무	3일	-
B업무	1일	A
C업무	6일	-
D업무	7일	B
E업무	5일	A
F업무	3일	B, C

| 자원관리능력

11 다음 자료를 토대로 계산했을 때, 모든 업무를 끝마치는 데 걸리는 최소 소요 기간은?

① 8일
② 9일
③ 10일
④ 11일
⑤ 12일

| 자원관리능력

12 다음 〈보기〉에서 자료에 대한 설명으로 옳지 않은 것을 모두 고르면?

〈보기〉

㉠ B업무의 소요 기간이 4일로 연장된다면 D업무를 마칠 때까지 11일이 소요된다.
㉡ D업무의 선결업무가 없다면 모든 업무를 마치는 데 최소 8일이 소요된다.
㉢ E업무의 선결업무에 C업무가 추가된다면 최소 소요 기간은 11일이 된다.
㉣ C업무의 소요 기간이 2일 연장되더라도 최소 소요 기간은 변하지 않는다.

① ㉠, ㉡
② ㉠, ㉢
③ ㉡, ㉢
④ ㉡, ㉣
⑤ ㉢, ㉣

※ 다음 글을 읽고 이어지는 질문에 답하시오. [13~14]

인지부조화는 한 개인이 가지는 둘 이상의 사고, 태도, 신념, 의견 등이 서로 일치하지 않거나 상반될 때 생겨나는 심리적인 긴장상태를 의미한다. 인지부조화는 불편함을 유발하기 때문에 사람들은 이것을 감소시키려고 한다. 인지부조화를 감소시키는 방법은 서로 모순관계에 있어서 양립할 수 없는 인지들 가운데 하나 이상의 인지가 갖는 내용을 바꾸어 양립할 수 있게 만들거나, 서로 모순되는 인지들 간의 차이를 좁힐 수 있는 새로운 인지를 추가하여 부조화된 인지상태를 조화된 상태로 전환하는 것이다.
그런데 실제로 부조화를 감소시키는 행동은 비합리적인 면이 있다. 그 이유는 그러한 행동들이 사람들로 하여금 중요한 사실을 배우지 못하게 하고 자신들의 문제에 대해서 실제적인 해결책을 찾지 못하도록 할 수 있기 때문이다. 부조화를 감소시키려는 행동은 자기방어적인 행동이고, 부조화를 감소시킴으로써 우리는 자신의 긍정적인 이미지, 즉 자신이 선하고 현명하며 상당히 가치 있는 인물이라는 긍정적인 측면의 이미지를 유지하게 된다. 비록 자기방어적인 행동이 유용한 것으로 생각될 수 있지만, 이러한 행동은 부정적인 결과를 초래할 수 있다.
한 실험에서 연구자는 인종차별 문제에 대해서 확고한 입장을 보이는 사람들을 선정하였다. 일부는 차별에 찬성하였고, 다른 일부는 차별에 반대하였다. 선정된 사람들에게 인종차별에 대한 찬성과 반대 의견이 실린 글을 모두 읽게 하였는데, 어떤 글은 지극히 논리적이고 그럴듯하였고, 다른 글은 터무니없고 억지스러운 것이었다. 실험에서는 참여자들이 과연 어느 글을 기억할 것인지에 관심이 있었다. 인지부조화 이론에 따르면, 사람들은 현명한 사람을 자기 편, 우매한 사람을 다른 편이라 생각할 때 마음이 편안해질 것이다. 그렇다면 이 실험에서 인지부조화 이론은 다음과 같은 ㉠ 결과를 예측할 것이다.

| 의사소통능력

13 다음 중 윗글의 내용으로 가장 적절한 것은?

① 사람들은 인지부조화가 일어날 경우 이것을 무시하고 방치하려는 경향이 있다.
② 부조화를 감소시키는 행동은 합리적인 면과 비합리적인 면이 함께 나타난다.
③ 부조화를 감소시키는 행동의 비합리적인 면 때문에 문제에 대한 본질적인 해결책을 찾지 못할 수 있다.
④ 부조화를 감소시키는 자기방어적인 행동은 사람들에게 긍정적인 결과를 가져온다.
⑤ 부조화의 감소는 사람들로 하여금 자신의 긍정적인 이미지를 유지할 수 있게 하고, 부정적인 이미지를 감소시킨다.

| 의사소통능력

14 다음 중 윗글의 밑줄 친 ㉠에 해당하는 내용으로 가장 적절한 것은?

① 참여자들은 자신의 의견과 동일한 주장을 하는 모든 글과 자신의 의견과 반대되는 주장을 하는 모든 글을 기억한다.
② 참여자들은 자신의 의견과 동일한 주장을 하는 모든 글과 자신의 의견과 반대되는 주장을 하는 모든 글을 기억하지 못한다.
③ 참여자들은 자신의 의견과 동일한 주장을 하는 형편없는 글과 자신의 의견과 반대되는 주장을 하는 형편없는 글을 기억한다.
④ 참여자들은 자신의 의견과 동일한 주장을 하는 논리적인 글과 자신의 의견과 반대되는 주장을 하는 형편없는 글을 기억한다.
⑤ 참여자들은 자신의 의견과 동일한 주장을 하는 형편없는 글과 자신의 의견과 반대되는 주장을 하는 논리적인 글을 기억한다.

15 L사원은 신입사원 교육에서 직장생활에서 요구되는 문서적 · 언어적 의사소통능력에 대한 강연을 들었다. 강연을 들으면서 다음과 같이 메모하였다고 할 때, L사원이 작성한 메모의 빈칸에 들어갈 수 없는 것은?

> • 문서적 의사소통능력
>   – 문서이해능력
>   – 문서작성능력
> • 언어적 의사소통능력
>   – 경청능력
>   – 의사표현능력
> → 문서적인 의사소통은 언어적인 의사소통에 비해 ______이 있고, ______이 높고, ______도 크다.

① 권위감
② 정확성
③ 전달성
④ 보존성
⑤ 유동성

16 P공사 B과장이 내년에 해외근무 신청을 하기 위해서는 의무 교육이수 기준을 만족해야 한다. B과장이 지금까지 글로벌 경영교육 17시간, 해외사무영어교육 50시간, 국제회계교육 24시간을 이수하였다면, 의무 교육이수 기준에 미달인 과목과 그 과목의 부족한 점수를 바르게 나열한 것은?

〈의무 교육이수 기준〉

(단위 : 점)

구분	글로벌 경영	해외사무영어	국제회계
이수 완료 점수	15	60	20
시간당 점수	1	1	2

※ 초과 이수 시간은 시간당 0.2점으로 환산하여 해외사무영어 점수에 통합함

	과목	점수
①	해외사무영어	6.8점
②	해외사무영어	7.0점
③	글로벌경영	7.0점
④	국제회계	6.8점
⑤	국제회계	5.8점

17 P사원은 지하철을 타고 출근하는데, 속력이 60km/h인 지하철에 갑자기 이상이 생겨 평소 속력의 0.4배로 운행하게 되었다. 지하철이 평소보다 45분 늦게 도착하였다면, P사원이 출발하는 역부터 도착하는 역까지 지하철의 이동거리는 얼마인가?

① 20km
② 25km
③ 30km
④ 35km
⑤ 40km

| 문제해결능력

18 다음 글의 내용이 참일 때, 항상 참인 것은?

> 전 세계적 금융위기로 인해 그 위기의 근원지였던 미국의 경제가 상당한 피해를 입었다. 미국에서는 경제회복을 위해 통화량을 확대하는 양적완화 정책을 실시할 것인지를 두고 논란이 있었다. 미국의 양적완화는 미국 경제회복에 효과가 있겠지만, 국제 경제에 적지 않은 영향을 줄 수 있기 때문이다. 미국이 양적완화를 실시하면, 달러화의 가치가 하락하고 우리나라의 달러 환율도 하락한다. 우리나라의 달러 환율이 하락하면 우리나라의 수출이 감소한다. 우리나라 경제는 대외 의존도가 높기 때문에 경제의 주요지표들이 개선되기 위해서는 수출이 감소하면 안 된다. 또한 미국이 양적완화를 중단하면 미국 금리가 상승한다. 미국 금리가 상승하면 우리나라 금리가 상승하고, 우리나라 금리가 상승하면 우리나라에 대한 외국인 투자가 증가한다. 또한 우리나라 금리가 상승하면 우리나라의 가계부채 문제가 심화된다. 가계부채 문제가 심화되는 나라의 국내소비는 감소한다. 국내소비가 감소하면, 경제의 전망이 어두워진다.

① 우리나라의 수출이 증가했다면 달러화 가치가 하락했을 것이다.
② 우리나라의 가계부채 문제가 심화되었다면 미국이 양적완화를 중단했을 것이다.
③ 우리나라에 대한 외국인 투자가 감소하면 우리나라 경제의 전망이 어두워질 것이다.
④ 우리나라 경제의 주요지표들이 개선되었다면 우리나라의 달러 환율이 하락하지 않았을 것이다.
⑤ 우리나라의 국내소비가 감소하지 않았다면 우리나라에 대한 외국인 투자가 감소하지 않았을 것이다.

19 P공단에서는 약 2개월 동안 근무할 인턴사원을 선발하고자 다음과 같은 공고를 게시하였다. 이에 지원한 A ~ E지원자 중에서 P공단의 인턴사원으로 가장 적합한 지원자는?

〈인턴 모집 공고〉

- 근무기간 : 약 2개월(6 ~ 8월)
- 자격 요건
  - 1개월 이상 경력자
  - 포토샵 가능자
  - 근무 시간(9 ~ 18시) 이후에도 근무가 가능한 자
- 기타 사항
  - 경우에 따라서 인턴 기간이 연장될 수 있음

A지원자	• 경력 사항 : 출판사 3개월 근무 • 컴퓨터 활용 능력 中(포토샵, 워드 프로세서) • 대학 휴학 중(9월 복학 예정)
B지원자	• 경력 사항 : 없음 • 포토샵 능력 우수 • 전문대학 졸업
C지원자	• 경력 사항 : 마케팅 회사 1개월 근무 • 컴퓨터 활용 능력 上(포토샵, 워드 프로세서, 파워포인트) • 4년제 대학 졸업
D지원자	• 경력 사항 : 제약 회사 3개월 근무 • 포토샵 가능 • 저녁 근무 불가
E지원자	• 경력 사항 : 마케팅 회사 1개월 근무 • 컴퓨터 활용 능력 中(워드 프로세서, 파워포인트) • 대학 졸업

① A지원자
② B지원자
③ C지원자
④ D지원자
⑤ E지원자

20 다음 자료를 토대로 할 때, 의사소통에 대한 설명으로 가장 적절한 것은?

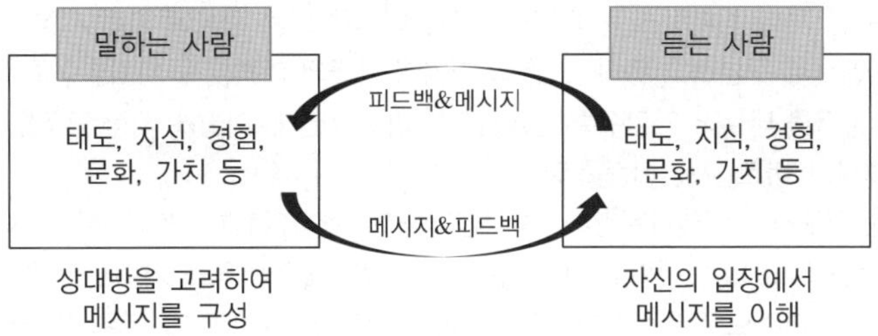

① 의사소통은 상대방에게 메시지를 전달하는 과정이다.
② 의사소통은 정보 전달만을 목적으로 한다.
③ 일방적인 문서를 통한 의사 전달도 의사소통으로 볼 수 있다.
④ 의사소통은 상대방과의 상호작용을 통해 메시지를 다루는 과정이다.
⑤ 성공적인 의사소통을 위해서는 상대방에게 자신의 정보를 최대한 많이 전달해야 한다.

21 다음은 P시의 어느 한 주간 최고기온과 최저기온을 나타낸 자료이다. 일주일 중 일교차가 가장 큰 요일은?

구분	월요일	화요일	수요일	목요일	금요일	토요일	일요일
최고기온(℃)	10.7	12.3	11.4	6.6	10.4	12.7	10.1
최저기온(℃)	−1.8	−1.3	2.0	−1.1	−3.1	0.1	−1.5

① 월요일
② 화요일
③ 금요일
④ 토요일
⑤ 일요일

22 다음 글의 주제로 가장 적절한 것은?

경제학에서는 한 재화나 서비스 등의 공급이 기업에 집중되는 양상에 따라 시장 구조를 크게 독점시장, 과점시장, 경쟁시장으로 구분하고 있다. 소수의 기업이 공급의 대부분을 차지할수록 독점시장에 가까워지고, 다수의 기업이 공급을 나누어 가질수록 경쟁시장에 가까워진다. 이렇게 시장 구조를 구분하기 위해서 사용하는 지표 중의 하나가 바로 '시장집중률'이다.
시장집중률을 이해하기 위해서는 먼저 '시장점유율'에 대한 이해가 있어야 한다. 시장점유율이란 시장 안에서 특정 기업이 차지하고 있는 비중을 의미하는데, 생산량, 매출액 등을 기준으로 측정할 수 있다. Y기업의 시장점유율을 생산량 기준으로 측정한다면 '[(Y기업의 생산량)÷(시장 내 모든 기업의 생산량의 총합)]×100'으로 나타낼 수 있다.
시장점유율이 시장 내 한 기업의 비중을 나타내 주는 수치라면, 시장집중률은 시장 내 일정 수의 상위 기업들이 차지하는 비중을 나타내 주는 수치, 즉 일정 수의 상위 기업의 시장점유율을 합한 값이다. 몇 개의 상위 기업을 기준으로 삼느냐는 나라마다 자율적으로 결정하고 있는데, 우리나라에서는 상위 3대 기업의 시장점유율을 합한 값을, 미국에서는 상위 4대 기업의 시장점유율을 합한 값을 시장집중률로 채택하여 사용하고 있다.
이렇게 산출된 시장집중률을 통해 시장 구조를 구분해 볼 수 있는데, 시장집중률이 높으면 그 시장은 공급이 소수의 기업에 집중되어 있는 독점시장으로 구분하고, 시장집중률이 낮으면 공급이 다수의 기업에 의해 분산되어 있는 경쟁시장으로 구분한다. 한국개발연구원에서는 어떤 산업에서의 시장집중률이 80% 이상이면 독점시장, 60% 이상 80% 미만이면 과점시장, 60% 미만이면 경쟁시장으로 구분하고 있다.
시장집중률을 측정하는 기준에는 여러 가지가 있기 때문에 어느 것을 기준으로 삼느냐에 따라 측정 결과에 차이가 생기며 이에 대한 경제학적인 해석도 달라진다. 어느 시장의 시장집중률을 '생산량' 기준으로 측정했을 때 A, B, C기업이 상위 3대 기업이고 시장집중률이 80%로 측정되었다고 하더라도, '매출액' 기준으로 측정했을 때는 D, E, F기업이 상위 3대 기업이 되고 시장집중률이 60%가 될 수도 있다.
이처럼 시장집중률은 시장 구조를 구분하는 데 매우 유용한 지표이며, 이를 통해 시장 내의 공급이 기업에 집중되는 양상을 파악해 볼 수 있다.

① 시장 구조의 변천사
② 시장집중률의 개념과 의의
③ 독점시장과 경쟁시장의 비교
④ 우리나라 시장점유율의 특성
⑤ 시장집중률을 확대하기 위한 방안

23 P회사는 글로벌 기업으로, 외국에 많은 지사를 운영하고 있어 협업을 통해 업무가 이루어진다. 모스크바 지사에 있는 A대리는 8월 19일 오후 2시에 프로젝트 보고서 작성을 시작해 완성한 후 밴쿠버 지사에 있는 B대리에게 전송했다. B대리는 8월 19일 출근해 메일이 오전 6시에 도착한 것을 확인한 다음 오전 9시부터 보고서 작성을 시작해 마무리한 후 바로 뉴욕 본사에 있는 C대리에게 자료를 전송했다. C대리는 8월 19일 오후 4시에 자료를 받자마자 1시간 동안 검토한 후 보고서를 제출했다. 다음 중 세 명이 업무를 마무리하는 데 걸린 시간은 총 몇 시간인가?

위치	시차
런던	GMT+0
모스크바	GMT+3
밴쿠버	GMT−8
뉴욕	GMT−5

① 8시간
② 9시간
③ 10시간
④ 11시간
⑤ 12시간

24 세 상품 A ~ C에 대한 선호도 조사를 실시했다. 조사에 응한 사람이 가장 좋아하는 상품부터 1 ~ 3순위를 부여하여 조사의 결과가 다음 〈조건〉과 같이 나왔을 때, C에 3순위를 부여한 사람의 수는?(단, 두 상품에 같은 순위를 표시할 수는 없다)

〈조건〉

- 조사에 응한 사람은 20명이다.
- A를 B보다 선호한 사람은 11명이다.
- B를 C보다 선호한 사람은 14명이다.
- C를 A보다 선호한 사람은 6명이다.
- C에 1순위를 부여한 사람은 없다.

① 4명
② 5명
③ 6명
④ 7명
⑤ 8명

25 P기업에서는 투자 대안을 마련하기 위해 투자대상을 검토할 때, 기대수익률(Expected Profit Rate)과 표준편차(Standard Deviation)를 이용한다. 특히, 표준편차는 투자 대안의 위험수준을 평가하는 데 활용된다. 바람직한 투자 대안을 평가하는 데 있어 지배원리를 적용하며, 위험 한 단위당 기대수익률이 높은 투자 대안을 선호한다. 다음 중 투자 대안에 대한 설명으로 옳은 것은?

투자 대안	A	B	C	D	E	F	G
기대수익률(%)	8	10	6	5	8	6	12
표준편차(%)	5	5	4	2	4	3	7

※ 지배원리란 동일한 기대수익률이면 최소의 위험을, 동일한 위험이면 최대의 수익률을 가지는 포트폴리오를 선택하는 원리를 말함

① 투자 대안 A와 E, C와 F는 동일한 기대수익률이 예상되기 때문에 서로 우열을 가릴 수 없다.
② 투자 대안 A, B, C, D 중에서 어느 것이 낫다고 평가할 수는 없다.
③ 투자 대안 G가 기대수익률이 가장 높기 때문에 가장 바람직한 대안이다.
④ 위험 한 단위당 기대수익률이 같은 투자 대안은 E와 F이다.
⑤ 투자 대안 E는 B와 G에 비해 우월하다.

26 P사에서 파견 근무를 나갈 10명을 뽑아 팀을 구성하려 한다. 새로운 팀 내에서 팀장 1명과 회계 담당자 2명을 뽑으려고 할 때, 이 인원을 뽑는 경우는 몇 가지인가?

① 300가지
② 320가지
③ 348가지
④ 360가지
⑤ 396가지

27 다음 글의 밑줄 친 ㉠의 내용으로 가장 적절한 것은?

2024년 7월 2일이 출산 예정일이었던 갑은 2024년 6월 28일 아이를 출산하여, 2024년 7월 10일에 P구 건강관리센터 산모·신생아 건강관리 서비스를 신청하였다. 2024년 1월 1일에 P구에 주민등록이 된 이후 갑은 주민등록지를 변경하지 않았으며, 실제로 P구에 거주하였다. 갑의 신청을 검토한 P구는 P구 산모·신생아 건강관리 지원에 관한 조례(이하 "조례"라 한다)와 P구 건강관리센터 운영규정(이하 "운영규정"이라 한다)이 불일치한다는 문제를 발견하였다. 이에 ㉠ 운영규정과 조례 중 무엇도 위반하지 않고 갑이 30만 원 이하의 본인 부담금만으로 해당 서비스를 이용할 수 있도록 조례 또는 운영규정을 일부 개정하였다.

P구 산모·신생아 건강관리 지원에 관한 조례
산모·신생아 건강관리 지원(제8조)
① 구청장은 출산 예정일 또는 출산일을 기준으로 6개월 전부터 계속하여 P구에 주민등록을 두고 있는 산모와 출산 예정일 또는 출산일을 기준으로 1년 전부터 계속하여 P구를 국내 체류지로 하여 외국인 등록을 하고 P구에 체류하는 외국인 산모에게 산모·신생아 건강관리 서비스를 제공할 수 있다.
② 구청장은 제1항에 따른 서비스의 본인 부담금을 이용금액 기준에 따라 30만 원 한도 내에서 서비스 수급자에게 부과할 수 있다.

P구 건강관리센터 운영규정
산모·신생아 건강관리 지원(제21조)
① 다음 각 호의 어느 하나에 해당하는 사람은 산모·신생아 건강관리 서비스를 이용할 수 있다.
 1. 출산일을 기준으로 6개월 전부터 계속하여 P구에 주민등록을 두고 실제로 P구에 거주하고 있는 산모
 2. 출산일을 기준으로 6개월 전부터 P구를 국내 체류지로 하여 외국인 등록을 하고 실제로 P구에 체류하고 있는 외국인 산모
② 제1항에 따른 서비스를 이용하는 경우 서비스 수급자에게 본인 부담금이 부과될 수 있다. 그 산정은 P구 산모·신생아 건강관리 지원에 관한 조례의 기준에 따른다.

① 운영규정 제21조 제3항과 조례 제8조 제3항으로 '신청일은 출산일 기준 10일을 경과할 수 없다.'를 신설한다.
② 운영규정 제21조 제1항의 '실제로 P구에 거주하고'와 '실제로 P구에 체류하고'를 삭제한다.
③ 운영규정 제21조 제2항의 '본인 부담금'을 '30만 원 이하의 본인 부담금'으로 개정한다.
④ 운영규정 제21조 제1항의 '출산일'을 모두 '출산 예정일 또는 출산일'로 개정한다.
⑤ 조례 제8조 제1항의 '1년'을 '6개월'로 개정한다.

28 P사는 전 직원을 대상으로 유연근무제에 대한 찬반투표를 진행하였다. 그 결과 전체 직원의 80%가 찬성하였고, 20%는 반대하였다. 전 직원의 40%는 여직원이고, 유연근무제에 찬성한 직원의 70%는 남직원이었다. 여직원 한 명을 뽑았을 때, 이 직원이 유연근무제에 찬성했을 확률은?(단, 모든 직원은 찬성이나 반대의 의사표시를 하였다)

① $\frac{1}{5}$ ② $\frac{2}{5}$

③ $\frac{3}{5}$ ④ $\frac{4}{6}$

⑤ $\frac{5}{6}$

29 P의류회사는 제품의 판매촉진을 위해 TV광고를 기획하고 있는데, 다음은 광고모델 후보 5명에 대한 자료이다. 이를 토대로 향후 1년 동안 광고효과가 가장 클 것으로 예상되는 모델은 누구인가?

〈광고모델별 1년 계약금 및 광고 1회당 광고효과〉

(단위 : 천 원)

모델	1년 계약금	1회당 광고비	1회당 광고효과(예상)	
			수익 증대 효과	브랜드 가치 증대 효과
A	120,000	2,500	140,000	130,000
B	80,000		80,000	110,000
C	100,000		100,000	120,000
D	90,000		80,000	90,000
E	70,000		60,000	80,000
비고	• (총 광고효과)=(1회당 광고효과)×(1년 광고횟수) • (1회당 광고효과)=(1회당 수익 증대 효과)+(1회당 브랜드 가치 증대 효과) • (1년 광고횟수)=(1년 광고비)÷(1회당 광고비) • (1년 광고비)=1억 8천만 원−(1년 계약금)			

① A ② B

③ C ④ D

⑤ E

30 직원들끼리 이번 달 성과급에 대해 이야기를 나누고 있다. 성과급은 반드시 늘거나 줄어들었고, 직원 A～E 중 1명만 거짓말을 하고 있을 때, 항상 참인 것은?

> A직원 : 나는 이번에 성과급이 늘어났어. 그래도 B만큼은 오르지는 않았네.
> B직원 : 맞아, 난 성과급이 좀 늘어났지. D보다 조금 더 늘었어.
> C직원 : 좋겠다. 오, E도 성과급이 늘어났네.
> D직원 : 무슨 소리야, E는 C와 같이 성과급이 줄어들었는데.
> E직원 : 그런 것보다 D가 A보다 성과급이 조금 올랐는데.

① 직원 E의 성과급 순위를 알 수 없다.
② 직원 D의 성과급이 가장 많이 올랐다.
③ 직원 A의 성과급이 오른 사람 중 가장 적다.
④ 직원 C는 성과급이 줄어들었다.
⑤ 직원 B의 성과급이 가장 많이 올랐다.

31 농도 5%의 설탕물 600g을 1분 동안 가열하면 10g의 물이 증발한다. 이 설탕물을 10분 동안 가열한 후, 다시 설탕물 200g을 넣었더니 10%의 설탕물 700g이 되었다. 이때 더 넣은 설탕물 200g의 농도는 얼마인가?(단, 용액의 농도와 관계없이 가열하는 시간과 증발하는 물의 양은 비례한다)

① 5% ② 10%
③ 15% ④ 20%
⑤ 25%

32 P공사에서는 2월 셋째 주에 연속 이틀에 걸쳐 본사에 있는 B강당에서 인문학 특강을 진행하려고 한다. 강당을 이용할 수 있는 날과 강사의 스케줄을 고려할 때 섭외 가능한 강사는?

〈B강당 이용 가능 날짜〉

구분	월요일	화요일	수요일	목요일	금요일
오전(9 ~ 12시)	×	○	×	○	○
오후(13 ~ 14시)	×	×	○	○	×

※ 가능 : ○, 불가능 : ×

〈섭외 강사 후보 스케줄〉

A강사	매주 수 ~ 목요일 10 ~ 14시 문화센터 강의
B강사	첫째 주, 셋째 주 화요일, 목요일 10 ~ 14시 대학교 강의
C강사	매월 첫째 ~ 셋째 주 월요일, 수요일 오후 12 ~ 14시 면접 강의
D강사	매주 수요일 오후 13시 ~ 16시, 금요일 오전 9 ~ 12시 도서관 강좌
E강사	매월 첫째, 셋째 주 화 ~ 목요일 오전 9 ~ 11시 강의

※ P공사 본사까지의 이동거리와 시간은 고려하지 않음
※ 강의는 연속 이틀로 진행되며 강사는 동일해야 함

① A, B강사
② B, C강사
③ C, D강사
④ C, E강사
⑤ D, E강사

33 **다음 글에서 밑줄 친 ㉠ ~ ㉤의 수정 방안으로 적절하지 않은 것은?**

> 행동경제학은 기존의 경제학과 ㉠ <u>다른</u> 시선으로 인간을 바라본다. 기존의 경제학은 인간을 철저하게 합리적이고 이기적인 존재로 상정(想定)하여, 인간은 시간과 공간에 관계없이 일관된 선호를 보이며 효용을 극대화하는 방향으로 선택을 한다고 본다. ㉡ <u>기존의 경제학자들은 인간의 행동이 예측 가능하다는 것을 전제(前提)로 경제 이론을 발전시켜 왔다</u>. 반면 행동경제학에서는 인간이 제한적으로 합리적이며 감성적인 존재라고 보며, 처한 상황에 따라 선호가 바뀌기 때문에 그 행동을 예측하기 어렵다고 생각한다. 또한 인간은 효용을 ㉢ <u>극대화하기 보다는</u> 어느 정도 만족하는 선에서 선택을 한다고 본다. 행동경제학은 기존의 경제학이 가정하는 인간관을 지나치게 이상적이고 비현실적이라고 비판한다. ㉣ <u>그러나</u> 행동경제학은 인간이 때로는 이타적인 행동을 하고 비합리적인 행동을 하는 존재라는 점을 인정하며, 현실에 ㉤ <u>실제하는</u> 인간을 연구 대상으로 한다.

① ㉠ : 문맥을 고려하여 '같은'으로 고친다.
② ㉡ : 문장을 자연스럽게 연결하기 위해 문장 앞에 '그러므로'를 추가한다.
③ ㉢ : 띄어쓰기가 올바르지 않으므로 '극대화하기보다는'으로 고친다.
④ ㉣ : 앞 문장과의 내용을 고려하여 '그래서'로 고친다.
⑤ ㉤ : 맞춤법에 어긋나므로 '실재하는'으로 고친다.

34 **다음은 P공사에서 KTX 부정승차 적발 건수를 조사한 자료이다. 2018 ~ 2023년의 KTX 부정승차 평균 적발 건수는 70,000건, 2019 ~ 2024년의 평균은 65,000건이라고 할 때, 2024년 부정승차 적발 건수와 2018년 부정승차 적발 건수의 차이는 얼마인가?**

〈KTX 부정승차 적발 건수〉

(단위 : 천 건)

구분	2018년	2019년	2020년	2021년	2022년	2023년
부정승차 적발 건수		65	70	82	62	67

① 32,000건
② 31,000건
③ 30,000건
④ 29,000건
⑤ 28,000건

35 다음 글의 내용으로 적절한 것을 〈보기〉에서 모두 고르면?

> 육조는 조선시대에 국가의 정무를 나누어 맡아 보던 이조, 호조, 예조, 병조, 형조, 공조에 대한 총칭이다. 별칭으로 육부 또는 육관으로 불리었다. 육조의 기능을 보면 이조는 주로 인사를 담당하였으며, 호조는 재정・경제와 호적 관리를, 예조는 과거 관리 및 일반 의례를 담당했고, 병조는 군제와 군사를, 형조는 형벌 및 재판과 노비문제를, 공조는 도로, 교량, 도량형 등을 관리했다.
> 육조는 조마다 정2품의 판서 1인, 종2품의 참판 1인, 정3품의 참의 1인, 정5품의 정랑이 2인에서 4인, 정6품의 좌랑이 2인에서 4인 등으로 구성되었다. 사무 운영에서 일상적 업무처리는 정랑・좌랑이, 중대사 및 돌발적인 업무는 판서・참판・참의 등 당상관(정3품 이상)이 중심이 되어 처리했다.
> 육조의 서열은 1418년까지는 이, 병, 호, 예, 형, 공조의 순서였고, 이후에는 이, 호, 예, 병, 형, 공조의 순서가 되었다. 즉, 조선 세종 이후 병조가 약화되고 재무를 다루던 호조와 의례를 다루던 예조가 강화되었다. 육조는 왕권 및 통치 구조와 연관되면서 수시로 그 세력이 조절되었지만, 법제적으로는 국정의 가장 중심이 되는 기관이었다. 육조의 정랑・좌랑은 임기를 마치면 승진되는 특혜를 받았으며, 이, 예, 병조의 정랑・좌랑은 문관만 재직할 수 있도록 되어 있었다.

〈보기〉

ㄱ. 조선시대에는 관료의 채용관련 업무와 관료의 승진・평가업무를 한 부서에서 전담하지 않았다.
ㄴ. 조선시대 군제와 군사를 담당하는 병조는 무관의 고유 업무 영역이었다.
ㄷ. 조선시대 육조에는 18명의 당상관이 있었으며, 육관의 서열이 정해져 있었다.
ㄹ. 조선 초기에 비해 조선 후기에는 실학사상의 영향으로 호조의 역할이 강화되었다.
ㅁ. 조선시대 당상관의 경우에는 임기제로 운영되고 있었다.

① ㄱ, ㄴ
② ㄱ, ㄷ
③ ㄴ, ㄷ
④ ㄴ, ㄹ
⑤ ㄹ, ㅁ

36 다음은 P기업의 디자인부 직원들이 매출 감소를 분석한 대화 내용이다. 직원들의 문제해결 장애 요소가 바르게 연결된 것은?

> 부서장 : 매출이 계속하여 감소하는데 이에 대해 여러분의 의견을 듣고 싶습니다.
> A직원 : 디자인을 더 다양하게 하는 게 어떨까요? 제가 전 세계 유명 브랜드의 디자인을 30개 정도 가져와 봤습니다.
> B직원 : 제 생각에는 독특한 디자인을 하는 게 좋을 것 같습니다. 요즘 젊은 사람들은 개성 있는 디자인을 좋아한다고 합니다.
> C직원 : 제가 갑자기 아이디어가 떠올랐습니다. 가격을 낮추고 광고를 더 늘리는 게 좋을 것 같습니다.

	고정관념에 얽매이는 경우	쉽게 떠오르는 단순한 생각에 의지하는 경우	지나치게 많은 자료를 수집하는 경우
①	A직원	B직원	C직원
②	A직원	C직원	B직원
③	B직원	A직원	C직원
④	B직원	C직원	A직원
⑤	C직원	A직원	B직원

37 사냥개가 토끼의 뒤를 쫓고 있다. 사냥개가 세 걸음을 달리는 동안 토끼는 네 걸음을 달리고, 사냥개의 두 걸음의 길이는 토끼의 세 걸음의 길이와 같다고 한다. 사냥개와 토끼 사이의 거리가 10m라고 할 때, 사냥개가 토끼를 잡으려면 몇 m를 더 달려야 하는가?

① 82m
② 85m
③ 88m
④ 90m
⑤ 94m

38 창의적으로 사고하기 위해서는 다양한 사실이나 아이디어를 창출할 수 있는 발산적 사고가 필요하다. 이러한 발산적 사고에는 대표적인 방법으로 자유연상법, 강제연상법, 비교발상법 등이 있다. 다음 〈보기〉에서 강제연상법에 해당하는 것을 모두 고르면?

〈보기〉

㉠ 주제의 본질과 닮은 것을 힌트로 하여 아이디어를 발상한다.
㉡ 생각나는 대로 자유롭게 발상함으로써 다양한 아이디어를 창출한다.
㉢ 대상과 비슷한 것을 찾아내어 그것을 힌트로 새로운 아이디어를 창출한다.
㉣ 실제로는 관련이 없어 보이는 것들을 조합하여 새로운 아이디어를 도출한다.
㉤ 찾고자 하는 내용을 표로 정리해 차례대로 그와 관련된 아이디어를 도출한다.
㉥ 집단의 효과를 통해 아이디어의 연쇄반응을 일으켜 다양한 아이디어를 창출한다.
㉦ 각종 힌트를 통해 사고의 방향을 미리 정하고, 그것과 연결지어 아이디어를 발상한다.

① ㉠, ㉥
② ㉤, ㉦
③ ㉠, ㉥, ㉦
④ ㉡, ㉤, ㉦
⑤ ㉢, ㉣, ㉤

39 다음은 P국의 치료감호소 수용자 현황에 대한 자료이다. 빈칸 (가) ~ (라)에 해당하는 수를 모두 더한 값은?

〈치료감호소 수용자 현황〉

(단위 : 명)

구분	약물	성폭력	심신장애자	합계
2019년	89	77	520	686
2020년	(가)	76	551	723
2021년	145	(나)	579	824
2022년	137	131	(다)	887
2023년	114	146	688	(라)
2024년	88	174	688	950

① 1,524
② 1,639
③ 1,751
④ 1,763
⑤ 1,770

40 다음 글에서 (가) ~ (마) 문단의 서술상 특징으로 적절하지 않은 것은?

(가) 신문이나 잡지는 대부분 유료로 판매된다. 반면에 인터넷 뉴스 사이트는 신문이나 잡지의 기사와 같거나 비슷한 내용을 무료로 제공한다. 왜 이런 현상이 발생하는 것일까?

(나) 이 현상 속에는 경제학적 배경이 숨어 있다. 대체로 상품의 가격은 그 상품을 생산하는 데 드는 비용의 언저리에서 결정된다. 생산 비용이 많이 들면 들수록 상품의 가격이 상승하는 것이다. 그런데 인터넷에 게재되는 기사를 생산하는 데 드는 비용은 0에 가깝다. 기자가 컴퓨터로 작성한 기사를 신문사 편집실로 보내 종이 신문에 게재하고, 그 기사를 그대로 재활용하여 인터넷 뉴스 사이트에 올리기 때문이다. 또한, 인터넷뉴스 사이트 방문자 수가 증가하면 사이트에 걸어 놓은 광고에 대한 수입도 증가하게 된다. 이러한 이유로 신문사들은 경쟁적으로 인터넷 뉴스 사이트를 개설하여 무료로 운영했다.

(다) 그런데 무료인터넷 뉴스 사이트를 이용하는 사람들이 폭발적으로 늘어나면서 돈을 내고 신문이나 잡지를 구독하는 사람들이 점점 줄어들기 시작했다. 그 결과 언론사들의 수익률이 감소하여 재정이 악화되었다. 문제는 여기서 그치지 않는다. 언론사들의 재정적 악화는 깊이 있고 정확한 뉴스를 생산하는 그들의 능력을 저하하거나 사라지게 할 수도 있다. 결국, 그로 인한 피해는 뉴스를 이용하는 소비자에게로 되돌아올 것이다.

(라) 그래서 언론사들, 특히 신문사들의 재정 악화 개선을 위해 인터넷 뉴스를 유료화해야 한다는 의견이 있다. 하지만 그러한 주장을 현실화하는 것은 그리 간단하지 않다. 소비자들은 어떤 상품을 구매할 때 그 상품의 가격이 얼마 정도면 구매할 것이고, 얼마 이상이면 구매하지 않겠다는 마음의 선을 긋는다. 이 선의 최대치가 바로 최대지불의사(Willingness To Pay)이다. 소비자들의 머릿속에 한 번 각인된 최대지불의사는 좀처럼 변하지 않는 특성이 있다. 인터넷 뉴스의 경우 오랫동안 소비자에게 무료로 제공되었고, 그러는 사이 인터넷 뉴스에 대한 소비자들의 최대지불의사도 0으로 굳어진 것이다. 그런데 이제 와서 무료로 이용하던 정보를 유료화한다면 소비자들은 여러 이유를 들어 불만을 토로할 것이다.

(마) 해외 신문 중 일부 경제 전문지는 이러한 문제를 성공적으로 해결했다. 그들은 매우 전문화되고 깊이 있는 기사를 작성하여 소비자에게 제공하는 대신 인터넷 뉴스 사이트를 유료화했다. 그럼에도 불구하고 많은 소비자가 기꺼이 돈을 내고 이들 사이트의 기사를 이용하고 있다. 전문화되고 맞춤화된 뉴스일수록 유료화 잠재력이 높은 것이다. 이처럼 제대로 된 뉴스를 만드는 공급자와 제값을 내고 제대로 된 뉴스를 소비하는 수요자가 만나는 순간 문제 해결의 실마리를 찾을 수 있을 것이다.

① (가) : 현상을 제시하고 있다.
② (나) : 현상의 발생 원인을 분석하고 있다.
③ (다) : 현상의 문제점을 지적하고 있다.
④ (라) : 현상의 긍정적 측면을 강조하고 있다.
⑤ (마) : 문제의 해결 방안을 시사하고 있다.

41 다음은 우리나라 지역별 가구 수와 1인 가구 수를 나타낸 자료이다. 이에 대한 설명으로 옳은 것은?

〈지역별 가구 수 및 1인 가구 수〉

(단위 : 천 가구)

구분	전체 가구	1인 가구
서울특별시	3,675	1,012
부산광역시	1,316	367
대구광역시	924	241
인천광역시	1,036	254
광주광역시	567	161
대전광역시	596	178
울산광역시	407	97
경기도	4,396	1,045
강원도	616	202
충청북도	632	201
충청남도	866	272
전라북도	709	222
전라남도	722	242
경상북도	1,090	365
경상남도	1,262	363
제주특별자치도	203	57
합계	19,017	5,279

① 전체 가구 대비 1인 가구의 비율이 가장 높은 지역은 충청북도이다.
② 서울특별시 · 인천광역시 · 경기도의 1인 가구는 전체 1인 가구의 40% 이상을 차지한다.
③ 도 지역의 가구 수 총합보다 서울특별시 및 광역시의 가구 수 총합이 더 크다.
④ 경기도를 제외한 도 지역 중 1인 가구 수가 가장 많은 지역이 전체 가구 수도 제일 많다.
⑤ 전라북도와 전라남도의 1인 가구 수 합의 2배는 경기도의 1인 가구 수보다 많다.

※ 어떤 의사는 다음 규칙에 따라 회진을 한다. 이어지는 질문에 답하시오. **[42~43]**

〈병실 위치〉

101호	102호	103호	104호
105호	106호	107호	108호

〈환자 정보〉

환자	호실	일정
A	101호	09:00 ~ 09:40 정기 검사
B	107호	11:00 ~ 12:00 오전 진료
C	102호	10:20 ~ 11:00 오전 진료
D	106호	10:20 ~ 11:00 재활 치료
E	103호	10:00 ~ 10:30 친구 문병
F	101호	08:30 ~ 09:45 가족 문병

〈회진 규칙〉

- 회진은 한 번에 모든 환자를 순서대로 한 번에 순회한다.
- 101호부터 회진을 시작한다.
- 같은 방에 있는 환자는 연속으로 회진한다.
- 회진은 9시 30분부터 12시까지 완료한다.
- 환자의 일정이 있는 시간은 기다린다.
- 회진은 환자 한 명마다 10분이 소요된다.
- 각 방을 이동하는 데 옆방(예 105호 옆방은 106호)은 행동 수치 1이, 마주보는 방(예 104호 마주보는 방 108호)은 행동 수치 2가 소요된다(시간에 적용하지는 않는다).
- 방을 이동하는 데 소요되는 행동 수치가 가장 적게 되도록 회진한다.

❙ 문제해결능력

42 다음 중 의사가 세 번째로 회진하는 환자는?(단, 주어진 규칙 외의 다른 조건은 고려하지 않는다)

① B환자
② C환자
③ D환자
④ E환자
⑤ F환자

❙ 문제해결능력

43 다음 중 의사의 회진에 대한 설명으로 옳은 것은?

① E환자를 B환자보다 먼저 진료한다.
② 의사가 네 번째로 진료하는 환자는 B환자이다.
③ 의사가 마지막으로 진료하는 환자는 E환자이다.
④ 회진은 11시 전에 모두 마칠 수 있다.
⑤ 10시부터 회진을 시작하면 마지막에 진료하는 환자가 바뀐다.

44 다음 상황에서 나타난 논리적 오류로 가장 적절한 것은?

> 한 법정에서 피의자에 대해 담당 검사는 다음과 같이 주장하였다. “피의자는 과거에 사기 전과가 있으나, 반성하는 기미도 없이 문란한 사생활을 지속해 오고 있습니다. 과거에 마약을 복용하기도 하였으며, 술에 취해 폭력을 가한 적도 있습니다. 따라서 죄질이 나쁘므로 살인 혐의로 기소하고, 법적 최고형을 구형하기 바랍니다.”

① 애매성의 오류
② 연역법의 오류
③ 인신공격의 오류
④ 대중에 호소하는 오류
⑤ 허수아비 공격의 오류

45 금연프로그램을 신청한 흡연자 A씨는 P공단에서 진료 및 상담 비용과 금연보조제 비용의 일정 부분을 지원받고 있다. A씨가 의사와 상담을 6회 받았고, 금연보조제로 니코틴패치 3묶음을 구입했다고 할 때, 다음 지원 현황에 따라 흡연자 A씨가 지불해야 하는 부담금은 얼마인가?

〈금연프로그램 지원 현황〉

구분	진료 및 상담	금연보조제(니코틴패치)
가격	30,000원/회	12,000원/묶음
지원금 비율	90%	75%

※ 진료 및 상담료 지원금은 6회까지 지원함

① 21,000원
② 23,000원
③ 25,000원
④ 27,000원
⑤ 30,000원

46 P공사는 구내식당 기자재의 납품업체를 선정하고자 한다. 각 입찰업체에 대한 정보는 아래와 같다고 한다. 선정조건에 따라 업체를 선정할 때, 다음 중 선정될 업체는?

〈선정 조건〉

• 선정 방식
선정점수가 가장 높은 업체를 선정한다. 선정점수는 납품품질 점수, 가격경쟁력 점수, 직원규모 점수에 가중치를 반영해 합산한 값을 의미한다. 선정점수가 가장 높은 업체가 2개 이상일 경우, 가격경쟁력 점수가 더 높은 업체를 선정한다.

• 납품품질 점수
업체별 납품품질 등급에 따라 다음 기준과 같이 점수를 부여한다.

구분	최상	상	중	하	최하
점수	100점	90점	80점	70점	60점

• 가격경쟁력
업체별 납품가격 총액 수준에 따라 다음 기준과 같이 점수를 부여한다.

구분	2억 원 미만	2억 원 이상 2억 5천만 원 미만	2억 5천만 원 이상 3억 원 미만	3억 원 이상
점수	100점	90점	80점	70점

• 직원규모
업체별 직원규모에 따라 다음 기준과 같이 점수를 부여한다.

구분	50명 미만	50명 이상 100명 미만	100명 이상 200명 미만	200명 이상
점수	70점	80점	90점	100점

• 가중치
납품품질 점수, 가격경쟁력 점수, 직원규모 점수는 다음 기준에 따라 각각 가중치를 부여한다.

구분	납품품질 점수	가격경쟁력 점수	직원규모 점수	합계
가중치	40	30	30	100

〈입찰업체 정보〉

구분	납품품질	납품가격 총액(원)	직원규모(명)
A업체	상	2억	125
B업체	중	1억 7,000만	141
C업체	하	1억 9,500만	91
D업체	최상	3억 2,000만	98
E업체	상	2억 6천만	210

① A업체
② B업체
③ C업체
④ D업체
⑤ E업체

47 다음은 각 문서를 어떠한 기준에 따라 구분한 자료이다. 빈칸 ㉠~㉢에 들어갈 기준을 순서대로 바르게 나열한 것은?

기준	종류
㉠	공문서
	사문서
㉡	내부결재문서
	대내문서, 대외문서, 발신자와 수신자 명의가 같은 문서
㉢	법규문서
	지시문서
	공고문서
	비치문서
	민원문서
	일반문서

	㉠	㉡	㉢
①	작성 주체	문서의 성질	유통 대상
②	작성 주체	유통 대상	문서의 성질
③	유통 대상	문서의 성질	작성 주체
④	유통 대상	작성 주체	문서의 성질
⑤	문서의 성질	작성 주체	유통 대상

48 **A회사원은 현재 보증금 7천만 원, 월세 65만 원인 P오피스텔에 거주하고 있다. 다음 해부터는 월세를 낮추기 위해 보증금을 증액하려고 한다. 다음 규정을 보고 A회사원이 월세를 최대로 낮췄을 때의 월세와 보증금을 바르게 나열한 것은?**

〈P오피스텔 월 임대료 임대보증금 전환 규정〉

- 1년 동안 임대료의 58%까지 보증금으로 전환 가능
- 연 1회 전환 가능
- 전환이율 : 6.24%

※ (환산보증금)$=\frac{\text{(전환 대상 금액)}}{\text{(전환이율)}}$

	월세	보증금
①	25만 3천 원	1억 4,500만 원
②	25만 3천 원	1억 4,250만 원
③	27만 3천 원	1억 4,500만 원
④	27만 3천 원	1억 4,250만 원
⑤	29만 3천 원	1억 4,200만 원

49 **다음 중 효과적인 물품관리로 적절하지 않은 것은?**

① 물품은 개별 특성을 고려해 보관 장소를 선정해야 파손 우려를 줄일 수 있다.
② 동일한 물품은 동일한 장소에 보관해야 사용 시에 물품을 찾는 시간을 단축할 수 있다.
③ 지속적인 사용을 해야 하는 사용 물품의 경우 다시 꺼내야 하는 반복 작업이 생기지 않도록 꺼내기 쉬운 곳에 배치한다.
④ 앞으로 계속 사용하지 않는 보관 물품의 경우에 창고나 박스 등에 넣어둠으로써 물품의 훼손 및 분실 우려를 막을 수 있다.
⑤ 유사한 물품은 인접하지 않은 장소에 각기 놔둠으로써 물품의 정확한 위치를 모르더라도 여러 곳에 흩어져 있는 유사 물품이 있어 손쉽게 물품을 찾을 수 있으므로 그 시간을 단축할 수 있다.

50 P공사에서 근무하는 K대리는 B시 본부로 정기 점검을 나가고자 한다. 다음 〈조건〉에 따라 점검일을 결정할 때, K대리가 B시 본부 정기 점검을 진행할 수 있는 기간으로 가장 적절한 것은?

〈7월 달력〉

일	월	화	수	목	금	토
				1	2	3
4	5	6	7	8	9	10
11	12	13	14	15	16	17
18	19	20	21	22	23	24
25	26	27	28	29	30	31

〈조건〉

- K대리는 7월 중에 B시 본부로 정기 점검을 나간다.
- 정기 점검은 7일 동안 진행되며, 이틀 동안 연이어 진행하여야 한다.
- 점검은 주중에만 진행된다.
- K대리는 7월 1일부터 7월 7일까지 연수에 참석하므로 해당 기간에는 점검을 진행할 수 없다.
- K대리는 7월 27일부터는 부서 이동을 하므로 7월 27일부터는 정기 점검을 포함한 모든 담당 업무를 후임자에게 인계해야 한다.
- K대리는 목요일마다 C시 본부로 출장을 가며, 출장일에는 정기 점검 업무를 수행할 수 없다.

① 6 ~ 7일
② 11 ~ 12일
③ 14 ~ 15일
④ 20 ~ 21일
⑤ 27 ~ 28일

51 다음 글을 읽고 추론한 내용으로 가장 적절한 것은?

> 미적인 것이란 내재적이고 선험적인 예술 작품의 특성을 밝히는 데서 더 나아가 삶의 풍부하고 생동적인 양상과 가치, 목표를 예술 형식으로 변환한 것이다. 미(美)는 어떤 맥락으로부터도 자율적이기도 하지만 타율적이다. 미에 대한 자율적 견해를 지닌 칸트도 일견 타당하지만, 미를 도덕이나 목적론과 연관시킨 톨스토이나 마르크스도 타당하다. 우리가 길을 지나다 이름 모를 곡을 듣고서 아름답다고 느끼는 것처럼 순수미의 영역이 없는 것은 아니다. 하지만 그 곡이 독재자를 열렬히 지지하기 위한 선전곡이었음을 안 다음부터 그 곡을 혐오하듯 미(美) 또한 사회 경제적, 문화적 맥락의 영향을 받기도 한다.

① 작품의 구조 자체에 주목하여 문학작품을 감상해야 한다는 절대주의적 관점은 칸트의 견해와 유사하다.
② 톨스토이의 견해에 따라 시를 감상한다면 운율과 이미지, 시상 전개 등을 중심으로 감상해야 한다.
③ 톨스토이와 마르크스는 예술 작품이 내재하고 있는 고유한 특성이 감상에 중요하지 않다고 주장했다.
④ 칸트는 현실과 동떨어진 작품보다 부조리한 사회 현실을 고발하는 작품의 가치를 더 높게 평가하였을 것이다.
⑤ 칸트의 견해에 따르면 예술 작품이 독자에게 어떠한 영향을 미치느냐에 따라 작품의 가치가 달라질 수 있다.

52 P유통업체의 물류창고에서는 다량의 물품에 대한 정보를 다음과 같이 기호화하여 관리하고 있다. P유통업체가 사용한 물품관리 방법에 대한 설명으로 적절하지 않은 것은?

9 791125 459972

① 문자나 숫자를 기계가 읽을 수 있는 흑과 백의 막대모양 기호로 조합하였다.
② 데이터를 빠르게 입력할 수 있으며, 컴퓨터가 판독하기 쉽다.
③ 물품의 수명기간 동안 무선으로 물품을 추적 관리할 수 있다.
④ 광학식 마크판독장치를 통해 판독이 가능하다.
⑤ 막대의 넓이와 수, 번호에 따라 물품을 구분한다.

53 다음 글과 가장 관련 있는 한자성어는?

> 똑같은 상품이라도 대형마트와 백화점 중 어디에서 판매하느냐에 따라 구매 선호도가 차이를 보이는 것으로 조사됐다.
> 한 백화점에서 지하 1층에 위치한 마켓의 올 한 해 상품판매 추이를 분석한 결과, 신선식품과 유기농 식품 등에 대한 구매 선호도가 동일한 상품을 판매하는 대형마트보다 높게 나타났다. 상품군별 매출구성비를 살펴보면 신선식품의 경우 대형마트는 전체 매출의 23%대를 차지하고, 백화점 내 마켓은 32%의 구성비를 보이며, 구매 선호도가 가장 높게 나타났다. 특히 유기농 상품매장의 경우, 유기농 상품의 평균 구매단가가 8,550원으로 대형마트의 7,050원보다 21%나 높음에도 불구하고 백화점 내 마켓 매출이 대형마트보다 월평균 3배 이상 높은 것으로 확인됐다.
> 또한 유기농 선호품목의 경우 백화점 내 마켓에서는 우유 등 유제품과 사과, 바나나 등 과일에 대한 구매가 활발하지만, 대형마트에서는 잡곡과 쌀 등 곡류의 선호도가 높았다. 품목별 상품매출 구성비에서 상위 10위권 이내의 상품은 백화점의 경우 와인과 LCD TV, 프리미엄 냉장고, 노트북 등 문화가전 상품이 많았으나, 대형마트는 봉지라면과 쌀, 화장지, 병 소주 등 생활필수품이 인기를 끌었다. 백화점 내 마켓에서 판매된 2,000여 가지 상품 가운데 매출구성비 1위를 차지한 상품은 레드와인(3.4%)이었으며, 대형마트는 봉지라면(1.5%)이 1위를 차지했다.
> 백화점 관계자는 "똑같은 대형마트 상품이라도 백화점에서 판매하면 전혀 다른 상품 선호도와 소비 형태를 낳게 된다."라며 "이는 장소에 따라 고객의 구매 목적과 집중도에서 차이를 보이기 때문"이라고 말했다.

① 귤화위지
② 좌불안석
③ 불문가지
④ 전화위복
⑤ 일망타진

54 P국에서는 소비자가 달걀을 구입할 때 보다 자세하고 정확한 정보를 확인할 수 있도록 달걀에 산란 일자, 생산자 고유번호, 사육환경번호를 차례대로 표기해야 한다. 사육환경번호의 경우 닭의 사육환경에 따라 1(방사 사육), 2(축사 내 평사 사육), 3(개선된 케이지 사육), 4(기존 케이지 사육)와 같이 구분된다. 이와 같은 달걀 난각 표시 개정안에 따를 때, 생산자 고유번호가 'AB38E'인 한 농장에서 방사 사육된 닭이 10월 7일에 낳은 달걀의 난각 표시로 가장 적절한 것은?

① AB38E 1007 1
② AB38E 1007 2
③ 1007 1 AB38E
④ 1007 2 AB38E
⑤ 1007 AB38E 1

55 A도시락 전문점은 요일별 도시락 할인 이벤트를 진행하고 있다. P공사가 지난 한 주간 A도시락 전문점에서 구매한 내역이 〈보기〉와 같을 때, P공사가 지불할 도시락 구매비용은?

〈A도시락 요일별 할인 이벤트〉

요일	월		화		수		목		금	
할인품목	치킨마요		동백		돈가스		새치고기		진달래	
구분	원가	할인가	원가	할인가	원가	할인가	원가	할인가	원가	할인가
가격(원)	3,400	2,900	5,000	3,900	3,900	3,000	6,000	4,500	7,000	5,500

요일	토		일				매일			
할인품목	치킨제육		육개장		김치찌개		치킨(대)		치킨(중)	
구분	원가	할인가	원가	할인가	원가	할인가	원가	할인가	원가	할인가
가격(원)	4,300	3,400	4,500	3,700	4,300	3,500	10,000	7,900	5,000	3,900

※ 요일별 할인품목이 아닌 품목들은 원가로 계산함

〈조건〉

〈P공사의 지난주 도시락 구매내역〉

요일	월	화	수	목	금	토	일
구매 내역	동백 3개 치킨마요 10개	동백 10개 김치찌개 3개	돈가스 8개 치킨(중) 2개	새치고기 4개 치킨(대) 2개	진달래 4개 김치찌개 7개	돈가스 2개 치킨제육 10개	육개장 10개 새치고기 4개

① 316,400원
② 326,800원
③ 352,400원
④ 375,300원
⑤ 392,600원

56 다음은 P공사의 지적 재조사 사업 추진 배경에 대한 글이다. 이에 대한 설명으로 적절하지 않은 것은?

> 지적(地積)이란 지적정보토지의 위치, 형태, 이용, 지번, 경계, 면적, 사용 목적, 건축물 등 땅의 모든 정보를 기록해 놓은 '땅의 주민등록'이라 할 수 있다. 지적은 국토를 효율적으로 개발·활용하고, 토지 거래의 기준이 되며, 토지에 부과하는 세금의 기준이 되는 등 경제, 행정, 법률적으로 국민의 생활에 없어서는 안 되는 기초자료이다.
> 이러한 지적을 평면 지도화한 것이 지적도인데, 오늘날 훼손되고 부정확한 종이 지적도는 100여 년 전 낙후된 기술로 조사·측량되어 부정확할 뿐만 아니라, 시간이 지날수록 훼손 또는 변형되는 문제점을 안고 있다. 또한 현재 대한민국은 전 국토의 15%가량이 지적도와 불일치한 상황으로, 이로 인해 토지 분쟁에 들어가는 사회적 비용만 연간 3,800억 원에 이르며, 잘못된 토지 경계로 인한 이웃 간의 분쟁 등 사회적 갈등이 발생하고 있다. 그리고 현재 우리나라의 위치는 일본의 측량원점(동경)을 사용해 세계 표준과 약 365m나 차이가 난다. 따라서 디지털 지적으로 위치를 정확하게 등록하여 세계표준에 맞출 필요가 있다.
> 또한 100년 전 일제강점기에 종이로 만든 지적도는 효율적인 국토 관리가 어려울 뿐만 아니라 시대적 환경에도 맞지 않는다. 따라서 급변하는 정보화 시대에 대응할 수 있도록 선진화된 지적제도 구축을 위한 지적 재조사가 반드시 필요한 것이다. 지적 재조사 사업을 통해 국토를 새롭게 측량하여 정확한 지적정보를 기반으로 IT 기술과 접목하고, 3D 입체 지적정보 제공 등의 한국형 스마트 지적을 완성함으로써 스마트 국토 시대를 개척하여야 한다.

① 지적은 토지 거래의 기준과 토지에 부과하는 세금의 기준이 되는 국민 생활의 기초자료이다.
② 디지털 지적도는 정확한 지적정보를 통해 제작되나 시간이 지날수록 훼손·변형될 수 있다.
③ 현재 대한민국은 전 국토의 15%가량이 지적도와 불일치하여 사회적 갈등이 발생하고 있다.
④ 현재 우리나라의 위치는 일본의 측량원점을 사용하고 있어 세계 표준과 약 365m 차이가 난다.
⑤ 지적 재조사 사업을 통해 언제 어디서나 이용 가능한 스마트 국토 시대를 개척해야 한다.

57 다음은 P공사에서 여러 노선 중 사람들이 많이 이용하는 노선을 선정하여 졸음쉼터의 개수 현황을 주차면수에 따라 정리한 자료이다. 〈조건〉에 따라 A ~ D에 들어갈 수를 순서대로 바르게 나열한 것은?(단, 졸음쉼터 개수는 소수점 첫째 자리에서 반올림한다)

〈졸음쉼터 현황〉

(단위 : 곳)

구분	방향		주차면수			
			10개 미만	10개 이상 20개 미만	20개 이상 30개 미만	30개 이상
경부선	서울	부산	11	8	A	2
	12	12				
영동선	인천	강릉	6	B	0	1
	6					
중앙선	춘천	부산	11	0	0	2
	7	6				
호남선	천안	순천	13	7	0	0
	11	9				
서해안선	서울	목포	16	C	1	D
	11	10				

〈조건〉

- A는 경부선 전체 졸음쉼터 개수의 12.5%를 차지한다.
- 다섯 노선의 주차면수가 10개 이상 20개 미만인 졸음쉼터 중에서 B는 30%를 차지한다.
- C는 B보다 5만큼 작고, D보다 2만큼 크다.
- 서해안선에 있는 주차면수가 10개 미만인 졸음쉼터 개수의 6.25%는 D와 같다.

	A	B	C	D
①	1	7	1	2
②	1	7	3	1
③	3	8	1	2
④	3	8	3	1
⑤	3	7	3	1

58 P공사에 대한 SWOT 분석 결과가 다음과 같을 때, 〈보기〉에서 이에 대한 전략으로 옳은 것을 모두 고르면?

〈SWOT 분석 결과〉

구분	분석 결과
강점(Strength)	• 해외 가스공급기관 대비 높은 LNG 구매력 • 세계적으로 우수한 배관 인프라
약점(Weakness)	• 타 연료 대비 높은 단가
기회(Opportunity)	• 북아시아 가스관 사업 추진 논의 지속 • 수소 자원 개발 고도화 추진 중
위협(Threat)	• 천연가스에 대한 수요 감소 추세 • 원전 재가동 확대 전망에 따른 에너지 점유율 감소 가능성

〈보기〉

ㄱ. 해외 기관 대비 LNG 확보가 용이하다는 점을 근거로 북아시아 가스관 사업 추진 시 우수한 효율을 이용하는 것은 SO전략에 해당한다.

ㄴ. 지속적으로 감소할 것으로 전망되는 천연가스 수요를 북아시아 가스관 사업을 통해 확보하는 것은 ST전략에 해당한다.

ㄷ. 수소 자원 개발을 고도화하여 다른 연료 대비 상대적으로 높았던 공급단가를 낮추려는 R&D 사업 추진은 WO전략에 해당한다.

ㄹ. 높은 LNG 확보 능력을 이용해 상대적으로 높은 가스 공급단가가 더욱 상승하는 것을 방지하는 것은 WT전략에 해당한다.

① ㄱ, ㄴ
② ㄱ, ㄷ
③ ㄴ, ㄷ
④ ㄴ, ㄹ
⑤ ㄷ, ㄹ

59 다음 글을 근거로 판단할 때, 〈보기〉에서 옳은 것을 모두 고르면?

- P국의 1일 통관 물량은 1,000건이며, 모조품은 1일 통관 물량 중 1%의 확률로 존재한다.
- 검수율은 전체 통관 물량 중 검수대상을 무작위로 선정해 실제로 조사하는 비율을 뜻하는데, 현재 검수율은 10%로 전문 조사 인력은 매일 10명을 투입한다.
- 검수율을 추가로 10%p 상승시킬 때마다 전문 조사 인력은 1일당 20명이 추가로 필요하다.
- 인건비는 1인당 1일 기준 30만 원이다.
- 모조품 적발 시 부과되는 벌금은 건당 1,000만 원이며, 이 중 인건비를 차감한 나머지를 세관의 수입으로 한다.

※ 검수대상에 포함된 모조품은 모두 적발되고, 부과된 벌금은 모두 징수됨

〈보기〉

ㄱ. 1일 평균 수입은 700만 원이다.
ㄴ. 모든 통관 물량을 전수조사한다면 수입보다 인건비가 더 클 것이다.
ㄷ. 검수율이 40%면 1일 평균 수입은 현재의 4배 이상일 것이다.
ㄹ. 검수율을 30%로 하는 방안과 검수율을 10%로 유지한 채 벌금을 2배로 인상하는 방안을 비교하면 벌금을 인상하는 방안의 1일 평균 수입이 더 클 것이다.

① ㄱ, ㄴ
② ㄴ, ㄹ
③ ㄱ, ㄴ, ㄹ
④ ㄱ, ㄷ, ㄹ
⑤ ㄴ, ㄷ, ㄹ

※ P공사의 인사팀 팀원 6명이 회식을 하기 위해 이탈리안 레스토랑에 방문해 다음 〈조건〉과 같이 주문하였다. 이어지는 질문에 답하시오. **[60~61]**

〈조건〉

- 인사팀은 토마토 파스타 2개, 크림 파스타 1개, 토마토 리소토 1개, 크림 리소토 2개, 콜라 2잔, 사이다 2잔, 주스 2잔을 주문했다.
- 인사팀은 K팀장, L과장, M대리, S대리, H사원, J사원으로 구성되어 있는데, 같은 직급끼리는 같은 소스가 들어가는 요리를 주문하지 않았고, 같은 음료도 주문하지 않았다.
- 각자 좋아하는 요리가 있으면 그 요리를 주문하고, 싫어하는 요리나 재료가 있으면 주문하지 않았다.
- K팀장은 토마토 파스타를 좋아하고, S대리는 크림 리소토를 좋아한다.
- L과장과 H사원은 파스타면을 싫어한다.
- 대리들 중에 콜라를 주문한 사람은 없다.
- 크림 파스타를 주문한 사람은 사이다도 주문했다.
- 토마토 파스타나 토마토 리소토와 주스는 궁합이 안 맞는다고 하여 함께 주문하지 않았다.

| 문제해결능력

60 다음 중 P공사의 인사팀이 주문한 내용으로 옳지 않은 것은?

① 사원들 중 한 사람은 주스를 주문했다.
② L과장은 크림 리소토를 주문했다.
③ K팀장은 콜라를 주문했다.
④ 토마토 리소토를 주문한 사람은 콜라를 주문했다.
⑤ 사이다를 주문한 사람은 파스타를 주문했다.

| 문제해결능력

61 다음 중 같은 요리와 음료를 주문한 사람을 바르게 연결한 것은?

① J사원, S대리
② H사원, L과장
③ S대리, L과장
④ M대리, H사원
⑤ M대리, K팀장

62 다음 글과 상황을 근거로 판단할 때, 〈보기〉에서 옳은 설명을 모두 고르면?

P국 사람들은 아래와 같이 한 손으로 1부터 10까지의 숫자를 표현한다.

숫자	1	2	3	4	5
펼친 손가락 개수	1개	2개	3개	4개	5개
펼친 손가락 모양					
숫자	6	7	8	9	10
펼친 손가락 개수	2개	3개	2개	1개	2개
펼친 손가락 모양					

〈상황〉

P국에 출장을 간 갑은 P국의 언어를 하지 못하여 물건을 살 때 상인의 손가락을 보고 물건의 가격을 추측한다. P국 사람의 숫자 표현법을 제대로 이해하지 못한 갑은 상인이 금액을 표현하기 위해 펼친 손가락 1개당 1원씩 돈을 지불하려고 한다(단, 갑은 하나의 물건을 구매하며, 물건의 가격은 최소 1원부터 최대 10원까지라고 가정한다).

〈보기〉

ㄱ. 물건의 가격과 갑이 지불하려는 금액이 일치했다면, 물건의 가격은 5원 이하이다.
ㄴ. 상인이 손가락 3개를 펼쳤다면, 물건의 가격은 최대 7원이다.
ㄷ. 물건의 가격과 갑이 지불하려는 금액이 8원만큼 차이가 난다면, 물건의 가격은 9원이거나 10원이다.
ㄹ. 갑이 물건의 가격을 초과하는 금액을 지불하려는 경우가 발생할 수 있다.

① ㄱ, ㄴ
② ㄷ, ㄹ
③ ㄱ, ㄴ, ㄷ
④ ㄱ, ㄷ, ㄹ
⑤ ㄱ, ㄴ, ㄷ, ㄹ

63 형과 동생의 나이는 두 자릿수이고, 형제 나이에 각 십의 자리 숫자끼리 더하면 5, 일의 자리 숫자를 더하면 11이 된다. 동생 나이의 일의 자리 숫자가 형 나이의 일의 자리 숫자보다 크고 형과 동생의 나이 차이가 최소일 때, 동생의 나이는 몇 세인가?

① 26세
② 27세
③ 28세
④ 29세
⑤ 30세

64 다음 글을 참고할 때, 성격이 다른 비용은?

> 예산관리란 활동이나 사업에 소요되는 비용을 산정하고 예산을 편성하는 것뿐만 아니라 예산을 통제하는 것 또한 포함한다. 이러한 예산은 대부분 개인 또는 기업에 한정되어 있기 때문에, 정해진 예산을 얼마나 효율적으로 사용하는지는 매우 중요한 문제이다. 하지만 어떤 활동이나 사업의 비용을 추정하거나 예산을 잡는 작업은 결코 생각하는 것만큼 쉽지 않다. 무엇보다 추정해야 할 매우 많은 유형의 비용이 존재하기 때문이다. 이러한 비용은 크게 제품 생산 또는 서비스를 창출하기 위해 직접 소비되는 비용인 직접비용과 제품 생산 또는 서비스를 창출하기 위해 소비된 비용 중에서 직접비용을 제외한 비용으로, 제품 생산에 직접 관련되지 않은 비용인 간접비용으로 나눌 수 있다.

① 보험료
② 건물관리비
③ 잡비
④ 통신비
⑤ 광고비

65 다음은 A국과 B국의 축구 대결을 앞두고 양국의 골키퍼, 수비(중앙 수비, 측면 수비), 미드필드, 공격(중앙 공격, 측면 공격) 능력을 영역별로 평가한 자료이다. 이에 대한 설명으로 옳지 않은 것은?(단, 원 중심에서 멀어질수록 점수가 높아진다)

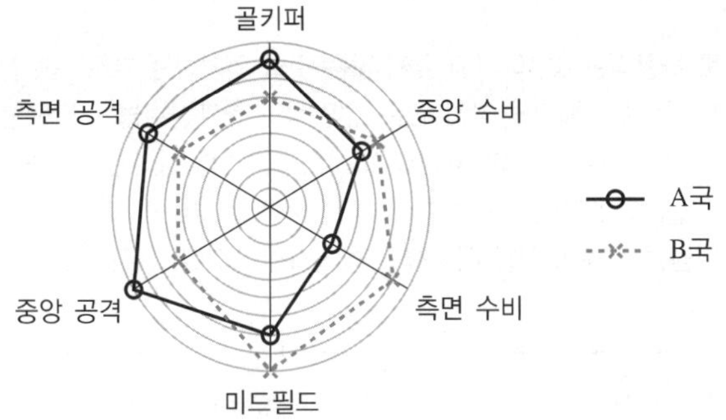

① A국은 공격보다 수비에 약점이 있다.
② B국은 미드필드보다 수비에서의 능력이 뛰어나다.
③ A국과 B국은 측면 수비 능력에서 가장 큰 차이가 난다.
④ A국과 B국 사이에 가장 작은 차이를 보이는 영역은 중앙 수비이다.
⑤ 골키퍼의 역량이 보다 뛰어난 국가는 A국이다.

66 A ~ C 세 사람은 주기적으로 집 청소를 한다. A는 6일마다, B는 8일마다, C는 9일마다 청소할 때, 세 명이 9월 10일에 모두 같이 청소를 했다면 다음에 같이 청소하는 날은 언제인가?

① 11월 5일
② 11월 12일
③ 11월 16일
④ 11월 21일
⑤ 11월 29일

67 다음 문단을 논리적 순서대로 바르게 나열한 것은?

(가) 정해진 극본대로 연기를 하는 연극의 서사는 논리적이고 합리적이다. 그러나 연극 밖의 현실은 비합리적이고, 그 비합리성을 개인의 합리에 맞게 해석한다. 연극 밖에서도 각자의 합리성에 맞춰 연극을 하고 있는 것이다.
(나) 사전적 의미로 불합리한 것, 이치에 맞지 않는 것을 의미하는 부조리는 실존주의 철학에서는 현실에서는 전혀 삶의 의미를 발견할 가능성이 없는 절망적인 한계상황을 나타내는 용어이다.
(다) 이것이 비합리적인 세계에 대한 자신의 합목적적인 희망이라는 사실을 깨달았을 때, 삶은 허망해지고 인간은 부조리를 느끼게 된다.
(라) 부조리라는 개념을 처음 도입한 대표적인 철학자인 알베르 카뮈는 연극에 비유하여 부조리에 대해 설명한다.

① (가) – (다) – (나) – (라)
② (가) – (라) – (나) – (다)
③ (나) – (가) – (다) – (라)
④ (나) – (다) – (가) – (라)
⑤ (나) – (라) – (가) – (다)

68 다음은 자원의 낭비에 대한 설명이다. 이를 참고할 때, 물적자원 낭비요인에 해당하는 것은?

대부분의 사람은 습관적으로 자원을 낭비하면서도 이를 의식하지 못한다. 이처럼 자원을 낭비하게 하는 요인에는 시간, 돈, 물적자원, 인적자원 등 매우 다양하며 우리의 사소한 행동 하나하나에도 낭비요인이 있을 수 있다.

① 과도한 선물
② 과도한 수면
③ 물건의 부실한 관리
④ 주변 사람에 대한 무관심
⑤ 필요하지 않은 물건 구입

69 **면접방법에 대한 자료와 〈조건〉을 토대로 할 때, 박물관 실태조사를 위한 면접방법으로 가장 적절한 것은?**

1. 면접의 종류
   ㉠ 면접조사 : 조사원이 직접 조사 대상자를 방문하여 구두로 질문하고, 구두에 의한 회답을 기록하는 조사 방법
   ㉡ 우편조사 : 설문지를 조사 대상자에게 우송해 이를 작성하게 한 후 다시 반송하게 하는 조사 방법
   ㉢ 전화조사 : 면접원이 전화로 조사 대상자에게 질문을 하면서 응답을 얻는 조사 방법
   ㉣ 인터넷조사 : 온라인으로 설문지를 배포하여 응답을 얻는 조사 방법
   ㉤ 집단조사 : 조사 대상자를 한자리에 모아 설문지를 배포한 다음 조사자가 설명을 덧붙여 대상자에게 기입하게 하는 조사 방법

2. 각 면접의 장단점
   ㉠ 면접조사 : 대상자 본인에게 직접 들을 수 있으나 시간이 오래 걸린다.
   ㉡ 우편조사 : 다수의 사람에게 조사하기 용이하지만 회수율이 낮은 편이다.
   ㉢ 전화조사 : 넓은 지역을 조사 대상으로 할 수 있으나 민감한 주제에 대한 답을 듣기 어렵다.
   ㉣ 인터넷조사 : 비용이 비교적 낮고 편이성이 높지만 해킹 등 보안에 문제가 있다.
   ㉤ 집단조사 : 비용과 시간이 절약되지만 조사 대상을 한자리에 모으기 어렵다.

〈조건〉

전국의 박물관 관장들을 대상으로 박물관 현황을 조사하려 하며, 조사 내용에 박물관 운영비와 운영 방법 등 민감한 사항들이 있어 보안이 중요하다. 또한, 각 관장은 개인정보 노출을 우려하고 있다.
- 응답자 편의를 고려해 40문항을 평균 1시간 이내로 응답할 수 있도록 해야 한다.
- 1개월이라는 짧은 기간 안에 전수조사를 완료해야 한다.
- 다수를 한 곳에 모으거나 온라인으로 조사하는 방법은 지양한다.

① 면접조사
② 우편조사
③ 전화조사
④ 인터넷조사
⑤ 집단조사

70 다음의 대화 상황에서 A과장의 의사소통을 저해하는 요소로 가장 적절한 것은?

> A과장 : B주임, 회의 자료 인쇄했어요?
> B주임 : 네? 말씀 안 하셔서 몰랐어요.
> A과장 : 아니, 사람이 이렇게 센스가 없어서야. 그런 건 알아서 해야지.

① 복잡한 메시지
② 잘못된 선입견
③ 경쟁적인 메시지
④ 감정의 억제 부족
⑤ 의사소통 과정에서의 상호작용 부족

제2회 피듈형

NCS 모의고사

〈문항 및 시험시간〉

평가영역	문항 수	시험시간	모바일 OMR 답안채점 / 성적분석 서비스
의사소통능력 / 수리능력 / 문제해결능력 / 자원관리능력	70문항	70분	

제2회 모의고사

문항 수 : 70문항
시험시간 : 70분

ㅣ수리능력

01 K씨는 가방 매장을 운영하고 있다. K씨는 현재 가방 보유량에 매일 일정 수의 가방을 구입하여 60일 동안 매일 일정한 양을 판매할 예정이었다. 그런데 1일 구입량을 20% 감소시켰더니 40일 동안 판매를 할 수 있었다. 이때, K씨가 60일 동안 가방을 판매하기 위해서 1일 판매량을 몇 % 감소해야 하는가?(단, 재고량은 없는 것으로 한다)

① $\frac{100}{3}$

② $\frac{50}{3}$

③ $\frac{1}{7}$

④ $\frac{2}{7}$

⑤ 25

ㅣ문제해결능력

02 다음 중 창의적 사고 개발방법에 대한 설명으로 옳은 것은?

① 브레인스토밍은 자유연상법에 속한다.

② 강제연상법에는 NM법 등이 있다.

③ 비교발상법에는 체크리스트 등이 있다.

④ Synectics은 각종 힌트에 강제적으로 연결지어서 발상한다.

⑤ 일반적으로 브레인스토밍은 구성원이 서로 정체를 모르게 한다.

※ 다음은 P공사의 출장여비 기준에 대한 자료이다. 이어지는 질문에 답하시오. **[3~4]**

항공	숙박(1박)	교통비	일비	식비
실비	• 1 · 2급 : 실비 • 3급 : 80,000원 • 4 · 5 · 6급 : 50,000원	• 서울 · 경기지역 : 1일 10,000원 • 나머지 지역 : 1일 15,000원	30,000원/일	20,000원/일

※ 2급 이상 차이 나는 등급과 출장에 동행하게 된 경우, 높은 등급이 묵는 호텔에서 묵을 수 있는 금액을 지원함

1급	2급	3급	4급	5급	6급
이사장	이사	부장	차장	과장	대리

※ 항공은 외국으로 출장을 갈 경우에 해당함

| 자원관리능력

03 다음 중 자료에 대한 설명으로 옳은 것은?

① 외국으로 출장을 다니는 B과장이 항상 같은 객실에서 묵는다면 총비용은 언제나 같다.
② 서울 · 경기지역으로 1박 2일 출장을 가는 C차장의 출장비는 20만 원 이상이다.
③ 같은 조건으로 출장을 간다면 이사장이 이사보다 출장비를 많이 받는다.
④ 이사장과 함께 출장을 가게 된 A대리는 이사장과 같은 호텔, 같은 등급의 객실에서 묵을 수 있다.
⑤ 자동차를 이용해 무박으로 지방 출장을 가는 부장과 차장의 비용은 같다.

| 자원관리능력

04 K부장과 S차장이 9박 10일로 함께 제주도 출장을 가게 되었다. 동일한 출장비를 제공하기 위하여 S차장의 호텔을 한 단계 업그레이드할 때, S차장이 원래 묵을 수 있는 호텔보다 얼마나 이득인가?

① 230,000원
② 250,000원
③ 270,000원
④ 290,000원
⑤ 310,000원

05 다음 글의 빈칸에 들어갈 내용으로 가장 적절한 것은?

태양은 지구의 생명체가 살아가는 데 필요한 빛과 열을 공급해 준다. 태양은 이런 막대한 에너지를 어떻게 계속 내놓을 수 있을까?
16세기 이전까지는 태양을 포함한 별들이 지구상의 물질을 이루는 네 가지 원소와 다른, 불변의 '제5원소'로 이루어졌다고 생각했다. 하지만 밝기가 변하는 신성(新星)이 별 가운데 하나라는 사실이 알려지면서 별이 불변이라는 통념은 무너지게 되었다. 또한, 태양의 흑점 활동이 관측되면서 태양 역시 불덩어리일지도 모른다고 생각하기 시작했다. 그 후 섭씨 5,500℃로 가열된 물체에서 노랗게 보이는 빛이 나오는 것을 알게 되면서 유사한 빛을 내는 태양의 온도도 비슷할 것이라고 추측하게 되었다.
19세기에는 에너지 보존 법칙이 확립되면서 새로운 에너지 공급이 없다면 태양의 온도가 점차 낮아져야 한다는 결론을 내렸다. 그렇다면 과거에는 태양의 온도가 훨씬 높았어야 했고, 지구의 바다가 펄펄 끓어야 했을 것이다. 하지만 실제로는 그렇지 않았고, 사람들은 태양의 온도를 일정하게 유지해 주는 에너지원이 무엇인지에 대해 생각하게 되었다.
20세기 초 방사능이 발견되면서 사람들은 방사능 물질의 붕괴에서 나오는 핵분열 에너지를 태양의 에너지원으로 생각하였다. 그러나 태양빛의 스펙트럼을 분석한 결과 태양에는 우라늄 등의 방사능 물질 대신 수소와 헬륨이 있다는 것을 알게 되었다. 즉, 방사능 물질의 붕괴에서 나오는 핵분열 에너지가 태양의 에너지원이 아니었던 것이다.
현재 태양의 에너지원은 수소 원자핵 네 개가 헬륨 원자핵 하나로 융합하는 과정의 질량 결손으로 인해 생기는 핵융합 에너지로 알려져 있다. 태양은 엄청난 양의 수소 기체가 중력에 의해 뭉쳐진 것으로, 그 중심으로 갈수록 밀도와 압력, 온도가 증가한다. 태양에서의 핵융합은 천만℃ 이상의 온도를 유지하는 중심부에서만 일어난다. 원자핵들은 높은 온도와 에너지를 가지게 되며, 그 결과로 원자핵들 사이의 반발력을 극복하고 융합되기에 충분히 가까운 거리로 근접할 수 있기 때문이다. 태양빛이 핵융합을 통해 나온다는 사실은 태양으로부터 온 중성미자가 관측됨으로써 더 확실해졌다.
중심부의 온도가 올라가 핵융합 에너지가 늘어나면 그 에너지로 인한 압력으로 수소를 밖으로 밀어내어 중심부의 밀도와 온도를 낮추게 된다. 이렇게 온도가 낮아지면 방출되는 핵융합 에너지가 줄어들며, 그 결과 압력이 낮아져서 수소가 중심부로 들어오게 되어 중심부의 밀도와 온도를 다시 높인다. 이렇듯 태양 내부에서 중력과 핵융합 반응의 평형상태가 유지되기 때문에 ____________________ 태양은 이미 50억 년간 빛을 냈고, 앞으로도 50억 년 이상 더 빛날 것이다.

① 태양의 핵융합 에너지가 폭발적으로 증가할 수 있게 된다.
② 태양 외부의 밝기가 내부 상태에 따라 변할 수 있게 된다.
③ 태양이 오랫동안 안정적으로 빛을 낼 수 있게 된다.
④ 태양이 일정한 크기를 유지할 수 있었다.
⑤ 과거와 달리 태양이 일정한 온도를 유지할 수 있게 된다.

06 다음은 P공단의 재난적 의료비 지원사업에 대한 자료이다. 〈보기〉에서 이에 대해 바르게 말하고 있는 사람을 모두 고르면?

〈재난적 의료비 지원사업〉

개요	• 질병·부상 등으로 인한 치료·재활 과정에서 소득·재산 수준 등에 비추어 과도한 의료비가 발생해 경제적 어려움을 겪게 되는 상황으로 의료비 지원이 필요하다고 인정된 사람에게 지원합니다.
대상 질환	• 모든 질환으로 인한 입원환자 • 중증질환으로 외래진료를 받은 환자 ※ 중증질환 : 암, 뇌혈관, 심장, 희귀, 중증난치, 중증화상질환
소득 기준	• 기준중위소득 100% 이하 : 지원 원칙(건보료 기준) • 기준중위소득 100% 초과 200% 이하 : 연소득 대비 의료비부담비율을 고려해 개별심사 후 지원 ※ 재산 과표 5.4억 원 초과 고액재산보유자는 지원 제외
의료비 기준	• 1회 입원에 따른 가구의 연소득 대비 의료비 발생액[법정본인부담, 비급여 및 예비(선별)급여 본인부담] 이 기준금액 초과 시 지원 – 기초생활수급자, 차상위계층 : 80만 원 초과 시 지원 – 기준중위소득 50% 이하 : 160만 원 초과 시 지원 – 기준중위소득 50% 초과 100% 이하 : 연소득의 15% 초과 시 지원

〈보기〉

경민 : 이번에 개인 질환으로 입원했는데 200만 원이 나왔어. 나는 기준중위소득 50% 이하에 해당돼서 지원금을 받을 수 있어 다행이야.

민기 : 요즘 열이 많이 나서 근처 병원으로 통원 치료하고 있어. 기초생활수급자인 내 형편으로 볼 때, 지원금을 받는 데 문제없겠지?

정미 : 18세로 뇌혈관 치료 때문에 외래진료를 받은 학생에게 이 사업에 대해 알려 주었어. 학생의 집은 기준중위소득 50% 초과 100% 이하에 해당되기 때문에 지원받을 수 있는 거야.

미현 : 어머니가 심장이 안 좋으셔서 외래진료를 받고 있는데 돈이 많이 들어. 기준중위소득 200%에 속하는데 현금은 없지만 재산이 5.4억 원이어서 심사에 지원도 못하고 요즘 힘드네.

① 정미, 민기
② 정미, 미현
③ 경민, 정미
④ 경민, 민기
⑤ 미현, 민기

07 P공사의 2025년 상반기 신입사원 지원자 수는 7,750명이다. 채용절차는 서류전형 → 면접전형 → 최종 합격 순이며 합격자 조건이 다음과 같을 때, 서류 합격자의 비율은 얼마인가?

서류 합격자 비율	면접 합격자 비율	최종 합격
(　　)	30%	93명

① 40%
② 30%
③ 15%
④ 4%
⑤ 3%

08 다음 제시된 문단 뒤에 이어질 문단을 논리적 순서대로 바르게 나열한 것은?

청바지는 모든 사람이 쉽게 애용할 수 있는 옷이다. 말 그대로 캐주얼의 대명사인 청바지는 내구력과 범용성 면에서 다른 옷에 비해 뛰어나고, 패션적으로도 무난하다는 점에서 옷의 혁명이라 일컬을 만하다. 그러나 청바지의 시초는 그렇지 않았다.

(가) 청바지의 시초는 광부들의 옷으로 알려졌다. 정확히 말하자면 텐트용으로 주문받은 천을 실수로 푸른색으로 염색한 바람에 텐트납품계약이 무산되자, 재고가 되어 버린 질긴 천을 광부용 옷으로 변용해 보자는 아이디어에 의한 것이다.

(나) 청바지의 패션 아이템화는 한국에서도 크게 다르지 않다. 나팔바지, 부츠컷, 배기 팬츠 등 다양한 변용이 있으나, 세대 차라는 말이 무색할 만큼 과거의 사진이나 현재의 사진이나 많은 사람이 청바지를 캐주얼한 패션 아이템으로 활용하는 것을 볼 수 있다.

(다) 비록 시작은 그리하였지만, 청바지는 이후 패션 아이템으로 선풍적인 인기를 끌었다. 과거 유명한 서구 남성 배우들의 아이템에는 꼭 청바지가 있었다고 해도 과언이 아니며, 그 예로는 제임스 딘이 있다.

(라) 다만 청바지는 주재료인 데님의 성질로 활동성을 보장하기 어려웠던 부분을 단점으로 들 수 있겠으나, 2000년대 들어 스판덱스가 첨가된 청바지가 사용되기 시작하면서 그러한 문제도 해결되어, 전천후 의류로 기능하고 있다.

① (가) – (다) – (나) – (라)
② (가) – (다) – (라) – (나)
③ (다) – (가) – (나) – (라)
④ (다) – (가) – (라) – (나)
⑤ (다) – (라) – (가) – (나)

09 다음은 P기업의 팀별 성과급 지급 기준 및 영업팀의 평가표이다. 영업팀에게 지급되는 성과급의 1년 총액은?(단, 성과평가등급이 A등급이면 직전 분기 차감액의 50%를 가산하여 지급한다)

〈성과급 지급 기준〉

성과평가 점수	성과평가 등급	분기별 성과급 지급액
9.0점 이상	A	100만 원
8.0 ~ 8.9점	B	90만 원(10만 원 차감)
7.0 ~ 7.9점	C	80만 원(20만 원 차감)
6.9점 이하	D	40만 원(60만 원 차감)

〈영업팀 평가표〉

(단위 : 점)

구분	1/4분기	2/4분기	3/4분기	4/4분기
유용성	8	8	10	8
안정성	8	6	8	8
서비스 만족도	6	8	10	8

※ (성과평가 점수)=[(유용성)×0.4]+[(안정성)×0.4]+[(서비스 만족도)×0.2]

① 350만 원
② 360만 원
③ 370만 원
④ 380만 원
⑤ 400만 원

10 P사에 근무하는 L주임은 입사할 신입사원에게 지급할 볼펜과 스케줄러를 구매하기 위해 A～C 세 도매업체의 판매정보를 자료와 같이 정리하였다. 입사 예정인 신입사원은 총 600명이고, 신입사원 1명당 볼펜과 스케줄러를 각각 1개씩 증정한다고 할 때, 가장 저렴하게 구매할 수 있는 업체와 구매가격을 바르게 나열한 것은?

〈세 업체의 상품가격표〉

업체명	품목	수량(1SET당)	가격(1SET당)
A도매업체	볼펜	150개	13만 원
	스케줄러	100권	25만 원
B도매업체	볼펜	200개	17만 원
	스케줄러	600권	135만 원
C도매업체	볼펜	100개	8만 원
	스케줄러	300권	65만 원

〈세 업체의 특가상품 정보〉

업체명	볼펜의 특가상품 구성	특가상품 구매 조건
A도매업체	300개 25.5만 원 or 350개 29만 원	스케줄러 150만 원 이상 구입
B도매업체	600개 48만 원 or 650개 50만 원	스케줄러 100만 원 이상 구입
C도매업체	300개 23.5만 원 or 350개 27만 원	스케줄러 120만 원 이상 구입

※ 특가상품 구매조건을 만족했을 때 볼펜을 특가로 구매할 수 있음
※ 각 물품은 묶음 단위로 판매가 가능하며, 개당 판매는 불가함
※ 업체별 특가상품은 둘 중 한 가지만 선택해 1회 구입 가능함

	도매업체	구매가격
①	A업체	183만 원
②	B업체	177.5만 원
③	B업체	183만 원
④	C업체	177.5만 원
⑤	C업체	183만 원

11 다음은 P공사의 윤리 헌장이다. 이를 읽고 이해한 내용으로 적절하지 않은 것은?

> P공사는 윤리경영을 추진한다. '국민에게 신뢰받는 Clean P'를 윤리경영의 비전으로 내세워 소통과 협업으로 부패 예방 활동 강화, 고위직의 윤리적 솔선수범 및 청렴 리더십 강화, 원칙과 기본에 충실한 청렴하고 공정한 조직문화 정착을 목표로 한다. 이를 위한 P공사의 윤리 헌장은 다음과 같다.
>
> • 우리 P공사는 국가공간정보 기본법에 의한 사업을 효율적으로 추진함으로써 국민의 재산권을 보호하고 지적제도와 공간정보의 발전에 기여함을 목적으로 한다.
> • 우리는 이러한 긍지와 자부심을 가지고 지적측량 및 공간정보기술의 개발과 투명하고 합리적인 경영을 통해 국민의 신뢰와 사랑을 받는 세계적인 공기업이 되고자 한다.
> • 우리는 창의적 사고와 화합하는 조직으로 우리의 사명을 달성하고, 높은 윤리적 가치관을 바탕으로 정직하고 공정한 자세로 업무를 처리하며, 부패방지와 깨끗한 공직풍토 조성을 위해 노력한다.
> • 우리는 고객으로부터 신뢰와 사랑을 받을 수 있도록 노력하고, 자유경쟁의 시장 질서를 존중한다.
> • 우리는 임직원 개개인의 인격을 존중하고 차별대우를 하지 않으며, 공평한 기회와 공정한 평가를 받도록 하는 한편 임직원의 건강과 삶의 질 향상을 위해 노력한다.
> • 우리는 공익활동에 적극적으로 참여하고, 끊임없이 새로운 가치를 창조하여 국가와 사회의 발전에 공헌한다.

① 국가공간정보 기본법에 따라 지적제도와 공간정보의 발전에 기여함을 목적으로 한다.
② 창의적 사고와 화합하는 조직으로 끊임없이 새로운 가치를 창조하여 사회 발전에 공헌한다.
③ 임직원 개개인의 인격을 존중하고, 공평한 기회와 공정한 평가를 받도록 노력한다.
④ 자유경쟁 시장 질서의 문제점을 지적하여 고객으로부터 신뢰와 사랑을 받을 수 있도록 노력한다.
⑤ 지적측량 및 공간정보기술의 개발과 투명하고 합리적인 경영을 통해 신뢰받는 기업이 되고자 한다.

12 다음은 P잡지가 발표한 2024년 가치액 기준 상위 10개 스포츠 구단에 대한 자료이다. 〈보기〉에서 옳은 것을 모두 고르면?

〈2024년 가치액 상위 10개 스포츠 구단〉

(단위 : 억 달러)

순위	구단	종목	가치액
1(1)	A	미식축구	58(58)
2(2)	B	야구	50(50)
3(5)	C	농구	45(39)
4(8)	D	농구	44(36)
5(9)	E	농구	42(33)
6(3)	F	축구	41(42)
7(7)	G	미식축구	40(37)
8(4)	H	축구	39(41)
9(11)	I	미식축구	37(31)
10(6)	J	축구	36(38)

※ (　) 안은 2023년도 값임

〈보기〉

ㄱ. 2024년 상위 10개 스포츠 구단 중 전년보다 순위가 상승한 구단이 순위가 하락한 구단보다 많다.
ㄴ. 2024년 상위 10개 스포츠 구단 중 미식축구 구단 가치액 합은 농구 구단 가치액 합보다 크다.
ㄷ. 2024년 상위 10개 스포츠 구단 중 전년 대비 가치액 상승률이 가장 큰 구단의 종목은 미식축구이다.
ㄹ. 연도별 상위 10개 스포츠 구단의 가치액 합은 2023년이 2024년보다 크다.

① ㄱ, ㄴ
② ㄱ, ㄹ
③ ㄷ, ㄹ
④ ㄱ, ㄴ, ㄷ
⑤ ㄴ, ㄷ, ㄹ

13 다음 사례에 나타난 의사표현에 영향을 미치는 요소에 대한 설명으로 적절하지 않은 것은?

> • 독일의 유명 가수 슈만 하이크는 "음악회에서 노래를 부를 때 심리적 긴장감을 갖지 않느냐?"라는 한 기자의 질문에 대해 "노래하기 전에 긴장감을 느끼지 않는다면, 그때는 내가 은퇴할 때이다."라고 이야기하였다.
> • 영국의 유명 작가 버나드 쇼는 젊은 시절 매우 내성적인 청년이었다. 잘 아는 사람의 집을 방문할 때도 문을 두드리지 못하고 20분이나 문밖에서 망설이며 거리를 서성거릴 정도였다. 그는 자신의 내성적인 성격을 극복하기 위해 런던에서 열리는 모든 공개토론회에 의도적으로 참가하였고, 그 결과 장년에 이르러서 20세기 전반에 가장 재치와 자신이 넘치는 웅변가가 될 수 있었다.

① 소수인의 심리상태가 아니라, 90% 이상의 사람들이 호소하는 불안이다.
② 잘 통제하면서 표현을 한다면 청자는 더 인간답다고 생각하게 될 것이다.
③ 개인의 본질적인 문제이므로 완전히 치유할 수 있다.
④ 분명한 원인은 아직 규명되지 않았다.
⑤ 불안을 심하게 느끼는 사람일수록 다른 사람과 접촉이 없는 직업을 선택하려 한다.

14 다음은 1인당 우편 이용 물량을 나타낸 그래프이다. 이에 대한 설명으로 옳은 것은?

〈1인당 우편 이용 물량〉

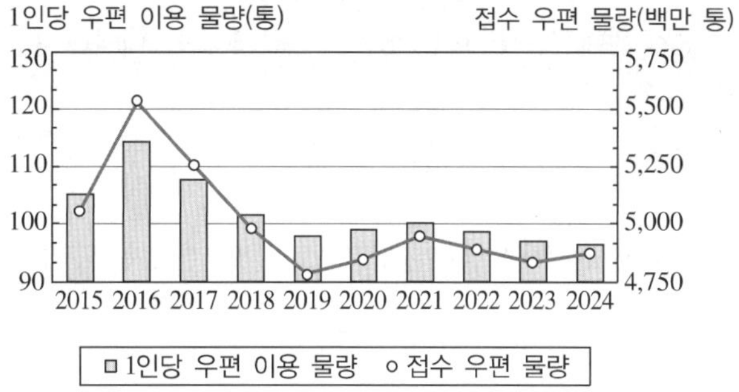

① 1인당 우편 이용 물량은 증가 추세에 있다.
② 1인당 우편 이용 물량은 2016년에 가장 높았고, 2019년에 가장 낮았다.
③ 매년 평균적으로 1인당 4일에 1통 이상은 우편물을 보냈다.
④ 1인당 우편 이용 물량과 접수 우편 물량 모두 2021년부터 2024년까지 지속적으로 감소하고 있다.
⑤ 접수 우편 물량이 가장 많은 해와 가장 적은 해의 차이는 약 900백만 통이다.

15 다음 글의 내용으로 적절하지 않은 것은?

습관의 힘은 아무리 강조해도 지나치지 않죠. 사소한 습관 하나가 미래를 달라지게 합니다. 그러니 많은 부모가 어려서부터 자녀에게 좋은 습관을 들이게 하려고 노력하는 것이겠죠. 공부두뇌연구원장 박사는 '잘'하는 것보다 조금이라도 '매일' 하는 게 중요하다고 강조합니다. 그러면 싫증을 잘 내는 사람도 습관 만들기를 통해 '스스로 끝까지 하는 힘'을 체득할 수 있다고 말이죠.
'물건 관리'라는 말을 들었을 때, 어떤 의미부터 떠올리셨나요? 혹시 정리 정돈 아니었나요? 하지만 물건 관리란 단지 정리의 의미에 한정되어 있지 않습니다.
'필요'와 '욕심'을 구분할 줄 알아야 한다는 의미입니다. 지금 사려는 그 물건은 꼭 필요한 물건인지, 그냥 갖고 싶은 욕심이 드는 물건인지 명확하게 구분해야 한다는 거죠. 물건을 구매하기 전 스스로에게 질문하는 것을 습관화하면 충동구매를 줄일 수 있습니다. 만약 저녁 늦게 쇼핑을 많이 한다면 바로 결제하지 말고 장바구니에 담아 두고, 그 다음 날 아침에 한 번 더 생각해 보는 것도 좋은 방법입니다.
돈이 모이는 습관 두 번째는 '생활습관 관리'입니다. 아무리 돈을 모으고 있다고 해도 한쪽에서 돈이 줄줄 새는 습관을 바로잡지 못한다면 돈을 모으는 의미가 없어지니까요. 혹시 보상 심리로 스스로에게 상을 주거나 스트레스를 해소하기 위해 돈을 썼던 경험이 있으신가요?
돈을 쓰면서 스트레스를 풀고 싶어지고, 음식을 먹으면서 스트레스를 푼다면 돈을 모으기 쉽지 않습니다. 사회생활은 스트레스의 연속이니까요. 야식이나 외식 빈도가 잦은 것도 좋지 않은 소비 습관입니다. 특히 요즘에는 배달음식을 많이 시켜 먹게 되죠.
필요하다면 스트레스 소비 금액이나 외식 금액의 한도를 정해 놓아 보세요. 단, 실현 가능한 한도를 정하는 것이 중요합니다. 예를 들어 '다음 주부터 배달음식 안 먹을 거야.'라고 하면, 오히려 역효과가 나게 됩니다. 이번 주에 4번 배달음식을 먹었다면, 3번으로 줄이는 등 실천할 수 있도록 조정해 가는 것이 필요합니다.
돈을 모으는 것이 크게 어렵지 않을 수도 있습니다. 절약을 이기는 투자는 없다고 하죠. 소액 적금은 수입 규모와 상관없이 절약하는 것만으로도 성공시킬 수 있는 수 있는 작은 목표입니다.
확고한 목표와 끈기를 가지고 끝까지 저축을 하는 것이 중요합니다. 소액 적금이 성공적으로 진행된다면 규모를 조금씩 늘려 저축하는 습관을 기르면 됩니다. 이자가 크지는 않아도 일정 기간 동안 차곡차곡 납입해 계획한 금액이 모두 모이는 기쁨을 맛보는 것이 중요합니다.

① 돈을 모으는 습관을 만들기 위해서는 꾸준히 하는 것이 중요하다.
② 스트레스를 해소하기 위해 소비를 하는 행동은 돈을 모으는 데에는 좋지 않은 행동이다.
③ 소액 적금이라도 돈을 저금하는 습관을 들이는 것이 중요하다.
④ 돈을 모으는 생활 습관을 만들기 위해서는 점진적으로 소비 습관을 개선하기보다는 행동을 완전히 바꾸는 것이 도움이 된다.
⑤ 사고자 하는 물건을 바로 결제하지 않는 것만으로도 불필요한 물품을 구매하는 충동구매를 어느 정도 막을 수 있다.

| 수리능력

16 길이가 256m인 도로를 따라 4m 간격으로 나무를 심었다. 하지만 너무 빽빽하게 보여 간격을 6m로 늘려 다시 옮겨 심고, 나머지 남는 나무는 따로 보관하기로 하였다. 첫 시작점에 있는 나무는 그대로 두고 나머지 나무를 옮겨 심는다고 할 때, 최소 몇 그루를 옮겨 심어야 하는가?

① 24그루
② 23그루
③ 22그루
④ 21그루
⑤ 20그루

| 수리능력

17 P공단에서는 공원 내에서 쓰레기를 수거해 올 때 포인트를 지급하는 '그린포인트제도'를 시행하고 있다. 쓰레기 1g당 2포인트를 지급하고 젖은 쓰레기의 무게는 50% 감량해 적용한다. 어떤 등산객이 쓰레기를 수거해 950포인트를 적립하였다. 이 가운데 $\frac{1}{3}$이 젖은 쓰레기라고 할 때, 젖지 않은 쓰레기의 양은?

① 390g
② 380g
③ 370g
④ 360g
⑤ 350g

| 의사소통능력

18 다음 글의 서술상 특징으로 가장 적절한 것은?

> 지방은 여러 질병의 원인으로서 인체에 해로운 것으로 인식되었다. 하지만 문제가 되는 것은 지방 자체가 아니라 전이지방이다. 전이지방은 특수한 물리・화학적 처리에 따라 생성되는 것으로서, 몸에 해로운 포화지방의 비율이 자연 상태의 기름보다 높다. 전이지방을 섭취하면 심혈관계 질환이나 유방암 등이 발병할 수 있다. 이러한 전이지방이 지방을 대표하는 것으로 여겨지면서 지방이 여러 질병의 원인으로 지목됐던 것이다.
> 중요한 것은 지방이라고 모두 같은 지방이 아니라는 사실을 일깨우는 것이다. 불포화 지방의 섭취는 오히려 각종 질병의 위험을 감소시키며, 체내 지방 세포는 장수에 도움을 주기도 한다. 지방이 각종 건강상의 문제를 야기하는 것은 지방 그 자체의 속성 때문이라기보다는 지방을 섭취하는 인간의 자기 관리가 허술했기 때문이다.

① 새로운 용어를 소개하고 그 유래를 밝히고 있다.
② 대상에 대한 다양한 견해들의 장단점을 분석하고 있다.
③ 서로 대립하는 견해를 비교하고 이를 절충하여 통합하고 있다.
④ 현재의 상황을 객관적으로 분석함으로써 미래를 전망하고 있다.
⑤ 대상에 대한 사회적 통념의 문제점을 지적하고 올바른 이해를 유도하고 있다.

※ 다음 글을 읽고 이어지는 질문에 답하시오. [19~20]

오늘날 인류가 왼손보다 오른손을 선호하는 경향은 어디서 비롯되었을까? 무기를 들고 싸우는 결투에서 오른손잡이는 왼손잡이인 상대를 만나 곤혹을 치르곤 한다. 왼손잡이인 적수가 무기를 든 왼손은 뒤로 감춘 채 오른손을 내밀어 화해의 몸짓을 보이다가 방심한 틈에 공격할 수도 있다. 그러나 이런 상황이 왼손에 대한 폭넓고 뿌리 깊은 반감을 다 설명해 준다고는 생각되지 않는다. 예컨대 그런 종류의 겨루기와 거의 무관했던 여성들의 오른손 선호는 어떻게 설명할 것인가? 오른손을 귀하게 여기고 왼손을 천대하는 현상은 어쩌면 산업화 이전 사회에서 배변 후 사용할 휴지가 없었다는 사실과 관련이 있을 법하다. 인류 역사에서 대부분의 기간 동안 배변 후 뒤처리를 담당한 것은 맨손이었다. 맨손으로 배변 뒤처리를 하는 것은 불쾌할뿐더러 병균을 옮길 위험을 수반하는 일이었다. 이런 위험의 가능성을 낮추는 간단한 방법은 음식을 먹거나 인사할 때 다른 손을 사용하는 것이었다. 기술 발달 이전의 사회에서는 대개 왼손을 배변 뒤처리에, 오른손을 먹고 인사하는 일에 사용했다. 이런 전통에서 벗어난 행동을 보면 사람들은 기겁하지 않을 수 없었다. 오른손과 왼손의 역할 분담에 관한 관습을 따르지 않는 어린아이는 벌을 받았을 것이다. 나는 이런 배경이 인간 사회에서 널리 나타나는 '오른쪽'에 대한 긍정과 '왼쪽'에 대한 반감을 어느 정도 설명해 줄 수 있으리라고 생각한다. 그러나 이 설명은 왜 애초에 오른손이 먹는 일에, 그리고 왼손이 배변 처리에 사용되었는지 설명해 주지 못한다. 확률로 말하자면 왼손이 배변 처리를 담당하게 될 확률은 1/2이다. 그렇다면 인간 사회 가운데 절반 정도는 왼손잡이 사회였어야 할 것이다. 그러나 동서양을 막론하고, 왼손잡이 사회는 확인된 바 없다. 세상에는 왜 온통 오른손잡이 사회들뿐인지에 대한 근본적인 설명은 다른 곳에서 찾아야 할 것 같다. 한쪽 손을 주로 쓰는 경향은 뇌의 좌우반구의 기능 분화와 관련되어 있는 것으로 보인다. 보고된 증거에 따르면, 왼손잡이는 읽기와 쓰기, 개념적·논리적 사고 같은 좌반구 기능에서 오른손잡이보다 상대적으로 미약한 대신 상상력, 패턴 인식, 창의력 등 전형적인 우반구 기능에서는 상대적으로 기민한 경우가 많다. 비비원숭이의 두개골 화석을 연구함으로써 오스트랄로피테쿠스가 어느 손을 즐겨 썼는지를 추정할 수 있다. 이들이 비비원숭이를 몽둥이로 때려서 입힌 상처의 흔적이 남아 있기 때문이다. 연구에 따르면 오스트랄로피테쿠스는 약 80%가 오른손잡이였다. 이는 현대인과 거의 일치한다. 사람이 오른손을 즐겨 쓰듯 다른 동물들도 앞발 중에 더 선호하는 쪽이 있는데, 포유류에 속하는 동물들은 대개 왼발을 즐겨 쓰는 것으로 나타났다. 이들 동물에서도 뇌의 좌우반구 기능은 인간과 본질적으로 다르지 않으며, 좌우반구의 신체 제어에서 좌우 교차가 일어난다는 점도 인간과 다르지 않다. 왼쪽과 오른쪽의 대결은 인간이라는 종의 먼 과거까지 거슬러 올라간다. 나는 이성 대 직관의 힘겨루기, 뇌의 두 반구 사이의 힘겨루기가 오른손과 왼손의 힘겨루기로 표면화된 것이 아닐까 생각한다. 즉, 오른손이 원래 왼손보다 더 능숙했기 때문이 아니라 뇌의 좌반구가 인간의 행동을 지배하는 권력을 갖게 되었기 때문에 오른손 선호에 이르렀다는 생각이다. 그리고 이것이 사실이라면 직관적 사고에 대한 논리적 비판은 거시적 관점에서 그 타당성을 의심해 볼 만하다. 어쩌면 뇌의 우반구 역시 좌반구의 권력을 못마땅하게 여기고 있는지도 모른다. 다만, 논리적인 언어로 반론을 펴지 못할 뿐이다.

19 다음 중 윗글을 통해 추론할 수 있는 내용으로 적절하지 않은 것은?

① 위생에 관한 관습은 명문화된 규범 없이도 형성될 수 있다.
② 직관적 사고보다 논리적 사고가 인간의 행위를 더 강하게 지배해 왔다고 볼 수 있다.
③ 인류를 제외한 대부분의 포유류의 경우에는 뇌의 우반구가 좌반구와의 힘겨루기에서 우세하다고 볼 수 있다.
④ 먹는 손과 배변을 처리하는 손이 다르게 된 이유는 먹는 행위와 배변 처리 행위에 요구되는 뇌 기능이 다르기 때문이다.
⑤ 왼손을 천대하는 관습이 가져다주는 이익이 있다고 해서 오른손잡이가 왼손잡이보다 압도적으로 많은 이유가 설명되는 것은 아니다.

20 다음 중 윗글의 논지를 약화하는 진술로 가장 적절한 것은?

① 오스트랄로피테쿠스의 지능은 현생 인류보다 현저하게 뒤떨어지는 수준이었다.
② '왼쪽'에 대한 반감의 정도가 서로 다른 여러 사회에서 왼손잡이의 비율은 거의 일정함이 밝혀졌다.
③ 오른손잡이와 왼손잡이가 뇌의 해부학적 구조에서 유의미한 차이를 보이지 않는다는 사실이 입증되었다.
④ 진화 연구를 통해 인류 조상들의 행동 성패를 좌우한 것이 언어·개념과 무관한 시각 패턴 인식 능력이었음이 밝혀졌다.
⑤ 태평양의 어느 섬에서 외부와 교류 없이 수백 년 동안 존속해 온 원시 부족 사회는 왼손에 대한 반감을 전혀 갖고 있지 않았다.

21 **안전본부 사고분석 개선처에 근무하는 B대리는 혁신우수 연구대회에 출전하여 첨단 장비를 활용한 차종별 보행자 사고 모형 개발을 발표했다. SWOT 분석을 통해 추진방향을 도출하기 위해 다음과 같이 분석 결과를 작성했을 때, 주어진 분석 결과에 대응하는 전략과 그 내용의 연결이 옳지 않은 것은?**

〈SWOT 분석〉

강점(Strength)	약점(Weakness)
10년 이상 지속적인 교육과 연구로 신기술 개발을 위한 인프라 구축	보행자 사고 모형 개발을 위한 예산 및 실차 실험을 위한 연구소 부재
기회(Opportunity)	**위협(Threat)**
첨단 과학장비(3D스캐너, MADYMO) 도입으로 정밀 시뮬레이션 분석 가능	교통사고에 대한 국민의 관심과 분석수준 향상으로 공단의 사고분석 질적 제고 필요

① WT전략 : 신기술 개발을 위한 연구대회를 개최해 인프라를 더욱 탄탄히 구축한다.

② WO전략 : 실차 실험 대신 과학장비를 통한 시뮬레이션 연구로 모형을 개발한다.

③ WT전략 : 보행자 사고 실험을 위한 연구소를 만들어 사고분석 데이터를 축적한다.

④ SO전략 : 과학장비를 통한 정밀 시뮬레이션 분석을 토대로 국내 차량의 전면부 형상을 취득하고 보행자사고를 분석해 신기술 개발에 도움을 준다.

⑤ ST전략 : 지속적 교육과 연구로 쌓아온 데이터를 바탕으로 사고분석 프로그램 신기술 개발을 통해 사고분석 질적 향상에 기여한다.

22 **매일 하루에 한 번 어항에 자동으로 먹이를 주는 기계가 다음 규칙에 따라 먹이를 준다. 당일에 줄 먹이 양이 '0'이 되는 날은 먹이를 준 지 13일 차였을 때, 13일 차까지 준 먹이의 총합은 얼마인가?(단, x는 자연수이고, 1일 차는 홀수 일이다)**

〈규칙〉

- 첫날 어항에 준 먹이의 양은 $3x$개이다.
- 당일에 줄 먹이의 양은 전날이 홀수 일인 경우, 전날 먹이의 양에 1개를 더한다.
- 당일에 줄 먹이의 양은 전날이 짝수 일인 경우, 전날 먹이의 양에서 2개를 뺀다.

① 50개
② 49개
③ 48개
④ 47개
⑤ 46개

23 다음 글을 읽고 추론할 수 있는 내용으로 가장 적절한 것은?

> 10월 9일은 오늘의 한글을 창제해서 세상에 펴낸 것을 기념하고, 한글의 우수성을 기리기 위한 국경일이다. 한글은 인류가 사용하는 문자 중에서 유일하게 창제자와 창제연도가 명확히 밝혀진 문자임은 물론, 체계적이고 과학적인 원리로 어린아이도 배우기 쉬운 문자이다. 한글의 우수성은 한자나 영어와 비교해 봐도 쉽게 알 수 있다. 기본적인 생활을 하기 위해서 3,000자에서 5,000자 정도의 수많은 문자의 모양과 의미를 외워야 하는 표의문자 한자와는 달리, 한글은 소리를 나타내는 표음문자이기 때문에 24개의 문자만 익히면 쉽게 조합하여 학습할 수 있다.
> 한글의 이러한 과학적인 부분은 실제로 세계 학자들 사이에서도 찬탄을 받는다. 한글이 세계 언어학계에 본격적으로 알려진 것은 1960년대이다. 영국의 저명한 언어학자인 샘프슨(G. Sampson) 교수는 '한글은 세계에서 과학적인 원리로 창제된 가장 훌륭한 글자'라고 평가한다. 그는 특히 '발성 기관이 소리를 내는 모습을 따라 체계적으로 창제된 점이 과학적이며 문자 자체가 소리의 특징을 반영했다는 점이 놀랍다.'라고 평가한다. 동아시아 역사가 라이샤워(O. Reichaurer)도 '한글은 전적으로 독창적이고 놀라운 음소문자로, 세계의 어떤 나라의 일상 문자에서도 볼 수 없는 가장 과학적인 표기 체계이다.'라고 찬탄하고 있으며, 미국의 다이아몬드(J. Diamond) 교수 역시 '세종이 만든 28자는 세계에서 가장 훌륭한 알파벳이자 가장 과학적인 표기법 체계'라고 평가한다.
> 이러한 점을 반영하여 유네스코에서는 한글을 문화유산으로 등록함은 물론, 세계적으로 문맹 퇴치에 이바지한 사람에게 '세종대왕'의 이름을 붙인 상을 주고 있다. 이처럼 세계적으로 인정받는 우리의 독창적이고 고유한 글자인 '한글'에 대해 우리는 더욱더 큰 자긍심을 느껴야 할 것이다.

① 한글을 배우기 위해서는 문자의 모양과 의미를 외워야 한다.

② 한글은 소리를 나타내는 표음문자이기 때문에 한자와 달리 문자를 따로 익힐 필요는 없다.

③ 한글 창제에 담긴 세종대왕의 정신을 기리기 위해 유네스코에서는 세계적으로 문맹 퇴치에 이바지한 사람에게 '세종대왕상'을 수여한다.

④ 영국의 저명한 언어학자인 샘프슨(G. Sampson) 교수는 '세종이 만든 28자는 세계에서 가장 훌륭한 알파벳'이라고 평가했다.

⑤ 한글이 세계 언어학계에 본격적으로 알려진 것은 1970년대로, 언어학자 샘프슨(G.Sampson) 교수, 동아시아 역사가 라이샤워(O. Reichaurer) 등의 저명한 학자들로부터 찬탄을 받았다.

24 P통신사 멤버십 회원인 B씨는 ○○랜드 P통신사 멤버십 할인 이벤트를 보고 우대쿠폰을 출력해 아내와 15살 아들, 7살 딸과 ○○랜드로 가족 나들이를 가기로 했다. B씨 가족이 주간권을 구매할 때와 야간권을 구매할 때 받는 할인금액의 차이는?

〈○○랜드 P통신사 멤버십 할인 이벤트〉

- P통신사 멤버십 카드 소지 시 본인은 정상가의 40%를 할인받을 수 있습니다.
- P통신사 멤버십 카드 우대쿠폰을 통해 동반 3인까지 10%를 할인받을 수 있습니다.
- ○○랜드 이용권 정상가는 다음과 같습니다.

구분	주간권(종일)	야간권(17시 이후)
대인	54,000원	45,000원
청소년	46,000원	39,000원
소인	43,000원	36,000원

※ 소인 : 36개월 ~ 만 12세
※ 청소년 : 만 13세 ~ 만 18세

① 5,900원
② 6,100원
③ 6,300원
④ 6,500원
⑤ 6,700원

25 H사원은 물 200g과 녹차 가루 50g을 가지고 있다. H사원은 같은 부서 동료인 A사원과 B사원에게 농도가 다른 녹차를 타 주려고 한다. A사원의 녹차는 물 65g과 녹차 가루 35g으로 만들어 주었고, B사원에게는 남은 물과 녹차 가루로 녹차를 타 주려고 한다. 이때, B사원이 마시는 녹차의 농도는 몇 %인가?(단, 모든 물과 녹차 가루를 남김없이 사용한다)

① 10%
② 11%
③ 12%
④ 13%
⑤ 14%

26 다음은 아이돌봄서비스에 대한 글이다. 이에 대한 설명으로 적절하지 않은 것을 〈보기〉에서 모두 고르면?

> 아이돌봄서비스는 만 12세 이하 아동을 둔 맞벌이 가정 등에 아이돌보미가 직접 방문하여 아동을 안전하게 돌봐주는 서비스로, 정부 차원에서 취업 부모들을 대신하여 그들의 자녀에 대한 양육 및 이와 관련된 활동을 지원해 준다. 가정의 아이 돌봄을 지원하여 아이의 복지증진과 보호자의 일·가정 양립을 통한 가족구성원의 삶의 질 향상과 양육 친화적인 사회 환경을 조성하는 데 목적이 있다. 아동의 안전한 보호를 위해 영아 및 방과 후 아동에게 개별 가정의 특성과 아동발달을 고려하여 아동의 집에서 돌봄 서비스를 제공하며, 취업 부모의 일·가정 양립을 위해 야간·주말 등 틈새시간의 '일시 돌봄' 및 '영아 종일 돌봄' 등 수요자가 원하는 서비스를 제공한다.
>
> 서비스는 이용 구분에 따라 시간제돌봄서비스, 영아종일제돌봄서비스, 기관연계돌봄서비스, 질병감염아동특별지원서비스로 나뉜다. 시간제돌봄서비스의 이용 대상은 만 3개월 이상 만 12세 이하의 아동이며, 주 양육자가 올 때까지 임시보육, 놀이 활동, 식사 및 간식 챙겨 주기, 보육시설이나 학교 학원의 등·하원 등의 서비스를 받을 수 있다. 영아종일제돌봄서비스의 이용 대상은 만 3개월 이상 만 24개월 이하의 영아이며 이유식, 젖병 소독, 기저귀 갈기, 목욕 등 영아돌봄과 관련된 건강·영양·위생·교육 등의 서비스를 지원받을 수 있다. 기관연계돌봄서비스는 사회복지시설이나 학교·유치원·보육시설 등 만 0~12세 아동에 대한 돌봄 서비스가 필요한 기관이 이용 대상이다. 돌보미 1인당 돌볼 수 있는 최대 아동수에는 제한이 있으며, 한 명의 돌보미가 여러 연령대의 아동을 대상으로 동시에 서비스를 제공할 수는 없다. 질병감염아동특별지원서비스의 이용 대상은 수족구병 등 법정 전염성 및 유행성 질병에 감염되어 사회복지시설, 유치원, 보육시설 등을 이용하고 있는 만 12세 이하 아동으로, 다른 서비스에 반해 별도로 정부의 지원시간 제한이 없으며, 비용의 50%를 정부가 지원한다. 해당하는 아동은 아동의 병원 이용 동행 및 재가 돌봄 서비스를 제공받을 수 있다.

〈보기〉

ㄱ. 만 13세 이상의 아동은 아이돌봄서비스를 이용할 수 없다.
ㄴ. 장애 아동의 경우 질병감염아동특별지원서비스를 제공받을 수 있다.
ㄷ. 맞벌이 가정뿐만 아니라 학교·유치원·보육시설도 아이돌봄서비스를 이용할 수 있다.
ㄹ. 야간이나 주말에는 아이돌봄서비스를 이용할 수 없다.

① ㄱ, ㄴ
② ㄱ, ㄷ
③ ㄴ, ㄷ
④ ㄴ, ㄹ
⑤ ㄷ, ㄹ

27 A ~ G팀이 토너먼트로 시합을 하려고 한다. 다음과 같이 한 팀만 부전승으로 올라가 경기를 진행한다고 할 때, 대진표를 작성하는 경우의 수는?

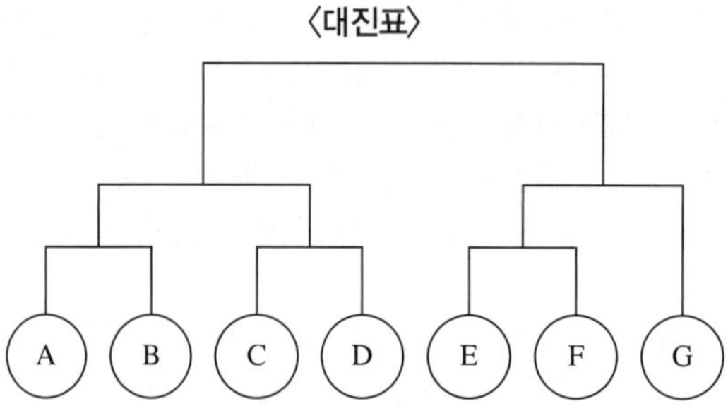

① 300가지
② 315가지
③ 340가지
④ 380가지
⑤ 400가지

28 다음 대화에서 밑줄 친 ㉠ ~ ㉣ 중 보고서 작성 시 유의사항으로 잘못된 것을 모두 고르면?

K대리 : 이번 연구는 지금 시점에서 보고하는 것이 좋을 것 같습니다. 간략하게 연구별로 한 장씩 요약해 작성할까요?
Y과장 : ㉠ 성의가 없어 보이니 한 장에 한 가지의 사안을 담는 것은 좋지 않아.
P대리 : 맞습니다. ㉡ 꼭 필요한 내용이 아니어도 관련된 참고자료는 이해가 쉽도록 모두 첨부하도록 하시죠.
C차장 : ㉢ 양이 많으면 단락별 핵심을 하위 목차로 요약하는 것이 좋겠어. 그리고 ㉣ 연구비 금액의 경우는 개략적으로만 제시하고 정확히 하지 않아도 괜찮아.

① ㉠, ㉡
② ㉠, ㉢
③ ㉠, ㉡, ㉢
④ ㉠, ㉡, ㉣
⑤ ㉡, ㉢, ㉣

29 다음은 국내 지역별 지진발생 횟수에 대한 자료이다. 이에 대한 설명으로 옳은 것은?

〈지역별 지진발생 횟수〉

(단위 : 회)

구분	2022년	2023년	2024년
서울 · 경기 · 인천	1	1	1
부산 · 울산 · 경남	1	6	5
대구 · 경북	6	179	121
광주 · 전남	1	1	6
전북	1	1	2
대전 · 충남 · 세종	2	6	3
충북	1	0	2
강원	1	1	1
제주	0	1	0
북한	3	23	25
서해	7	6	19
남해	12	11	18
동해	8	16	20
합계	44	252	223

※ 수도권은 서울 · 경기 · 인천 지역을 말함

① 연도별로 전체 지진발생 횟수 중 가장 많은 비중을 차지하는 지역은 2022년부터 2024년까지 매년 동일하다.

② 전체 지진발생 횟수 중 북한의 지진횟수가 차지하는 비중은 2023년에 비해 2024년에 5%p 이상 증가하였다.

③ 2022년 전체 지진발생 횟수 중 대전 · 충남 · 세종이 차지하는 비중은 2023년 전체 지진발생 횟수 중 동해가 차지하는 비중보다 크다.

④ 전체 지진발생 횟수 중 수도권에서의 지진발생 횟수가 차지하는 비중은 2023년과 2024년 모두 전년 대비 감소하였다.

⑤ 2023년에 지진이 발생하지 않은 지역을 제외하고 2023년 대비 2024년 지진발생 횟수의 증가율이 두 번째로 높은 지역은 서해이다.

30 다음은 TRIZ에 대한 자료이다. 이에 대한 사례로 적절하지 않은 것은?

'TRIZ'는 주어진 문제에 대하여 가장 이상적인 결과를 정의하고, 그 결과를 얻는 데 관건이 되는 모순을 찾아내어 그 모순을 극복할 수 있는 해결안을 얻을 수 있도록 생각하는 방법에 대한 40가지 이론이다. 예를 들어 '차 무게가 줄면 연비는 좋아지지만 안정성은 나빠진다.'를 모순으로 정하고 '어떻게 하면 차가 가벼우면서 안정성이 좋을 수 있을까?'하는 해결책을 찾아 모순을 극복하는 것이다. 이어폰이 무선 이어폰이 되는 것 등도 이에 해당된다.

〈TRIZ 40가지 이론〉

분할	추출	국부적 품질	비대칭	통합	다용도	포개기	공중부양
사전 반대 조치	사전 조치	사전 예방 조치	동일한 높이	역방향	곡선화	역동성 증가	초과나 부족
차원 변화	진동	주기적 작용	유용한 작용의 지속	급히 통과	전화위복	피드백	중간 매개물
셀프서비스	복사	값싸고 짧은 수명	기계 시스템의 대체	공기 및 유압 사용	얇은 막	다공성 물질	색깔 변화
동질성	폐기 및 재생	속성 변화	상전이	열팽창	산화제	불활성 환경	복합 재료

① 최초로 발견된 죽지 않는 식물
② 회전에 제약이 없는 구형 타이어
③ 자동으로 신발 끈이 조여지는 운동화
④ 줄 없이 운동할 수 있는 줄 없는 줄넘기
⑤ 여러 구간으로 납작하게 접을 수 있는 접이식 자전거 헬멧

31 P기업의 마케팅부, 영업부, 영업지원부에서 2명씩 대표로 회의에 참석하기로 하였다. 원탁에 같은 부서 사람이 옆자리에 앉는 방식으로 자리배치를 한다고 할 때, 6명이 앉을 수 있는 경우의 수는 모두 몇 가지인가?

① 15가지
② 16가지
③ 17가지
④ 18가지
⑤ 19가지

32 다음 〈조건〉을 토대로 할 때 가능한 乙의 나이는?

〈조건〉

- 甲과 乙은 부부이다. a는 甲의 동생, b, c는 아들과 딸이다.
- 甲은 乙보다 나이가 많거나 동갑이다.
- a, b, c 나이의 곱은 2,450이다.
- a, b, c 나이의 합은 46이다.
- a는 19 ~ 34세 중 하나이다.
- 甲과 乙의 나이 합은 아들과 딸의 나이 합의 4배이다.

① 46세
② 45세
③ 44세
④ 43세
⑤ 42세

33 P공사의 5명의 직원들(과장 1명, 대리 2명, 사원 2명)이 10월 중에 연차를 쓰려고 한다. 다음 〈조건〉을 참고하여 직원들이 나눈 대화 내용 중 옳지 않은 말을 한 직원을 모두 고르면?

A과장 : 난 9일에 시골 내려가야 해서 10일에 쓰려고 하네. 나머지 사람들은 그날 제외하고 서로 조율해서 신청하면 좋겠네.
B대리 : 저는 10월에 교육받으러 18 ~ 19일에 갈 예정입니다. 그리고 그 다음 주 수요일에 연차 쓰겠습니다. 그럼 저 교육받는 주에 다른 사람 2명이 신청 가능할 것 같은데요.
C사원 : 오, 그럼 제가 15일에 쓰겠습니다.
D대리 : 저는 연이어서 16일에 신청할 수 없으니까 17일에 쓰고, 교육은 11 ~ 12일에 받겠습니다.
E사원 : 저만 정하면 끝나네요. 2일로 하겠습니다.

〈조건〉

- 연차는 하루이다.
- 10월 1일은 월요일이며, 3일과 9일은 공휴일이다.
- 대리는 교육을 신청한 주에 연차를 신청할 수 없다.
- 같은 주에 3명 이상 교육 및 연차를 신청하면 안 된다.
- 워크숍은 5주차 월·화요일이다.
- 연차는 연이어 쓸 수 없다.
- 대리급 교육은 매주 이틀 동안 목 ~ 금요일에 있으며, 교육은 한 번만 받으면 된다.
- 연차와 교육 신청 순서는 대화 내용에서 말한 차례대로 적용한다.

① A과장, B대리
② B대리, D대리
③ C사원, E사원
④ D대리, C사원
⑤ E사원, D대리

34 다음은 2025 ~ 2029년 주요 인구지표에 대해 예측한 인구통계 자료이다. 이에 대한 설명으로 옳지 않은 것을 〈보기〉에서 모두 고르면?

〈2025 ~ 2029년 주요 인구지표 예측 인구통계〉

구분		2025년	2026년	2027년	2028년	2029년
총인구(명)		52,123,644	52,261,368	52,388,225	52,504,489	52,609,988
	남성	26,116,012	26,182,270	26,243,080	26,298,796	26,349,538
	여성	26,007,632	26,079,098	26,145,145	26,205,693	26,260,450
인구성장률(%)		0.29	0.26	0.24	0.22	0.20
인구(명)	0 ~ 14세	6,544,745	6,495,921	6,419,925	6,378,453	6,345,139
	15 ~ 64세	37,035,022	36,787,341	36,519,406	36,181,953	35,756,863
	65세 이상	8,543,877	8,978,106	9,448,894	9,944,083	10,507,986
구성비(%)	0 ~ 14세	12.6	12.4	12.3	12.2	12.0
	15 ~ 64세	71.0	70.4	69.7	68.9	68.0
	65세 이상	16.4	17.2	18.0	18.9	20.0
중위연령(세)		44.1	44.6	45.1	45.7	46.2
	남성	42.7	43.2	43.8	44.3	44.8
	여성	45.6	46.1	46.7	47.2	47.7
평균연령(세)		43.0	43.5	43.9	44.3	44.7
	남성	41.8	42.3	42.7	43.1	43.5
	여성	44.2	44.6	45.1	45.5	45.9

〈보기〉

ㄱ. 0 ~ 14세 인구의 구성비는 2026년보다 2028년에 더 높다.
ㄴ. 남자 중위연령은 항상 여자 평균연령보다 더 낮은 수치를 보인다.
ㄷ. 2029년 15 ~ 64세 인구는 65세 이상 인구의 3배 이상이다.
ㄹ. 2027년 중위연령의 전년 대비 증가율은 평균연령의 전년 대비 증가율보다 높다.

① ㄱ
② ㄱ, ㄷ
③ ㄱ, ㄹ
④ ㄴ, ㄷ
⑤ ㄴ, ㄷ, ㄹ

35 A과장은 월요일에 사천연수원에서 진행될 세미나에 참석해야 한다. 세미나는 월요일 낮 12시부터 시작이며, 수요일 오후 6시까지 진행된다. 갈 때는 세미나에 늦지 않게만 도착하면 되지만, 올 때는 목요일 회의 준비를 위해 최대한 일찍 서울로 올라와야 한다. 교통비는 회사에 청구하지만 가능한 적은 비용으로 세미나 참석을 원할 때, 교통비는 얼마가 들겠는가?

〈KTX〉

구분	월요일		수요일		가격
서울 – 사천	08:00 ~ 11:00	09:00 ~ 12:00	08:00 ~ 11:00	09:00 ~ 12:00	65,200원
사천 – 서울	16:00 ~ 19:00	20:00 ~ 23:00	16:00 ~ 19:00	20:00 ~ 23:00	66,200원 (10% 할인 가능)

※ 사천역에서 사천연수원까지 택시비는 22,200원이며, 30분이 걸림(사천연수원에서 사천역까지의 비용과 시간도 동일)

〈비행기〉

구분	월요일		수요일		가격
서울 – 사천	08:00 ~ 09:00	09:00 ~ 10:00	08:00 ~ 09:00	09:00 ~ 10:00	105,200원
사천 – 서울	19:00 ~ 20:00	20:00 ~ 21:00	19:00 ~ 20:00	20:00 ~ 21:00	93,200원 (10% 할인 가능)

※ 사천공항에서 사천연수원까지 택시비는 21,500원이며, 30분이 걸림(사천연수원에서 사천공항까지의 비용과 시간도 동일)

① 168,280원
② 178,580원
③ 192,780원
④ 215,380원
⑤ 232,080원

| 수리능력

36 P공사는 B복사기 업체에서 복사지를 구입하고 있다. P공사는 복사지 20,000장을 구매하면 10개월 동안 사용한다. B복사기 업체는 복사지 16,000장을 사용한 후에 미리 연락을 달라고 하였다. P공사가 현재, 지난 10개월보다 두 배의 복사지를 사용해야 한다면 지금부터 몇 개월 후에 연락해야 하는가?(단, 매달 사용하는 복사지 수는 같다)

① 2개월
② 3개월
③ 4개월
④ 5개월
⑤ 6개월

37 **문제의 원인을 파악하는 과정에서 원인과 결과의 분명한 구분 여부에 따라 원인의 패턴을 구분할 수 있다. 문제 원인의 패턴을 다음과 같이 구분하였을 때, ㉠ ~ ㉢에 해당하는 말을 순서대로 바르게 나열한 것은?**

> ㉠은 원인과 결과를 분명하게 구분할 수 있는 경우로, 어떤 원인이 앞에 있어 여기에서 결과가 생기는 인과관계를 의미한다. 반대로 ㉡은 원인과 결과를 구분하기 어려운 인과관계를 의미하며, ㉢은 ㉠과 ㉡이 서로 얽혀 있는 인과관계를 의미한다.

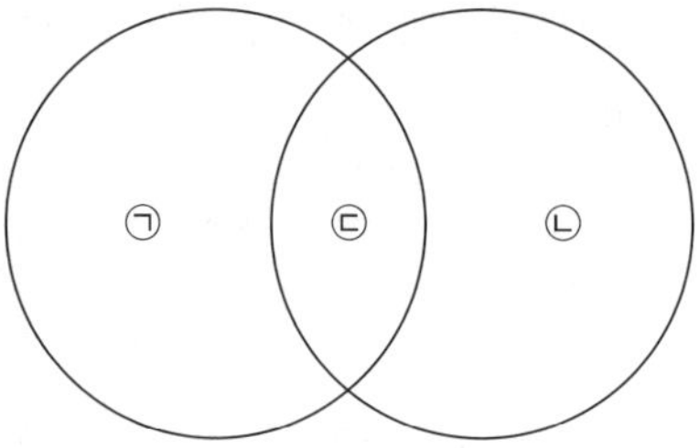

	㉠	㉡	㉢
①	단순한 인과관계	닭과 계란의 인과관계	복잡한 인과관계
②	단순한 인과관계	복잡한 인과관계	닭과 계란의 인과관계
③	단순한 인과관계	복잡한 인과관계	단순·복잡한 인과관계
④	닭과 계란의 인과관계	복잡한 인과관계	단순한 인과관계
⑤	닭과 계란의 인과관계	단순한 인과관계	복잡한 인과관계

38 **다음 중 효과적인 경청 방법에 대한 설명으로 적절하지 않은 것은?**

① 상대방이 전달하려는 메시지가 무엇인가를 생각해 보고 자신의 삶, 목적, 경험과 관련지어 본다.
② 대화를 하는 동안 시간 간격이 있으면, 다음에 무엇을 말할 것인가를 추측하려고 노력해야 한다.
③ 말하는 사람의 모든 것에 집중해서 적극적으로 들어야 하며, 말하는 사람의 속도와 말을 이해하는 속도 사이에 발생하는 간격을 메우는 방법을 학습해야 한다.
④ 대화 도중에 주기적으로 대화의 내용을 요약하면 상대방이 전달하려는 메시지를 이해하고, 사상과 정보를 예측하는 데 도움이 된다.
⑤ 상대방이 말하는 사이에 질문을 하면 질문에 대한 답이 즉각적으로 이루어질 수 없으므로 되도록 질문하지 않고 상대방의 이야기에 집중한다.

39 철수는 장미에게 '43 41 54'의 문자를 전송하였다. 장미는 문자가 16진법으로 표현된 것을 발견하고 다음의 아스키 코드표를 이용하여 해독을 진행하려고 한다. 철수가 장미에게 보낸 문자의 의미는 무엇인가?

문자	아스키	문자	아스키	문자	아스키	문자	아스키
A	65	H	72	O	79	V	86
B	66	I	73	P	80	W	87
C	67	J	74	Q	81	X	88
D	68	K	75	R	82	Y	89
E	69	L	76	S	83	Z	90
F	70	M	77	T	84	–	–
G	71	N	78	U	85	–	–

① CAT
② SIX
③ BEE
④ CUP
⑤ SUN

40 다음은 지적 및 공간정보 용어 해설집의 일부 내용이다. 밑줄 친 ㉠ ~ ㉤의 수정사항으로 가장 적절한 것은?

- 지적공부 : 토지대장 · 지적도 · 임야대장 · 임야도 및 수치지적부로서 내무부령이 ㉠ <u>정하는 바에 의하여</u> 작성된 대장 및 도면과 전산 정보처리조직에 의하여 처리할 수 있는 형태로 작성된 파일(이하 '지적 파일'이라 한다)을 말한다.
- 지적측량 : 토지에 대한 물권이 미치는 한계를 ㉡ <u>밟히기 위한</u> 측량으로서 토지를 지적공부에 ㉢ <u>등록하거나</u> 지적공부에 등록된 경계를 지표상에 복원할 목적으로 소관청이 직권 또는 이해관계인의 신청에 의하여 각 필지의 경계 또는 좌표와 면적을 정하는 측량을 말하며, 기초측량과 세부측량으로 구분한다. 지적법에는 지적측량이라 함은 토지를 지적공부에 등록하거나 지적공부에 등록된 경계를 지표상에 복원할 목적으로 소관청이 직권 또는 이해관계인의 신청에 의하여 각 필지의 경계 또는 좌표와 면적을 정하는 측량을 말한다고 규정되어 있다.
- 지목 : 토지의 주된 사용 목적 또는 용도에 따라 토지의 종류를 구분 · 표시하는 명칭을 말한다.
- 지목변경 : 지적공부에 등록된 지목을 다른 지목으로 바꾸어 등록하는 것을 말한다.
- 지번설정지역 : 리(里) · 동(洞) 또는 이에 준하는 지역으로서 지번을 설정하는 단위 지역을 말한다.
- 필지 : 하나의 지번이 ㉣ <u>붙는</u> 토지의 등록단위를 말한다.
- 분할 : 지적공부에 등록된 1필지를 2필지 이상으로 나누어 등록하는 것을 말한다.
- 소관청 : 지적공부를 ㉤ <u>관리하는</u> 시장(구를 두는 시에 있어서는 구청장을 말한다) · 군수를 말한다.

① ㉠ : 띄어쓰기가 잘못되었으므로 '정하는바에 의하여'로 수정한다.
② ㉡ : 한글맞춤법 규정에 따라 '밝히기 위한'으로 수정한다.
③ ㉢ : 띄어쓰기가 잘못되었으므로 '등록 하거나'로 수정한다.
④ ㉣ : 한글맞춤법 규정에 따라 '붇는'으로 수정한다.
⑤ ㉤ : 맥락상 적절한 단어인 '컨트롤하는'으로 수정한다.

| 수리능력

41 C는 올해 총 6번의 토익시험에 응시하였다. 2회 차 시험점수가 620점 이상 700점 이하였고 토익 평균점수가 750점이었을 때, 다음 중 자료의 빈칸 ㉡에 들어갈 수 있는 최소점수는?

〈C의 토익시험 내역〉

1회	2회	3회	4회	5회	6회
620점	㉠	720점	840점	㉡	880점

① 720점
② 740점
③ 760점
④ 780점
⑤ 800점

| 문제해결능력

42 다음 기사에 나타난 문제 유형을 바르게 설명한 것은?

도색이 완전히 벗겨진 차선과 지워지기 직전의 흐릿한 차선이 서울 강남의 도로 여기저기서 발견되고 있다. 알고 보니 규격 미달의 불량 도료 때문이었다. 시공 능력이 없는 업체들이 서울시가 발주한 도색 공사를 따낸 뒤, 브로커를 통해 전문 업체에 공사를 넘겼고, 이 과정에서 수수료를 떼인 전문 업체들은 손해를 만회하기 위해 값싼 도료를 사용한 것이다. 차선용 도료에 값싼 일반용 도료를 섞다 보니 야간에 차선이 잘 보이도록 하는 유리알이 제대로 붙어있지 못해 차선 마모는 더욱 심해졌다. 지난 4년간 서울 전역에서는 74건의 부실시공이 이뤄졌고, 총 공사 대금은 183억 원에 달하는 것으로 밝혀졌다.

① 발생형 문제로, 이탈 문제에 해당한다.
② 발생형 문제로, 미달 문제에 해당한다.
③ 탐색형 문제로, 잠재 문제에 해당한다.
④ 탐색형 문제로, 예측 문제에 해당한다.
⑤ 탐색형 문제로, 발견 문제에 해당한다.

43 세희네 가족의 올해의 여름휴가 비용은 작년 대비 교통비는 15%, 숙박비는 24% 증가하여 전체 휴가비용이 20% 증가하였다. 작년 전체 휴가비용이 36만 원일 때, 올해 숙박비는?(전체 휴가비는 교통비와 숙박비의 합이다)

① 160,000원
② 184,000원
③ 200,000원
④ 248,000원
⑤ 268,000원

44 P공사는 지하철 미세먼지 정화설비 A ~ F 중 일부를 도입하고자 한다. 설비의 호환성에 따른 도입 규칙이 다음과 같을 때, P공사에서 도입할 설비를 모두 고르면?

〈호환성에 따른 도입 규칙〉

- A는 반드시 도입한다.
- B를 도입하지 않으면 D를 도입한다.
- E를 도입하면 A를 도입하지 않는다.
- F, E, B 중 적어도 두 개는 반드시 도입한다.
- E를 도입하지 않고, F를 도입하면 C는 도입하지 않는다.
- 최대한 많은 설비를 도입한다.

① A, B, E
② A, C, F
③ A, B, C, E
④ A, B, D, F
⑤ A, C, D, E, F

45 **P물류회사에서 근무 중인 G사원에게 화물운송기사 두 명이 찾아와 운송시간에 대한 질문을 하였다. 주요 도시 간 이동시간 자료를 참고했을 때, 두 기사에게 안내해야 할 시간은?(단, G사원과 두 기사는 현재 A도시에 위치하고 있다)**

K기사 : 저는 여기서 화물을 싣고 E도시로 운송한 후에 C도시로 가서 다시 화물을 싣고 여기로 돌아와야 하는데 시간이 얼마나 걸릴까요? 최대한 빨리 마무리 지었으면 좋겠는데….
S기사 : 저는 여기서 출발해서 모든 도시를 한 번씩 거쳐 다시 여기로 돌아와야 해요. 만약에 가장 짧은 이동시간으로 다녀오면 얼마나 걸릴까요?

〈주요도시 간 이동시간〉

(단위 : 시간)

출발도시＼도착도시	A	B	C	D	E
A	–	1.0	0.5	–	–
B	–	–	–	1.0	0.5
C	0.5	2.0	–	–	–
D	1.5	–	–	–	0.5
E	–	–	2.5	0.5	–

※ 화물을 싣고 내리기 위해 각 도시에서 정차하는 시간은 고려하지 않음
※ '–' 표시가 있는 구간은 이동이 불가능함

	K기사	S기사
①	4시간	4시간
②	4.5시간	5시간
③	4.5시간	5.5시간
④	5시간	5.5시간
⑤	5.5시간	5.5시간

46 다음은 두 고생물학자 간에 벌어진 가상 대화이다. 두 사람의 보고와 주장이 모두 참이라고 가정할 때 〈보기〉 중 거짓을 모두 고르면?

A : 지난해 일본 북해도에서는 다양한 암모나이트 화석이 많이 발견되었고, 그 때문에 북해도는 세계적으로 유명한 암모나이트 산지로 알려지게 되었습니다. 중생대 표준화석은 여러 가지가 있지만, 그중에서도 암모나이트는 세계적으로 대표적인 표준화석입니다. 표준화석은 지층의 지질 시대를 지시하는 화석으로, 특징 있는 형태와 넓은 분포, 다량의 산출 및 한정된 지질 시대에 생존했다는 조건을 갖춘 화석을 의미합니다.

B : 그렇습니다. 암모나이트는 중생대 바다를 지배한 동물이었고, 중생대 육지에서는 공룡이 군림하였습니다. 공룡 화석은 다양한 지역에서 산출되며, 중생대에만 한정되어 생존하였습니다. 그런데 우리나라에서는 경상도 지역을 중심으로 분포된 중생대 지층에서 암모나이트 화석은 발견되지 않았고, 공룡 화석만 발견된다고 들었습니다.

A : 말씀하신 것처럼, 경상도 지역에서 표준화석인 암모나이트가 산출되고 있지 않지만 공룡 화석들은 많이 산출되고 있습니다. 그리고 지금까지는 경상도 지역의 바다 환경에서 퇴적된 중생대 지층이 확인되었다는 보고가 없습니다.

B : 저는 가까운 일본에서 암모나이트가 발견되는 것을 보면 경상도 지역에서도 분명히 암모나이트가 나올 가능성이 있다고 생각합니다. 중생대에 우리나라 바다에서 퇴적된 해성층이 있었을 가능성이 있으므로 다시 조사해야 할 필요가 있습니다.

〈보기〉

ㄱ. 우리나라 경상도 지역은 옛날 중생대 때에는 모두 육지였다.
ㄴ. 공룡 화석은 암모나이트 화석과 같은 중생대 표준화석이 아니다.
ㄷ. 우리나라에서도 암모나이트 화석이 발견될 가능성이 있다.
ㄹ. 세계적으로 중생대에는 육지와 바다가 모두 존재하였다.
ㅁ. 일본 북해도 지역에는 바다에서 퇴적된 해성층이 분포되어 있다.
ㅂ. 경상도에서 암모나이트 화석이 산출되지 않는 것을 보면, 경상도 지역에는 중생대 지층이 없다.

① ㄱ, ㄴ, ㄹ
② ㄱ, ㄴ, ㅂ
③ ㄱ, ㄷ, ㅁ
④ ㄷ, ㄹ, ㅂ
⑤ ㄷ, ㅁ, ㅂ

47 다음 중 인적자원의 특성을 다음과 같이 나누어 살펴볼 때, 인적자원에 대한 설명으로 적절하지 않은 것은?

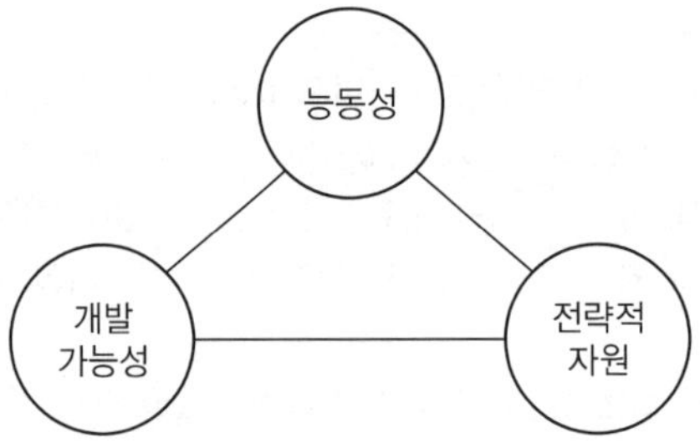

① 인적자원은 능동적이고 반응적인 성격을 지니고 있으므로 이를 잘 관리하면 기업의 성과를 높일 수 있다.
② 인적자원은 오랜 기간 동안에 걸쳐서 개발될 수 있는 많은 잠재능력과 자질을 보유하고 있다.
③ 환경변화에 따른 조직변화가 심해질수록 인적자원 개발가능성의 중요성은 점점 작아질 것이다.
④ 인적자원은 조직에 필요한 자원 활용을 담당하므로 어느 자원보다도 전략적 중요성이 강조된다.
⑤ 인적자원의 모든 특성을 고려할 때 인적자원에 대한 관리는 조직의 성과에 큰 영향을 미친다.

48 키슬러(Kiesler)의 대인관계 양식에 따라 의사소통 유형을 지배형, 실리형, 냉담형, 고립형, 복종형, 순박형, 친화형, 사교형의 8가지 유형으로 나눌 수 있다. 다음 사례에서 P부장은 어느 유형에 해당하는가?

> P부장은 뛰어난 업무 성과로 회사에서도 인정을 받고 있다. 업무를 수행함에 있어서도 자신감이 넘치며, 업무 추진력이 뛰어나 본인이 원하는 방향으로 부서를 성공적으로 이끌어 나가고 있다. 그러나 대부분의 업무를 부서원들과 논의하지 않고 독단적으로 결정하다 보니 간혹 부서원과 논쟁을 일으키기도 한다. 특히 요즘은 업무가 바쁘다는 핑계로 부서원들의 의견은 무시하고 그저 부서원들이 자신의 결정대로 따라주기만을 바라고 있다. P부장과의 의견 교환이 점점 더 어려워지자 부서원들의 고충과 불만은 계속 쌓여 가고 있다.

① 지배형
② 냉담형
③ 고립형
④ 복종형
⑤ 친화형

49 다음은 치과의원 노인외래진료비 본인부담제도의 안내문이다. 이를 참고하여 〈보기〉에서 A ~ E씨의 본인부담금의 합을 바르게 구한 것은?

〈치과의원 노인외래진료비 본인부담제도 안내〉

2024년 1월부터 만 65세 이상 치과의원 노인외래진료비 본인부담제도가 개선됩니다.

■ 대상 : 만 65세 이상 치과의원 외래진료 시

■ 본인부담금 안내 : 총 진료비가 1만 5천 원 이하인 경우는 1,500원
  일정금액 초과 시 총 진료비의 10 ~ 30% 부담

구분	진료비 구간	본인부담금 현행	⇨	본인부담금 개선
치과의원	1만 5천 원 이하	1,500원		1,500원
	1만 5천 원 초과 2만 원 이하	30%		10%
	2만 원 초과 2만 5천 원 이하			20%
	2만 5천 원 초과			30%

〈보기〉

구분	진료비	진료 날짜
A씨	17,000원	2023년 6월
B씨	13,500원	2024년 3월
C씨	23,000원	2024년 2월
D씨	24,000원	2023년 10월
E씨	27,000원	2024년 5월

※ 단, A ~ E씨는 모두 만 65세 이상임

① 18,800원
② 21,300원
③ 23,600원
④ 26,500원
⑤ 28,600원

50 다음은 사용자의 행동을 분석하는 과업분석 방법 중 하나인 '지식기반 분석법'에 대한 설명과 사례를 나타낸 것이다. 밑줄 친 ㉠~㉤ 중 'OR'에 해당한다고 볼 수 없는 것은?(단, 홈쇼핑 구매에 있어 제품 1개를 기준으로 한다)

지식기반 분석법은 과업 수행을 위해 필요한 행위를 파악하고, 그 행위 간의 분류 체계를 만드는 것이다. 행위가 동시에 적용되면 'AND', 한 곳에만 적용되면 'OR', 여러 범주 중에서 딱 한 군데만 해당되면 'XOR'이라고 표시한다.

〈사례 – 홈쇼핑 이용하기〉

시청	구매
㉠ 타깃층 • 20대 ~ 30대 • 30대 ~ 40대 • 40대 ~ 50대 • 60대 이상 ㉡ 가격 • 30,000원 미만 • 30,000원 ~ 60,000원 • 60,000원 초과	㉢ 할부 / 일시불 • 3개월 할부 • 6개월 할부 • 12개월 할부 ㉣ 구매 결제 방법 • 상담원 연결 • 자동 결제 ㉤ 배송 • 본인(자택 / 직장 / 학교 / 기타) • 본인 외(가족 / 친구 / 연인 / 기타)

① ㉠ 타깃층
② ㉡ 가격
③ ㉢ 할부 / 일시불
④ ㉣ 구매 결제 방법
⑤ ㉤ 배송

51 C사원은 사보 담당자인 G주임에게 다음 달 기고할 사설 원고를 전달하였고, G주임은 문단마다 소제목을 붙였으면 좋겠다는 의견을 보냈다. C사원이 G주임의 의견을 반영하여 소제목을 붙였을 때, 적절하지 않은 것은?

> (가) 떨어질 줄 모르는 음주율은 정신건강 지표와도 연결된다. 아무래도 생활에서 스트레스를 많이 느끼는 사람들이 음주를 통해 긴장을 풀고자 하는 욕구가 많기 때문이다. 특히 퇴근 후 혼자 한적하고 조용한 술집을 찾아 맥주 1 ~ 2캔을 즐기는 혼술 문화는 젊은 연령층에서 급속히 퍼지고 있는 트렌드이기도 하다. 이렇게 혼술 문화가 대중적으로 널리 퍼지게 된 원인은 1인 가구의 증가와 사회적 관계망이 헐거워진 데 있다는 것이 지배적인 분석이다.
>
> (나) 혼술은 간단하게 한 잔, 긴장을 푸는 데 더없이 좋은 효과를 주기도 하지만 그 이면에는 '음주 습관의 생활화'라는 문제도 있다. 혼술이 습관화되면 알코올 중독으로 병원 신세를 질 가능성이 9배 늘어난다는 최근 연구결과도 있다. 실제로 가톨릭대 알코올 의존치료센터에 따르면 5년 동안 알코올 의존 상담환자 중 응답자 75.4%가 평소 혼술을 즐겼다고 답했다.
>
> (다) 2016년 보건복지부와 국립암센터에서는 국민 암 예방 수칙의 하나인 '술은 하루 2잔 이내로 마시기' 수칙을 '하루 한두 잔의 소량 음주도 피하기'로 개정했다. 뉴질랜드 오타고대 연구진의 최신 연구에 따르면 술이 7종 암과 직접적 관련이 있는 것으로 밝혀졌고 이런 영향력은 적당한 음주에도 예외가 아닌 것으로 나타났다. 연구를 이끈 제니 코너 박사는 "음주 습관은 소량에서 적당량을 섭취했을 때도 몸에 상당한 부담으로 작용한다."라고 밝혔다.
>
> (라) 흡연과 함께 하는 음주는 1군 발암요인이기도 하다. 몸속에서 알코올과 니코틴 등의 독성물질이 만나면 더 큰 부작용과 합병증을 일으키기 때문이다. 일본 도쿄대 나카무라 유스케 교수는 '체질과 생활습관에 따른 식도암 발병률'이라는 논문에서 하루에 캔 맥주 1개 이상을 마시고 흡연을 같이할 경우 유해물질이 인체에서 상승작용을 한다는 것을 밝혀냈다. 또한 술, 담배를 함께 하는 사람의 식도암 발병 위험이 다른 사람들에 비해 190배나 높은 것으로 나타났다. 우리나라는 세계적으로도 식도암 발병률이 높은 나라이기도 하다. 이것이 우리가 음주습관 형성에 특히 주의를 기울여야 하는 이유이다.

① (가) : 1인 가구, 혼술 문화의 유행

② (나) : 혼술 습관, 알코올 중독으로 발전할 수 있어

③ (다) : 가벼운 음주, 대사 촉진에 도움이 돼

④ (라) : 흡연과 음주를 동시에 즐기면 식도암 위험률 190배

⑤ (라) : 하루 한두 잔, 가벼운 음주와 흡연, 암 위험에서 벗어나지 못해

52 A～G 7명은 주말 여행지를 고르기 위해 투표를 진행하였다. 다음 〈조건〉과 같이 투표를 진행하였을 때, 투표를 하지 않은 사람을 모두 고르면?

〈조건〉

- D나 G 중 적어도 한 명이 투표하지 않으면, F는 투표한다.
- F가 투표하면, E는 투표하지 않는다.
- B나 E 중 적어도 한 명이 투표하지 않으면, A는 투표하지 않는다.
- A를 포함하여 투표한 사람은 모두 5명이다.

① B, E
② B, F
③ C, D
④ C, F
⑤ F, G

53 P기업은 현재 22,000원에 판매하고 있는 G상품의 판매 이익을 높이기 위해 다양한 방식을 고민하고 있다. G상품에 대한 정보를 참고할 때, 판매 이익을 가장 많이 높일 수 있는 방법은?

〈G상품 정보〉

- 1개당 소요 비용

재료비	생산비	광고비
2,500원	4,000원	1,000원

- A/S 관련 사항
  - 고객의 무료 A/S 요청 시 P기업은 1회당 3,000원을 부담해야 한다.
  - 무료 A/S는 구매 후 단 1회에 한해 제공된다.
  - 판매되는 제품 중 무료 A/S가 요구되는 제품의 비율은 15%이다.
- (판매 이익)=[(판매량)×(판매가격)]−[(재료비)+(생산비)+(광고비)+(A/S 부담 비용)×(A/S 비율)]

① 재료비를 25% 감소시킨다.
② 생산비를 10% 감소시킨다.
③ 광고비를 50% 감소시킨다.
④ A/S 부담 비용을 20% 감소시킨다.
⑤ A/S 비율을 5%p 감소시킨다.

54 A팀장은 4월 11일부터 4월 14일까지 대전에서 열리는 포럼에 참석할 예정이다. 포럼의 모든 프로그램에 참여하기 위해서는 포럼 개최기간 동안 차량으로 이동해야 한다. A팀장이 〈조건〉에 따라 아래 렌탈업체 중 한 곳을 통해 차량을 렌트하고자 할 때, 다음 중 A팀장이 이용할 렌탈업체와 포럼 개최기간 동안 지불할 총 렌트비용을 순서대로 바르게 나열한 것은?

〈예약사이트별 예약 정보〉

렌탈업체	가격(원/1일)	할인행사
부릉이렌탈	35,000	할인기간 동안 렌트 시, 1일당 10% 할인 (할인기간 : 4월 7일 ~ 4월 12일)
편한여행	39,000	3일 이상 이용 시 10% 할인 쿠폰 1개 제공
렌트여기	36,000	멤버십 가입 시 1일당 20% 할인 (멤버십 가입비 15,000원)
싸다렌탈	40,500	2일 이상 렌트 시 10,000원 할인

〈조건〉

- A팀장은 포럼의 모든 프로그램에 참여하고자 한다.
- A팀장은 포럼 첫날부터 마지막 날까지 모두 차량을 렌트하여야 한다.
- A팀장은 총 렌트비용을 최소화하고자 한다.
- 한 업체에서만 렌트할 수 있다.

	렌탈업체	총 렌트비용
①	부릉이렌탈	130,000원
②	편한여행	140,400원
③	렌트여기	130,200원
④	렌트여기	140,400원
⑤	싸다렌탈	152,000원

55 다음은 문제의 유형에 대한 설명이다. 이를 참고할 때 〈보기〉의 문제유형을 바르게 구분한 것은?

> 업무수행 과정 중 발생한 문제를 효과적으로 해결하기 위해서는 문제의 유형을 파악하는 것이 우선시되어야 하며, 이러한 문제의 유형은 발생형 문제, 탐색형 문제, 설정형 문제의 세 가지로 분류할 수 있다.

〈보기〉

ㄱ. 지속되는 경기 악화에 따라 새로운 신약 개발에 사용되는 원료 중 일부의 단가가 상승할 것으로 예상되어 다른 공급처를 물색할 필요성이 대두되고 있다.

ㄴ. 새로운 신약 개발과정 중에서의 임상시험 중 임상시험자의 다수가 부작용을 보이고 있어 신약 개발이 전면 중단되었다.

ㄷ. 현재는 신약개발이 주 업무인 제약회사이지만, 매년 새로운 감염병이 발생하고 있는 현 실정에 진단키트 개발도 추진한다면, 회사의 성장가능성은 더 커질 것으로 보고 있다.

	발생형 문제	탐색형 문제	설정형 문제
①	ㄱ	ㄴ	ㄷ
②	ㄱ	ㄷ	ㄴ
③	ㄴ	ㄱ	ㄷ
④	ㄴ	ㄷ	ㄱ
⑤	ㄷ	ㄴ	ㄱ

56 월요일부터 일요일까지 4형제가 돌아가면서 어머니 병간호를 하기로 했다. 주어진 〈조건〉이 항상 참일 때, 다음 중 항상 옳지 않은 것을 고르면?

〈조건〉

- 첫째, 둘째, 셋째는 이틀씩, 넷째는 하루 병간호를 하기로 했다.
- 어머니가 혼자 계시도록 두는 날은 없다.
- 첫째는 화요일과 목요일에 병간호를 할 수 없다.
- 둘째는 평일에 하루, 주말에 하루 병간호를 하기로 했다.
- 셋째는 일요일과 평일에 병간호를 하기로 했다.
- 넷째는 수요일에 병간호를 하기로 했다.

① 첫째는 월요일과 금요일에 병간호를 한다.

② 넷째는 수요일에 하루만 병간호를 한다.

③ 셋째는 화요일과 일요일에 병간호를 한다.

④ 둘째는 화요일에 병간호를 할 수도, 하지 않을 수도 있다.

⑤ 둘째는 토요일과 평일에 하루 병간호를 한다.

57 P공사는 현재 신입사원을 채용하고 있다. 서류전형과 면접전형을 마치고 다음의 평가지표 결과를 얻었다. P공사는 평가지표별 가중치를 이용하여 각 지원자의 최종 점수를 계산하고, 점수가 가장 높은 두 명을 채용하려고 한다. 이때, P공사가 채용할 두 지원자는?

〈지원자별 평가지표 결과〉

(단위 : 점)

구분	면접 점수	영어 실력	팀내 친화력	직무 적합도	발전 가능성	비고
A지원자	3	3	5	4	4	군필자
B지원자	5	5	2	3	4	군필자
C지원자	5	3	3	3	5	-
D지원자	4	3	3	5	4	군필자
E지원자	4	4	2	5	5	군 면제자

※ 군필자(만기제대)에게는 5점의 가산점을 부여함

〈평가지표별 가중치〉

구분	면접 점수	영어 실력	팀내 친화력	직무 적합도	발전 가능성
가중치	3	3	5	4	5

※ 가중치는 해당 평가지표 결과 점수에 곱함

① A, D지원자
② B, C지원자
③ B, E지원자
④ C, D지원자
⑤ D, E지원자

58 P공사는 2026년 초에 회사 내의 스캐너 15개를 교체하려고 계획하고 있다. 총무부의 J대리는 사내 설문조사를 통해 부서별로 필요한 스캐너 기능을 확인하였다. 다음 〈조건〉을 참고하였을 때, 구매할 스캐너의 순위는?

〈스캐너 후보별 정보〉

구분	Q스캐너	T스캐너	G스캐너
제조사	미국 B회사	한국 C회사	독일 D회사
가격	18만 원	22만 원	28만 원
스캔 속도	40장/분	60장/분	80장/분
주요 특징	• 양면 스캔 가능 • 50매 연속 스캔 • 소비전력 절약 모드 지원 • 카드 스캔 가능 • 백지 Skip 기능 • 기울기 자동 보정 • A/S 1년 보장	• 양면 스캔 가능 • 타 제품보다 전력소모 60% 절감 • 다양한 소프트웨어 지원 • PDF 문서 활용 가능 • 기울기 자동 보정 • A/S 1년 보장	• 양면 스캔 가능 • 빠른 스캔 속도 • 다양한 크기 스캔 • 100매 연속 스캔 • 이중급지 방지 장치 • 백지 Skip 기능 • 기울기 자동 보정 • A/S 3년 보장

〈조건〉

- 양면 스캔 가능 여부
- 50매 이상 연속 스캔 가능 여부
- 예산 420만 원까지 가능
- 카드 크기부터 계약서 크기까지 스캔 지원
- A/S 1년 이상 보장
- 기울기 자동 보정 여부

① T스캐너 – Q스캐너 – G스캐너

② G스캐너 – Q스캐너 – T스캐너

③ G스캐너 – T스캐너 – Q스캐너

④ Q스캐너 – G스캐너 – T스캐너

⑤ Q스캐너 – T스캐너 – G스캐너

※ 다음은 P공사의 출장비 지급규정이다. 이어지는 질문에 답하시오. **[59~60]**

〈출장비 지급규정〉

- 일비는 직급별로 지급되는 금액을 기준으로 출장일수에 맞게 지급한다.
- 교통비는 대중교통(버스, 기차 등) 및 택시를 이용한 금액만 실비로 지급한다.
- 숙박비는 1박당 제공되는 숙박비를 넘지 않는 선에서 실비로 지급한다.
- 식비는 직급별로 지급되는 금액을 기준으로 1일당 3식으로 계산하여 지급한다.

〈출장 시 지급 비용〉

(단위 : 원)

구분	일비(1일)	숙박비(1박)	식비(1식)
사원	20,000	100,000	6,000
대리	30,000	120,000	8,000
과장	50,000	150,000	10,000
부장	60,000	180,000	10,000

❙ 자원관리능력

59 대리 1명과 과장 1명이 2박 3일간 부산으로 출장을 다녀왔다면, 지급받을 수 있는 출장비는 총 얼마인가?

〈부산 출장 지출내역〉

- 서울 시내버스 및 지하철 이동 : 3,200원(1인당)
- 서울 – 부산 KTX 이동(왕복) : 121,800원(1인당)
- 부산 G호텔 스탠다드 룸 : 150,000원(1인당, 1박)
- 부산 시내 택시 이동 : 10,300원

① 1,100,300원
② 1,124,300원
③ 1,179,300원
④ 1,202,300원
⑤ 1,220,300원

❙ 자원관리능력

60 사원 2명과 대리 1명이 1박 2일간 강릉으로 출장을 다녀왔다면, 지급받을 수 있는 출장비는 총 얼마인가?

〈강릉 출장 지출내역〉

- 서울 – 강릉 자가용 이동(왕복) : 주유비 100,000원
- 강릉 H호텔 트리플 룸 : 80,000원(1인당, 1박)
- 식비 : 총 157,000원

① 380,000원
② 480,000원
③ 500,000원
④ 537,000원
⑤ 637,000원

※ A역 부근에 거주하는 P사원은 B역 부근에 위치한 지사로 발령을 받아 출퇴근하고 있다. 지하철 노선도와 다음 〈조건〉을 보고 이어지는 질문에 답하시오. **[61~63]**

〈지하철 노선도〉

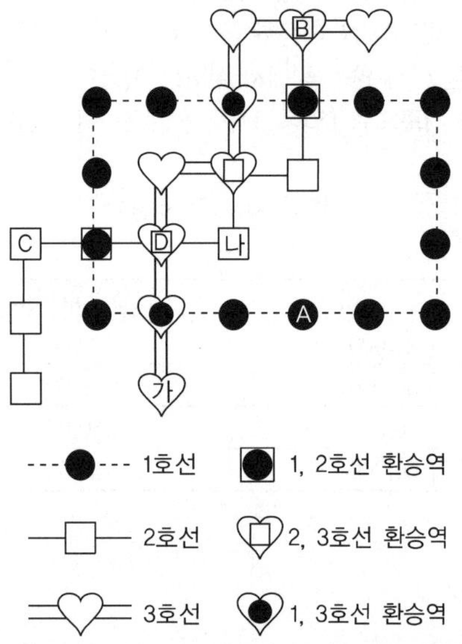

〈조건〉

- A역 부근의 주민이 지하철을 타기 위해 집에서 A역까지 이동하는 시간은 고려하지 않는다.
- 지하철은 대기시간 없이 바로 탈 수 있다.
- 역과 역 사이의 운행 소요 시간은 1호선 6분, 2호선 4분, 3호선 2분이다(정차시간은 고려하지 않음).
- 지하철 노선 간 환승 시에는 3분이 소요된다.

❙ 문제해결능력

61 **P사원은 오늘 출근하기 전에 C역에서 거래처 사람을 만난 후, 회사로 돌아가 차장님께 30분간 보고를 해야 한다. 보고가 끝난 뒤 D역에 위치한 또 다른 거래처를 방문해야 한다고 할 때, 다음 중 P사원의 일정에 대한 설명으로 옳지 않은 것은?**

① A역에서 C역까지 최소 소요 시간으로 가는 방법은 2번 환승을 하는 것이다.
② A역에서 C역까지 5개의 역을 거치는 방법은 두 가지가 있다.
③ C역에서 거래처 사람을 만난 후, 회사로 돌아갈 때 최소 소요 시간은 21분이다.
④ D역에서 현지퇴근을 하게 되면, 회사에서 퇴근하는 것보다 13분이 덜 걸린다.
⑤ 회사에서 D역까지 환승하지 않고 한 번에 갈 수 있다.

62 D역에 위치한 거래처 방문을 마치고 회사에 돌아왔을 때, P사원은 거래처에 중요한 자료를 주지 않고 온 것이 생각났다. 최대한 빨리 D역으로 가려고 지하철을 탔으나, 지하철 고장으로 x분 이상 지하철이 정차할 것이라는 방송이 나왔다. P사원이 다른 지하철을 통해 D역으로 갔다면, 원래 타려던 지하철은 B역에서 최소 몇 분간 정차하였겠는가?(단, 환승하지 않는다)

① 11분
② 12분
③ 13분
④ 14분
⑤ 15분

| 문제해결능력

63 지사로 발령을 받은 지 얼마 되지 않아 지하철만 이용해서 출근하던 P사원은 최근 지사에서 A역과 다른 역을 지나는 셔틀버스를 운행하고 있다는 사실을 알게 되었다. 셔틀버스에 대한 정보가 다음과 같을 때, A역에서 B역까지 출근하는 데 소요되는 시간이 짧은 순서대로 나열한 것은?

- 셔틀버스 1 : A역에서 가역으로 가는 셔틀버스로, 이동하는 시간은 5분이다.
- 셔틀버스 2 : A역에서 나역으로 가는 셔틀버스로, 이동하는 시간은 8분이다.

① 셔틀버스 1 – 셔틀버스 2 – 현재 상태
② 셔틀버스 1 – 현재 상태 – 셔틀버스 2
③ 셔틀버스 2 – 셔틀버스 1 – 현재 상태
④ 셔틀버스 2 – 현재 상태 – 셔틀버스 1
⑤ 현재 상태 – 셔틀버스 1 – 셔틀버스 2

| 수리능력

64 민솔이네 가족은 Z통신사를 이용하며 민솔이는 79분을 사용하여 20,950원, 아빠는 90분을 사용하여 21,390원의 요금을 청구받았다. Z통신사의 요금 부과 규칙이 다음과 같을 때, 101분을 사용한 엄마의 통화 요금은?

〈Z통신사 요금 부과 규칙〉

- 60분 이하 사용 시 기본요금 x원이 부과됩니다. … (1)
- 60분 초과 사용 시 (1)요금에 초과한 시간에 대한 1분당 y원이 추가로 부과됩니다. … (2)
- 100분 초과 시 (2)요금에 초과한 시간에 대한 1분당 $2y$원이 추가로 부과됩니다.

① 21,830원
② 21,870원
③ 21,900원
④ 21,930원
⑤ 21,960원

65 다음은 국가별 와인 상품과 세트에 대한 자료이다. 세트 가격을 한도로 할 때, 구입할 수 있는 국가별 와인 상품을 바르게 연결한 것은?

〈국가별 와인 상품 및 세트〉

1. 국가별 와인 상품

와인	생산지	인지도	풍미	당도	가격(원)
A	이탈리아	5	4	3	50,000
B	프랑스	5	2	4	60,000
C	포르투갈	4	3	5	45,000
D	독일	4	4	4	70,000
E	벨기에	2	2	1	80,000
F	네덜란드	3	1	2	55,000
G	영국	5	5	4	65,000
H	스위스	4	3	3	40,000
I	스웨덴	3	2	1	75,000

※ 인지도 및 풍미와 당도는 '5'가 가장 높고, '1'이 가장 낮음

2. 와인 세트

1 Set	2 Set
프랑스 와인 1병 외 다른 국가 와인 1병	이탈리아 와인 1병 외 다른 국가 와인 1병
인지도가 높고 풍미가 좋은 와인 구성	당도가 높은 와인 구성
포장비 : 10,000원	포장비 : 20,000원
세트 가격 : 130,000원	세트 가격 : 160,000원

※ 반드시 세트로 구매해야 하며, 세트 가격에는 포장비가 포함되어 있지 않음
※ 같은 조건이면 인지도와 풍미, 당도가 더 높은 와인으로 세트를 구성함

① 1 Set : 프랑스, 독일
② 1 Set : 프랑스, 영국
③ 1 Set : 이탈리아, 벨기에
④ 2 Set : 이탈리아, 스위스
⑤ 2 Set : 이탈리아, 포르투갈

66 **다음 제시된 문단 뒤에 이어질 문장을 논리적 순서대로 바르게 나열한 것은?**

> 어떤 문화의 변동은 결코 외래문화의 압도적 영향이나 이식에 의해 일방적으로 이루어지는 것이 아니라, 수용 주체의 창조적·능동적 측면과 관련되어 이루어지는 매우 복합적인 성격의 것이다.
> (가) 그리하여 외래문화 중에서 이러한 결핍 부분의 충족에 유용한 부분만을 선별해서 선택적으로 수용하게 된다.
> (나) 이러한 수용 주체의 창조적·능동적 측면은 문화 수용과 변동에서 무엇보다도 우선하는 것인데, 이것이 외래문화 요소의 수용을 결정짓는다.
> (다) 즉, 어떤 문화의 내부에 결핍 요인이 있을 때 그 문화의 창조적·능동적 측면은 이를 자체적으로 극복하려 노력하지만, 이러한 극복이 내부에서 성취될 수 없을 때 그것은 외래 요소의 수용을 통해 이를 이루고자 한다.
> 다시 말해, 외래문화는 수용 주체의 내부 요인에 따라 수용 또는 거부되는 것이다.

① (가) – (나) – (다)
② (가) – (다) – (나)
③ (나) – (가) – (다)
④ (나) – (다) – (가)
⑤ (다) – (나) – (가)

67 **P공사는 직원 A ~ E 중 일부 직원을 지방으로 발령하기로 결정하였다. 다음 〈조건〉에 따라 A의 지방 발령이 결정되었다고 할 때, 지방으로 발령되지 않는 직원은 총 몇 명인가?**

〈조건〉

- 공사는 B와 D의 지방 발령에 대하여 같은 결정을 한다.
- 공사는 C와 E의 지방 발령에 대하여 다른 결정을 한다.
- D를 지방으로 발령한다면, E는 지방으로 발령하지 않는다.
- E를 지방으로 발령하지 않는다면, A도 지방으로 발령하지 않는다.

① 1명
② 2명
③ 3명
④ 4명
⑤ 5명

68 다음 글에서 밑줄 친 ㉠~㉤의 수정 방안으로 가장 적절한 것은?

소아시아 지역에 위치한 비잔틴 제국의 수도 콘스탄티노플이 이슬람교를 신봉하는 오스만인들에 의해 함락되었다는 소식이 인접해 있는 유럽 지역까지 전해졌다. 그 지역 교회의 한 수도원 서기는 이에 대해 "㉠ 지금까지 이보다 더 끔찍했던 사건은 없었으며, 앞으로도 결코 없을 것이다."라고 기록했다.

1453년 5월 29일 화요일, 해가 뜨자마자 오스만 제국의 군대는 난공불락으로 유명한 케르코포르타 성의 작은 문을 뚫고 진군하기 시작했다. 해가 질 무렵, 약탈당한 도시에 남아있는 모든 것은 그들의 차지가 되었다. 비잔틴 제국의 86번째 황제였던 콘스탄티노스 11세는 서쪽 성벽 아래에 있는 좁은 골목에서 전사하였다. 이것으로 ㉡ 1,100년 이상 존재했던 소아시아 지역의 기독교도 황제가 사라졌다. 잿빛 말을 타고 화요일 오후 늦게 콘스탄티노플에 입성한 술탄 메흐메드 2세는 우선 성소피아 대성당으로 갔다. 그는 이 성당을 파괴하는 대신 이슬람 사원으로 개조하라는 명령을 내렸고, 우선 그 성당을 철저하게 자신의 보호하에 두었다. 또한, 학식이 풍부한 그리스 정교회 수사에게 격식을 갖추어 공석 중인 총대주교직을 수여하고자 했다. 그는 이슬람 세계를 위해 ㉢ 기독교의 제단뿐만 아니라 그 이상의 것들도 활용했다. 역대 비잔틴 황제들이 제정한 법을 그가 주도하고 있던 법제화의 모델로 이용하였던 것이다. 이러한 행위들은 ㉣ 단절을 추구하는 정복왕 메흐메드 2세의 의도에서 비롯된 것이라고 할 수 있다. 그는 자신이야말로 지중해를 '우리의 바다'라고 불렀던 로마 제국의 진정한 계승자임을 선언하고 싶었던 것이다. 일례로 그는 한때 유럽과 아시아를 포함한 지중해 전역을 지배했던 제국의 정통 상속자임을 선언하면서, 의미심장하게도 자신의 직함에 '룸 카이세리', 즉 로마의 황제라는 칭호를 추가했다. 또한, 그는 패권 국가였던 로마의 옛 명성을 다시 찾기 위한 노력의 일환으로 로마 사람의 땅이라는 뜻을 지닌 루멜리아에 새로 수도를 정했다. 이렇게 함으로써 그는 ㉤ 오스만 제국이 유럽으로 확대될 것이라는 자신의 확신을 보여주었다.

① ㉠ : '지금까지 이보다 더 영광스러운 사건은 없었으며'로 고친다.
② ㉡ : '1,100년 이상 존재했던 소아시아 지역의 이슬람 황제가 사라졌다.'로 고친다.
③ ㉢ : '기독교의 제단뿐만 아니라 그 이상의 것들도 파괴했다.'로 고친다.
④ ㉣ : '연속성을 추구하는 정복왕 메흐메드 2세의 의도에서 비롯된 것'으로 고친다.
⑤ ㉤ : '오스만 제국이 아시아로 확대될 것이라는 자신의 확신을 보여주었다.'로 고친다.

69 다음은 A ~ J지역의 지역발전 지표에 대한 자료이다. 〈조건〉을 토대로 (가) ~ (라)에 들어갈 수 있는 값을 순서대로 바르게 나열한 것은?

〈A ~ J지역의 지역발전 지표〉

(단위 : %, 개)

지표 / 지역	재정 자립도	시가화 면적 비율	10만 명당 문화시설 수	10만 명당 체육시설 수	주택 노후화율	주택 보급률	도로 포장률
A	83.8	61.2	4.1	111.1	17.6	105.9	92.0
B	58.5	24.8	3.1	(다)	22.8	93.6	98.3
C	65.7	35.7	3.5	103.4	13.5	91.2	97.4
D	48.3	25.3	4.3	128.0	15.8	96.6	100.0
E	(가)	20.7	3.7	133.8	12.2	100.3	99.0
F	69.5	22.6	4.1	114.0	8.5	91.0	98.1
G	37.1	22.9	7.7	110.2	20.5	103.8	91.7
H	38.7	28.8	7.8	102.5	19.9	(라)	92.5
I	26.1	(나)	6.9	119.2	33.7	102.5	89.6
J	32.6	21.3	7.5	113.0	26.9	106.1	87.9

〈조건〉

- 재정 자립도가 E지역보다 높은 지역은 A, C, F이다.
- 시가화 면적 비율이 가장 낮은 지역은 주택노후화율이 가장 높은 지역이다.
- 10만 명당 문화시설 수가 가장 적은 지역은 10만 명당 체육시설 수가 네 번째로 많은 지역이다.
- 주택보급률이 도로포장률보다 낮은 지역은 B, C, D, F이다.

	(가)	(나)	(다)	(라)
①	58.6	20.9	100.9	92.9
②	60.8	19.8	102.4	92.5
③	63.5	20.1	115.7	92.0
④	65.2	20.3	117.1	92.6
⑤	65.8	20.6	118.7	93.7

70 다음 기사에 나타난 직장생활에서의 원만한 의사소통을 저해하는 요인으로 가장 적절한 것은?

> 한 취업 포털에서 20 ~ 30대 남녀 직장인 350명에게 설문 조사한 결과 어떤 상사와 대화할 때 가장 답답함을 느끼냐는 질문에 직장 내에서 막내에 해당하는 사원급 직장인들은 '주구장창 자기 할 말만 하는 상사(27.3%)'와 대화하기 가장 어렵다고 호소했다. 또한 직장 내에서 부하 직원과 상사 간, 그리고 직원들 간에 대화가 잘 이뤄지지 않는 이유에 대해 '일방적으로 상사만 말을 하는 대화방식 및 문화(34.3%)'가 가장 큰 원인이라고 답했다.
> 직장 내 상사와 부하 직원 간의 대화가 원활해지려면 지시나 명령하는 말투가 아닌 의견을 묻는 대화법 사용하기(34.9%), 서로를 존대하는 말투와 호칭 사용하기(31.4%) 등의 기본 대화 예절을 지켜야 한다고 답했다.

① 평가적이며 판단적인 태도
② 선입견과 고정관념
③ 잠재적 의도
④ 미숙한 의사소통 기법
⑤ 과거의 경험

4권

제3회 피듈형

NCS 모의고사

〈문항 및 시험시간〉

평가영역	문항 수	시험시간	모바일 OMR 답안채점 / 성적분석 서비스
의사소통능력 / 수리능력 / 문제해결능력 / 자원관리능력 / 정보능력 / 기술능력 / 조직이해능력 / 직업윤리 / 대인관계능력 / 자기개발능력	70문항	70분	

피듈형 NCS 집중학습 봉투모의고사

제3회 모의고사

문항 수 : 70문항
시험시간 : 70분

| 조직이해능력

01 다음 중 기업의 핵심 역량을 연구개발에 집중하는 기술혁신형 중소기업의 명칭은?

① 모듈 기업
② 이노비즈 기업
③ 벤처 기업
④ 가상 기업
⑤ 전문 기업

| 대인관계능력

02 다음 〈보기〉에서 올바른 갈등해결방법에 해당하는 것을 모두 고르면?

〈보기〉

㉠ 사람들이 당황하는 모습을 보는 것은 되도록 피한다.
㉡ 사람들과 눈을 자주 마주친다.
㉢ 어려운 문제는 피하지 말고 맞선다.
㉣ 논쟁을 통해 해결한다.
㉤ 어느 한쪽으로 치우치지 않는다.

① ㉠, ㉡, ㉣
② ㉠, ㉢, ㉤
③ ㉡, ㉢, ㉣
④ ㉡, ㉢, ㉤
⑤ ㉢, ㉣, ㉤

03 다음은 시 · 도별 합계출산율에 대한 자료이다. 빈칸 ㉠, ㉡에 들어갈 수치를 바르게 나열한 것은?(단, 각 수치는 지역별 일정한 규칙으로 매년 변화한다)

〈시 · 도별 합계출산율〉

(단위 : 명)

구분	2020년	2021년	2022년	2023년	2024년
서울특별시	0.96	0.98	1.00	0.94	0.83
부산광역시	1.04	1.14	1.25	1.24	㉠
대구광역시	1.12	1.16	1.21	1.18	1.06
인천광역시	1.19	1.21	1.22	1.14	1.00
광주광역시	1.17	1.19	1.20	1.16	1.05
대전광역시	1.23	1.25	1.27	1.19	1.07
울산광역시	1.39	1.43	1.48	1.41	1.26
세종특별자치시	1.33	1.35	1.89	1.82	1.66
경기도	1.22	1.24	1.27	1.19	1.06
강원도	1.24	1.26	1.31	1.23	1.12
충청북도	1.36	1.37	1.41	1.35	1.23
충청남도	1.44	1.46	1.48	1.39	1.27
전라북도	1.24	1.29	㉡	1.38	1.32
전라남도	1.51	1.52	1.54	1.46	1.32
경상북도	1.37	1.40	1.46	1.39	1.25
경상남도	1.36	1.40	1.43	1.35	1.22
제주특별자치도	1.42	1.48	1.49	1.43	1.30

	㉠	㉡
①	1.22	1.28
②	1.22	1.35
③	1.32	1.42
④	1.32	1.35
⑤	1.32	1.28

04 다음 C사원의 하소연에 대해 해줄 수 있는 조언으로 가장 적절한 것은?

> C사원 : 거절을 분명하게 결정하고 이를 표현하는 것은 너무 어려운 것 같아. 사람들이 내가 거절을 할 때, 능력이 없다고 보거나 예의가 없다고 보지는 않을까 걱정되기도 하고, 대인관계가 깨지지 않을까 하는 고민도 있어. 이렇게 고민하다보니 거절을 제대로 하지 못하는 점도 고민이야.

① 거절을 결정했다면 상대방의 말을 더 들을 필요는 없어. 시간 낭비일 뿐이야.
② 거절을 할 때에는 신중하고 천천히 표현하는 것이 좋아.
③ 거절을 할 때에는 이유를 제시할 필요는 없어. 핑계라고 생각할 뿐이야.
④ 거절을 하고, 상대방이 납득할 수 있는 대안을 제시하는 것이 좋아.
⑤ 문제의 본질보다는 너의 판단에 따라 거절하는 것이 중요해.

05 다음은 P공사의 직무전결표의 일부분이다. 이에 따라 문서를 처리하였을 경우 적절하지 않은 것은?

직무 내용	대표이사	위임 전결권자		
		전무	상무	부서장
정기 월례 보고				○
각 부서장급 인수인계		○		
3천만 원 초과 예산 집행	○			
3천만 원 이하 예산 집행		○		
각종 위원회 위원 위촉	○			
해외 출장			○	

① 인사부장의 인수인계에 관하여 전무에게 결재받은 후 시행하였다.
② 인사징계위원회 위원을 위촉하기 위하여 대표이사 부재중에 전무가 전결하였다.
③ 영업팀장의 해외 출장을 위하여 상무에게 사인을 받았다.
④ 3천만 원에 해당하는 물품 구매를 위하여 전무 전결로 처리하였다.
⑤ 정기 월례 보고서를 작성한 후 부서장의 결재를 받았다.

06 다음은 P대학 재학생의 교육에 대한 영역별 만족도와 중요도 점수이다. 〈보기〉에서 이에 대한 설명으로 옳은 것을 모두 고르면?

〈영역별 만족도 점수〉

(단위 : 점)

영역 \ 연도	2022년	2023년	2024년
교과	3.60	3.41	3.45
비교과	3.73	3.50	3.56
교수활동	3.72	3.52	3.57
학생복지	3.39	3.27	3.31
교육환경 및 시설	3.66	3.48	3.56
교육지원	3.57	3.39	3.41

〈영역별 중요도 점수〉

(단위 : 점)

영역 \ 연도	2022년	2023년	2024년
교과	3.74	3.54	3.57
비교과	3.77	3.61	3.64
교수활동	3.89	3.82	3.81
학생복지	3.88	3.73	3.77
교육환경 및 시설	3.84	3.69	3.73
교육지원	3.78	3.63	3.66

※ $[\text{해당영역별 요구충족도}(\%)] = \frac{(\text{해당영역 만족도 점수})}{(\text{해당영역 중요도 점수})} \times 100$

〈보기〉

ㄱ. 중요도 점수가 높은 영역부터 차례대로 나열하면 그 순서는 매년 동일하다.
ㄴ. 2024년 만족도 점수는 각 영역에서 전년보다 높다.
ㄷ. 만족도 점수가 가장 높은 영역과 가장 낮은 영역의 만족도 점수 차이는 2023년이 2022년보다 크다.
ㄹ. 2024년 요구충족도가 가장 높은 영역은 교과 영역이다.

① ㄱ, ㄴ
② ㄱ, ㄷ
③ ㄱ, ㄹ
④ ㄴ, ㄷ
⑤ ㄴ, ㄷ, ㄹ

※ 다음 글을 읽고 이어지는 질문에 답하시오. **[7~8]**

자본 구조가 기업의 가치와 무관하다는 명제로 표현되는 ㉠ 모딜리아니 – 밀러 이론은 완전 자본시장 가정, 곧 자본시장에 불완전성을 가져올 수 있는 모든 마찰 요인이 전혀 없다는 가정에 기초한 자본 구조 이론이다. 이 이론에 따르면 기업의 영업 이익에 대한 법인세 등의 세금이 없고 거래 비용이 없으며 모든 기업이 완전히 동일한 정도로 위험에 처해 있다면, 기업의 가치는 기업 내부 여유 자금이나 주식 같은 자기 자본을 활용하든지 부채 같은 타인 자본을 활용하든지 간에 어떤 영향도 받지 않는다.
모딜리아니 – 밀러 이론이 제시된 이후, 완전 자본 시장 가정의 비현실성에 주안점을 두어 세금, 기업의 파산에 따른 처리 비용(파산 비용), 경영자와 투자자, 채권자 같은 경제 주체들 사이의 정보량의 차이(정보 비대칭) 등을 감안하는 자본 구조 이론들이 발전해 왔다. 불완전 자본 시장을 가정하는 이러한 이론들 중에는 상충 이론과 자본 조달 순서 이론이 있다.
상충 이론이란 부채의 사용에 따른 편익과 비용을 비교하여 기업의 최적 자본 구조를 결정하는 이론이다. 이러한 편익과 비용을 구성하는 요인들에는 여러 가지가 있지만, 그중 편익으로는 법인세 감세 효과만을, 비용으로는 파산 비용만 있는 경우를 가정하여 이 이론을 설명해 볼 수 있다.
여기서 법인세 감세 효과란 부채에 대한 이자가 비용으로 처리됨으로써 얻게 되는 세금 이득을 가리킨다. 이렇게 가정할 경우 상충 이론은 부채의 사용이 증가함에 따라 법인세 감세 효과에 의해 기업의 가치가 증가하는 반면, 기대 파산 비용도 증가함으로써 기업의 가치가 감소하는 효과도 나타난다고 본다. 이 상반된 효과를 계산하여 기업의 가치를 가장 크게 하는 부채 비율, 곧 최적 부채 비율이 결정되는 것이다.
이와는 달리 자본 조달 순서 이론은 정보 비대칭의 정도가 작은 순서에 따라 자본 조달이 순차적으로 이루어진다고 설명한다. 이 이론에 따르면, 기업들은 투자가 필요할 경우 내부 여유 자금을 우선적으로 쓰며, 그 자금이 투자액에 미달될 경우에 외부 자금을 조달하게 되고, 외부 자금을 조달해야 할 때에도 정보 비대칭의 문제로 주식의 발행보다 부채의 사용을 선호한다는 것이다.
상충 이론과 자본 조달 순서 이론은 기업들의 부채 비율 결정과 관련된 이론적 예측을 제공한다. 기업 규모와 관련해 상충 이론은 기업 규모가 클 경우 부채 비율이 높을 것이라고 예측한다. 그러나 자본 조달 순서 이론은 기업 규모가 클 경우 부채 비율이 낮을 거라고 예측한다. 성장성이 높은 기업들에 대해 상충 이론은 법인세 감세 효과보다는 기대 파산 비용이 더 크기 때문에 부채 비율이 낮을 것이라고 예측하는 반면, 자본 조달 순서 이론은 성장성이 높을수록 더 많은 투자가 필요할 것이므로 부채 비율이 높을 것이라고 예측한다.
밀러는 모딜리아니 – 밀러 이론을 수정 보완하는 자신의 이론을 제시하였다. 그는 자본 구조의 설명에 있어 파산 비용이 미치는 영향이 미약하여 이를 고려할 필요가 없다고 보았다. 이와 함께 법인세의 감세 효과가 기업의 자본 구조 결정에 크게 반영되지는 않는다는 점에 착안하여 자본 구조 결정에 세금이 미치는 효과에 대한 재정립을 시도하였다. 현실에서는 법인세뿐만 아니라 기업에 투자한 채권자들이 받는 이자 소득에 대해서도 소득세가 부과되는데, 이러한 소득세는 채권자의 자산 투자에 영향을 미침으로써 기업의 자금 조달에도 영향을 미칠 수 있다. 밀러는 이러한 현실을 반영하여 경제 전체의 최적 자본 구조 결정 이론을 제시하였다. ㉡ 밀러의 이론에 의하면, 경제 전체의 자본 구조가 최적일 경우에는 법인세율과 이자 소득세율이 정확히 일치함으로써 개별 기업의 입장에서 보면 타인 자본의 사용으로 인한 기업 가치의 변화는 없다. 결국, 기업의 최적 자본 구조는 결정될 수 없고 자본 구조와 기업의 가치는 무관하다는 것이다.

07 **다음 중 윗글의 밑줄 친 ㉠과 ㉡의 관계를 설명한 내용으로 가장 적절한 것은?**

① 파산 비용이 없다고 가정한 ㉠의 한계를 극복하기 위해 ㉡은 파산 비용을 반영하였다.
② 개별 기업을 분석 단위로 삼은 ㉠과 같은 입장에서 ㉡은 기업의 최적 자본 구조를 분석하였다.
③ 기업의 가치 산정에 법인세만을 고려한 ㉠의 한계를 극복하기 위해 ㉡은 법인세 외에 소득세도 고려하였다.
④ 자본 시장의 마찰 요인을 고려한 ㉡은 자본 구조와 기업의 가치가 무관하다는 ㉠의 명제를 재확인하였다.
⑤ 현실 설명력이 제한적이었던 ㉠의 한계를 극복하기 위해 ㉡은 기업의 가치 산정에 타인 자본의 영향이 크다고 보았다.

08 **다음 중 윗글을 토대로 제시된 상황에 대해 바르게 판단한 것은?**

> 기업 평가 전문가 A씨는 상충 이론에 따라 B기업의 재무 구조를 평가해 주려고 한다. B기업은 자기 자본 대비 타인 자본 비율이 높으며 기업 규모는 작으나 성장성이 높은 기업이다. 최근에 B기업은 신기술을 개발하여 생산 시설을 늘려야 하는 상황이다.

① A씨는 B기업의 규모가 작기 때문에 부채 비율이 높은 것이라고 평가할 것이다.
② A씨는 B기업의 이자 비용에 따른 법인세 감세 효과가 클 것이라고 평가할 것이다.
③ A씨는 B기업의 높은 자기 자본 대비 타인 자본 비율이 그 기업의 가치에 영향을 미칠 것이라고 평가할 것이다.
④ A씨는 B기업이 기대 파산 비용은 낮고 투자로부터 기대되는 수익은 매우 높기 때문에 투자 가치가 높다고 평가할 것이다.
⑤ A씨는 B기업의 생산 시설 확충을 위한 투자 자금은 자기 자본보다 타인 자본으로 조달하는 것이 더 낫다고 평가할 것이다.

09 다음은 P공사의 1차, 2차 면접 결과를 정리한 시트이다. [E2:E7]와 같이 최종 점수를 구하고자 할 때, 필요한 함수로 옳은 것은?

	A	B	C	D	E
1	이름	1차	2차	평균	최종 점수
2	유○○	96.45	45.67	71.16	71.1
3	전○○	89.67	34.77	62.22	62.2
4	강○○	88.76	45.63	67.195	67.2
5	신○○	93.67	43.56	68.615	68.6
6	김○○	92.56	38.45	65.505	65.5
7	송○○	95.78	43.65	69.715	69.7

① INT
② ABS
③ TRUNC
④ ROUND
⑤ COUNTIF

10 A열차는 용산역에서 출발해 청량리역으로 가는 중이며 가는 길에는 440m 길이의 다리가 있다. A열차가 20m/s의 속력으로 다리를 완전히 통과하는 데 30초가 걸렸을 때, A열차의 길이는?

① 140m
② 150m
③ 160m
④ 170m
⑤ 180m

11 부산에 사는 어느 고객이 버스터미널에서 근무하는 A씨에게 버스 정보에 대해 문의를 해 왔다. 〈보기〉의 대화에서 A씨가 고객에게 바르게 안내한 것을 모두 고르면?

〈부산 터미널〉

도착지	서울 종합 버스터미널
출발 시각	매일 15분 간격(06:00～23:00)
소요 시간	4시간 30분 소요
운행 요금	우등 29,000원 / 일반 18,000원

〈부산 동부 터미널〉

도착지	서울 종합 버스터미널
출발 시각	06:30, 08:15, 13:30, 17:15, 19:30
소요 시간	4시간 30분 소요
운행 요금	우등 30,000원 / 일반 18,000원

※ 도로 교통 상황에 따라 소요 시간에 차이가 있을 수 있음

〈보기〉

고객 : 안녕하세요. 제가 서울에 볼일이 있어 버스를 타고 가려고 하는데요. 어떻게 하면 되나요?

(가) : 네, 고객님 부산에서 서울로 출발하는 버스 터미널은 부산 터미널과 부산 동부 터미널이 있는데요. 고객님 댁이랑 어느 터미널이 더 가깝나요?

고객 : 부산 동부 터미널이 더 가까운 것 같아요.

(나) : 부산 동부보다 부산 터미널에 더 많은 버스들이 배차되고 있거든요. 새벽 6시부터 밤 11시까지 15분 간격으로 운행되고 있으니 부산 터미널을 이용하시는 것이 좋을 것 같습니다.

고객 : 그럼 서울에 1시까지는 도착해야 하는데 몇 시 버스를 이용하는 것이 좋을까요?

(다) : 부산에서 서울까지 4시간 30분 정도 소요되므로 1시 이전에 여유 있게 도착하시려면 오전 8시 또는 8시 15분 출발 버스를 이용하시면 될 것 같습니다.

고객 : 4시간 30분보다 더 소요되는 경우도 있나요?

(라) : 네, 도로 교통 상황에 따라 소요 시간에 차이가 있을 수 있습니다.

고객 : 그럼 운행 요금은 어떻게 되나요?

(마) : 부산 터미널 출발 서울 종합 버스터미널 도착 운행 요금은 29,000원입니다.

① (가), (나)
② (가), (다)
③ (가), (다), (라)
④ (다), (라), (마)
⑤ (나), (다), (라), (마)

※ 다음 글을 읽고 이어지는 질문에 답하시오. [12~14]

기업은 상품의 사회적 마모를 촉진시키는 주체이다. 생산과 소비가 지속되어야 이윤을 남길 수 있기 때문에, 하나의 상품을 생산해서 그 상품의 물리적 마모가 끝날 때까지를 기다렸다가는 기업이 망하기 십상이다. 이러한 상황에서 늘 수요에 비해서 과잉 생산을 하는 기업이 살아남을 수 있는 길은 상품의 사회적 마모를 짧게 해서 사람들로 하여금 계속 소비하게 만드는 것이다.
그래서 ㉠ 기업들은 더 많은 이익을 내기 위해서 상품의 성능을 향상시키기보다는 디자인을 변화시키는 것이 더 바람직하다고 생각한다. 산업이 발달하여 ㉡ 상품의 성능이나 기능, 내구성이 이전보다 더욱 향상되었는데도 불구하고 상품의 생명이 이전보다 더 짧아지는 것은 어떻게 생각하면 자본주의 상품이 지닌 모순이라고 할 수 있다. 섬유의 질은 점점 좋아지지만 그 옷을 입는 기간은 이에 비해서 점점 짧아지게 되는 것이 바로 자본주의 상품이 지니고 있는 모순이다. 산업이 계속 발달하여 상품의 성능이 향상되는데도 상품의 사회적인 마모 기간이 누군가에 의해서 엄청나게 짧아지고 있다. 상품의 질은 향상되고 내가 버는 돈은 늘어가는 것 같은데 늘 무엇인가 부족한 듯한 느낌이 드는 것도 이것과 관련이 있다.

| 의사소통능력

12 다음 중 윗글을 읽고 추론한 내용으로 적절하지 않은 것은?

① 기업은 물리적 마모가 짧을수록 유리하기 때문에 제품의 성능에 신경 쓰지 않는다.
② 사회적 마모 기간이 짧아지면 생산과 소비는 지속된다.
③ 기업은 이익을 위해 상품의 디자인 변화가 이윤 추구에 더 바람직하다고 생각한다.
④ 자본주의 시대를 사는 사람들은 제품의 품질이 좋아져도 오래 사용하지 않는다.
⑤ 사회적 마모 기간이 짧아지는 것을 자본주의의 모순으로 볼 수도 있다.

| 의사소통능력

13 다음 중 윗글의 밑줄 친 ㉠에 대해 제기할 수 있는 반론으로 가장 적절한 것은?

① 상품의 성능은 그대로 두어도 향상될 수 있는가?
② 디자인에 관한 소비자들의 취향이 바뀌는 것을 막을 방안은 있는가?
③ 상품의 성능 향상을 등한시하며 디자인만 바꾼다고 소비가 증가할 것인가?
④ 사회적 마모 기간이 점차 짧아지면 디자인을 개발하는 것이 기업에 도움이 되겠는가?
⑤ 소비 성향에 맞춰 디자인을 다양화할 수 있는가?

| 의사소통능력

14 다음 중 윗글의 밑줄 친 ㉡이 가장 잘 나타난 사례로 볼 수 있는 것은?

① 같은 가격이라면 남들이 많이 가지고 있는 것을 산다.
② 자신에게 필요가 없게 된 물건은 싼값에 남에게 판다.
③ 옷을 살 때는 디자인이나 기능보다는 가격을 더 고려한다.
④ 휴대전화를 가지고 있으면서도 새로운 모델의 휴대전화를 사기 위해 돈을 모은다.
⑤ 기능을 고려하여 가장 비싼 노트북을 산다.

15 A은행 B지점에서는 6월 둘째 주(6월 9일 ~ 6월 13일) 중에 2회에 걸쳐 전 직원을 대상으로 '고객 개인정보 유출 방지'에 관한 교육을 지역 문화회관에서 진행하려고 한다. 자료를 토대로 B지점이 교육을 진행할 수 있는 요일과 시간대를 모두 나열한 것은?(단, 교육은 1회당 3시간씩 진행된다)

〈문화회관 이용 가능 요일〉

구분	월요일	화요일	수요일	목요일	금요일
9시 ~ 12시	○	×	○	×	○
12시 ~ 13시	점심시간(운영 안 함)				
13시 ~ 17시	×	○	○	×	×

〈주간 주요 일정표〉

일정	내용
6월 9일 월요일	08:30 ~ 09:30 주간조회 및 부서별 회의 14:00 ~ 15:00 팀별 전략 회의
6월 10일 화요일	09:00 ~ 10:00 경쟁력 강화 회의
6월 11일 수요일	11:00 ~ 13:00 부서 점심 회식 17:00 ~ 18:00 팀 회식
6월 12일 목요일	15:00 ~ 16:00 경력사원 면접
6월 13일 금요일	특이사항 없음

※ 주요 일정이 있는 시간 이외에 문화회관 이용 시간과 일정 시간이 겹치지 않는다면 언제든지 교육을 받을 수 있음

① 월요일 오전, 수요일 오후, 금요일 오전
② 화요일 오전, 수요일 오후, 목요일 오전
③ 화요일 오후, 수요일 오전, 금요일 오전
④ 화요일 오후, 수요일 오후, 금요일 오전
⑤ 수요일 오전, 수요일 오후, 금요일 오전

16 **A씨는 P공사에서 고객 상담 업무를 담당하고 있다. 다음 중 고객이 찾아와 화를 내며 불만을 말할 때, A씨가 대응해야 할 방법으로 가장 적절한 것은?**

① 회사 규정을 말하며 변명을 한다.
② 고객의 불만을 먼저 들은 후에 사과를 한다.
③ 어떠한 비난도 하지 않고 문제를 해결한다.
④ 일단 당장 화를 가라앉히기 위해 터무니없는 약속을 해 둔다.
⑤ 내 잘못이 아니라는 것을 확인시켜 주고 문제를 해결한다.

17 **다음은 P공단의 해외시장 진출 및 지원 확대를 위한 전략 과제의 필요성에 대한 자료이다. 이를 통해 도출된 과제의 추진 방향으로 적절하지 않은 것은?**

〈전략 과제 필요성〉

1. 해외시장에서 기관이 수주할 수 있는 산업 발굴
2. 국제사업 수행을 통한 경험 축적과 컨소시엄을 통한 기술·노하우 습득
3. 해당 산업 관련 민간기업의 해외 진출 활성화를 위한 실질적 지원

① 국제기관의 다양한 자금을 활용하여 사업을 발굴하고, 해당 사업의 해외 진출을 위한 기술 역량을 강화한다.
② 해당 산업 민간(중소)기업을 대상으로 입찰 정보 제공, 사업전략 상담, 동반 진출 등을 통한 실질적 지원을 확대한다.
③ 국제경쟁입찰의 과열 경쟁 심화와 컨소시엄 구성 시 민간기업과 업무 배분, 이윤 추구 성향 조율에 어려움이 예상된다.
④ 해외 봉사활동 등과 연계하여 기관 이미지 제고 및 사업에 대한 사전조사, 시장조사를 통한 선제적 마케팅 활동을 추진한다.
⑤ 국제사업에 참여하여 경험을 축적하고, 컨소시엄을 통해 습득한 기술 등을 재활용할 수 있는 사업을 구상하고 연구진을 지원한다.

18 P회사에 입사한 A씨는 시스템 모니터링 및 관리 업무를 담당하게 되었다. 다음 코드 입력 방식을 참고할 때, 〈보기〉의 빈칸에 들어갈 코드로 옳은 것은?

다음 모니터에 나타나는 정보를 이해하고 시스템 상태를 판독하여 코드를 입력하는 방식을 파악하시오.

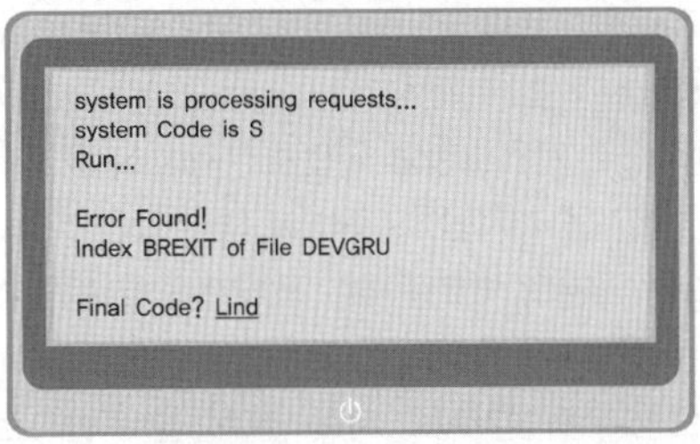

항목	세부사항
Index ◇◇◇ of File ◇◇◇	• 오류 문자 : Index 뒤에 나타나는 문자 • 오류 발생 위치 : File 뒤에 나타나는 문자
Error Value	• 오류 문자와 오류 발생 위치를 의미하는 문자에 사용된 알파벳을 비교하여 일치하는 알파벳의 개수를 확인
Final Code	• Error Value를 통하여 시스템 상태 판단

판단 기준	Final Code
(일치하는 알파벳의 개수)=0	Svem
0<(일치하는 알파벳의 개수)≤1	Atur
1<(일치하는 알파벳의 개수)≤3	Lind
3<(일치하는 알파벳의 개수)≤5	Nugre
(일치하는 알파벳의 개수)>5	Qutom

〈보기〉

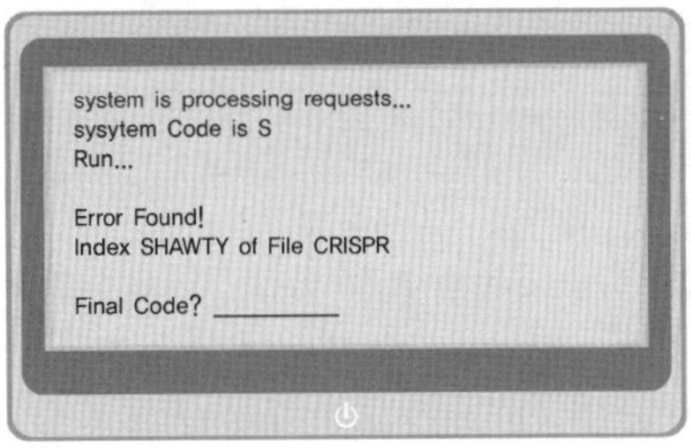

① Svem
② Atur
③ Lind
④ Nugre
⑤ Qutom

19 다음 중 (가) ~ (마) 문단의 주제로 적절하지 않은 것은?

(가) 건강보험제도는 질병이나 부상으로 인해 발생한 고액의 진료비로 가계에 과도한 부담이 되는 것을 방지하기 위하여, 국민들이 평소에 보험료를 내고 보험자인 국민건강보험공단이 이를 관리・운영하다가 필요할 때 보험급여를 제공함으로써 국민 상호 간 위험을 분담하고 필요한 의료서비스를 받을 수 있도록 하는 사회보장제도이다.

(나) 의료보장제도는 일반적으로 사회보험과 국민보건서비스 2가지로 대별된다. 사회보험은 국가가 기본적으로 의료보장에 대한 책임을 지지만, 의료비에 대한 국민의 자기 책임을 일정 부분 인정하는 체계이다. 반면, 국민보건서비스는 국민의 의료문제는 국가가 모두 책임져야 한다는 관점에서 정부가 일반조세로 재원을 마련하고 모든 국민에게 무상으로 의료를 제공하여 국가가 직접적으로 의료를 관장하는 방식이다. 건강보험은 사회보험과 마찬가지로 사회 연대성을 기반으로 보험의 원리를 도입한 의료보장체계이지만, 다수 보험자를 통해 운영되는 전통적인 사회보험 방식과 달리 단일한 보험자가 국가 전체의 건강보험을 관리・운영한다.

(다) 건강보험은 피보험대상자 모두에게 필요한 기본적 의료를 적정한 수준까지 보장함으로써 그들의 의료문제를 해결하고 누구에게나 균등하게 적정 수준의 급여를 제공한다. 사회보험으로서 건강에 대한 사회공동의 책임을 강조하여 비용(보험료)부담은 소득과 능력에 따라 부담하고 가입자 모두에게 균등한 급여를 제공함으로써 사회적 연대를 강화하고 사회통합을 이루는 기능도 가지고 있다.

(라) 민간보험은 보장의 범위, 질병 위험의 정도, 계약의 내용 등에 따라 보험료를 부담하는 데 비해 사회보험방식으로 운영되는 건강보험은 사회적 연대를 기초로 의료비 문제를 해결하는 것을 목적으로 하므로 소득수준 등 보험료 부담능력에 따라서 보험료를 부과한다. 또한 민간보험은 보험료 수준과 계약 내용에 따라 개인별로 다르게 보장되지만, 사회보험인 건강보험은 보험료 부담 수준과 관계없이 관계 법령에 의하여 균등하게 보험급여가 이루어진다.

(마) 국민건강보험법은 국민의 질병・부상에 대한 예방・진단・치료・재활과 출산・사망 및 건강증진에 대하여 보험급여를 실시함으로써 국민건강을 향상시키고 사회보장을 증진함을 목적으로 하는 국민건강보험제도를 구체화하고 있다. 이 법은 의료보험제도의 통합 운영에 따라 종전의 의료보험법과 국민의료보험법을 대체하여 제정되었다.

① (가) : 건강보험제도의 의의
② (나) : 건강보험제도의 목적
③ (다) : 건강보험제도의 기능
④ (라) : 건강보험제도의 특성
⑤ (마) : 건강보험제도의 법적 근거

※ 다음 글을 읽고 이어지는 질문에 답하시오. [20~21]

A과장은 성격이 활달하고 사교적이다. 회사 일뿐만 아니라 사회 활동에도 무척 적극적이다. 그래서 가끔 지인들이 회사 앞으로 찾아오곤 하는데, 이때 A과장은 인근 식당에서 지인들에게 식사를 대접하며 본인 이름으로 결제를 하고는 했다. 그러던 어느 날 A과장은 경영지원팀 C팀장에게 한 가지 지적을 받게 되었다. 회사 인근 식당에서 지나치게 많은 식대가 A과장 이름으로 결제가 되었는데, 도대체 회사 직원 몇 명과 같이 저녁 식사를 했기에 그렇게 많은 비용이 나왔냐는 것이었다. A과장은 본부원 30명에 가까운 인원이 그날 야근을 해서 식대가 많이 나온 거라며 거짓으로 둘러댔다. 그리고 얼마 후 회사 감사팀에서 출퇴근 명부와 식대를 비교해 보니 A과장의 말이 거짓임이 밝혀졌다. A과장은 징계를 면할 수 없었고, 결국 견책의 징계를 받게 되었다.

| 직업윤리

20 다음 중 징계를 피하기 위해 A과장에게 요구됐던 태도로 가장 적절한 것은?

① 매사에 심사숙고하려는 태도
② 늘 정직하게 임하려는 태도
③ 단호하게 의사결정을 내리는 태도
④ 공사 구분을 명확히 하는 태도
⑤ 항상 최선을 다하는 태도

| 직업윤리

21 A과장에게 요구됐던 규범 중 정직에 대한 설명으로 적절하지 않은 것은?

① 사람은 혼자서는 살아갈 수 없으므로, 다른 사람과의 신뢰가 필요하다.
② 정직한 것은 성공을 이루게 되는 기본 조건이 된다.
③ 말이나 행동이 사실과 부합한다는 신뢰가 없어도 사회생활을 하는 데 별로 지장이 없다.
④ 신뢰를 형성하기 위해 필요한 규범이 정직이다.
⑤ 바른 사회생활은 정직에 기반을 둔 신뢰가 있어야 한다.

22 **다음은 A사원의 고민을 듣고 동료인 B ~ F사원이 보인 반응이다. 대화에서 나타나는 경청의 문제점으로 적절하지 않은 것은?**

> A사원 : G부장님이 부임하시고부터 일하기가 너무 힘들어요. 제가 하는 일 하나하나 지적하시고, 매일 점검하시려고 합니다. 마치 제가 담임선생님께 숙제 검사를 받는 초등학생인 것 같습니다. 일을 맡기셨으면 믿고 기다려 주셨으면 좋겠습니다.

> B사원 : 매일 점검하신다는 건 A사원이 일을 못한 부분이 많아서 그런 것은 아닐까 하는 생각이 듭니다. A사원은 자신의 행동을 뒤돌아보는 게 좋을 것 같습니다.
> C사원 : 제가 생각하기엔 A사원이 평소에도 예민한 편이라 G부장님의 행동을 과민하게 받아들이는 것 같습니다. 부정적으로만 보지 말고 좋게 생각해 보세요.
> D사원 : A사원의 말을 들으니 G부장님이 A사원을 너무 불신하는 것 같습니다. 직접 대면해서 이 문제에 대해 따져 보세요. 계속 듣고만 있을 수는 없지요, 안 그런가요?
> E사원 : G부장님은 왜 그러시는 걸까요? 마음 넓은 A사원이 참으세요.
> F사원 : 기분 풀고 우리 맛있는 거나 먹으러 가죠. 회사 근처에 새로 생긴 파스타 집 가봤어요? 정말 맛있더라고요. 먹고 나면 기분이 한결 풀릴 겁니다.

① B사원 : 짐작하기
② C사원 : 판단하기
③ D사원 : 언쟁하기
④ E사원 : 비위 맞추기
⑤ F사원 : 슬쩍 넘어가기

23 **권투 선수 갑과 을은 모두 3회전의 경기를 치렀는데 경기마다 모두 2점씩 차이가 났으며 패배한 선수의 점수는 1, 2, 3회전 모두 같았다. 갑은 1회전과 3회전에서 이겼고, 을은 2회전에서 이겼다. 갑의 최종 점수의 2배를 한 값이 을의 최종 점수에 15점을 더한 값과 같다고 할 때, 1회전에서 갑은 몇 점을 획득했는가?**

① 3점
② 4점
③ 5점
④ 6점
⑤ 7점

24 과거에는 한 사람의 출세와 성공에 가장 큰 영향을 주는 것은 학교 성적, 즉 공부를 잘하는 것이라고 생각하였다. 그러나 최근의 연구 결과를 보면, 대인관계능력이 높은 사람이 성공하는 경우가 더 많았으며, 학교 성적은 성공과 크게 관련이 없다는 것이 밝혀졌다. 대인관계능력이 성공과 밀접한 관련이 있다고 할 경우, 다음 〈보기〉에서 직장생활에서 가장 성공하기 어려운 사람을 모두 고르면?

〈보기〉

- B가 근무하는 부서에 신입사원 A가 입사하였다. 평소 B는 입사 때 회사 선배로부터 일을 제대로 못 배워 동기들보다 승진이 늦어졌다고 생각하여, A에게 일을 제대로 가르친다는 생각으로 잘한 점은 도외시하고 못한 점만 과장하여 지적하여 A가 항상 긴장 상태에서 일을 처리하도록 하였다.
- C의 입사동기이자 업무능력이 뛰어난 동료 D는 회사의 큰 프로젝트를 담당하고 있으며, 이 프로젝트를 성공리에 완수할 경우 올해 말에 C보다 먼저 승진할 가능성이 높았음에도 불구하고, D가 업무 도움을 요청하자 C는 흔쾌히 D의 업무를 도와주었다.
- E는 자기 팀이 작년 연말평가에서 최하 등급을 받아서 팀 내 분위기가 어수선해지자, 팀의 발전이 자신의 발전이라고 생각하여 매일 아침에 모닝커피를 타서 팀원 전체에게 돌리고, 팀 내의 힘들고 궂은 일을 솔선수범하여 처리하였다.
- F는 대인관계에서 가장 중요한 것은 인간관계 기법과 테크닉이라고 생각하여, 진심에서 우러나오지 않지만 항상 무엇을 말하느냐, 어떻게 행동하느냐를 중시하였다.

① B, C ② B, F
③ C, E ④ C, F
⑤ E, F

| 수리능력

25 슬기, 효진, 은경, 민지, 은빈 5명은 여름휴가를 떠나기 전 원피스를 사러 백화점에 갔다. 모두 마음에 드는 원피스 하나를 발견해 각자 원하는 색깔의 원피스를 고르기로 하였다. 원피스가 노란색 2벌, 파란색 2벌, 초록색 1벌이 있을 때, 5명이 각자 1벌씩 고를 수 있는 경우의 수는 몇 가지인가?

① 28가지 ② 30가지
③ 32가지 ④ 34가지
⑤ 36가지

26 다음의 대화에서 K대리가 저지른 전화예절의 실수로 가장 적절한 것은?

> K대리 : 안녕하세요. A출판부 K대리입니다. 무엇을 도와드릴까요?
> S부장 : 아, K대리! 나 영업부 S부장이네.
> K대리 : (펜과 메모지를 준비한다) 네! S부장님, 안녕하세요. 어떤 일로 전화 주셨습니까?
> S부장 : 다음 달에 예정되어 있는 신간도서 계획서를 좀 보고 싶어서 말이야.
> K대리 : 네, 부장님. 지금 바로 준비해서 갖다드리겠습니다.
> S부장 : 고맙네. 이따 보지.
> K대리 : 네! 이만 전화 끊겠습니다.

① 언제나 펜과 메모지를 곁에 두어 메시지를 받아 적을 수 있도록 한다.
② 전화 받은 사람이 누구인지를 즉시 말한다.
③ 통화를 마칠 때, 전화를 건 상대방에게 감사의 표시를 한다.
④ 천천히, 명확하게 예의를 갖추고 말한다.
⑤ 말을 할 때 상대방의 이름을 함께 사용한다.

27 다음 중 C가 계획 수행에 성공하지 못한 이유로 적절하지 않은 것은?

> P기업 신입사원 C는 회사 일도 잘하고 싶고 업무 외의 자기개발에도 욕심이 많다. 그래서 업무와 관련한 자격증을 따기 위해서 3개의 인터넷 강의도 등록하였고, 체력관리를 위해 피트니스 센터에도 등록하였으며, 친목을 다지기 위해 본인이 동호회도 만들었다. 그러나 의욕에 비해 첫 주부터 자격증 강의도 반밖에 듣지 못했고, 피트니스 센터에는 2번밖에 가지 못했다. 동호회는 자신이 만들었기 때문에 빠질 수가 없어서 참석했지만 C는 수행하지 못한 다른 일 때문에 기분이 좋지 않다. 단순히 귀찮아서가 아니라 회사 회식도 빠지기 난감했고, 감기에 걸려 몸도 좋지 않았기 때문인데 계획이 문제인지 본인이 문제인지 C는 고민이 많아졌다.

① 자기실현에 대한 욕구보다 다른 욕구가 더 강해서
② 자기합리화를 하려는 인간의 제한적인 사고 때문에
③ 자기개발에 대한 구체적인 방법을 몰라서
④ 내・외부 요인 때문에
⑤ 투자할 수 있는 시간에 비해 계획이 과해서

28 다음은 주요 온실가스의 연평균 농도 변화 추이를 나타낸 자료이다. 이에 대한 설명으로 옳지 않은 것은?

〈주요 온실가스의 연평균 농도 변화 추이〉

구분	2018년	2019년	2020년	2021년	2022년	2023년	2024년
이산화탄소(CO_2, ppm)	387.2	388.7	389.9	391.4	392.5	394.5	395.7
오존전량(O_3, DU)	331	330	328	325	329	343	335

① 이산화탄소의 농도는 계속해서 증가하고 있다.
② 오존전량은 계속해서 증가하고 있다.
③ 2024년 오존전량은 2018년의 오존전량보다 4DU 증가했다.
④ 2024년 이산화탄소의 농도는 2019년보다 7ppm 증가했다.
⑤ 오존전량이 가장 크게 감소한 해는 2024년이다.

29 A씨는 기간제로 6년을 근무하였고, 시간제로 6개월을 근무하였다. 다음과 같은 연차 계산법을 활용하였을 때, A씨의 연차는 며칠인가?(단, 모든 계산은 소수점 첫째 자리에서 올림한다)

〈연차 계산법〉

- 기간제 : [(근무 연수)×(연간 근무 일수)]÷365일×15
- 시간제 : (총 근무 시간)÷365일

※ 근무는 1년을 365일, 1개월을 30일로, 1일 8시간 근무로 계산함

① 86일
② 88일
③ 92일
④ 94일
⑤ 100일

30 다음 〈보기〉에서 언어의 친교적 기능이 드러난 대화를 모두 고르면?

〈보기〉

㉠ A : 오늘 날씨가 춥네. 밥은 먹었니?
B : 옷을 좀 더 따뜻하게 입고 다녀야겠네.
㉡ A : 얘, 이제 곧 저녁 먹어야 하는데 지금 어디 가니?
B : 우체국에 잠시 다녀올게요.
㉢ A : 이만 가봐야겠다. 이따가 전화하자.
B : 오늘 정말 즐거웠어.
㉣ A : 김대리, 여행은 어디로 다녀왔나?
B : 네, 부장님. 홍콩과 마카오로 다녀왔습니다.
㉤ A : 이렇게 헤어지기 너무 아쉽다.
B : 그래, 조만간 밥 한번 먹자.
㉥ A : 오랜만이네, 너 요즘도 거기서 근무하니?
B : 그래, 너도 잘 지내고 있지?

① ㉠, ㉡
② ㉡, ㉣
③ ㉠, ㉢, ㉤
④ ㉡, ㉣, ㉥
⑤ ㉠, ㉢, ㉤, ㉥

31 문제해결절차의 문제 도출 단계는 (가), (나)의 절차를 거쳐 수행된다. 다음 중 (가) 절차에 대한 설명으로 적절하지 않은 것은?

(가)	→	(나)
전체 문제를 개별화된 이슈들로 세분화		문제에 영향력이 큰 핵심이슈를 선정

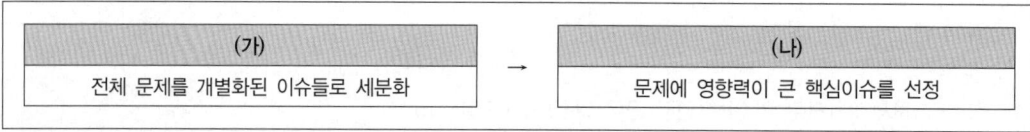

① 문제의 내용 및 영향 등을 파악하여 문제의 구조를 도출한다.
② 본래 문제가 발생한 배경이나 문제를 일으키는 메커니즘을 분명히 해야 한다.
③ 현상에 얽매이지 말고 문제의 본질과 실제를 봐야 한다.
④ 눈앞의 결과를 중심으로 문제를 바라봐야 한다.
⑤ 문제 구조 파악을 위해서 Logic Tree 방법이 주로 사용된다.

32 다음은 2015 ~ 2024년 물이용부담금 총액에 대한 자료이다. 〈보기〉에서 이에 대한 설명으로 옳지 않은 것을 모두 고르면?

〈물이용부담금 총액〉

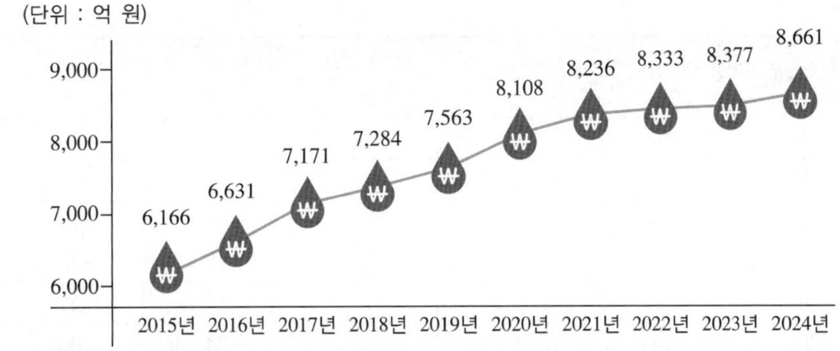

※ 상수원 상류지역에서의 수질개선 및 주민지원 사업을 효율적으로 추진하기 위한 재원 마련을 위해 최종수요자에게 물 사용량에 비례하여 물이용부담금을 부과함

※ 한강, 낙동강, 영・섬유역의 물이용부담금 단가는 170원/m^3, 금강유역은 160원/m^3임

〈보기〉

㉠ 물이용부담금 총액은 지속적으로 증가하는 추세를 보이고 있다.

㉡ 2016 ~ 2024년 중 물이용부담금 총액이 전년 대비 가장 많이 증가한 해는 2017년이다.

㉢ 2024년 물이용부담금 총액에서 금강유역 물이용부담금 총액이 차지하는 비중이 20%라면, 2024년 금강유역에서 사용한 물의 양은 약 10.83억m^3이다.

㉣ 2024년 물이용부담금 총액은 전년 대비 약 3.2% 이상 증가했다.

① ㉠
② ㉡
③ ㉢
④ ㉠, ㉣
⑤ ㉡, ㉢

33 다음은 A～E 5가지 커피에 대한 소비자 선호도 조사를 정리한 자료이다. 선호도 조사는 541명의 동일한 소비자를 대상으로 1차와 2차 구매를 통해 이루어졌다. 〈보기〉에서 이에 대한 설명으로 옳은 것을 모두 고르면?

〈커피에 대한 소비자 선호도 조사〉

(단위 : 명)

1차 구매	2차 구매					합계
	A	B	C	D	E	
A	93	17	44	7	10	171
B	9	46	11	0	9	75
C	17	11	155	9	12	204
D	6	4	9	15	2	36
E	10	4	12	2	27	55
합계	135	82	231	33	60	541

〈보기〉

ㄱ. D, E를 제외하고 대부분의 소비자들이 취향에 맞는 커피를 꾸준히 선택하고 있다.
ㄴ. 1차에서 A를 구매한 소비자가 2차 구매에서 C를 구입하는 경우가 그 반대의 경우보다 더 적다.
ㄷ. 1차, 2차 모두 C를 구입하는 소비자가 제일 많다.

① ㄱ
② ㄴ
③ ㄱ, ㄷ
④ ㄴ, ㄷ
⑤ ㄱ, ㄴ, ㄷ

34 다음 글의 주장으로 가장 적절한 것은?

> 옛날 태학에서는 사람들에게 풍악을 가르쳤기 때문에 명칭을 '성균관(成均館)'이라 하였다. 그러나 지금 태학에서는 풍악을 익히지 않으니 이 이름을 쓰는 것은 옳지 않고 '국자감'으로 바꾸는 것이 옳다. 국자(國子)란 원래 왕실의 적자(嫡者)와 공경대부의 적자인데, 지금 태학에는 국자만 다니는 것이 아니기에 명칭과 실상이 서로 어긋나지만 국자감이 그래도 본래 의미에 가깝다.
> 옛날에 사람을 가르치는 법은 원래 두 길이었다. 국자는 태학에서 가르쳤는데 대사악(大司樂)이 주관했고, 서민은 향학에서 가르쳤는데 대사도(大司徒)가 주관하였다. 순 임금이 "기여, 너에게 악(樂)을 맡도록 명하노니 주자(胄子)를 가르치되 곧으면서 온화하게 하라." 했으니, 이것은 태학에서 국자를 가르친 것이다. 순 임금이 "설이여, 백성들이 서로 친근하지 않는구나. 너를 사도(司徒)로 삼으니, 공경하게 오교(五敎)를 펼쳐라." 했으니, 이것은 향학에서 서민을 가르친 것이다. 『주례』에 대사악이 육덕(六德)으로 국자를 가르쳤는데 이것도 순 임금이 기에게 명하던 그 법이고, 대사도가 향삼물(鄕三物)로 만민을 가르쳤는데 이것도 순 임금이 설에게 명하던 그 법이었다. 오늘날은 국자가 어떤 인물인지, 성균이 어떤 의미인지 알지 못하여, 서민의 자식이 국자로 자칭하고, 광대의 노래를 성균에 해당시키니 어찌 잘못된 것이 아니겠는가?
> 왕제(王制)는 한(漢)나라의 법이다. 왕제가 시행된 이래로 국자와 서민이 함께 태학에 들어가게 되었다. 그 제도가 2천 년이나 내려왔으니, 옛 제도는 회복할 수 없게 되었다. 비록 그렇지만 국자를 가르치던 법을 없어지게 해서는 안 된다. 우리나라 제도에 종학(宗學)이 있어 종실 자제를 교육했었는데, 지금은 혁파되었다. 태학은 종실 자제를 교육하던 곳인데 까닭 없이 서민에게 양보하고 따로 학교를 세워 종학이라 한 것도 잘못된 일인데 지금은 그것마저 혁파되었으니 개탄할 일이 아닌가? 지금 태학의 명륜당은 종학으로 만들어 종실의 자제 및 공경의 적자가 다니게 하고, 비천당은 백성들이 다니는 학교로 만들어 별도로 운영하는 것이 합당할 것이다.

① 종실 자제 위주의 독립된 교육은 잘못된 일이다.
② 성균관에서 풍악을 가르치던 전통을 회복해야 한다.
③ 향학의 설립을 통해 백성에 대한 교육을 강화해야 한다.
④ 왕제보다는 『주례』의 교육 전통을 따르는 것이 바람직하다.
⑤ 국자와 서민의 교육 내용을 통합하는 교육 과정이 필요하다.

| 자기개발능력

35 H는 외국어능력을 키우기 위해서 영어학원에 등록을 했다. 그런데 몸이 안 좋거나 다른 약속이 생겨서 뜻대로 참석하지 못하고 있다. 다음 중 H의 자기개발을 방해하는 요인과 비슷한 사례는?

① A는 외국계 회사로 이직했다. 이직 후 A는 이전과는 다른 회사 분위기에 적응하느라 2주째 동호회에 나가지 못하고 있다.

② 신입사원 B는 직장 선배에게 회사 일도 중요하지만 개인적인 능력개발도 중요하다는 이야기를 들었다. 하지만 B는 어디서부터 어떤 것을 시작해야 할지 혼란스럽다.

③ C는 주말마다 봉사활동을 다니고 있지만 잦은 회식과 과음으로 최근엔 봉사활동에 나가지 못하고 있다.

④ D는 입사한 지 5년이 지났지만 아직 자신이 잘하는 일이 무엇인지 알 수 없어 고민이다.

⑤ E는 대기업에서 근무하고 있지만 하고 있는 업무가 적성에 맞지 않아 고민이다. 그렇다고 적성에 맞는 일을 찾아가기에는 너무 늦은 것 같다.

| 조직이해능력

36 다음 상황에서 K주임이 처리해야 할 업무 순서로 가장 적절한 것은?

> 안녕하세요, K주임님. 언론홍보팀 S대리입니다. 다름이 아니라 이번에 P공사에서 진행하는 '소셜벤처 성장 지원사업'에 관한 보도 자료를 작성하려고 하는데, 디지털소통팀의 업무 협조가 필요하여 연락드렸습니다. 디지털소통팀 G팀장님께 K주임님이 협조해 주신다는 이야기를 전해 들었습니다. 자세한 요청 사항은 회의를 통해서 말씀드리도록 하겠습니다. 혹시 내일 오전 10시에 회의를 진행해도 괜찮을까요? 일정 확인하시고 오늘 내로 답변 주시면 감사하겠습니다. 일단 회의 전에 알아두시면 좋을 것 같은 자료는 메일로 발송하였습니다. 회의 전에 미리 확인하셔서 관련 사항 숙지하시고 회의에 참석해 주시면 좋을 것 같습니다. 아! 그리고 오늘 2시에 홍보실 각 팀 팀장 회의가 있다고 하니, G팀장님께 꼭 전해 주세요.

① 팀장 회의 참석 – 익일 업무 일정 확인 – 메일 확인 – 회의 일정 답변 전달

② 팀장 회의 참석 – 메일 확인 – 익일 업무 일정 확인 – 회의 일정 답변 전달

③ 팀장 회의 일정 전달 – 메일 확인 – 회의 일정 답변 전달 – 익일 업무 일정 확인

④ 팀장 회의 일정 전달 – 익일 업무 일정 확인 – 회의 일정 답변 전달 – 메일 확인

⑤ 팀장 회의 일정 전달 – 익일 업무 일정 확인 – 메일 확인 – 회의 일정 답변 전달

37 다음은 P공사에서 공개한 2024년 구분 손익계산서이다. 이에 대한 설명으로 옳은 것은?

〈2024년 구분 손익계산서〉

(단위 : 억 원)

구분	합계	손실보전대상사업					토지은행 사업	일반 사업
		공공주택(보금자리)	산업단지 개발	주택관리 사업	행정중심 복합도시	혁신도시 개발		
매출액	180,338	68,245	7,349	13,042	6,550	2,617	2,486	80,049
매출원가	146,978	55,230	4,436	22,890	3,421	1,846	2,327	56,828
매출총이익	33,360	13,015	2,913	−9,848	3,129	771	159	23,221
판매비와 관리비	7,224	2,764	295	1,789	153	7	60	2,156
영업이익	26,136	10,251	2,618	−11,637	2,976	764	99	21,065
기타수익	9,547	296	77	96	56	133	0	8,889
기타비용	3,451	68	5	1	1	11	1	3,364
기타이익(손실)	−60	−7	0	0	0	−3	0	−50
금융수익	2,680	311	18	0	112	13	0	2,226
금융원가	6,923	−2,610	487	6,584	585	−7	57	1,827
지분법적용관계 기업이익(손실)	33	0	0	0	0	0	0	33
법인세비용 차감전순이익	27,962	13,393	2,221	−18,126	2,558	903	41	26,972
법인세비용	7,195	3,446	572	−4,664	658	232	11	6,940
당기순이익	20,767	9,947	1,649	−13,462	1,900	671	30	20,032

① 주택관리사업의 판매비와 관리비는 공공주택사업의 판매비와 관리비의 80% 이상이다.
② 금융원가가 높은 사업의 순위와 기타수익이 높은 사업의 순위는 동일하다.
③ 행정중심복합도시의 영업이익이 2024년 전체 영업이익에서 차지하는 비율은 20% 이상이다.
④ 혁신도시개발의 매출총이익은 법인세비용 차감 전 순이익의 75% 이상이다.
⑤ 산업단지개발의 매출원가는 일반사업의 매출원가의 15% 이상이다.

38 다음은 문제의 의미에 대한 설명이다. 이를 참고할 때, 〈보기〉의 내용 중 성격이 다른 하나는?

> 문제란 원활한 업무수행을 위해 해결해야 하는 질문이나 의논 대상을 의미한다. 즉, 해결하기를 원하지만 실제로 해결해야 하는 방법을 모르고 있는 상태나 얻고자 하는 해답이 있지만 그 해답을 얻는 데 필요한 일련의 행동을 알지 못한 상태이다. 이러한 문제는 흔히 문제점과 구분하지 않고 사용하는데, 문제점이란 문제의 근본 원인이 되는 사항으로, 문제해결에 필요한 열쇠인 핵심 사항을 말한다.

〈보기〉

> 전기밥솥에 밥을 지어놓고 부모는 잠시 다른 일을 하러 갔다. 그 사이 아이는 전기밥솥을 가지고 놀다가 전기밥솥에서 올라오는 연기에 화상을 입었다.

① 아이의 화상
② 부모의 부주의
③ 아이의 호기심
④ 전기밥솥의 열기
⑤ 안전사고 발생 가능성에 대한 부주의

39 다음 글의 밑줄 친 부분에 해당하는 자기개발 전략으로 적절하지 않은 것은?

> 자기개발에 대한 계획을 수립한다고 해서 모든 목표를 달성할 수 있는 것은 아니다. 자기개발 목표를 성취하기 위해서는 <u>다음과 같은 전략</u>을 고려하여 목표를 수립하고, 자기개발 방법을 선정하여야 한다.

① 인간관계를 고려한다.
② 자신과 상관없는 직무보다는 현재의 직무를 고려한다.
③ 구체적인 방법으로 계획한다.
④ 장기목표보다는 단기목표를 수립한다.
⑤ 자기개발을 위해 자신과 내・외부의 정보를 확보한다.

40 X제품을 운송하는 Q씨는 업무상 편의를 위해 고객의 주문 내역을 임의의 기호로 기록하고 있다. 다음과 같은 주문 전화를 받았을 때 Q씨가 기록한 기호로 옳은 것은?

〈임의 기호〉

재료	연강	고강도강	초고강도강	후열처리강
	MS	HSS	AHSS	PHTS
판매량	낱개	1묶음	1박스	1세트
	01	10	11	00
지역	서울	경기남부	경기북부	인천
	E	S	N	W
윤활유 사용	청정작용	냉각작용	윤활작용	밀폐작용
	P	C	I	S
용도	베어링	스프링	타이어코드	기계구조
	SB	SS	ST	SM

※ Q씨는 [재료] – [판매량] – [지역] – [윤활유 사용] – [용도]의 순서로 기호를 기록함

〈주문 전화〉

안녕하세요. 저는 인천 지점에서 같이 일했던 P입니다. 필요한 것이 있어서 전화했습니다. 일단 서울 지점의 B씨가 스프링으로 사용할 제품이 필요하다고 합니다. 한 박스 정도면 될 것 같습니다. 이전에 주문했던 대로 연강에 윤활용으로 윤활유를 사용한 제품으로 부탁합니다. 저는 이번에 경기남부로 가는데, 거기에 있는 제 사무실 아시죠? 그곳으로 초고강도강 타이어코드용으로 1세트 보내 주세요. 튼실한 걸로 밀폐용 윤활유 사용해서 부탁합니다. 저번에 냉각용으로 사용한 제품은 생각보다 좋진 않았습니다.

① MS11EISS, HSS00SSST

② MS11EISB, AHSS00SSST

③ MS11EISS, AHSS00SCST

④ MS11EISS, AHSS00SSST

⑤ MS11WISS, AHSS10SSST

41 P공사의 직원들은 산악회를 결성하여 정기적으로 등산을 하고 있다. 이번 산악회에는 A ~ H직원 중 5명이 참가한다고 할 때, 다음 〈조건〉에 따라 항상 산악회에 참가하는 사람은?

〈조건〉

- B, C, F 중에서 두 명만이 참가한다.
- C, E, G 중에서 두 명만이 참가한다.
- D, E, F 중에서 두 명만이 참가한다.
- H가 참가하지 않으면 A도 참가하지 않는다.

① B
② D
③ G
④ H
⑤ 알 수 없음

42 직장에서는 직위체계에 따라 상사가 있고 더욱 직위가 높은 임원급이 있는가 하면, 같은 시기에 직장에 들어온 동료가 있다. 또한, 부하직원도 있고 협력회사 및 고객도 있다. 다음 중 직장 내 다양한 인간관계 속에서 직업인이 지켜야 할 예절로 적절하지 않은 것은?

① 휴대폰 이용 시 지나친 SNS의 사용은 업무에 지장을 주므로 휴식시간을 이용한다.
② 비즈니스상의 소개를 할 때는 직장 내에서의 서열과 나이, 성별을 고려해야 한다.
③ 전화를 받을 때는 전화벨이 3 ~ 4번 울리기 전에 받고 자신이 누구인지를 즉시 말한다.
④ 명함을 교환할 때는 하위에 있는 사람이 먼저 꺼내는데 상위자에 대해서는 왼손으로 가볍게 받치는 것이 예의이며, 동위자·하위자에게는 오른손으로만 쥐고 건넨다.
⑤ 외부 인사와 첫인사로 악수를 할 때는 서로의 이름을 말하고 간단한 인사 몇 마디를 주고받는 정도의 시간 안에 끝내야 한다.

43 은수, 민수, 정태, 태희, 경미는 P공사의 입사 필기시험에 함께 응시했다. 시험을 치르는 중에 다음과 같이 부정행위가 일어났다고 할 때, 〈조건〉을 토대로 부정행위를 한 사람을 모두 고르면?

〈조건〉

㉠ 2명이 부정행위를 저질렀다.
㉡ 민수와 정태는 같이 부정행위를 하거나 같이 부정행위를 하지 않았다.
㉢ 민수나 경미가 부정행위를 했다면 은수도 부정행위를 했다.
㉣ 정태가 부정행위를 했다면 태희도 부정행위를 했다.
㉤ 경미가 부정행위를 하지 않았으면 태희도 부정행위를 하지 않았다.

① 은수, 민수
② 민수, 정태
③ 은수, 경미
④ 정태, 태희
⑤ 태희, 경미

44 P사 관리팀에 근무하는 B팀장은 최근 부하직원 A씨 때문에 고민 중이다. B팀장이 보기에 A씨의 업무 방법은 업무의 성과를 내기에 부적절해 보이지만, 자존감이 강하고 자기결정권을 중시하는 A씨는 자기 자신이 스스로 잘하고 있다고 생각하며 B팀장의 조언이나 충고에 대해 반발심을 표현하고 있기 때문이다. 이와 같은 상황에서 B팀장이 부하직원인 A씨에게 할 수 있는 효과적인 코칭 방법으로 가장 적절한 것은?

① 징계를 통해 B팀장의 조언을 듣도록 유도한다.
② 대화를 통해 스스로 자신의 잘못을 인식하도록 유도한다.
③ A씨에 대한 칭찬을 통해 업무 성과를 극대화시킨다.
④ A씨를 더 강하게 질책하여 업무 방법을 개선시키도록 한다.
⑤ 스스로 업무방법을 고칠 때까지 믿어 주고 기다려 준다.

45 예산을 직접비용과 간접비용으로 구분한다고 할 때, 다음 〈보기〉에서 직접비용과 간접비용을 바르게 분류한 것은?

〈보기〉

㉠ 재료비	㉡ 원료와 장비 구입비
㉢ 광고비	㉣ 보험료
㉤ 인건비	㉥ 출장비

	직접비용	간접비용
①	㉠, ㉡, ㉤	㉢, ㉣, ㉥
②	㉠, ㉡, ㉥	㉢, ㉣, ㉤
③	㉠, ㉡, ㉢, ㉣	㉤, ㉥
④	㉠, ㉡, ㉣, ㉥	㉢, ㉤
⑤	㉠, ㉡, ㉤, ㉥	㉢, ㉣

46 P브랜드 공기청정기는 공기가 1번 통과될 때마다 공기 속에 들어 있는 미세먼지를 30%씩 걸러낸다고 한다. 미세먼지 10g이 포함된 공기를 이 공기청정기에 6번 통과시킬 때, 걸러지는 미세먼지의 양은 모두 몇 g인가? (단, $0.7^6 \fallingdotseq 0.118$으로 계산한다)

① 8.80g
② 8.82g
③ 8.84g
④ 8.86g
⑤ 8.88g

47 **다음은 인사팀 직원들이 경력개발을 하는 이유에 대해 나눈 대화 내용이다. 같은 이유를 이야기하고 있는 사람들을 모두 고르면?**

Q사원 : 경력개발은 좋은 인간관계를 위해 꼭 필요한 것 같아요.
R대리 : 현대사회는 빠르게 변화하고 있어. 지식정보사회에 적응하려면 경력을 개발해야 해.
S과장 : 요즘 사회에는 평생직장이라는 개념이 사라졌잖아. 우리 나이 때에도 이직하는 사람들이 늘어났을 정도니까…. 이러한 이직을 준비하기 위해서라도 경력개발은 쉬지 않고 이뤄져야 해.
T사원 : 전 자기 만족을 위해서 경력개발을 해야 한다고 생각해요. 한 자리에 서 있지 않고 끊임없이 앞으로 나아간다는 기쁨이 있잖아요.

① R대리, S과장
② Q사원, S과장
③ R대리, T사원
④ Q사원, T사원
⑤ S과장, T사원

48 **최근 직장에서는 성희롱과 같은 문제가 이슈화되고 있다. 다음 중 성 예절을 지키기 위한 자세로 적절하지 않은 것은?**

① 성희롱 문제는 개인적인 일이기 때문에 당사자들끼리 해결해야 한다.
② 직장 내에서 여성이 남성과 동등한 지위를 보장받기 위해서 그만한 책임과 역할을 다해야 하며, 조직은 그에 상응하는 여건을 조성해야 한다.
③ 우리 사회에는 뿌리 깊은 남성 위주의 가부장적 문화와 성역할에 대한 과거의 잘못된 인식이 아직도 남아 있기 때문에 남녀 공존의 직장문화를 정착하는 데 남다른 노력을 기울여야 한다.
④ 실정법을 준수하여 회사의 명예와 본인의 품위를 지켜야 하며, 사회적 또는 윤리적으로 비난받을 행위를 하지 않아야 한다.
⑤ 여성의 직업참가율이 비약적으로 높아졌기 때문에 남성이 대등한 동반자 관계로 동등한 역할과 능력 발휘를 한다는 인식을 가질 필요가 있다.

※ P공사의 총무부와 인사부는 친목도모를 위해 각각 10월 3일과 10월 7일에 S산 트레킹을 시작했다. 다음 트레킹 코스 및 구간별 소요 시간에 대한 자료와 〈조건〉을 읽고 이어지는 질문에 답하시오. **[49~52]**

〈S산 트레킹 코스〉

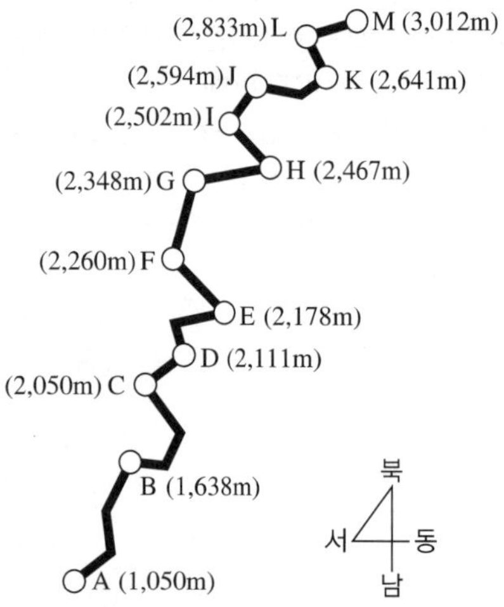

※ 괄호 안의 수치는 해발고도를 나타냄

〈구간별 트레킹 소요 시간〉

• 올라가는 경우

(단위 : 시간)

경로	소요 시간
A → B	3
B → C	2
C → D	1
D → E	1
E → F	2
F → G	3
G → H	2
H → I	2
I → J	1
J → K	2
K → L	3
L → M	3

• 내려오는 경우, 구간별 소요 시간은 50% 단축된다.

〈조건〉

• 트레킹 코스는 A지점에서 시작하여 M지점에 도달한 다음 A지점으로 돌아오는 것이다.
• 하루에 가능한 트레킹의 최장 시간은 6시간이다.
• 하루 트레킹이 끝나면 반드시 비박을 해야 하고, 비박은 각 지점에서만 가능하다.
• M지점에 도달한 날은 그날 바로 내려오지 않고, M지점에서 비박한다.
• 해발 2,500m를 통과하는 날부터 고산병 예방을 위해 당일 수면고도를 전날 수면고도보다 200m 이상 높일 수 없다.
• 하루에 이동할 수 있는 최대 거리로 이동하며, 최단 시간의 경우로 트레킹한다.

※ 수면고도는 비박하는 지역의 해발고도를 의미함

ㅣ문제해결능력

49 다음 중 총무부의 S산 트레킹 일정에 대한 설명으로 옳지 않은 것은?

① A지점에서 B지점에 도착하는 데 걸리는 시간과 B지점에서 D지점에 도착하는 데 걸리는 시간은 같다.
② F지점에서 G지점으로 가는 것은 E지점에서 F지점으로 가는 것보다 시간이 더 많이 소요된다.
③ M지점에서 L지점에 도착하는 데 걸리는 시간과 K지점에서 I지점에 도착하는 데 걸리는 시간은 같다.
④ F지점에서 E지점으로 가는 데에는 2시간이 소요된다.
⑤ A지점에서 B지점까지 간 거리는 같은 시간이 걸리는 지점 간 거리 중 가장 길다.

ㅣ문제해결능력

50 다음 중 총무부의 S산 트레킹에 대한 설명으로 옳지 않은 것은?

① 트레킹 첫째 날 수면고도는 2,111m이다.
② 트레킹 둘째 날 수면고도는 2,400m보다 낮다.
③ 트레킹 둘째 날과 셋째 날의 이동 시간은 서로 같다.
④ 트레킹 셋째 날에 해발고도 2,500m 이상의 높이를 올라갔다.
⑤ 트레킹 넷째 날 이동 거리가 가장 짧다.

ㅣ문제해결능력

51 다음 중 총무부가 모든 트레킹 일정을 완료한 날짜는?

① 10월 10일
② 10월 11일
③ 10월 12일
④ 10월 13일
⑤ 10월 14일

ㅣ문제해결능력

52 총무부가 10월 9일에 도착한 비박지점에 기념 깃발을 꽂아 두었다면, 그곳은 어느 지점이겠는가?

① I지점
② K지점
③ L지점
④ M지점
⑤ H지점

53 다음 두 사례를 보고 팀워크에 대해 분석한 내용으로 적절하지 않은 것은?

〈P사의 사례〉

P사는 1987년부터 1992년까지 품질과 효율 향상은 물론 생산 기간을 50%나 단축시키는 성과를 내었다. 모든 부서에서 품질 향상의 경쟁이 치열했고, 그 어느 때보다 좋은 팀워크가 만들어졌다고 평가되었다. 가장 성과가 우수하였던 부서는 미국의 권위 있는 볼드리지(Baldrige) 품질대상을 수상하기도 하였다. 그런데 이러한 개별 팀의 성과가 회사 전체의 성과나 주주의 가치로 잘 연결되지 못했던 것으로 분석되었다. 시장의 PC 표준 규격을 반영하지 않은 새로운 규격으로 인해 호환성 문제가 대두되었고, 대중의 외면을 받아야만 했다. 한 임원은 "아무리 빨리, 제품을 잘 만들어도 고객의 가치를 반영하지 못하거나, 시장에서 고객의 접촉이 제대로 이루어지지 않으면 의미가 없다는 점을 배웠다."라고 말했다.

〈E병원의 사례〉

가장 정교하고 효과적인 팀워크가 요구되는 의료 분야에서 E병원은 최고의 의료 수준과 서비스로 명성을 얻고 있다. 이 병원의 조직 운영 기본 원칙에는 '우리 지역과 국가, 세계의 환자들의 니즈에 집중하는 최고의 의사, 연구원 및 의료 전문가의 협력을 기반으로 병원을 운영한다.'라고 명시되어 있다고 한다. 팀 간의 협력은 물론 전 세계의 고객을 지향하는 웅대한 가치를 공유하고 있는 것이다. E병원이 최고의 명성과 함께 노벨상을 수상하는 실력을 갖출 수 있었던 데에는 이러한 팀워크가 중요한 역할을 하였다고 볼 수 있다.

① 개별 팀의 팀워크가 좋다고 해서 반드시 조직의 성과로 이어지는 것은 아니다.
② 팀워크는 공통된 비전을 공유하고 있어야 한다.
③ 개인의 특성을 이해하고 개인 간의 차이를 중시해야 한다.
④ 팀워크를 지나치게 강조하다 보면 외부에 배타적인 자세가 될 수 있다.
⑤ 팀워크는 성과를 만드는 데 중요한 역할을 한다.

54 **다음 중 파일 삭제 시 파일이 [휴지통]에 임시 보관되어 복원이 가능한 경우는?**

① 바탕 화면에 있는 파일을 [휴지통]으로 드래그 앤 드롭하여 삭제한 경우
② USB 메모리에 저장되어 있는 파일을 〈Delete〉 키로 삭제한 경우
③ 네트워크 드라이브의 파일을 바로 가기 메뉴의 [삭제]를 클릭하여 삭제한 경우
④ [휴지통]의 크기를 0%로 설정한 후 [내 문서] 폴더 안의 파일을 삭제한 경우
⑤ 〈Shift〉+〈Delete〉 키로 삭제한 경우

55 **다음 〈보기〉에서 효율적이고 합리적인 인사관리를 하기 위한 원칙으로 옳은 것을 모두 고르면?**

〈보기〉

㉠ 근로자의 인권을 존중하고, 공헌도에 따라 노동의 대가를 지급한다.
㉡ 자신에게 직접적인 도움을 줄 수 있는 사람들을 적절하게 배치한다.
㉢ 직장에서 신분이 보장되고 계속해서 근무할 수 있다는 믿음을 갖게 한다.
㉣ 근로자가 창의력을 발휘할 수 있도록 기회를 마련하고 인센티브를 제공한다.
㉤ 직장 구성원들이 서로 유대감을 가지고 협동·단결하는 체제를 이루도록 한다.

① ㉠, ㉡, ㉤
② ㉠, ㉡, ㉢, ㉣
③ ㉠, ㉡, ㉢, ㉤
④ ㉠, ㉢, ㉣, ㉤
⑤ ㉡, ㉢, ㉣, ㉤

56 다음 글을 읽고 이해한 내용으로 가장 적절한 것은?

> P공단은 건강정보전문사이트 건강iN의 창의적인 콘텐츠를 발굴하고, 수요자 맞춤형 건강관리 서비스를 실현하기 위하여 10월 27일(금)부터 11월 25일(토)까지 '건강iN 콘텐츠 아이디어 공모전'을 개최한다고 밝혔다.
> 공모내용은 공단이 보유하고 있는 건강 관련 빅데이터, 오픈된 공공데이터, 개인건강기록(IoT 등) 데이터 등을 융합한 신규 서비스에 관한 아이디어로 자가 건강관리를 위해 건강iN(웹과 앱 모두)에서 제공할 수 있는 서비스, 모바일 기기를 활용한 개인 맞춤형 건강관리 등 '모바일 특화 서비스'를 주제로 하여 개인 또는 팀(인원 제한 없음)의 형태로 누구나 참여 가능하다.
> 공모방법은 '건강iN 콘텐츠 아이디어 공모전 기획서', '건강iN 콘텐츠 아이디어 공모전 참가 서약서', '개인정보 수집・이용 동의서'를 이메일로 제출하면 된다. 공모 관련 자세한 사항은 건강iN → 건강iN 소개 → 공지사항의 '건강iN 콘텐츠 아이디어 공모전' 게시글의 공모요강에서 확인할 수 있다.
> 공모 당선작은 아이디어의 활용 적절성, 실현 가능성, 독창성, 충실성을 고려하여 최우수상(150만 원) 1명(팀), 우수상(각 100만 원) 2명(팀), 장려상(각 50만 원) 3명(팀)을 선정하며, 당선 결과는 12월 13일(수) 건강iN 공지사항을 통해 게시 및 개별적으로 통보할 예정이다.
> P공단 관계자는 "이번 공모전을 통해 수요자 맞춤형 건강관리 서비스를 실현할 수 있는 참신한 콘텐츠 아이디어가 응모되길 기대하며, 당선작은 추후 콘텐츠로 개발되어 홈페이지 및 모바일 서비스를 실시함으로써 국민들의 건강관리에 도움을 줄 예정이다."라고 밝혔다.

① P공단의 '건강iN 콘텐츠 아이디어 공모전'은 대략 두 달간 진행되는군.
② 공모전에 제출할 데이터 융합 신규 서비스는 건강iN 웹이나 앱 중 한 곳에 제공할 수 있어야 한다.
③ 공모전에는 개인 또는 팀으로 참여할 수 있지만, 팀은 3명 이하로 구성되어야 한다.
④ 공모전 기획서, 참가 서약서, 개인정보 수집・이용 동의서를 모두 이메일로 제출해야 한다.
⑤ 공모 당선 결과는 건강iN 공지사항에 게시될 예정이므로 참가자는 홈페이지를 통해 확인해야 한다.

57 **다음은 벤치마킹을 수행 방식에 따라 분류한 자료이다. 빈칸 (A) ~ (E)에 들어갈 내용으로 적절하지 않은 것은?**

〈벤치마킹의 수행 방식에 따른 분류〉

구분	직접적 벤치마킹	간접적 벤치마킹
정의	• 벤치마킹 대상을 직접 방문하여 조사·분석하는 방법	• 벤치마킹 대상을 인터넷 및 문서형태의 자료 등을 통해서 간접적으로 조사·분석하는 방법
장점	• 필요로 하는 정확한 자료의 입수 및 조사가 가능하다. • ______(A)______	• 벤치마킹 대상의 수에 제한이 없고 다양하다. • ______(C)______
단점	• 벤치마킹 수행과 관련된 비용 및 시간이 많이 소요된다. • ______(B)______	• ______(D)______ • ______(E)______

① (A) : 벤치마킹의 이후에도 계속적으로 자료의 입수 및 조사가 가능하다.
② (B) : 벤치마킹 결과가 피상적일 수 있다.
③ (C) : 비용과 시간을 상대적으로 많이 절감할 수 있다.
④ (D) : 핵심자료의 수집이 상대적으로 어렵다.
⑤ (E) : 정확한 자료 확보가 어렵다.

58 **A대리의 회사에서 신제품을 개발하여 중국시장에 진출하고자 한다. A대리의 상사가 3C 분석 결과를 건네며, 사업 계획에 반영하고 향후 해결해야 할 회사의 전략 과제가 무엇인지 정리하여 보고하라는 지시를 내렸다. 다음 중 회사에서 해결해야 할 전략 과제로 적절하지 않은 것은?**

〈자사의 3C 분석 결과〉

고객(Customer)	경쟁사(Competitor)	자사(Company)
• 중국시장은 매년 10% 성장 • 20 ~ 30대 젊은 층이 중심 • 온라인 구매가 약 80% 이상 • 인간공학 지향	• 중국기업들의 압도적인 시장점유 • 중국기업들 간의 치열한 가격 경쟁 • A/S 및 사후관리 취약 • 생산 및 유통망 노하우 보유	• 국내시장 점유율 1위 • A/S 등 고객서비스 부문 우수 • 해외 판매망 취약 • 온라인 구매시스템 미흡(보안, 편의 등) • 높은 생산원가 구조 • 높은 기술개발력

① 중국시장의 판매유통망 구축
② 온라인 구매시스템 강화
③ 고객서비스 부문 강화
④ 원가 절감을 통한 가격 경쟁력 강화
⑤ 인간공학을 기반으로 한 제품 개발 강화

59 P공단 재무팀에서는 주말 사무보조 직원을 채용하기 위해 공고문을 게재하였으며, 지원자 명단은 다음과 같다. 다음 자료를 참고하였을 때, 최소비용으로 가능한 많은 인원을 채용하고자 한다면 몇 명의 지원자를 채용할 수 있겠는가?(단, 급여는 지원자가 희망하는 금액으로 지급한다)

〈사무보조 직원 채용 공고문〉

- 업무내용 : 문서수발, 전화응대 등
- 지원자격 : 경력, 성별, 나이, 학력 무관
- 근무조건 : 장기(6개월 이상, 협의불가) / 주말 11:00 ~ 22:00(협의가능)
- 급여 : 협의결정
- 연락처 : 02-000-0000

〈지원자 명단〉

성명	희망 근무기간	근무 가능 시간	최소 근무시간(하루 기준)	희망 임금 (시간당/원)
박소다	10개월	11:00 ~ 18:00	3시간	7,500
서창원	12개월	12:00 ~ 20:00	2시간	8,500
한승희	8개월	18:00 ~ 22:00	2시간	7,500
김병우	4개월	11:00 ~ 18:00	4시간	7,000
우병지	6개월	15:00 ~ 20:00	3시간	7,000
김래원	10개월	16:00 ~ 22:00	2시간	8,000
최지홍	8개월	11:00 ~ 18:00	3시간	7,000

※ 지원자 모두 주말 이틀 중 하루만 출근하기를 원함

※ 하루에 2회 이상 출근은 불가함

① 2명　　② 3명

③ 4명　　④ 5명

⑤ 6명

60 **A씨는 최근 회사 내 업무용 개인 컴퓨터의 보안을 강화하기 위하여 다음과 같은 메일을 받았다. 이를 토대로 A씨가 취해야 할 행동으로 옳지 않은 것은?**

> 발신 : 전산보안팀
>
> ---
>
> 수신 : 전 임직원
>
> 제목 : 업무용 개인 컴퓨터 보안대책 공유
>
> 내용 :
> 안녕하십니까. 전산팀장입니다.
> 최근 개인정보 유출 등 전산보안 사고가 자주 발생하고 있어 각별한 주의가 필요한 상황입니다. 이에 따라 자사에서도 업무상 주요 정보가 유출되지 않도록 보안프로그램을 업그레이드하는 등 전산보안을 더욱 강화하고 있습니다.
> 무엇보다 업무용 개인 컴퓨터를 사용하는 분들이 특히 신경을 많이 써 주셔야 철저한 보안이 실천됩니다. 번거로우시더라도 다음과 같은 사항을 따라 주시기 바랍니다.
>
> • 인터넷 익스플로러를 종료할 때마다 검색기록이 삭제되도록 설정해 주세요.
> • 외출 또는 외근으로 장시간 컴퓨터를 켜 두어야 하는 경우에는 인터넷 검색기록을 직접 삭제해 주세요.
> • 인터넷 검색기록 삭제 시 기본 설정되어 있는 항목 외에도 '다운로드 기록', '양식 데이터', '암호', '추적방지, ActiveX 필터링 및 Do Not Track 데이터'를 모두 체크하여 삭제해 주세요(단, 즐겨찾기 웹 사이트 데이터 보존 부분은 체크 해제할 것).
> • 인터넷 익스플로러에서 방문한 웹 사이트 목록을 저장하는 기간을 5일로 변경해 주세요.
> • 자사에서 제공 중인 보안프로그램은 항시 업데이트하여 최신 상태로 유지해 주세요.
>
> 위 사항을 적용하는 데 어려움이 있을 경우에는 첨부파일에 이미지와 함께 구체적으로 설명되어 있으니 참고 바랍니다.
>
> 〈첨부〉 업무용 개인 컴퓨터 보안대책 적용 방법 설명(이미지).zip

① 자사의 보안프로그램을 실행하고 [설정]에서 업데이트를 실행한다.
② 장시간 외출할 경우에는 [인터넷 옵션]의 '일반' 카테고리에 있는 [삭제]를 클릭해 직접 삭제한다.
③ 검색기록 삭제 시 [인터넷 옵션]의 '일반' 카테고리에 있는 [삭제]를 클릭하여 기존에 설정되어 있는 항목을 포함한 모든 항목을 체크하여 삭제한다.
④ [인터넷 옵션]의 '일반' 카테고리 중 검색기록 부분에서 [설정]을 클릭하고, '기록' 카테고리의 [페이지 보관일수]를 5일로 설정한다.
⑤ 인터넷 익스플로러에서 [도구(또는 톱니바퀴 모양)]를 클릭하여 [인터넷 옵션]의 '일반' 카테고리에 있는 [종료할 때 검색 기록 삭제]를 체크한다.

61 P공사 인사관리부에서 근무하는 W대리는 2박 3일간 실시하는 신입사원 연수에 대한 기획안과 예산안을 작성해 제출해야 한다. 그중 식사에 대한 예산을 측정하기 위해 연수원에서 다음과 같이 메뉴별 가격 및 안내문을 받았다. 연수를 가는 신입사원은 총 50명이지만 이 중 15명은 둘째 날 오전 7시에 후발대로 도착할 예정이다. 예산은 최대 금액으로 편성하려 할 때, W대리가 식사비 예산으로 작성할 금액은?

〈메뉴〉

정식	9,000원
일품	8,000원
스파게티	7,000원
비빔밥	5,000원
낙지덮밥	6,000원

〈안내문〉

- 식사시간 : (조식) 08:00 ~ 09:00 / (중식) 12:00 ~ 13:00 / (석식) 18:00 ~ 19:00
- 편의를 위하여 도착 후 첫 식사인 중식은 정식, 셋째 날 마지막 식사인 조식은 일품으로 통일한다.
- 나머지 식사는 정식과 일품을 제외한 메뉴에서 자유롭게 선택한다.

① 1,820,000원
② 1,970,000원
③ 2,010,000원
④ 2,025,000원
⑤ 2,070,000원

62 K회사의 신입사원인 A～E는 회사에서 문서작성 시 주의해야 할 사항에 대한 교육을 받은 뒤 서로 이야기를 나누었다. 다음 〈보기〉에서 잘못된 내용을 이야기하고 있는 사람을 모두 고르면?

〈보기〉

A사원 : 문서를 작성할 때는 주로 '누가, 언제, 어디서, 무엇을, 어떻게, 왜'의 육하원칙에 따라 작성해야 해.
B사원 : 물론 육하원칙에 따라 글을 작성하는 것도 중요하지만, 되도록 글이 한눈에 들어올 수 있도록 하나의 사안은 한 장의 용지에 작성해야 해.
C사원 : 글은 한 장의 용지에 작성하되, 자료는 최대한 많이 첨부하여 문서를 이해하는 데 어려움이 없도록 하는 것이 좋아.
D사원 : 문서를 작성한 후에는 내용을 다시 한 번 검토해 보면서 높임말로 쓰인 부분은 없는지 살펴보고, 있다면 이를 낮춤말인 '해라체'로 고쳐 써야 해.
E사원 : 특히 문서나 첨부 자료에 금액이나 수량, 일자 등이 사용되었다면 정확하게 쓰였는지 다시 한 번 꼼꼼하게 검토하는 것이 좋겠지.

① A사원, B사원
② A사원, C사원
③ B사원, D사원
④ C사원, D사원
⑤ D사원, E사원

63 다음 중 기업의 성과에 영향을 미치는 인적자원의 세 가지 특성으로 옳은 것은?

① 안정성, 개발가능성, 전략적 중요성
② 안정성, 지속가능성, 환경적응성
③ 능동성, 개발가능성, 전략적 중요성
④ 능동성, 개발가능성, 환경적응성
⑤ 능동성, 지속가능성, 환경적응성

64 **마이클 포터의 본원적 경쟁전략 중 다음 사례에 나타나는 P사의 전략으로 가장 적절한 것은?**

> P사는 스티브 잡스가 500만 달러라는 낮은 가격에 매수해 나중에 75억 달러에 판매되는 대형 회사가 되었다. 초기에 P사는 그래픽 기술을 보유하고 있는 애니메이션 회사였다. 하지만 창의적인 스토리와 캐릭터로 애니메이션 영화 흥행에 성공했고, 경쟁사인 D사보다 더 신뢰받는 회사가 되었다. P사는 D사의 공주와 왕자가 만나 행복하게 살게 되는 스토리와는 다르게 만들고 싶었고, P사는 엄청난 흥행을 거둔 수많은 애니메이션 작품으로 관객에게 감동과 재미를 모두 주었다. 오랜 시간의 적자에도 끊임없는 창의적인 발상으로 P사는 관객에게 큰 신뢰를 얻을 수 있었고, 이러한 신뢰는 대기업으로 발전하는 결정적인 원동력이 되었다.

① 윈윈 전략
② 관리 전략
③ 집중화 전략
④ 차별화 전략
⑤ 원가우위 전략

65 **다음은 직장에서 에티켓을 지키지 않는 김과장의 사례이다. 직장에서 화목한 분위기를 만들려면 기본적으로 지켜야 할 예절이 필요하다. 직장에서 김과장에게 필요한 예절로 적절한 것을 모두 고르면?**

> 전략기획부의 김과장은 사적인 전화를 사무실에서 아무렇지도 않게 한다. 큰 목소리로 통화하며 마치 옆 동료가 들으라는 듯 전화기를 잡고 내려놓지를 않는다. 또한, 김과장은 스스로 사교성이 뛰어나다고 착각한다. 반말을 섞어 말하는 것이 친근함의 표현이라 믿는 듯하다. 김과장에게 회사의 사무실 비품은 개인 물품이 된 지 오래이다. 그리고 음식을 먹을 때 지나치게 집착을 한다. 김과장과 회식하는 날은 항상 기분 좋게 끝난 적이 없다.

① 전화 예절, 언어 예절, 식사 예절
② 전화 예절, 복장 예절, 인사 예절
③ 전화 예절, 언어 예절, 승강기 예절
④ 전화 예절, 언어 예절, 식사 예절, 이메일 예절
⑤ 전화 예절, 인사 예절, 식사 예절, 승강기 예절

66 **다음은 자료와 정보, 지식에 대한 설명이다. 이를 토대로 할 때, P사의 상황에 맞게 빈칸 ㉠~㉢에 들어갈 내용으로 적절하지 않은 것은?**

- 정보와 지식, 자료(데이터)의 고전적인 구분은 맥도너(McDonough)가 그의 책 『정보경제학』에서 시도하였다. 그는 비교적 단순한 방법으로 정보와 지식, 데이터를 구분하고 있다. 즉, 자료(데이터)는 '가치가 평가되지 않은 메시지', 정보는 '특정상황에서 평가된 데이터', 지식은 '정보가 더 넓은 시간·내용의 관계를 나타내는 것'이라고 정의하였다.
- 자동차 업종인 P사는 최근 1년간 자사 자동차를 구매한 고객들의 주문기종을 조사하여 조사결과를 향후 출시할 자동차 설계에 반영하고자 한다.

자료(Data)	⇨	객관적 실제의 반영이며, 그것을 전달할 수 있도록 기호화한 것	⇨	㉠
⇩				
정보(Information)	⇨	자료를 특정한 목적과 문제해결에 도움이 되도록 가공한 것	⇨	㉡
⇩				
지식(Knowledge)	⇨	정보를 모으고 체계화하여 장래의 일반적인 사항에 대비하여 보편성을 갖도록 한 것	⇨	㉢

① ㉠ : 최근 1년간 P사 자동차 구입 고객의 연령, 성별, 구입 자동차의 차종 및 배기량 등
② ㉡ : 구매대수 증가율이 가장 높은 차종
③ ㉡ : 유가 변화에 따른 P사 판매지점 수 변화
④ ㉢ : 연령별 선호 디자인 트렌드 파악
⑤ ㉢ : 선호 배기량 트렌드에 맞는 신규 차종 개발

67 다음은 기술혁신의 과정과 역할을 자료로 정리하여 나타낸 것이다. 밑줄 친 (A) ~ (E)에 대한 설명으로 옳지 않은 것은?

〈기술혁신의 과정과 역할〉

기술 혁신 과정	혁신 활동	필요한 자질과 능력
아이디어 창안 (Idea Generation)	• 아이디어를 창출하고 가능성을 검증한다. • ______(A)______ • 혁신적인 진보를 위해 탐색한다.	• 각 분야의 전문지식 • 추상화와 개념화 능력 • 새로운 분야의 일을 즐기는 능력
(B) 챔피언 (Entrepreneuring or Championing)	• 아이디어를 전파한다. • 혁신을 위한 자원을 확보한다. • 아이디어 실현을 위해 헌신한다.	• 정력적이고 위험을 감수하는 능력 • 아이디어의 응용에 관심을 가짐
프로젝트 관리 (Project Leading)	• 리더십을 발휘한다. • 프로젝트를 기획하고 조직한다. • ______(C)______	• 의사결정 능력 • 업무 수행 방법에 대한 지식
정보 수문장 (Gate Keeping)	• 조직 내 정보원 기능을 수행한다.	• 높은 수준의 기술적 역량 • ______(D)______
______(E)______	• 혁신에 대해 격려하고 안내한다. • 불필요한 제약에서 프로젝트를 보호한다. • 혁신에 대한 자원 획득을 지원한다.	• 조직의 주요 의사결정에 대한 영향력

① (A)에 들어갈 내용으로 '일을 수행하는 새로운 방법을 고안한다.'를 볼 수 있다.

② 밑줄 친 (B)는 '기술적인 난관을 해결하는 방법을 찾아 시장상황에 대처할 수 있는 인재'를 의미한다.

③ (C)에 들어갈 내용으로 '조직외부의 정보를 내부 구성원들에게 전달한다.'를 볼 수 있다.

④ (D)에 들어갈 내용으로 '원만한 대인관계능력'을 볼 수 있다.

⑤ (E)에 들어갈 용어는 '후원(Sponsoring or Coaching)'이다.

68 다음 글을 읽고 이해한 내용으로 가장 적절한 것은?

> 최근 환경오염의 주범이었던 화학회사들이 환경 보호 정책을 표방하고 나섰다. 기업의 분위기가 변하면서 대학의 엔지니어뿐만 아니라 기업에 고용된 엔지니어들도 점차 대체기술, 환경기술, 녹색 디자인 등을 추구하는 방향으로 전환해 가고 있는 것이다.
> 또한, 최근 각광받고 있는 3R의 구호[줄이고(Reduce), 재사용하고(Reuse), 재처리하자(Recycle)]는 엔지니어들로 하여금 미래 사회를 위한 자신들의 역할에 대해 방향을 제시해 주고 있다.

① 개발이라는 이름으로 행해지는 개발독재의 사례로 볼 수 있어.
② 자연과학기술에 대한 연구개발의 사례로 적절하구나.
③ 균형과 조화를 위한 지속 가능한 개발의 사례로 볼 수 있어.
④ 기술이나 자금을 위한 개발수입의 사례인 것 같아.
⑤ 기업의 생산능률을 위한 조직개발의 사례로 볼 수 있겠구나.

69 다음 중 산업재해에 대한 원인으로 적절하지 않은 것은?

> 전선 제조 사업장에서 고장난 변압기 교체를 위해 P공사 작업자가 변전실에서 작업 준비하던 중 특고압 배전반 내 충전부 COS 1차 홀더에 접촉 감전되어 치료 도중 사망하였다. 증언에 따르면 변전실 TR-5 패널의 내부는 협소하고, 재해자의 키에 비하여 경첩의 높이가 높아 문턱 위에 서서 불안전한 작업자세로 작업을 실시하였다고 한다. 또한 재해자는 전기 관련 자격이 없었으며, 복장은 일반 안전화, 면장갑, 패딩점퍼를 착용한 상태였다.

① 불안전한 행동
② 불안전한 상태
③ 작업 관리상 원인
④ 기술적 원인
⑤ 작업 준비 불충분

70 P공사는 직원들에게 매월 25일 월급을 지급하고 있다. A대리는 이번 달 급여명세서를 보고 자신의 월급이 잘못 나왔음을 알았다. 다음 〈조건〉을 참고하여 다음 달 A대리가 상여금과 다른 수당들이 없다고 할 때, 소급된 금액과 함께 받을 월급은 총 얼마인가?(단, 4대 보험은 국민연금, 건강보험, 장기요양, 고용보험이며 금액의 10원 미만은 절사한다)

〈급여명세서〉

(단위 : 원)

성명 : A	직위 : 대리	지급일 : 2024-6-25	
지급항목	지급액	공제항목	공제액
기본급	2,000,000	소득세	17,000
야근수당(2일)	80,000	주민세	1,950
휴일수당	–	고용보험	13,000
상여금	50,000	국민연금	90,000
기타	–	장기요양	4,360
식대	100,000	건강보험	67,400
교통비	–	연말정산	–
복지후생	–		
		공제합계	193,710
지급 총액	2,230,000	차감수령액	2,036,290

〈보기〉

- 국민연금은 9만 원이고, 건강보험은 기본급의 6.24%이며 회사와 50%씩 부담한다.
- 장기요양은 건강보험 총금액의 7.0% 중 50%만 내고 고용보험은 13,000원이다.
- 잘못 계산된 금액은 다음 달에 소급한다.
- 야근수당은 하루당 기본급의 2%이며, 상여금은 5%이다.
- 다른 항목들의 금액은 급여명세서에 명시된 것과 같으며 매달 같은 조건이다.

① 1,865,290원
② 1,866,290원
③ 1,924,290원
④ 1,966,290원
⑤ 1,986,290원

합격의공식
시대
에듀

www.sdedu.co.kr

제4회
피듈형
NCS 모의고사

〈문항 및 시험시간〉

평가영역	문항 수	시험시간	모바일 OMR 답안채점 / 성적분석 서비스
의사소통능력 / 수리능력 / 문제해결능력 / 자원관리능력 / 정보능력 / 기술능력 / 조직이해능력 / 직업윤리 / 대인관계능력 / 자기개발능력	70문항	70분	

피듈형 NCS 집중학습 봉투모의고사

제4회 모의고사

문항 수 : 70문항
시험시간 : 70분

| 의사소통능력

01 다음 글과 가장 관련 있는 한자성어는?

> 정부는 호화생활을 누리면서도 세금을 내지 않는 악의적 고액·상습 체납자에 대해 제재를 강화하기로 하였다. 정부가 추진하는 방안에 따르면 정당한 사유 없이 국세를 상습적으로 체납할 경우 최대 30일간 유치장에 가둘 수 있다. 여권 미발급자에게는 출국 금지 조치가 취해질 수 있고, 당사자뿐 아니라 가까운 친인척에 대해서도 금융거래정보 조회가 이뤄질 수 있다. 이는 악성 체납자를 뿌리 뽑겠다는 정부의 강력한 의지 표시이다.
> 국세청에 따르면 고가 아파트에 살고 외제차를 몰면서 2억 원 이상의 세금 납부를 미루고 있는 고액 체납자는 3만 5,000명이 넘는다. 이들의 체납액은 102조 6,000억 원에 달하지만, 추적 실적은 1조 1,555억 원으로 징수율이 1.1%에 불과하다.
> 이처럼 호화생활 고액 체납자는 강력한 제재로 다스려야 마땅하다. 성실하게 세금을 납부하는 대다수 국민에게 상대적 박탈감을 주고, 계층 간의 위화감으로 사회 통합에 걸림돌이 될 수 있기 때문이다.

① 일벌백계(一罰百戒)
② 유비무환(有備無患)
③ 일목파천(一目破天)
④ 가정맹어호(苛政猛於虎)
⑤ 오십보백보(五十步百步)

| 수리능력

02 귤 상자 2개에 각각 귤이 들어 있다고 한다. 한 상자당 귤이 안 익었을 확률이 10%, 썩었을 확률이 15%이고 나머지는 잘 익은 귤일 때, 두 사람이 각각 다른 상자에서 귤을 꺼낼 때 한 사람은 잘 익은 귤을 꺼내고, 다른 한 사람은 썩거나 안 익은 귤을 꺼낼 확률은 몇 %인가?

① 31.5%
② 33.5%
③ 35.5%
④ 37.5%
⑤ 39.5%

03 다음 글에서 설명하는 기술혁신의 특성으로 가장 적절한 것은?

> 새로운 기술을 개발하기 위한 아이디어의 원천이나 신제품에 대한 소비자의 수요, 기술개발의 결과 등은 예측하기가 매우 어렵기 때문에, 기술개발의 목표나 일정, 비용, 지출, 수익 등에 대한 사전계획을 세우기란 쉽지 않다. 또 이러한 사전계획을 세운다 하더라도 모든 기술혁신의 성공이 사전의 의도나 계획대로 이루어지진 않는다. 때로는 그러한 성공들은 우연한 기회에 이루어지기도 하기 때문이다.

① 기술혁신은 장기간의 시간을 필요로 한다.
② 기술혁신은 매우 불확실하다.
③ 기술혁신은 지식 집약적인 활동이다.
④ 기술혁신은 기업 내에서 많은 논쟁을 유발한다.
⑤ 기술혁신은 부서 단독으로 수행되지 않으며, 조직의 경계를 넘나든다.

04 다음은 갈등의 유형 중 하나인 '불필요한 갈등'에 대한 내용이다. 이에 대한 설명으로 적절하지 않은 것은?

> 개개인이 저마다의 문제를 다르게 인식하거나 정보가 부족한 경우, 또한 편견 때문에 발생한 의견 불일치로 적대적 감정이 생길 때 '불필요한 갈등'이 일어난다.

① 근심, 걱정, 스트레스, 분노 등의 부정적인 감정으로 나타날 수 있다.
② 두 사람의 정반대되는 욕구나 목표, 가치, 이해를 통해 발생할 수 있다.
③ 잘못 이해하거나 부족한 정보 등 전달이 불분명한 커뮤니케이션으로 나타날 수 있다.
④ 변화에 대한 저항, 항상 해 오던 방식에 대한 거부감 등에서 나오는 의견 불일치가 원인이 될 수 있다.
⑤ 관리자의 신중하지 못한 태도로 인해 불필요한 갈등은 더 심각해질 수 있다.

05 다음은 대기오염에 대한 글이다. 이에 대한 설명으로 적절하지 않은 것은?

> 공장 굴뚝에서 방출된 연기나 자동차의 배기가스 등의 대기오염 물질은 기상이나 지형 조건에 의해 다른 지역으로 이동·확산되거나 한 지역에 농축된다. 대기권 중 가장 아래층인 대류권 안에서 기온의 일반적인 연직 분포는 위쪽이 차갑고 아래쪽이 따뜻한 불안정한 상태를 보인다. 이러한 상황에서 따뜻한 공기는 위로, 차가운 공기는 아래로 이동하는 대류 운동이 일어나게 되고, 이 대류 운동에 의해 대기오염 물질이 대류권에 확산된다.
> 반면, 아래쪽이 차갑고 위쪽이 따뜻한 경우에는 공기층이 매우 안정되기 때문에 대류 운동이 일어나지 않는다. 이와 같이 대류권의 정상적인 기온 분포와 다른 현상을 '기온 역전 현상'이라 하며, 이로 인해 형성된 공기층을 역전층이라 한다. 기온 역전 현상은 일교차가 큰 계절이나, 지표가 눈으로 덮이는 겨울, 호수나 댐 주변 등에서 많이 발생한다. 또한 역전층 상황에서는 지표의 기온이 낮기 때문에 공기 중의 수증기가 응결하여 안개가 형성되는데, 여기에 오염 물질이 많이 포함되어 있으면 스모그가 된다. 안개는 해가 뜨면 태양의 복사열로 지표가 데워지면서 곧 사라지지만, 스모그는 오염 물질이 포함되어 있어 오래 지속되기도 한다.
> 자동차 배기가스는 잘 보이지 않기 때문에 이동 양상을 관찰하기 어렵지만, 공장의 오염 물질은 연기 형태로 대량 방출되므로 이동 양상을 관찰하기 쉽다. 연기의 형태는 기온과 바람의 연직 분포에 따라 다른 모양을 보이기 때문이다. 즉, 대기가 불안정하고 강한 바람이 불어 대류 혼합이 심할 때에는 연기의 형태가 환상형을 이룬다. 또한 날씨가 맑고 따뜻할수록 대류 운동이 활발하게 일어나기 때문에 연기가 빨리 분산된다. 반면에 평평하고 반듯한 부채형은 밤이나 이른 새벽에 많이 나타난다. 밤이나 새벽에는 지표가 흡수하는 태양 복사열이 거의 없으므로 지표의 온도가 내려가 역전층이 형성되고 대기가 안정되기 때문이다.
> 지형이나 건물로 인해 발생하는 난류도 대기오염 물질의 이동 양상과 밀접한 관계가 있다. 바람이 건물에 부딪쳐 분리되면 건물 뒤에는 소용돌이가 생기면서 공동(Cavity)이 형성된다. 공동 부분과 바람의 주 흐름 간에는 혼합이 별로 없기 때문에 공동 부분에 오염 물질이 흘러 들어가면 장기간 머물게 되고, 그 결과 오염 농도가 증가하게 된다. 이러한 공동은 높은 언덕의 뒷부분에서도 생길 수 있다.
> 오염 물질의 이동 양상은 공장 굴뚝의 높이에 따라서도 달라질 수 있다. 건물 앞에 굴뚝이 위치하고 있다고 하자. 굴뚝이 건물보다 높으면 연기가 건물에 부딪치지 않으므로 오염 물질이 멀리까지 날려가지만, 굴뚝이 건물보다 낮으면 오염 물질이 건물 뒤편의 공동 부분에 갇히게 된다. 따라서 건물이나 건물 가까이에 굴뚝을 세울 때에는 통상적으로 건물 높이의 2.5배 이상으로 세워야 한다.

① 대기가 안정적일 때는 공장의 연기 형태가 환상형을 이룬다.
② 대기오염 물질은 발생 지역에만 있는 것이 아니라 이동을 하기도 한다.
③ 대기오염의 원인 중 배기가스보다 공장의 오염 물질이 추적하기가 더 쉽다.
④ 공장 굴뚝에서 발생하는 오염 물질은 굴뚝의 높이에 따라 이동하는 양상이 달라질 수 있다.
⑤ 아래쪽에 차가운 공기가 모이고, 위쪽에 뜨거운 공기가 모이면 그렇지 않은 경우보다 스모그가 생기기 쉽다.

06 P공사 인재개발원에 근무하고 있는 S대리는 〈조건〉에 따라 신입사원 교육을 위한 스크린을 구매하려고 한다. 다음 중 가장 적절한 제품은 무엇인가?

〈보기〉

- 조명도는 5,000lx 이상이어야 한다.
- 예산은 150만 원이다.
- 제품에 이상이 생겼을 때 A/S가 신속해야 한다.
- 위 조건을 모두 충족할 시 가격이 저렴한 제품을 가장 우선으로 선정한다.

※ lux(럭스) : 조명이 밝은 정도를 말하는 조명도에 대한 실용단위로 기호는 lx임

	제품	가격(만 원)	조명도(lx)	특이사항
①	A	180	8,000	2년 무상 A/S 가능
②	B	120	6,000	해외직구(해외 A/S)
③	C	100	3,500	미사용 전시 제품
④	D	150	5,000	미사용 전시 제품
⑤	E	130	7,000	2년 무상 A/S 가능

07 다음 중 검산방법에서 구거법과 역연산 방법에 대한 설명으로 가장 적절한 것은?

① 역연산 방법에서 곱셈보다 나눗셈을 먼저 계산한다.
② 역연산 방법에서 덧셈의 역연산은 곱셈이다.
③ 구거법은 역연산 방법보다 간단하다.
④ 구거법이 역연산 방법보다 더 빨리 계산할 수 있다.
⑤ 구거법으로 검산했을 때 오류가 나오지 않는다.

※ **다음은 전열 난방기구의 설명서이다. 이어지는 질문에 답하시오. [8~10]**

■ **설치방법**

[스탠드형]

1) 제품 밑 부분이 위를 향하게 하고, 스탠드와 히터의 나사 구멍이 일치하도록 맞추세요.
2) 십자드라이버를 사용해 스탠드 조립용 나사를 단단히 고정시켜 주세요.
3) 스탠드 2개를 모두 조립한 후 제품을 똑바로 세워놓고 흔들리지 않는지 확인합니다.

[벽걸이형]

1) 벽걸이용 거치대를 본체에서 분리해 주세요.
2) 벽걸이용 거치대 양쪽 구멍의 거리에 맞춰 벽에 작은 구멍을 냅니다(단단한 콘크리트나 타일이 있을 경우 전동드릴로 구멍을 내면 좋습니다).
3) 제공되는 나사를 이용해 거치대를 벽에 고정시켜 줍니다.
4) 양손으로 본체를 들어서 평행을 맞춰 거치대에 제품을 고정합니다.
5) 거치대의 고정 나사를 단단히 조여 흔들리지 않도록 고정시킵니다.

■ **사용방법**

1) 전원선을 콘센트에 연결합니다.
2) 전원버튼을 누르면 작동을 시작합니다.
3) 1단(750W), 2단(1500W)의 출력 조절버튼을 터치해 출력을 조절할 수 있습니다.
4) 온도 조절버튼을 터치하여 온도를 조절할 수 있습니다.
   - 설정 가능한 온도 범위는 15 ~ 40℃입니다.
   - 에너지 절약을 위해 실내온도가 설정온도에 도달하면 자동으로 전원이 차단됩니다.
   - 실내온도가 설정온도보다 약 2 ~ 3℃ 내려가면 다시 작동합니다.
5) 타이머 버튼을 터치하여 작동 시간을 설정할 수 있습니다.
6) 출력 조절버튼을 5초 이상 길게 누르면 잠금 기능이 활성화됩니다.

■ **주의사항**

- 제품을 사용하지 않을 때나 제품을 점검할 때는 전원코드를 반드시 콘센트에서 분리하세요.
- 사용자가 볼 수 있는 위치에서만 사용하세요.
- 사용 시에 화상을 입을 수 있으니 손을 대지 마세요.
- 바닥이 고르지 않은 곳에서는 사용하지 마세요.
- 젖은 수건, 의류 등을 히터 위에 올려놓지 마세요.
- 장난감, 철사, 칼, 도구 등을 넣지 마세요.
- 제품 사용 중 이상이 발생한 경우 분해하지 마시고, A/S 센터에 문의해 주세요.
- 본체 가까이에서 스프레이 캔이나 인화성 위험물을 사용하지 마세요.
- 휘발유, 신나, 벤젠, 등유, 알칼리성 비눗물, 살충제 등을 이용하여 청소하지 마세요.
- 제품을 물에 담그지 마세요.
- 젖은 손으로 전원코드, 본체, 콘센트 등을 만지지 마세요.
- 전원 케이블이 과도하게 꺾이거나 피복이 벗겨진 경우에는 전원을 연결하지 마시고, A/S 센터로 문의하시기 바랍니다.

※ 주의사항을 지키지 않을 경우 고장 및 감전, 화재의 원인이 될 수 있음

| 기술능력

08 **작업장에 벽걸이형 난방기구를 설치하고자 한다. 다음 중 벽걸이형 난방기구의 설치방법으로 가장 적절한 것은?**

① 벽걸이용 거치대의 양쪽 구멍과 상단 구멍의 위치에 맞게 벽에 작은 구멍을 낸다.
② 스탠드 2개를 조립한 후 벽걸이형 거치대를 본체에서 분리한다.
③ 벽이 단단한 콘크리트로 되어 있을 경우 거치대를 따로 고정하지 않아도 된다.
④ 거치대를 벽에 고정시킨 뒤, 평행을 맞춰 거치대에 제품을 고정시킨다.
⑤ 스탠드의 고정 나사를 조여 제품이 흔들리지 않는지 확인한다.

| 기술능력

09 **다음 중 난방기 사용방법으로 적절하지 않은 것은?**

① 전원선을 콘센트에 연결한 후 전원버튼을 누른다.
② 출력 조절버튼을 터치하여 출력을 1단으로 낮춘다.
③ 히터를 작동시키기 위해 설정온도를 현재 실내온도인 20℃로 조절하였다.
④ 전기료 절감을 위해 타이머를 1시간으로 맞추어 놓고 사용하였다.
⑤ 잠금 기능을 활성화하기 위해 출력 조절버튼을 5초 이상 길게 눌렀다.

| 기술능력

10 **난방기가 사용 도중 갑자기 작동하지 않았다. 다음 중 난방기 고장 원인이 될 수 없는 것은?**

① 바닥 면이 고르지 않은 곳에 두었다.
② 젖은 수건을 히터 위에 두었다.
③ 열원이 방출되는 구멍에 연필이 들어갔다.
④ 전원 케이블의 피복이 벗겨져 있었다.
⑤ 작동되고 있는 히터를 손으로 만졌다.

11 다음 글의 밑줄 친 ㉠～㉤의 수정 방안으로 옳지 않은 것은?

최근 비만에 해당되는 인구가 증가하고 있다. 비만은 다른 질병을 ㉠ 유발할 수 있기 때문에 주의를 필요로 ㉡ 하는 데, 특히 학생들의 비만이 증가하여 제일 큰 문제가 되고 있다. 학생들의 비만 원인으로 교내 매점에서 판매되는 제품에 설탕이 많이 ㉢ 함유되어 있음이 거론되고 있다. 예를 들어 매점의 주요 판매 품목인 탄산음료, 빵 등은 다른 제품들에 비해 설탕 함유량이 높다. 학생들의 비만 문제를 해결하기 위한 방안으로 매점에서 판매되는 설탕 함유량이 높은 제품에 설탕세를 ㉣ 메겨서 학생들의 구매를 억제하자는 주장이 있다.
영국의 한 과학자는 생쥐에게 일정 기간 동안 설탕을 주입한 후 변화를 관찰하여 설탕이 비만에 상당한 영향력을 미치고 있으며, 운동 능력도 저하시킬 수 있다는 실험 결과를 발표하였다. 권장량 이상의 설탕은 비만의 주요한 요인이 될 수 있고, 이로 인해 다른 질병에 노출될 가능성도 ㉤ 높이는 것이다. 이렇게 비만을 일으키는 주요한 성분 중 하나인 설탕이 들어간 제품에 대해 그 함유량에 따라 부과하는 세금을 '설탕세'라고 한다. 즉, 설탕세는 설탕 함유량이 높은 제품의 가격을 올려 소비를 억제하기 위한 방법이라고 할 수 있다.

① ㉠은 사동의 뜻을 가진 '유발시킬'로 수정해야 한다.
② ㉡의 '-ㄴ데'는 연결 어미로 '하는데'와 같이 붙여 써야 한다.
③ ㉢은 문맥상 같은 의미인 '포함되어'로 바꾸어 쓸 수 있다.
④ ㉣은 잘못된 표기이므로 '매겨서'로 수정해야 한다.
⑤ ㉤은 피동의 뜻을 가진 '높아지는'으로 수정해야 한다.

12 다음 중 빈칸 ㉠～㉢에 들어갈 말이 순서대로 바르게 연결된 것은?

시간계획이란 시간이라고 하는 자원을 최대한 활용하기 위하여 가장 많이 ___㉠___ 되는 일에 가장 많은 시간을 분배하고, ___㉡___ 시간에 최선의 목표를 달성하는 것을 의미한다. 자신의 시간을 잘 계획하면 할수록 일이나 개인적 측면에서 자신의 이상을 달성할 수 있는 시간을 ___㉢___ 할 수 있다.

	㉠	㉡	㉢
①	요구	최장	단축
②	요구	최단	단축
③	반복	최단	단축
④	반복	최단	창출
⑤	반복	최장	창출

13 다음은 부서별로 핵심역량가치 중요도와 신입사원들의 핵심역량평가 결과를 정리한 자료이다. 이를 토대로 할 때 C사원과 E사원의 부서배치로 가장 적절한 것은?(단, '–'는 중요도가 상관없다는 표시이다)

〈핵심역량가치 중요도〉

구분	창의성	혁신성	친화력	책임감	윤리성
영업팀	–	중	상	중	–
개발팀	상	상	하	중	상
지원팀	–	중	–	상	하

〈핵심역량평가 결과표〉

구분	창의성	혁신성	친화력	책임감	윤리성
A사원	상	하	중	상	상
B사원	중	중	하	중	상
C사원	하	상	상	중	하
D사원	하	하	상	하	중
E사원	상	중	중	상	하

	C사원	E사원
①	영업팀	지원팀
②	개발팀	영업팀
③	개발팀	영업팀
④	지원팀	개발팀
⑤	지원팀	영업팀

14 다음 중 밑줄 친 ㉠의 이유로 적절하지 않은 것은?

샐러던트(Saladent)란 '샐러리맨(Salary man)'과 '학생'을 뜻하는 '스튜던트(Student)'가 합쳐져서 만들어진 신조어로, ㉠ <u>현재 직장에 몸담고 있으면서 지속적으로 현 분야 또는 새로운 분야에 대해서 공부를 하는</u> 직장인을 의미한다.

① 업무의 성과 향상을 위해
② 변화하는 환경에 적응하기 위해
③ 회사가 추구하는 목표를 성취하기 위해
④ 긍정적인 인간관계를 형성하기 위해
⑤ 삶의 질을 향상시키고, 보람된 삶을 살기 위해

15 다음은 의사소통에서 듣는 사람의 입장과 관련된 의사소통 장애를 극복하는 방법이다. 빈칸 ㉠~㉣에 들어갈 말이 순서대로 바르게 연결된 것은?

〈다른 사람의 의견을 듣는 과정에 관련된 장애 극복을 위한 전략〉

- 긴 어휘를 들으려고 노력하기보다는 요점, 즉 ___㉠___의 파악에 집중하라.
- 말하고 있는 바에 대한 생각과 사전 정보를 동원하여 말하는 데 몰입하라.
- 모든 이야기를 듣기 전에 ___㉡___에 이르지 말고 전체 생각을 청취하라.
- 말하는 사람의 관점에서 그의 진술을 반복하여 ___㉢___해 주어라.
- 들은 내용을 ___㉣___하라.

	㉠	㉡	㉢	㉣
①	주제	실천	요약	분석
②	의미	실천	피드백	분석
③	의미	결론	피드백	요약
④	의도	결론	정리	요약
⑤	의도	분석	정리	실천

16 현재 시각은 오전 11시이다. 오늘 중 마쳐야 하는 ㄱ~ㄹ 네 가지의 업무가 있을 때 업무의 우선순위는?(단, 업무시간은 오전 9시부터 오후 6시까지이며, 점심시간은 12시부터 1시간이다)

업무 내용	처리 시간
ㄱ. 기한이 오늘까지인 비품 신청	1시간
ㄴ. 오늘 내에 보고해야 하는 보고서 초안을 작성해 달라는 부서장의 지시	2시간
ㄷ. 가능한 빨리 보내 달라는 인접 부서의 협조 요청	1시간
ㄹ. 오전 중으로 고객에게 보내기로 한 자료 작성	1시간

① ㄱ－ㄴ－ㄷ－ㄹ
② ㄴ－ㄷ－ㄹ－ㄱ
③ ㄷ－ㄴ－ㄹ－ㄱ
④ ㄹ－ㄱ－ㄷ－ㄴ
⑤ ㄹ－ㄴ－ㄷ－ㄱ

17 다음은 4개 지역 국제선에 대한 통계이다. 이에 대한 설명으로 옳은 것은?

〈지역별 여객 및 화물 현황〉

(단위 : 명, 톤)

지역명	여객			화물		
	도착	출발	합계	도착	출발	합계
일본	3,661,457	3,683,674	7,345,131	49,302.60	49,812.30	99,114.90
미주	222	107	329	106.7	18.4	125.1
동남아	2,785,258	2,757,248	5,542,506	36,265.70	40,503.50	76,769.20
중국	1,884,697	1,834,699	3,719,396	25,217.60	31,315.80	56,533.40

〈지역별 운항 현황〉

(단위 : 편)

지역명	운항편수		
	도착	출발	합계
일본	21,425	21,433	42,858
미주	5	1	6
동남아	16,713	16,705	33,418
중국	12,427	12,446	24,873

① 중국 국제선의 출발 여객 1명당 출발 화물량은 도착 여객 1명당 도착 화물량보다 적다.

② 미주 국제선의 전체 화물 중 도착 화물이 차지하는 비중은 90%를 초과한다.

③ 동남아 국제선의 도착 운항 1편당 도착 화물량은 2톤 이상이다.

④ 중국 국제선의 도착 운항편수는 일본 국제선의 도착 운항편수의 70% 이상이다.

⑤ 각 국가의 전체 화물 중 도착 화물이 차지하는 비중은 동남아 국제선이 일본 국제선보다 높다.

18 다음 글에서 밑줄 친 ㉠이 높게 나타나는 상황으로 가장 적절한 것은?

> 사람들은 종종 미래의 행동을 결정할 때 매몰비용, 즉 이미 지출되었기 때문에 회수가 불가능한 비용에 집착하는 경우를 볼 수 있다. 합리적으로 의사 결정을 하기 위해서는 오직 추가적인 비용과 이익만 고려해야 한다. 그러나 많은 사람들은 매몰비용을 과대평가하여 결과적으로 이에 대한 투자를 지속하려는 경향을 보인다. 예를 들면, 공짜였다면 가지 않았을 농구 경기를 이미 지불한 티켓 값이 아까워서 경기 당일 눈보라를 무릅쓰고 경기장에 간다는 것이다. 이와 같이 한 번 투자한 시간, 돈, 또는 노력에 대한 시도를 지속적으로 유지하려는 경향을 ㉠ '매몰비용효과'라 한다.
> 이러한 매몰비용효과는 '심적 회계 이론'으로 설명할 수 있다. 심적 회계 이론에서는 소비자들이 거래를 할 때, 지불한 비용과 얻게 될 이익 사이에서 손해를 보지 않으려는 심리가 있다고 본다. 이 이론에서는 비용과 이익의 심리적 연결인 '커플링'의 개념을 사용하는데, 이때 비용과 이익이 심리적으로 연결되는 경우를 '거래커플링'이라 하고, 반대로 비용과 이익이 심리적으로 분리되는 경우를 '디커플링'이라 한다. 비용과 이익이 심리적으로 명백하게 연결된 거래커플링의 경우, 소비자의 매몰비용에 대한 주의가 높아지게 된다. 따라서 남아 있는 이익을 소비하고자 하는 의지가 강하므로 매몰비용효과는 높게 나타난다. 즉, 위의 농구 경기 사례처럼 하나의 비용에 하나의 이익이 연결될 때는 거래커플링이 야기되어 눈보라를 무릅쓰고 경기를 관람하러 간다는 것이다.
> 반면 하나의 비용이 여러 이익과 연결될 때, 예를 들어 서로 기능이나 가격이 다른 상품을 묶어 파는 경우에는 총비용을 여러 개의 이익에 어떻게 나눠야 할지 모르는 어려움을 겪게 된다. 이때 소비자들에게는 심리적인 디커플링이 야기되어, 이미 지불한 비용에 대한 주의력이 낮아지게 되므로 매몰비용효과는 낮게 나타나는 것이다. 이외에도 선불이나 정액 요금같이, 지불한 시점과 소비 시점 간의 거리가 먼 경우 디커플링의 수준이 높아질 수 있다.

① 데이터 정액 요금제 가입자 중 데이터 사용량을 다 쓰지 못하는 사람은 90% 이상이지만, 같은 요금제를 계속 이용한다.

② 새로 산 구두가 신을 때마다 발이 아파 걷기가 힘들지만 비싸게 지불한 신발값이 아까워 버리지 못하고 계속 신고 다닌다.

③ 같은 월급을 받는 독신자들은 기혼자들에 비해 남는 돈이 많다고 생각해서 지갑을 여는 것에 과감한 경우가 많아 충동구매가 잦은 편이다.

④ 10만 원 이상 물건을 구입하면 5천 원에 해당하는 상품권을 지급한다는 A백화점의 추석맞이 이벤트 때문에 지금 당장 필요하지 않은 물건을 구입하게 되었다.

⑤ 5km 떨어져 있는 가게에서 11만 원의 옷이 10만 원일 경우에는 굳이 가지 않지만, 2만 원의 계산기가 1만 원일 경우에는 많은 사람들이 그 가게를 찾아간다.

※ 다음 글을 읽고 이어지는 질문에 답하시오. [19~20]

김사원 : 팀장님, 시간 괜찮으시면 이번에 새로 거래를 하게 된 P물산 박대표님 오셨는데 함께 미팅하시겠습니까?
(김사원과 이팀장 모두 박대표와 처음 만나 미팅을 진행하는 경우이다.)
이팀장 : 어, 그러지. 회의실로 모셔 와.
(이팀장보다 연배가 훨씬 위인 거래처 대표가 회의실로 김사원과 함께 들어온다.)
김사원 : 팀장님, P물산 박한우 대표님이십니다. 박한우 대표님, 여기는 저희 구매팀장님을 맡고 계신 이재현 팀장님입니다.
이팀장 : (악수를 청하며) 처음 뵙겠습니다. 이재현입니다. 먼 길 와주셔서 감사합니다. 김사원에게 말씀 많이 들었습니다. 함께 일하게 되어 기쁩니다. 앞으로 좋은 파트너로 서로 도움이 되면 좋겠습니다. 많이 도와 주십시오.
박대표 : 처음 뵙겠습니다. 박한우입니다. 기회 주셔서 감사합니다. 열심히 하겠습니다. 과거부터 영업본부장이신 성전무님과 인연이 있어 이팀장님 말씀은 많이 들었습니다. 말씀대로 유능하신 분이라는 생각이 듭니다.
(박대표는 이팀장과 악수를 한 후 김사원과도 악수를 한다. 왼손잡이인 김사원은 자연스럽게 왼손을 내밀어 미소를 지으며 손을 가볍게 흔들며 '김철수입니다. 잘 부탁드리겠습니다.'라는 인사를 건넨다.)
이팀장 : 과찬이십니다. 그럼 잠시 이번 포워딩 건에 대해 말씀 나누죠.
이팀장 : (미팅이 끝난 후) 김철수씨, 나랑 잠깐 이야기 좀 할까?

Ⅰ 직업윤리

19 다음 중 소개예절에서 김사원이 한 실수로 적절하지 않은 것은?

① 나이 어린 사람을 연장자에게 먼저 소개하지 않았다.
② 내가 속해 있는 회사의 관계자를 타 회사의 관계자에게 먼저 소개하지 않았다.
③ 소개하는 사람에 대해 성과 이름을 함께 말하지 않았다.
④ 동료임원을 고객, 손님에게도 소개하였다.
⑤ 소개할 때 나이를 고려하지 않았다.

Ⅰ 직업윤리

20 다음 중 악수예절에서 김사원이 한 실수로 가장 적절한 것은?

① 악수를 할 때 상대를 바라보며 가벼운 미소를 지었다.
② 악수를 할 때 간단한 인사 몇 마디를 주고받았다.
③ 악수를 할 때 너무 강하게 쥐어짜듯이 손을 잡지 않았다.
④ 악수를 할 때 왼손잡이라서 왼손으로 악수했다.
⑤ 악수를 할 때 이름을 말하며 인사를 했다.

21 농도가 14%인 A설탕물 300g, 18%인 B설탕물 200g, 12%인 C설탕물 150g이 있다. A와 B설탕물을 합친 후 100g의 물을 더 담고, 여기에 C설탕물을 합친 후 200g만 남기고 버렸다. 이때, 마지막 200g 설탕물에 녹아 있는 설탕의 질량은?

① 34.8g
② 32.6g
③ 30.8g
④ 28.7g
⑤ 25.6g

22 다음은 개인화 마케팅에 대한 설명이다. 개인화 마케팅의 사례로 적절하지 않은 것은?

> 소비자들의 요구가 점차 다양해지고 복잡해짐에 따라 개인별로 맞춤형 제품과 서비스를 제공하며 '개인화 마케팅'을 펼치는 기업이 늘어나고 있다. 개인화 마케팅이란 각 소비자의 이름, 관심사, 구매이력 등의 데이터를 기반으로 특정 고객에 대한 개인화 서비스를 제공하는 활동을 의미한다. 이러한 개인화 마케팅은 개별적 커뮤니케이션 실현을 통한 효율성 증대 및 기업 이윤 창출을 목적으로 하고 있다.
> 개인화 마케팅은 기업들의 지속적인 투자를 통해 다양한 방식으로 계속되고 있다. 빠르게 변화하고 있는 마케팅 시장에서 개인화된 서비스 제공을 통해 소비자 만족도를 끌어낼 수 있다는 점은 충분히 매력적일 수 있기 때문이다.

① 고객들의 사연을 받아 지하철역 에스컬레이터 벽면에 광고판을 만든 A배달업체는 고객들로 하여금 자신의 사연이 뽑히지 않았는지 관심을 두게 함으로써 광고 효과를 톡톡히 보고 있다.
② 최근 B전시관은 시각적인 시원한 민트색 벽지와 그에 어울리는 시원한 음향, 상쾌한 민트 향기, 민트맛 사탕을 나눠주며 민트에 대한 다섯 가지 감각을 이용한 미술관 전시로 화제가 되었다.
③ C위생용품회사는 자사의 인기 상품에 대한 단종으로 사과의 뜻을 담은 뮤직비디오를 제작했다. 고객들은 뮤직비디오를 보기 전에 자신의 이름을 입력하면, 뮤직비디오에 자신의 이름이 노출되어 자신이 직접 사과를 받는 듯한 효과를 느낄 수 있다.
④ 참치캔을 생산하는 D사는 최근 소외계층에게 힘이 되는 응원 메시지를 댓글로 받아 77명을 추첨하여 댓글 작성자의 이름으로 소외계층에게 참치캔을 전달하는 이벤트를 진행하였다.
⑤ 커피전문점 E사는 고객이 자사 홈페이지에서 회원 가입 후 이름을 등록한 경우, 음료 주문 시 "○○○ 고객님, 주문하신 아메리카노 나왔습니다."와 같이 고객의 이름을 불러주는 서비스를 제공하고 있다.

23 다음 글의 빈칸에 들어갈 단어로 가장 적절한 것은?

> 죄가 언론 보도의 주요 소재가 되고 있다. 그 이유는 언론이 범죄를 취잿감으로 찾아내기가 쉽고 편의에 따라 기사화할 수 있을 뿐만 아니라, 범죄 보도를 통하여 시청자의 관심을 끌 수 있기 때문이다. 이러한 보도는 범죄에 대한 국민의 알 권리를 충족시키는 공적 기능을 수행하기 때문에 사회적으로 용인되는 경향이 있다. 그러나 지나친 범죄 보도는 범죄자나 범죄 피의자의 초상권을 침해하여 법적·윤리적 문제를 일으키기도 한다.
> 일반적으로 초상권은 얼굴 및 기타 사회 통념상 특정인임을 식별할 수 있는 신체적 특징을 타인이 함부로 촬영하여 공표할 수 없다는 인격권과 이를 광고 등에 영리적으로 이용할 수 없다는 재산권을 포괄한다. 언론에 의한 초상권 침해의 유형으로는 본인의 동의를 구하지 않은 무단 촬영·보도, 승낙의 범위를 벗어난 촬영·보도, 몰래 카메라를 동원한 촬영·보도 등을 들 수 있다.
> 법원의 판결로 이어진 대표적인 사례로는 교내에서 불법으로 개인 지도를 하던 대학 교수를 현행범으로 체포하려는 현장을 방송 기자가 경찰과 동행하여 취재하던 중 초상권을 침해한 경우를 들 수 있다. 법원은 '원고의 동의를 구하지 않고, 연습실을 무단으로 출입하여 취재한 것은 원고의 사생활과 초상권을 침해하는 행위'라고 판시했다. 더불어 취재의 자유를 포함하는 언론의 자유는 다른 법익을 침해하지 않는 범위 내에서 인정되며, 비록 취재 당시 원고가 현행범으로 체포되는 상황이라 하더라도, 원고의 연습실과 같은 사적인 장소는 수사 관계자의 동의 없이는 출입이 금지되고, 이를 무시한 취재는 원칙적으로 불법이라고 판결했다.
> 이 사례는 법원이 언론의 자유와 초상권 침해의 갈등을 어떤 기준으로 판단하는지 보여 주고 있다. 또한 이 판결은 사적 공간에서의 취재 활동이 어디까지 허용되는가에 대한 법적 근거를 제시하고 있다. 언론 보도에 노출된 범죄 피의자는 경제적·직업적·가정적 불이익을 당할 뿐만 아니라, 인격이 심하게 훼손되거나 심지어는 생명을 버리기까지도 한다. 따라서 사회적 공기(公器)인 언론은 개인의 초상권을 존중하고 언론 윤리에 부합하는 범죄 보도가 될 수 있도록 신중을 기해야 한다. 범죄 보도가 초래하는 법적·윤리적 논란은 언론계 전체의 신뢰도에 치명적인 손상을 가져올 수도 있다. 이는 범죄가 언론에는 매혹적인 보도 소재이지만, 자칫 ________이/가 될 수도 있음을 의미한다.

① 시금석　　② 부메랑
③ 아킬레스건　　④ 악어의 눈물
⑤ 뜨거운 감자

24 다음은 P공사에서 서울 및 수도권 지역의 가구를 대상으로 난방방식 및 난방연료 사용현황을 조사한 자료이다. 이에 대한 설명으로 옳은 것은?

〈난방방식 현황〉

(단위 : %)

종류	서울	인천	경기남부	경기북부	전국 평균
중앙난방	22.3	13.5	6.3	11.8	14.4
개별난방	64.3	78.7	26.2	60.8	58.2
지역난방	13.4	7.8	67.5	27.4	27.4

〈난방연료 사용현황〉

(단위 : %)

종류	서울	인천	경기남부	경기북부	전국 평균
도시가스	84.5	91.8	33.5	66.1	69.5
LPG	0.1	0.1	0.4	3.2	1.4
등유	2.4	0.4	0.8	3.0	2.2
열병합	12.6	7.4	64.3	27.1	26.6
기타	0.4	0.3	1.0	0.6	0.3

① 경기북부지역의 경우 도시가스를 사용하는 가구 수가 등유를 사용하는 가구 수의 30배 이상이다.
② 서울과 인천지역에서는 등유를 사용하는 비율이 가장 낮다.
③ 지역난방을 사용하는 가구 수는 서울이 인천의 약 1.7배이다.
④ 경기지역은 남부가 북부보다 지역난방을 사용하는 비율이 낮다.
⑤ 경기남부의 가구 수가 경기북부의 가구 수의 2배라면 경기지역에서 개별난방을 사용하는 가구 수의 비율은 약 37.7%이다.

25 **자기개발 계획 수립 시 설계 전략으로 적절하지 않은 것은?**

① 나의 욕구·흥미·적성 및 기대 등을 고려하여 5년 후의 목표를 수립해야겠어.

② 5년 후의 목표를 위해 단기간 내 달성할 수 있는 목표도 함께 수립해야겠어.

③ 물론 인간관계도 고려해야겠지.

④ 나의 목표가 현재의 직무와 관련이 없으므로 이를 고려할 필요는 없겠어.

⑤ 목표 달성을 위해 최대한 구체적인 방법으로 계획해야겠어.

26 **다음은 P은행에 대한 SWOT 분석 결과이다. 이를 토대로 판단할 때, 빈칸 ㉠~㉢에 들어갈 전략으로 적절하지 않은 것은?**

〈P은행에 대한 SWOT 분석 결과〉

구분	분석 결과
강점(Strength)	• 안정적 경영상태 및 자금흐름 • 풍부한 오프라인 인프라
약점(Weakness)	• 담보 중심의 방어적 대출 운영으로 인한 혁신기업 발굴 및 투자 가능성 저조 • 은행업계의 저조한 디지털 전환 적응력
기회(Opportunity)	• 테크핀 기업들의 성장으로 인해 협업 기회 풍부
위협(Threat)	• 핀테크 및 테크핀 기업들의 금융업 점유율 확대

구분	강점(S)	약점(W)
기회(O)	• 안정적 자금상태를 기반으로 혁신적 기술을 갖춘 테크핀과의 협업을 통해 실적 증대	• 테크핀 기업과의 협업을 통해 혁신적 문화를 학습하여 디지털 전환을 위한 문화적 개선 추진 • ㉠
위협(T)	• ㉡	• 전당포식 대출 운영 기조를 변경하여 혁신금융기업으로부터 점유율 방어 • ㉢

① ㉠ : 테크핀 기업의 기업운영 방식을 벤치마킹 후 현재 운영 방식에 융합하여 디지털 전환에 필요한 혁신 동력 배양

② ㉠ : 금융혁신 기업과의 협업을 통해 혁신기업의 특성을 파악하고 이를 조기에 파악할 수 있는 안목을 키워 도전적 대출 운영에 반영

③ ㉡ : 신생 금융기업에 비해 풍부한 오프라인 인프라를 바탕으로, 아직 오프라인 채널을 주로 이용하는 고령층 고객에 대한 점유율 우위 선점

④ ㉢ : 조직문화를 개방적으로 혁신하여 디지털 전환에 대한 적응력을 제고해 급성장하는 금융업 신생기업으로부터 점유율 우위 확보

⑤ ㉢ : 풍부한 자본을 토대로 한 온라인 채널 투자를 통해 핀테크 및 테크핀 기업의 점유율 확보로부터 방어

27 다음 글을 읽고 위스키 회사 간부가 헤밍웨이와 협상을 실패한 이유로 가장 적절한 것은?

> 어느 날 미국의 한 위스키 회사 간부가 헤밍웨이를 찾아왔다. 헤밍웨이의 비서를 따라 들어온 간부는 헤밍웨이의 턱수염을 보고서 매우 감탄하며 말했다.
> "선생님은 세상에서 가장 멋진 턱수염을 가지셨군요! 우리 회사에서 선생님의 얼굴과 이름을 빌려 광고하는 조건으로 4천 달러와 평생 마실 수 있는 술을 제공하려는데 허락해 주시겠습니까?"
> 그 말을 들은 헤밍웨이는 잠시 생각에 잠겼다. 그 정도 조건이면 훌륭하다고 판단했던 간부는 기다리기 지루한 듯 대답을 재촉했다.
> "무얼 그리 망설이십니까? 얼굴과 이름만 빌려주면 그만인데…."
> 그러자 헤밍웨이는 무뚝뚝하게 말했다.
> "유감이지만 그럴 수 없으니 그만 당신의 회사로 돌아가 주시기 바랍니다."
> 헤밍웨이의 완강한 말에 간부는 당황해 하며 돌아가버렸다. 그가 돌아가자 비서는 헤밍웨이에게 왜 허락하지 않았는지를 물었고, 헤밍웨이는 대답했다.
> "그의 무책임한 말을 믿을 수 없었지. 얼굴과 이름을 대수롭지 않게 생각하는 회사에 내 얼굴과 이름을 빌려 준다면 어떤 꼴이 되겠나?"

① 잘못된 사람과 협상을 진행하였다.
② 자신의 특정 입장만을 고집하였다.
③ 상대방에 대해 너무 많은 염려를 하였다.
④ 협상의 통제권을 갖지 못하였다.
⑤ 협상의 대상을 분석하지 못하였다.

28 다음 글을 읽고 이해한 내용으로 가장 적절한 것은?

> 사람들이 일을 하는 이유는 무엇일까. 어제도 했으니 오늘도 한다는 별다른 목적 없이 타성으로 매일 출근할 수도 있다. 그리고 보상을 얻거나 처벌을 피하기 위한 경제적 압박감 때문에 일을 할 수도 있고, 다른 사람들이 어떻게 생각할까 걱정하는 정서적 압박감으로 일을 할 수도 있다. 이와 같은 타성, 경제적 압박감, 정서적 압박감 세 가지 일의 이유는 경직된 조직을 만들 가능성이 높다.
> 그리고 일 그 자체에 집중하기보다 보상·처벌·두려움 등 일의 외부적인 요인에 더 주의를 기울이게 된다. 이로 인해 일의 성과는 떨어지며, 나아가 만약 성과를 만들기 위해 편법을 사용하게 된다면 조직에 치명상을 입힐 수도 있다.
> 반면 일 그 자체를 좋아하는 즐거움이 일을 하는 이유가 될 때도 있다. 그리고 자신이 하는 일의 결과가 가치가 있다고 생각하는 의미감이나 지금 하는 일이 미래에 자신이 원하는 것을 이룰 수 있다는 성장감이 일하는 이유가 되기도 한다.
> 이런 즐거움·의미·성장 세 가지 일의 이유는 변화에 유연하고 민첩하게 반응할 가능성이 높다. 왜냐하면 호기심을 갖고 끊임없이 새로운 시도를 하거나, 변화하는 세상에 가치를 주고자 노력하며 스스로 성장할 수 있는 방법을 찾을 가능성이 높기 때문이다. 또한 스스로 알아서 일하기 때문에 성과를 지속적으로 실현할 가능성도 높아진다.
> 이처럼 타성, 정서적 압박감, 경제적 압박감보다는 즐거움·의미·성장을 일의 이유로 삼는다면 변화와 위기의 상황에서 유연하고 민첩하게 반응하는 조직을 만들 수 있다. 그리고 높은 성과를 지속적으로 실현할 가능성도 높아진다.

① 팀원들에게 스스로 중요한 존재임을 깨닫게 하여 존경심과 충성심을 불어넣는 것이 중요해.
② 이루고자 하는 성과와 목표의 실현은 동기부여의 직접적인 결과라고 해도 지나치지 않아.
③ 집단의 모든 구성원들로 하여금 의사결정 및 팀의 방향을 설정하는데 참여하도록 노력해야겠어.
④ 팀원들에게 업무를 공정히 나눠주고, 일에 대한 책임은 스스로 져야 한다는 것을 일깨워줄 필요가 있어.
⑤ 팀원들로 하여금 한 사람도 소외됨이 없이 모두 동등하다는 것을 확신시켜, 모든 방면에 종사하도록 해야 해.

29 다음은 루마니아, 불가리아, 세르비아, 체코, 헝가리 5개국의 GDP 대비 산업 생산액 비중에 대한 자료이다. 〈조건〉을 참고하여 B, E에 해당하는 국가를 순서대로 바르게 나열한 것은?

〈국가별 GDP 대비 산업 생산액 비중〉

(단위 : %)

국가 \ 산업	농업	제조업	서비스업	합계
A	14	54	32	100
B	5	35	60	100
C	4	36	60	100
D	3	29	68	100
E	1	25	74	100

〈조건〉

- 세르비아와 루마니아 각국의 GDP 대비 제조업 생산액 비중을 합하면 헝가리의 GDP 대비 제조업 생산액 비중과 같다.
- 세르비아와 불가리아 각국의 GDP 대비 농업 생산액 비중을 합하면 체코의 GDP 대비 농업 생산액 비중과 같다.

	B	E
①	체코	세르비아
②	체코	루마니아
③	불가리아	세르비아
④	불가리아	루마니아
⑤	세르비아	불가리아

30 **다음은 교육팀에서 근무하는 S사원이 직장동료에게 자신에 대한 평가결과를 이야기하는 내용이다. S사원의 자기개발 실패 원인으로 가장 적절한 것은?**

> S사원 : 이번 회사에서 사원평가를 했는데 나보고 자기개발능력이 부족하다고 하네. 6시 퇴근시각에 바로 퇴근을 하더라도 집이 머니까 도착하면 8시고, 바로 씻고 저녁 먹고 잠깐 쉬면 금방 10시야. 방 정리하고 설거지하면 어느새 11시가 되는데, 어느 틈에 자기개발을 하라는 건지 이해도 잘 안 되고 답답하기만 해.

① 자기중심적이고 제한적인 사고
② 현재하고 있는 일을 지속하려는 습성
③ 자신의 주장과 반대되는 주장에 대한 배척
④ 자기개발 방법에 대한 정보 부족
⑤ 인간의 욕구와 감정의 작용

31 **다음은 오렌지 하나 때문에 다투고 있는 두 딸을 위한 A씨의 협상 방법을 보여주는 사례이다. 이때 나타나는 A씨의 협상 방법에 대한 문제점은 무엇인가?**

> 어느 날 A씨의 두 딸이 오렌지 하나를 가지고 서로 다투고 있었다. A씨는 두 딸에게 오렌지를 공평하게 반쪽으로 나눠 주는 것이 가장 좋은 해결책인 듯해서 반으로 갈라 주었다. 하지만 A씨는 두 딸의 행동에 놀라고 말았다. 오렌지의 반쪽을 챙긴 큰 딸은 알맹이는 버리고 껍질만 챙겼으며, 작은 딸은 알맹이만 먹고 껍질은 버린 것이다. 두 딸에게 이유를 물어보니 제빵학원에 다니는 큰 딸은 오렌지 케이크를 만들기 위해 껍질이 필요했던 것이고, 작은 딸은 오렌지 과즙이 먹고 싶어서 알맹이를 원했던 것이다. 결과적으로 A씨의 해결책은 두 딸 모두에게 만족하지 못한 일이 되어버렸다.

① 협상당사자들에게 친근하게 다가가지 않았다.
② 협상에 대한 갈등 원인을 확인하지 않았다.
③ 협상의 통제권을 확보하지 않았다.
④ 협상당사자의 특정 입장만 고집하였다.
⑤ 협상당사자에 대해 너무 많은 염려를 하였다.

32 다음 중 기초생활수급자 선정에 대한 설명으로 옳지 않은 것은?

가. 기초생활수급자 선정 기준

부양의무자가 없거나, 부양의무자가 있어도 부양능력이 없거나 또는 부양을 받을 수 없는 자로서 소득인정액이 최저생계비 이하인 자

※ 부양능력이 있는 부양의무자가 있어도 부양을 받을 수 없는 경우란, 부양의무자가 교도소 등에 수용되거나 병역법에 의해 징집・소집되어 실질적으로 부양을 할 수 없는 경우와 가족관계 단절 등을 이유로 부양을 거부하거나 기피하는 경우 등을 가리킴

나. 매월 소득인정액 기준

- (소득인정액)=(소득평가액)+(재산의 소득환산액)
- (소득평가액)=(실제소득)−(가구특성별 지출비용)

다. 가구별 매월 최저생계비

(단위 : 만 원)

1인	2인	3인	4인	5인	6인
42	70	94	117	135	154

라. 부양의무자의 범위

수급권자의 배우자, 수급권자의 1촌 직계혈족 및 그 배우자, 수급권자와 생계를 같이 하는 2촌 이내의 혈족

① 소득인정액이 최저생계비 이하인 자로서 부양의무자가 없으면 기초생활수급자로 선정된다.
② 소득인정액은 소득평가액과 재산의 소득환산액을 합한 것이다.
③ 수급권자의 삼촌은 부양의무자에 해당되지 않는다.
④ 소득평가액은 실제소득과 가구특성별 지출비용을 합한 것이다.
⑤ 두 가구의 소득평가액이 같을 때, 재산의 소득환산액이 높은 가구가 다른 가구보다 소득인정액이 더 높다.

33 다음은 P공단 직원 250명을 대상으로 독감 예방접종에 대해 조사한 자료이다. 이에 대한 설명으로 옳은 것은?(단, 소수점 첫째 자리에서 버림한다)

〈2023년 독감 예방접종 여부〉

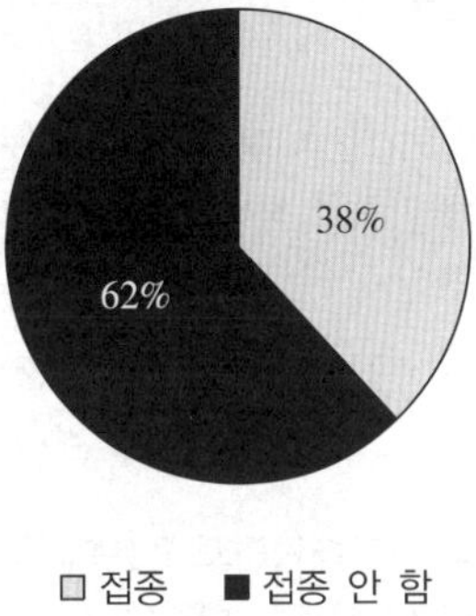

〈2024년 독감 예방접종 여부〉

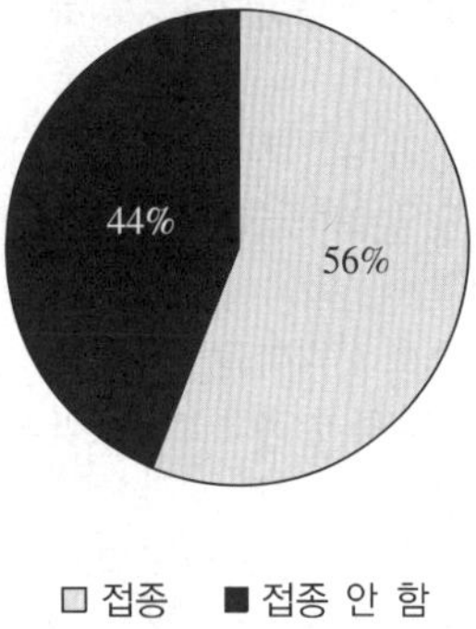

〈부서별 직원 현황〉

구분	총무부서	회계부서	영업부서	제조부서	합계
비율	16%	12%	28%	44%	100%

※ 제시된 것 외의 부서는 없음

※ 2023년과 2024년 부서별 직원 현황은 변동이 없음

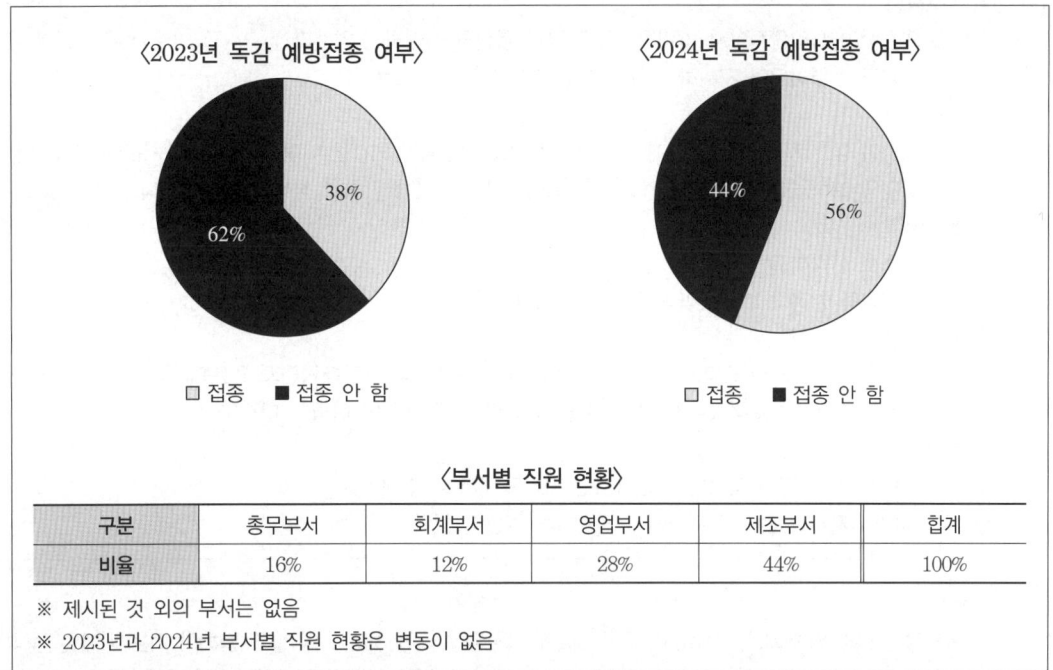

① 모든 2023년의 독감 예방접종자가 2024년에도 예방접종했다면, 2023년에는 예방접종을 하지 않았지만 2024년에 예방접종을 한 직원은 총 54명이다.

② 2024년에 예방접종을 한 직원의 수는 2023년 대비 49% 이상 증가했다.

③ 2024년의 자료가 2023년의 예방접종을 하지 않은 직원들을 대상으로 조사한 자료라고 하면, 2023년과 2024년 모두 예방접종을 하지 않은 직원은 총 65명이다.

④ 제조부서를 제외한 모든 부서 직원들이 2024년에 예방접종을 했다고 할 때, 제조부서 중 예방접종을 한 직원의 비율은 2%이다.

⑤ 2023년과 2024년의 독감 예방접종 여부가 총무부서에 대한 자료이고 인원변동이 없다고 할 때, 총무부서 직원 중 예방접종을 한 직원은 2024년에 2023년 대비 7명 증가했다.

34 다음 팔로워십의 유형에 대한 설명을 참고할 때 〈보기〉의 A와 B의 팔로워십 유형을 바르게 연결한 것은?

- 수동형
  - 의존적이고 비판적이지 않지만, 임무 역시 열심히 참여하지 않는다.
  - 책임감이 결여되어 지시하지 않으면 임무를 수행하지 않는다.
- 소외형
  - 개성이 강한 사람으로, 조직에 대해 독립적이고 비판적인 의견을 내며 임무 수행에서는 소극적이다.
  - 리더의 노력을 비판하면서, 스스로는 노력하지 않거나 불만스런 침묵으로 일관한다.
- 모범형
  - 스스로 생각하고 행동하며, 집단과 리더를 도와준다.
  - 독립심이 강하고 헌신적이며 건설적인 비판을 한다.
- 실무형
  - 비판적이지 않으며 리더의 지시에 의문이 생겨도 적극적으로 대립하지 않는다.
  - 지시한 일은 잘 수행하지만 그 이상을 하지 않는 등 개인의 이익을 따진다.
- 순응형
  - 독립적·비판적인 사고는 부족하지만 자신의 임무를 수행한다.
  - 리더의 지시나 판단에 지나치게 의존하는 경향이 있다.

〈보기〉

- 팀장은 평소 일에 대한 책임감이 적은 A에게 무엇을 시켜야 하는지, 어떻게 말해야 되는지 매일 생각하고 있다. A는 스스로 무엇을 할지 생각하지 않고, 해야 될 것을 알려달라고 하며 맡은 일을 제대로 하지 못해 감독이 필요하다.
- B는 사람들 사이에서 잔머리를 굴릴 줄 안다고 평가된다. B는 평소 업무를 수행하면서 가지고 있는 불만을 표현하지 않고 모두 수행하지만 더 능력이 있음에도 더 노력하지 않는다.

	A	B
①	수동형	실무형
②	소외형	순응형
③	모범형	수동형
④	실무형	소외형
⑤	순응형	모범형

35 조경사 A는 30m의 도로에 2m 간격으로 양쪽 끝을 포함해 나무를 심는 데 한 시간이 걸리고, 울타리 시공자 B는 20m의 도로에 1m 간격으로 양쪽 끝을 포함해 울타리를 심는 데 30분이 걸린다고 한다. 가로 100m, 세로 40m의 직사각형 모양 땅 2개 중 하나의 둘레에 2m 간격으로 나무를 심고 나머지 하나에 1m 간격으로 울타리를 각각 심으려고 한다. 조경사 A가 먼저 작업한 후 울타리 시공자 B가 작업한다고 할 때, 소요되는 총 작업 시간은?(단, 직사각형의 네 모서리에는 반드시 나무와 울타리를 심는다)

① 15시간 25분
② 15시간 50분
③ 16시간 15분
④ 16시간 40분
⑤ 17시간 5분

36 다음은 특정 달의 총 원자재량을 매일 표시한 자료이다. P공장에서 매월 1일부터 원자재 A가 소모되는 양은 일정한 규칙을 따른다고 할 때, 10일에 P공장에 남은 원자재량은 총 몇 개인가?

〈날짜별 원자재 재고량〉

날짜	1일	2일	3일	4일	5일	6일
수량	5,600개	5,515개	5,410개	5,285개	5,140개	4,975개

① 4,560개
② 4,250개
③ 4,175개
④ 4,115개
⑤ 4,035개

37 A씨는 영업비밀 보호를 위해 자신의 컴퓨터 속 각 문서의 암호를 다음 규칙에 따라 만들었다. 파일 이름이 아래와 같을 때, 이 파일의 암호는 무엇인가?

〈규칙〉

1. 비밀번호 중 첫 번째 자리에는 파일 이름의 첫 문자가 한글일 경우 @, 영어일 경우 #, 숫자일 경우 *로 특수문자를 입력한다.
   → 고슴Dochi=@, haRAMY801=#, 1app루=*
2. 두 번째 자리에는 파일 이름의 총 자리 개수를 입력한다.
   → 고슴Dochi=@7, haRAMY801=#9, 1app루=*5
3. 세 번째 자리부터는 파일 이름 내에 숫자를 순서대로 입력한다. 숫자가 없을 경우 0을 두 번 입력한다.
   → 고슴Dochi=@700, haRAMY801=#9801, 1app루=*51
4. 그 다음 자리에는 파일 이름 중 한글이 있을 경우 초성만 순서대로 입력한다. 없다면 입력하지 않는다.
   → 고슴Dochi=@700ㄱㅅ, haRAMY801=#9801, 1app루=*51ㄹ
5. 그 다음 자리에는 파일 이름 중 영어가 있다면 뒤에 덧붙여 순서대로 입력하되, a, e, i, o, u만 'a=1, e=2, i=3, o=4, u=5'로 변형하여 입력한다(대문자·소문자 구분 없이 모두 소문자로 입력한다).
   → 고슴Dochi=@700ㄱㅅd4ch3, haRAMY801=#9801h1r1my, 1app루=*51ㄹ1pp

2022매운전골Cset3인기준recipe8

① @23202238ㅁㅇㅈㄱㅇㄱㅈcs2trecipe
② @23202238ㅁㅇㅈㄱㅇㄱㅈcs2tr2c3p2
③ *23202238ㅁㅇㅈㄱㅇㄱㅈcs2trecipe
④ *23202238ㅁㅇㅈㄱㅇㄱㅈcs2tr2c3p2
⑤ *23202238ㅁㅇㅈㄱㅇㄱㅈcsetrecipe

38 다음 글의 중심 내용으로 가장 적절한 것은?

> 베블런에 의하면 사치품 사용 금기는 전근대적 계급에 기원을 두고 있다. 즉, 사치품 소비는 상류층의 지위를 드러내는 과시소비이기 때문에 피지배계층이 사치품을 소비하는 것은 상류층의 안락감이나 쾌감을 손상한다는 것이다. 따라서 상류층은 사치품을 사회적 지위 및 위계질서를 나타내는 기호(記號)로 간주하여 피지배계층의 사치품 소비를 금지했다. 또한 베블런은 사치품의 가격 상승에도 그 수요가 줄지 않고 오히려 증가하는 이유가 사치품의 소비를 통하여 사회적 지위를 과시하려는 상류층의 소비행태 때문이라고 보았다.
> 그러나 소득 수준이 높아지고 대량 생산에 의해 물자가 넘쳐흐르는 풍요로운 현대 대중사회에서 서민들은 과거 왕족들이 쓰던 물건들을 일상생활 속에서 쓰고 있고 유명한 배우가 쓰는 사치품도 쓸 수 있다. 모든 사람들이 명품을 살 수 있는 돈을 갖고 있을 때 명품의 사용은 더 이상 상류층을 표시하는 기호가 될 수 없다. 따라서 새로운 사회의 도래는 베블런의 과시소비이론으로 설명하기 어려운 소비행태를 가져왔다. 이때 상류층이 서민들과 구별될 수 있는 방법은 오히려 아래로 내려가는 것이다. 현대의 상류층에게는 차이가 중요한 것이지 사물 그 자체가 중요한 것이 아니기 때문이다. 월급쟁이 직원이 고급 외제차를 타면 사장은 소형 국산차를 타는 것이 그 예이다.
> 이와 같이 현대의 상류층은 고급, 화려함, 낭비를 과시하기보다 서민들처럼 소박한 생활을 한다는 것을 과시한다. 이것은 두 가지 효과가 있다. 사치품을 소비하는 서민들과 구별된다는 점이 하나이고, 돈 많은 사람이 소박하고 겸손하기까지 하여 서민들에게 친근감을 준다는 점이 다른 하나이다.
> 그러나 그것은 극단적인 위세의 형태일 뿐이다. 뽐냄이 아니라 남의 눈에 띄지 않는 겸손한 태도와 검소함으로 자신을 한층 더 드러내는 것이다. 이런 행동들은 결국 한층 더 심한 과시이다. 소비하기를 거부하는 것이 소비 중에서도 최고의 소비가 된다. 다만 그들이 언제나 소형차를 타는 것은 아니다. 차별화해야 할 아래 계층이 없거나 경쟁 상대인 다른 상류층 사이에 있을 때 그들은 마음 놓고 경쟁적으로 고가품을 소비하며 자신을 마음껏 과시한다. 현대사회에서 소비하지 않기는 고도의 교묘한 소비이며, 그것은 상류층의 표시가 되었다. 그런 점에서 상류층을 따라 사치품을 소비하는 서민층은 순진하다고 하지 않을 수 없다.

① 현대의 상류층은 낭비를 지양하고 소박한 생활을 지향함으로써 서민들에게 친근감을 준다.
② 현대의 서민들은 상류층을 따라 겸손한 태도로 자신을 한층 더 드러내는 소비행태를 보인다.
③ 현대의 상류층은 그들이 접하는 계층과는 무관하게 절제를 통해 자신의 사회적 지위를 과시한다.
④ 현대에 들어와 위계질서를 드러내는 명품을 소비하면서 과시적으로 소비하는 새로운 행태가 나타났다.
⑤ 현대의 상류층은 사치품을 소비하는 것뿐만 아니라 소비하지 않기를 통해서도 자신의 사회적 지위를 과시한다.

39 **다음은 P사 사보에 올라온 영국 처칠 수상의 일화이다. 직장생활과 관련하여 다음 일화가 주는 교훈으로 가장 적절한 것은?**

> 어느 날 영국의 처칠 수상은 급한 업무 때문에 그의 운전기사에게 차를 빠르게 몰 것을 지시하였다. 그때 교통 경찰관은 속도를 위반한 처칠 수상의 차량을 발견하고 차를 멈춰 세웠다. 처칠 수상은 경찰관에게 말했다. "이봐. 내가 누군지 알아?" 그러자 경찰관이 대답했다. "얼굴은 우리 수상 각하와 비슷하지만, 법을 지키지 않는 것을 보니 수상 각하가 아닌 것 같습니다." 경찰관의 답변에 부끄러움을 느낀 처칠은 결국 벌금을 지불했고, 교통 경찰관의 근무 자세에 감명을 받았다고 한다.

① 무엇보다 고객의 가치를 최우선으로 생각해야 한다.
② 업무에 대해서는 스스로 자진해서 성실하게 임해야 한다.
③ 모든 결과는 나의 선택으로 일어난 것으로 여긴다.
④ 조직의 운영을 위해서는 지켜야 하는 의무가 있다.
⑤ 직장동료와 신뢰를 형성하고 유지해야 한다.

40 **다음 상황에서 P기업이 해외 시장 개척을 앞두고 기존의 조직구조를 개편할 경우, P기업이 추가해야 할 조직으로 보기 어려운 것은?**

> P기업은 몇 년 전부터 자체 기술로 개발한 제품의 판매 호조로 인해 기대 이상의 수익을 창출하게 되었다. 경쟁 업체들이 모방할 수 없는 독보적인 기술력을 앞세워 국내 시장을 공략한 결과, 국내 시장에서는 경쟁자가 없다고 할 만큼 탄탄한 시장 점유율을 확보하였다. 이러한 P기업의 M사장은 올 초부터 해외 시장 진출의 꿈을 갖고 필요한 자료를 수집하기 시작하였다. 충분한 자금력을 확보한 P기업은 우선 해외 부품 공장을 인수한 후 현지에 생산 기지를 건설하여 국내에서 생산되는 물량의 절반 정도를 현지로 이전하여 생산하고, 이를 통한 물류비 절감을 통해 주변국들부터 시장을 넓혀가겠다는 야심찬 계획을 세웠다. 한국 본사에서는 내년까지 4 ~ 5곳의 해외 거래처를 더 확보하여 지속적인 해외 시장 개척에 매진한다는 중장기 목표를 대내외에 천명해 둔 상태다.

① 해외관리팀
② 기업회계팀
③ 외환업무팀
④ 국제법무팀
⑤ 통관물류팀

※ 다음은 K과장의 해외여행 이동수단에 대한 자료이다. 이어지는 질문에 답하시오. [41~42]

〈현지 유류비〉

연료	가솔린	디젤	LPG
리터당 가격	1.4달러	1.2달러	2.2달러

〈차량별 연비 및 연료〉

차량	K	H	P
연비	14km/L	10km/L	15km/L
연료	디젤	가솔린	LPG

※ 연료는 최소 1L 단위로 주유가 가능함

〈관광지 간 거리〉

구분	A광장	B계곡	C성당
A광장		25km	12km
B계곡	25km		18km
C성당	12km	18km	

Ⅰ 문제해결능력

41 K과장은 해외여행에서 H차량을 렌트해 A광장에서 출발해 C성당으로 이동한 후 B계곡으로 이동하고자 한다. 유류비를 최소화하고자 할 때, A광장에서부터 B계곡으로 이동 시 소요되는 유류비는?(단, 처음 자동차를 렌트했을 때 차에 연료는 없다)

① 6.3달러
② 5.6달러
③ 5.2달러
④ 4.5달러
⑤ 4.2달러

Ⅰ 문제해결능력

42 K과장의 상황이 다음과 같다고 할 때, K과장이 여행 일정을 완료하기까지 소요되는 총 이동시간은?

- K과장은 P차량을 렌트하였다.
- K과장은 C성당에서 출발하여 B계곡으로 이동한 후에 A광장을 거쳐 C성당으로 다시 돌아오는 여행 일정을 세웠다.
- K과장은 C성당에서 A광장까지는 시속 60km로 이동하고, A광장에서 C성당으로 이동할 때에는 시속 40km로 이동하고자 한다.

① 1시간 8분
② 1시간 1분
③ 58분
④ 52분
⑤ 48분

43 다음은 자아인식, 자기관리, 경력개발의 의미를 설명한 자료이다. 〈보기〉에서 자기관리에 해당하는 질문을 모두 고르면?

자아인식	직업생활과 관련하여 자신의 가치, 신념, 흥미, 적성, 성격 등을 통해 자신이 누구인지 아는 것이다.
자기관리	자신의 목표성취를 위해 자신의 행동 및 업무수행을 관리하고 조정하는 것이다.
경력개발	개인의 일과 관련된 경험에서 목표와 전략을 수립하고, 실행하며, 피드백하는 과정이다.

〈보기〉

(가) 자기관리 계획은 어떻게 수립하는 것일까?
(나) 나의 업무수행에 있어 장단점은 무엇인가?
(다) 나는 언제쯤 승진하고, 퇴직을 하게 될까?
(라) 나의 직업흥미는 무엇인가?
(마) 나의 업무에서 생산성을 높이기 위해서는 어떻게 해야 할까?
(바) 경력개발과 관련된 최근 이슈는 어떤 것이 있을까?
(사) 내가 설계하는 나의 경력은 무엇인가?
(아) 다른 사람과의 대인관계를 향상시키기 위한 방법은?
(자) 나의 적성은 무엇인가?

① (가), (마), (아)
② (나), (라), (바)
③ (다), (마), (사)
④ (라), (사), (자)
⑤ (마), (바), (아)

44 다음 사례에서 나타나는 협상전략으로 가장 적절한 것은?

사람들은 합리적인 의사결정보다 감성적인 의사결정을 하곤 한다. 소비에 있어서 이와 같은 현상을 쉽게 발견할 수 있는데, 사람들이 물건을 살 때 제품의 기능이나 가격보다는 다른 사람들의 판단에 기대어 결정하거나 브랜드의 위치를 따르는 소비를 하는 경우를 쉽게 볼 수 있는 것이다. 명품에 대한 소비나 1위 브랜드 제품을 선호하는 것 모두 이러한 현상 때문으로 볼 수 있다.

① 상대방 이해 전략
② 권위 전략
③ 희소성 해결 전략
④ 호혜 관계 형성 전략
⑤ 사회적 입증 전략

45 **다음 중 대학생인 지수의 일과를 통해 알 수 있는 사실로 가장 적절한 것은?**

> 지수는 화요일에 학교 수업, 아르바이트, 스터디, 봉사활동 등을 한다.
> 다음은 지수의 화요일 일과이다.
> • 지수는 오전 11시부터 오후 4시까지 수업이 있다.
> • 수업이 끝나고 학교 앞 프랜차이즈 카페에서 아르바이트를 3시간 동안 한다.
> • 아르바이트를 마친 후 NCS 공부를 하기 위해 스터디를 2시간 동안 한다.

① 비공식적이면서 소규모조직에서 3시간 있었다.
② 공식조직에서 9시간 있었다.
③ 비영리조직이면서 대규모조직에서 5시간 있었다.
④ 영리조직에서 2시간 있었다.
⑤ 비공식적이면서 비영리조직에서 3시간 있었다.

46 **P공사 기획팀은 새해 사업계획에 대해 회의를 하고자 한다. 회의 참석자들에 대한 정보가 다음 〈조건〉과 같을 때, 회의에 참석할 사람을 모두 고르면?**

〈조건〉

> • 기획팀에는 A사원, B사원, C주임, D주임, E대리, F팀장이 있다.
> • 새해 사업계획 관련 회의는 화요일 오전 10시부터 11시 30분 사이에 열린다.
> • C주임은 같은 주 월요일부터 수요일까지 대구로 출장을 간다.
> • 담당 업무 관련 연락 유지를 위해 B사원과 D주임 중 한 명만 회의에 참석 가능하다.
> • F팀장은 반드시 회의에 참석한다.
> • 새해 사업계획 관련 회의에는 주임 이상만 참여 가능하다.
> • 회의에는 가능한 모든 인원이 참석한다.

① A사원, C주임, E대리
② A사원, E대리, F팀장
③ B사원, C주임, F팀장
④ C주임, D주임, E대리
⑤ D주임, E대리, F팀장

47 다음 중 Windows 환경에서 워드(Word)를 사용할 때, 기능키(Function Key) 〈F4〉와 관련된 바로가기 키와 해당 기능이 잘못 연결된 것을 〈보기〉에서 모두 고르면?

〈보기〉

㉠ 〈Alt〉+〈F4〉 : 현재 문서를 닫는다.
㉡ 〈Ctrl〉+〈F4〉 : 워드(Word)를 닫는다.
㉢ 〈Shift〉+〈F4〉 : 마지막 찾기 또는 이동 작업을 반복한다.
㉣ 〈F4〉 : 가능한 경우 마지막으로 실행한 명령이나 작업을 반복한다.

① ㉠, ㉡
② ㉠, ㉢
③ ㉡, ㉢
④ ㉡, ㉣
⑤ ㉢, ㉣

48 다음은 직접비와 간접비에 대한 설명이다. 이를 참고할 때, 〈보기〉의 인건비와 성격이 유사한 것은?

어떤 활동이나 사업의 비용을 추정하거나 예산을 세울 때는 추정해야 할 많은 유형의 비용이 존재한다. 그 가운데 대표적인 것이 직접비와 간접비이다. 직접비는 간접비에 상대되는 것으로, 제품 생산 또는 서비스를 창출하기 위해 직접 소비된 것으로 여겨지는 비용을 말한다. 이와 반대로 간접비는 제품을 생산하거나 서비스를 창출하기 위해 소비된 비용 중에서 직접비를 제외한 비용으로, 제품 생산에 직접 관련되지 않은 비용을 말하는데, 이는 매우 다양하기 때문에 정확하게 예측하지 못해 어려움을 겪는 경우가 많다.

〈보기〉

인건비는 제품 생산 또는 서비스 창출을 위한 업무를 수행하는 사람들에게 지급되는 비용으로, 계약에 의해 고용된 외부 인력에 대한 비용도 인건비에 포함된다. 이러한 인건비는 일반적으로 전체 비용 중 가장 큰 비중을 차지한다.

① 통신비
② 출장비
③ 광고비
④ 보험료
⑤ 사무비품비

49 P공사는 직원들의 여가를 위해 하반기 동안 다양한 프로그램을 운영하고자 한다. 운영할 프로그램은 후보들을 대상으로 한 수요도 조사 결과를 통해 결정된다. 다음 〈조건〉에 따라 프로그램을 선정할 때, 운영될 프로그램들을 바르게 나열한 것은?

〈프로그램 후보〉

(단위 : 점)

분야	프로그램명	인기 점수	필요성 점수
운동	강변 자전거 타기	6	5
진로	나만의 책 쓰기	5	7
여가	자수교실	4	2
운동	필라테스	7	6
교양	독서토론	6	4
여가	볼링모임	8	3

※ 수요도 조사에는 전 직원이 참여하였음

〈조건〉

- 수요도는 인기 점수와 필요성 점수에 가점을 적용한 후, 2 : 1의 가중치에 따라 합산하여 판단한다.
- 각 프로그램의 인기 점수와 필요성 점수는 10점 만점으로 하여 전 직원들이 부여한 점수의 평균값이다.
- 단일 분야에 하나의 프로그램만 있는 경우, 그 프로그램의 필요성 점수에 2점을 가산한다.
- 단일 분야에 복수의 프로그램이 있는 경우, 분야별로 필요성 점수가 가장 낮은 프로그램은 후보에서 탈락한다.
- 수요도 점수가 동점일 경우, 인기 점수가 높은 프로그램을 우선시한다.
- 수요도 점수가 가장 높은 2개의 프로그램을 선정한다.

① 강변 자전거 타기, 볼링모임
② 나만의 책 쓰기, 필라테스
③ 자수교실, 독서토론
④ 필라테스, 볼링모임
⑤ 독서토론, 볼링모임

50 직장생활에서 나타나는 다음 대화 중 호칭에 대한 예절로 적절하지 않은 것은?

(A) 이부장 : 김대리, 내가 말한 기획서는 완성되었나?
김대리 : 네, 부장님. 아침회의 때 바로 보고드리겠습니다.

(B) 김사원 : 과장님, 김대리가 이 자료를 전달하라고 했습니다.
이과장 : 그런가? 이리 갖고 와 보게.

(C) (김대리와 최대리는 동급자이다)
김대리 : 최대리, 다음 주에 회식 어때?
최대리 : 미안하지만 선약이 있어.

(D) 박대리 : 최○○씨, 제가 부탁한 자료 준비되었나요?
최사원 : 네, 대리님. 준비되었습니다.

(E) 김부장 : 다음으로 회장님 말씀이 있겠습니다.

① (A)
② (B)
③ (C)
④ (D)
⑤ (E)

51 다음 〈보기〉는 도덕적 해이와 역선택에 대한 사례이다. 역선택의 사례에 해당하는 것을 모두 고르면?

〈보기〉

㉠ A사장으로부터 능력을 인정받아 대리인으로 고용된 B씨는 A사장이 운영에 대해 세밀히 보고를 받지 않는다는 것을 알게 되었고, 이후 보고서에 올려야 하는 중요한 사업만 신경을 쓰고 나머지 회사 업무는 신경을 쓰지 않았다.

㉡ C회사가 모든 사원에게 평균적으로 책정한 임금을 지급하기로 결정하자, 회사의 임금 정책에 만족하지 못한 우수 사원들이 퇴사하게 되었다. 결국 능력이 뛰어나지 않은 사람들만 C회사에 지원하게 되었고, 실제로 고용된 사원들은 우수 사원이 될 가능성이 낮았다.

㉢ 중고차를 구입하는 D업체는 판매되는 중고차의 상태를 확신할 수 없다고 판단하여 획일화된 가격으로 차를 구입하기로 하였다. 그러자 상태가 좋은 중고차를 가진 사람은 D업체에 차를 팔지 않게 되었고, 결국 D업체는 상태가 좋지 않은 중고차만 구입하게 되었다.

㉣ 공동생산체제의 E농장에서는 여러 명의 대리인이 함께 일하고, 그 성과를 나누어 갖는다. E농장의 주인은 최종 결과물에만 관심을 갖고, 대리인 개개인이 얼마나 노력하였는지는 관심을 갖지 않았다. 시간이 지나자 열심히 일하지 않는 대리인이 나타났고, 그는 최종 성과물의 분배에만 참여하기 시작하였다.

① ㉠
② ㉡
③ ㉠, ㉣
④ ㉡, ㉢
⑤ ㉢, ㉣

52 다음 글에서 〈보기〉의 문장이 들어갈 위치로 가장 적절한 곳은?

기억이 착오를 일으키는 프로세스는 인상적인 사물을 받아들이는 단계부터 이미 시작된다. (가) 감각적인 지각의 대부분은 무의식중에 기록되고 오래 유지되지 않는다. (나) 대개는 수 시간 안에 사라져 버리며, 약간의 본질만이 남아 장기 기억이 된다. 무엇이 남을지는 선택에 의해서 그 사람의 견해에 따라서도 달라진다. (다) 분주하고 정신이 없는 장면을 보여 주고, 나중에 그 모습에 대해서 이야기하게 해 보자. (라) 어느 부분에 주목하고, 또 어떻게 그것을 해석했는지에 따라 즐겁기도 하고 무섭기도 하다. (마) 단순히 정신 사나운 장면으로만 보이는 경우도 있다. 기억이란 원래 일어난 일을 단순하게 기록하는 것이 아니다.

〈보기〉

일어난 일에 대한 묘사는 본 사람이 무엇을 중요하게 판단하고, 무엇에 흥미를 가졌느냐에 따라 크게 다르다.

① (가)
② (나)
③ (다)
④ (라)
⑤ (마)

53 다음은 신입사원을 대상으로 실시하는 교육에서 B대리가 신입사원들에게 해 줄 조언을 적은 메모이다. 자아 인식 단계에서의 성찰에 대한 조언으로 적절하지 않은 것은?

> 〈업무상 실수를 했다면, 반드시 그 실수에 대해 성찰하는 시간을 가져야 한다.〉
>
> • 성찰의 필요성
> - 노하우 축적
> - 지속적 성장 기회 제공
> - 신뢰감 형성
> - 창의적 사고 개발
>
> • 성찰 연습 방법
> - 성찰노트 작성
> - 성찰과 관련된 질문

① 앞으로 다른 일을 해결해 나가는 노하우를 축적할 수 있게 된다.

② 세운 목표에 따라 매일 노력하게 된다면 지속적으로 성장할 수 있는 기회가 된다.

③ 같은 실수를 반복하지 않음으로써 다른 사람에게 신뢰감을 줄 수 있다.

④ 성찰을 통해 창의적인 사고 개발이 가능하다.

⑤ 성찰노트 작성은 한 번의 성찰을 통해 같은 실수를 반복하지 않도록 도와준다.

54 다음 글의 뒤에 이어질 내용으로 가장 적절한 것은?

> "모든 사람이 건강보험 혜택을 받아야 한다." 네덜란드 법에 명시된 '건강권' 조항의 내용이다. 취약계층을 비롯한 모든 국민이 차별 없이 건강 보호를 받아야 하고, 단순히 질병 치료만이 아니라 건강증진과 재활 등의 영역에 이르기까지 충분한 보건의료 서비스를 보장받아야 한다는 취지다.
> GGD는 네덜란드 국민의 건강 형평성을 위해 설립된 기관으로, 네덜란드 모든 지역에 공공보건서비스를 제공하기 위해 GGD를 설립하여 운영하고 있다. 네덜란드 국민이라면 생애 한 번 이상은 GGD를 방문한다. 임신한 여성은 산부인과 병원이 아닌 GGD를 찾아 임신부 관리를 받고, 어린 자녀를 키우는 부모는 정기적으로 GGD 어린이 건강 센터를 찾아 아이의 성장과 건강을 확인한다. 열대 지방을 여행하고 돌아온 사람은 GGD의 여행 클리닉에서 예방 접종을 받으며, 바퀴벌레나 쥐 때문에 골치 아픈 시민이라면 GGD에 해충 방제 서비스를 요청해 문제를 해결한다. 또한 성병에 걸렸거나 알코올중독·마약중독으로 고통을 겪는 환자도 GGD에서 검사와 치료를 받을 수 있으며, 가정폭력 피해자의 상담과 치료도 이곳에서 지원한다. 예방프로그램 제공, 의료환경 개선, 아동보건의료 제공, 전염성질환 관리가 모두 GGD에서 이뤄진다. 특히 경제적 취약계층을 위한 보건의료서비스를 GGD가 책임진다.
> GGD는 한국의 보건의료원과 비슷한 역할을 하지만 그보다 지원 대상과 영역이 방대하고, 더 적극적으로 지원 대상을 발굴한다. 특히 전체 인력 중 의료진이 절반 이상으로, 전문성을 갖췄다. GGD 암스테르담에 근무하는 약 1,100명의 직원 가운데 의사와 간호사는 600명이 넘는다. 이 가운데 의사는 100여 명으로, 감염, 법의학, 정신질환 등을 담당한다. 500여 명의 간호사는 의사들과 팀을 이뤄 활동하고 있다. 이곳의 의사는 모두 GGD 소속 공무원이다. 반면, 한국의 보건소, 보건지소, 보건의료원 의사 대부분은 병역의무를 대신해 3년만 근무하는 공중보건의다. 하지만 공중보건의도 최근 7년 사이 1,500명 이상 줄어들면서 공공의료 공백에 대한 우려도 있다.
> '평등한 건강권'은 최근 국내에서 개헌 논의가 시작되면서 본격적으로 논의되기 시작한 개념이다. 기존 헌법에 '모든 국민은 보건에 관하여 국가의 보호를 받는다.'는 조항이 포함되어 있지만, 아직 건강권의 보장 범위가 협소하고 애매하다. 한국은 건강 불평등 격차가 큰 나라 중 하나다. 국제구호개발기구가 2013년에 발표한 전 세계 176개국의 '건강 불평등 격차'에서 우리나라는 33위를 차지했다. 건강 불평등 격차는 보건서비스에 접근이 쉬운 사람과 그렇지 않은 사람 사이의 격차가 얼마나 큰지 나타내는 지수로, 격차가 클수록 가난한 사람들의 보건 교육, 예방, 치료 등이 보장되지 않음을 의미한다.

① 네덜란드의 보험 제도 또한 많은 문제점을 지니고 있다.
② 네덜란드의 보험 제도를 참고하여 우리나라의 건강 불평등 해소 방향을 생각해 볼 수 있다.
③ 한국의 건강보험공단은 네덜란드의 보험 제도 개혁에 있어 많은 도움을 줄 수 있을 것이다.
④ 우리나라의 건강 불평등 격차를 줄이기 위해서는 무엇보다도 개헌이 시급하다.
⑤ 우리나라 보건의료원의 수준은 네덜란드 GGD와 비교하였을 때 결코 뒤처지지 않는다.

※ 다음은 H씨가 1 ~ 8월간 사용한 지출 내역이다. 이어지는 질문에 답하시오. **[55~56]**

〈1 ~ 8월 지출 내역〉

종류	내역
신용카드	2,500,000원
체크카드	3,500,000원
현금영수증	-

※ 연봉의 25%를 초과한 금액에 한해 신용카드 15% 및 현금영수증·체크카드 30% 공제
※ 공제는 초과한 금액에 대해 공제율이 높은 종류를 우선 적용

| 문제해결능력

55 H씨의 연봉 예상 금액이 35,000,000원일 때, 연말정산에 대비하기 위한 전략 또는 자료에 대한 설명으로 적절하지 않은 것은?

① 신용카드와 체크카드 사용금액이 연봉의 25%를 넘어야 공제가 가능하다.
② 소득공제는 2,750,000원 이상 더 사용해야 가능하다.
③ 만약 체크카드를 5,000,000원 더 사용한다면, 2,250,000원이 소득공제금액에 포함되고, 공제액은 675,000원이다.
④ 만약 체크카드를 5,750,000원 더 사용한다면, 3,000,000원이 소득공제금액에 포함되고, 공제액은 900,000원이다.
⑤ 신용카드 사용금액이 더 적기 때문에 체크카드보다 신용카드를 많이 사용하는 것이 공제에 유리하다.

| 문제해결능력

56 H씨는 8월 이후로 신용카드를 4,000,000원 더 사용했고, 현금영수증 금액을 확인해 보니 5,000,000원이었다. 또한 연봉이 40,000,000원으로 상승하였다. 아래의 세율표를 적용하여 신용카드, 현금영수증 등 소득공제금액에 대한 세금을 구하면 얼마인가?

〈세율표〉

과표	세율
연봉 1,200만 원 이하	6%
연봉 1,200만 원 초과 4,600만 원 이하	15%
연봉 4,600만 원 초과 8,800만 원 이하	24%
연봉 8,800만 원 초과 15,000만 원 이하	35%
연봉 15,000만 원 초과	38%

① 90,000원
② 225,000원
③ 247,500원
④ 450,000원
⑤ 1,500,000원

57 다음 설명을 참고할 때, 증가율을 나타내기에 가장 적절한 그래프는 무엇인가?

> 읽기능력이란 문자 텍스트에만 국한된 것이 아니라 통계표, 도표(그래프), 그림이나 사진 등 다양한 형태의 텍스트가 나왔을 때 이를 읽어낼 수 있는 능력을 포함한다. 주로 복잡한 통계 자료를 나타낼 때는 이를 정리해서 간단한 숫자의 표로 정리하기도 하는데, 이를 더 보기 쉽도록 그림으로 나타내기도 한다. 이렇게 그림으로 나타낸 것을 도표, 즉 그래프라고 부른다.

① 막대그래프
② 꺾은선 그래프
③ 원그래프
④ 띠그래프
⑤ 그림그래프

| 자원관리능력

58 다음은 P공사 직원들의 주말 당직 일정표이다. 오전 9시부터 오후 4시까지 반드시 1명 이상이 사무실에 당직을 서야 하며, 토요일과 일요일에 연속하여 당직을 설 수는 없다. 또한, 월 2회 이상, 월 최대 10시간 미만으로 당직을 서야 한다. 이때 당직 일정을 수정해야 하는 직원은 누구인가?(단, 점심시간인 12 ~ 13시는 당직시간에서 제외한다)

〈주말 당직 일정표〉

당직일	당직자	당직일	당직자
첫째 주 토요일	• 유지선 9 ~ 14시 • 이윤미 12 ~ 16시	첫째 주 일요일	• 임유리 9 ~ 16시 • 정지수 13 ~ 16시 • 이준혁 10 ~ 14시
둘째 주 토요일	• 정지수 9 ~ 13시 • 이윤미 12 ~ 16시 • 길민성 12 ~ 15시	둘째 주 일요일	• 이선옥 9 ~ 12시 • 최기태 10 ~ 16시 • 김재욱 13 ~ 16시
셋째 주 토요일	• 최기태 9 ~ 12시 • 김재욱 13 ~ 16시	셋째 주 일요일	• 유지선 9 ~ 12시 • 서유진 14 ~ 16시
넷째 주 토요일	• 이윤미 9 ~ 13시 • 임유리 10 ~ 16시 • 서유진 9 ~ 16시	넷째 주 일요일	• 이선옥 9 ~ 12시 • 길민성 9 ~ 14시 • 이준혁 10 ~ 16시

① 유지선
② 이준혁
③ 임유리
④ 서유진
⑤ 길민성

59 다음 문단을 논리적 순서대로 바르게 나열한 것은?

> (가) 이 방식을 활용하면 공정의 흐름에 따라 제품이 생산되므로 자재의 운반 거리를 최소화할 수 있어 전체 공정 관리가 쉽다.
> (나) 그러나 기계 고장과 같은 문제가 발생하면 전체 공정이 지연될 수 있고, 규격화된 제품 생산에 최적화된 설비 및 배치 방식을 사용하기 때문에 제품의 규격이나 디자인이 변경되면 설비 배치 방식을 재조정해야 한다는 문제가 있다.
> (다) 제품을 효율적으로 생산하기 위해서는 생산 설비의 효율적인 배치가 중요하다. 설비의 효율적인 배치란 자재의 불필요한 운반을 최소화하고, 공간을 최대한 활용하면서 적은 노력으로 빠른 시간에 목적하는 제품을 생산할 수 있도록 설비를 배치하는 것이다.
> (라) 그중에서도 제품별 배치(Product Layout) 방식은 생산하려는 제품의 종류는 적지만 생산량이 많은 경우에 주로 사용된다. 제품별로 완성품이 될 때까지의 공정 순서에 따라 설비를 배열해 부품 및 자재의 흐름을 단순화하는 것이 핵심이다.

① (가) – (다) – (나) – (라)
② (다) – (가) – (라) – (나)
③ (다) – (라) – (가) – (나)
④ (라) – (나) – (다) – (가)
⑤ (라) – (다) – (나) – (가)

60 **P사에서 근무하는 A사원은 수출계약 건으로 한국에 방문하는 바이어를 맞이하기 위해 인천공항에 가야 한다. 미국 뉴욕에서 오는 바이어는 현지 시각으로 21일 오전 8시 30분에 한국행 비행기에 탑승할 예정이며, 비행시간은 17시간이다. P사에서 인천공항까지는 1시간 30분이 걸리고, 바이어의 도착 예정 시각보다는 30분 일찍 도착하여 대기하려고 할 때, A사원이 적어도 회사에서 출발해야 하는 시각은?(단, 뉴욕은 한국보다 13시간이 느리다)**

① 21일 10시 30분
② 21일 12시 30분
③ 22일 12시
④ 22일 12시 30분
⑤ 22일 14시 30분

61 K사 인사부에 근무하는 김대리는 신입사원들의 교육점수를 다음과 같이 정리한 후 VLOOKUP 함수를 이용해 교육점수별 등급을 입력하려고 한다. [E2:F8]의 데이터 값을 이용해 (A)에 함수식을 입력한 후 자동 채우기 핸들로 사원들의 교육점수별 등급을 입력할 때, (A)에 입력해야 할 함수식으로 옳은 것은?

	A	B	C	D	E	F
1	사원	교육점수	등급		교육점수	등급
2	최○○	100	(A)		100	A
3	이○○	95			95	B
4	김○○	95			90	C
5	장○○	70			85	D
6	정○○	75			80	E
7	소○○	90			75	F
8	신○○	85			70	G
9	구○○	80				

① =VLOOKUP(B2,E2:F8,2,1)

② =VLOOKUP(B2,E2:F8,2,0)

③ =VLOOKUP(B2,$E$2:$F$8,2,0)

④ =VLOOKUP(B2,$E$2:$F$8,1,0)

⑤ =VLOOKUP(B2,$E$2:$F$8,1,1)

62 다음 인적자원 배치 방법 중 균형주의에 해당하는 사례로 가장 적절한 것은?

① A기업은 직원들의 성격에 따라 부서에 배치해 직원이 각 부서에서 능력을 더 발휘할 수 있도록 하였다.

② B기업은 각 직원이 가진 능력에 맞는 업무를 배분해 그 능력을 더 발휘할 수 있도록 하며, 이로 인한 실적에 대해서 확실한 보상을 제공하였다.

③ C기업은 근무기간과 관계없이 근무 역량과 리더십이 있는 직원의 경우 진급을 결정하여 팀 전체 직원들의 사기와 의식을 높였다.

④ D기업은 높은 직위에 있더라도 낮은 직위에 직원들과 서로 예의를 지키기를 강조하며, 직위에 상관없이 해당 업무의 공헌도에 따라 그에 맞는 보상을 제공한다.

⑤ E기업은 코로나19 사태로 경영이 위태로워져 정리해고를 고려해야 하는 상황이지만, 직원 전체 회의를 통해 근무시간 단축과 급여 인하를 결정해 직원들의 불안을 해소했다.

※ P공사에서 근무하는 J사원은 4대강 주변 자전거 종주길에 대한 개선안을 마련하기 위하여 관련 자료를 정리하여 상사에게 보고하고자 한다. 다음 자료를 보고 이어지는 질문에 답하시오. **[63~64]**

〈4대강 주변 자전거 종주길에 대한 관광객 평가 결과〉

(단위 : 점/100점 만점)

구분	한강	금강	낙동강	영산강
자연경관	70	60	60	80
편의시설	70	50	60	50
하천수질	60	70	50	80
접근성	70	60	50	50
종주길 규모	60	80	60	80
이용가능시간	70	50	60	50

〈자전거 종주 여행시 고려 조건(인터넷 설문조사)〉

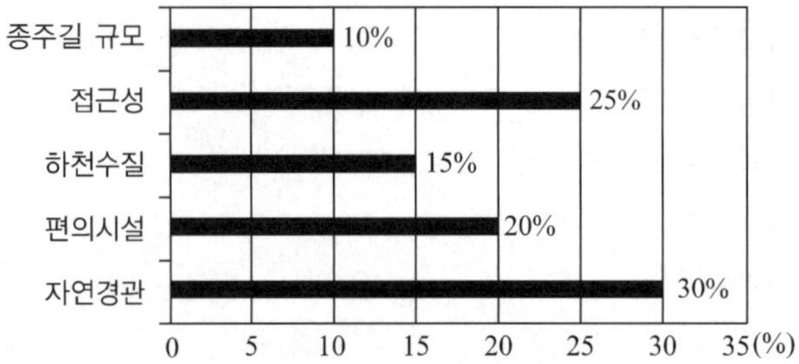

〈업체별 4대강 유역 토사 운송 비용 및 거리〉

업체	목표 운송량(톤)	보유 트럭 최대 적재량 현황		트럭 1대당 운송비(원/km)	거리
		1.5톤	2.5톤		
A	20.5	5대	4대	• 1.5톤 트럭 : 50,000 • 2.5톤 트럭 : 80,000	50km
B	19.5	6대	2대		45km
C	23	2대	6대		40km

63 **다음 중 자료를 토대로 J사원이 정리한 내용으로 옳은 것을 〈보기〉에서 모두 고르면?**

〈보기〉

ㄱ. 모든 보유 트럭의 최대 적재량 합이 가장 큰 시공 업체는 C이다.
ㄴ. 관광객 평가 결과에서 가장 높은 점수를 받은 자전거 종주길은 한강이다.
ㄷ. 인터넷 설문 조사의 5개 항목만을 고려한 관광객 평가 결과의 합이 가장 높은 자전거 종주길은 낙동강이다.
ㄹ. 인터넷 설문 조사 결과 상위 2개 항목만을 고려한 관광객 평가 결과의 합이 가장 높은 자전거 종주길은 영산강이다.

① ㄱ, ㄴ
② ㄱ, ㄷ
③ ㄴ, ㄷ
④ ㄴ, ㄹ
⑤ ㄷ, ㄹ

64 **다음은 자료를 검토한 Y상사가 J사원에게 준 피드백 내용이다. 이를 참고하여 4대강 자전거 종주길과 최종 점수가 바르게 연결된 것은?**

J씨, 4대강 자전거 종주길에 실제로 방문한 관광객들의 평가만큼이나 전 국민을 대상으로 한 인터넷 설문조사도 매우 중요해요. 그러니까 인터넷 조사 결과의 응답 비중이 높은 순서대로 순위를 매겨서 1～5위까지 6, 5, 4, 3, 2점의 가중치를 부여하고, 이 가중치를 관광객 평가 점수와 곱해서 4대강 자전거 종주길들 간의 점수를 산출하도록 해 줘요. '이용가능시간'은 인터넷 조사에 해당하지 않으니까 가중치를 1로 부여하면 될 것 같아요.

① 한강 – 1,400점
② 금강 – 1,280점
③ 낙동강 – 1,380점
④ 영산강 – 1,180점
⑤ 영산강 – 1,310점

65 다음 중 엑셀의 기능에서 [틀 고정]에 대한 설명으로 옳지 않은 것은?

① 고정하고자 하는 행의 위 또는 열의 왼쪽에 셀 포인터를 위치시킨 후 [보기] – [틀 고정]을 선택한다.
② 틀을 고정하면 셀 포인터의 이동에 상관없이 고정된 행이나 열이 표시된다.
③ 문서의 내용이 많은 경우 셀 포인터를 이동하면 문서의 제목 등이 안 보이므로 틀 고정을 사용한다.
④ 인쇄할 때는 틀 고정을 해놓은 것이 적용이 안 되므로 인쇄를 하려면 설정을 바꿔줘야 한다.
⑤ 틀 고정을 취소할 때에는 셀 포인터의 위치는 상관없이 [보기] – [틀 고정 취소]를 클릭한다.

66 다음 대화에서 업무수행 성과를 높이기 위한 행동전략을 잘못 사용하고 있는 사람은?

A사원 : 저는 해야 할 일이 생기면 미루지 않고, 그 즉시 바로 처리하려고 노력합니다.
B사원 : 저는 여러 가지 일이 생기면 비슷한 업무끼리 묶어서 한 번에 처리하곤 합니다.
C대리 : 저는 다른 사람이 일하는 방식과 다른 방식으로 생각하여 더 좋은 해결책을 발견하기도 합니다.
D대리 : 저도 C대리의 의견과 비슷합니다. 저는 저희 팀의 업무 지침이 마음에 들지 않아 저만의 방식을 찾고자 합니다.
E인턴 : 저는 저희 팀에서 가장 일을 잘한다고 평가받는 김부장님을 제 역할모델로 삼았습니다.

① A사원
② B사원
③ C대리
④ D대리
⑤ E인턴

67 **다음은 데이터베이스에 대한 설명이다. 데이터베이스의 특징으로 적절하지 않은 것은?**

> 데이터베이스는 대량의 자료를 관리하고 내용을 구조화해 검색이나 자료 관리 작업을 효과적으로 실행하는 프로그램으로, 삽입·삭제·수정·갱신 등을 통해 항상 최신의 데이터를 유동적으로 유지할 수 있으며, 이와 같은 대량의 데이터는 사용자의 질의에 대한 신속한 응답 처리를 가능하게 한다. 또한 이러한 데이터를 여러 명의 사용자가 동시에 공유가 가능하고, 각 데이터를 참조할 때는 사용자가 요구하는 내용에 따라 참조가 가능함은 물론, 응용프로그램과 데이터베이스를 독립시킴으로써 데이터가 변경되더라도 응용프로그램은 변경되지 않는다.

① 동시 공유
② 실시간 접근성
③ 계속적인 진화
④ 내용에 의한 참조
⑤ 데이터 논리적 의존성

68 **다음 시트에서 [E2:E7] 영역처럼 표시하려고 할 때, [E2] 셀에 입력할 수식으로 옳은 것은?**

	A	B	C	D	E
1	순번	이름	주민등록번호	생년월일	백넘버
2	1	박민석 11	831121-1092823	831121	11
3	2	최성영 20	890213-1928432	890213	20
4	3	이형범 21	911219-1223457	911219	21
5	4	임정호 26	870211-1098432	870211	26
6	5	박준영 28	850923-1212121	850923	28
7	6	김민욱 44	880429-1984323	880429	44

① =MID(B2,5,2)
② =LEFT(B2,2)
③ =RIGHT(B2,5,2)
④ =MID(B2,5)
⑤ =LEFT(B2,5,2)

69 **다음은 기술의 특징을 설명하는 글이다. 이를 읽고 이해한 내용으로 옳지 않은 것은?**

> 일반적으로 기술에 대한 특징은 다음과 같이 정의될 수 있다.
> 첫째, 하드웨어나 인간에 의해 만들어진 비자연적인 대상, 혹은 그 이상을 의미한다.
> 둘째, 기술은 '노하우(Know-how)'를 포함한다. 즉, 기술을 설계하고, 생산하고, 사용하기 위해 필요한 정보, 기술, 절차를 갖는데 노하우(Know-how)가 필요한 것이다.
> 셋째, 기술은 하드웨어를 생산하는 과정이다.
> 넷째, 기술은 인간의 능력을 확장시키기 위한 하드웨어와 그것의 활용을 뜻한다.
> 다섯째, 기술은 정의 가능한 문제를 해결하기 위해 순서화되고 이해 가능한 노력이다.
> 이와 같은 기술이 어떻게 형성되는가를 이해하는 것과 사회에 의해 형성되는 방법을 이해하는 것은 두 가지 원칙에 근거한다. 먼저 기술은 사회적 변화의 요인이다. 기술체계는 의사소통의 속도를 증가시켰으며, 이것은 개인으로 하여금 현명한 의사결정을 할 수 있도록 도와준다. 또한, 사회는 기술 개발에 영향을 준다. 사회적, 역사적, 문화적 요인은 기술이 어떻게 활용되는가를 결정한다.
> 기술은 두 개의 개념으로 구분될 수 있으며, 하나는 모든 직업 세계에서 필요로 하는 기술적 요소들로 이루어지는 광의의 개념이고, 다른 하나는 구체적 직무수행능력 형태를 의미하는 협의의 개념이다.

① 미래 산업을 위해 인간의 노동을 대체할 로봇을 활용하는 것 역시 기술이라고 볼 수 있겠지?
② 전기산업기사, 건축산업기사, 정보처리산업기사 등의 자격 기술은 기술의 광의의 개념으로 볼 수 있겠어.
③ 영국에서 시작된 산업혁명 역시 기술 개발에 영향을 주었다고 볼 수 있어.
④ 컴퓨터의 발전은 기술체계가 개인으로 하여금 현명한 의사결정을 할 수 있는 사례로 볼 수 있지 않을까?
⑤ 기술은 건물, 도로, 교량, 전자장비 등 인간이 만들어낸 모든 물질적 창조물을 생산하는 과정으로 볼 수 있구나.

70 다음은 고령취업자 현황을 나타낸 자료이다. 이에 대한 설명으로 옳지 않은 것은?

〈고령취업자 현황〉

(단위 : 천 명, %)

구분	고령취업자 수	고령취업자 비율				
		전체	성별		직종	
			남	여	농가	비농가
2018년	1,688	11.3	10.8	12.0	24.3	6.8
2019년	2,455	13.6	13.1	14.3	35.9	8.3
2020년	3,069	15.0	14.4	16.0	46.5	10.1
2021년	3,229	15.5	15.0	16.2	48.2	10.7
2022년	3,465	16.3	15.9	17.1	50.2	11.6
2023년	3,273	16.4	15.9	17.0	52.0	10.9
2024년	3,251	16.5	15.8	17.5	53.0	11.4
전년 대비 (23/24)	−22	0.1%p	−0.1%p	0.5%p	1.0%p	0.5%p

※ [고령취업자 비율(%)]=[(고령취업자 수)÷(전체 취업자 수)]×100

※ [항목별 고령취업자 비율(%)]=[(해당 항목의 고령취업자 수)÷(해당 항목의 전체 취업자 수)]×100

① 2024년 고령취업자 중 농가취업자의 비율은 53%로, 농가에서 취업자 두 사람 중 한 명은 고령자이다.

② 2024년 고령취업자의 비율은 비농가보다 농가가 높다.

③ 2018년 이후 남녀 고령취업자 비율을 비교하면 여성이 남성보다 높다.

④ 2024년 고령취업자 중 농가취업자 수가 전체의 약 82%를 차지한다.

⑤ 2020 ~ 2024년 고령취업자 중 농가취업자의 비율은 매년 증가한다.

6권

피듈형 NCS 집중학습

정답 및 해설

피듈형 NCS 집중학습 봉투모의고사

2025 ~ 2024년 피듈형 NCS 기출복원 모의고사 정답 및 해설

01	02	03	04	05	06	07	08	09	10
⑤	③	③	①	②	⑤	④	⑤	⑤	③
11	12	13	14	15	16	17	18	19	20
④	②	②	①	②	③	①	①	①	②
21	22	23	24	25	26	27	28	29	30
③	②	③	④	③	④	②	④	③	②
31	32	33	34	35	36	37	38	39	40
②	③	⑤	⑤	③	②	①	①	⑤	⑤
41	42	43	44	45	46	47	48	49	50
③	①	③	②	③	②	②	④	④	①
51	52	53	54	55	56	57	58	59	60
④	⑤	⑤	④	⑤	③	②	③	②	④
61	62	63	64	65	66	67	68	69	70
③	③	②	③	①	④	③	③	②	③

01 모듈형

01

정답 ⑤

선주는 문제점을 자신의 탓으로 돌리며 상대방에게 부탁을 하고 있다. 따라서 관용의 격률에 해당하는 사례이다.

오답분석

① 민재는 상대방을 칭찬하는 표현을 최대화해서 말하고 있다. 따라서 타인에 대한 비난은 최소화하고 칭찬은 최대화하여 말하는 표현법인 찬동의 격률에 해당하는 사례로 볼 수 있다.

② 지우는 문제점을 상대방의 탓으로 돌리며 상대방에게 부탁을 하고 있다. 따라서 관용의 격률에 해당하지 않는다.

③ 다예는 자신의 이익을 위해 상대방에게 부담을 주며 말하고 있다. 따라서 관용의 격률에 해당하지 않는다.

④ 동현은 상대에게 부담이 되는 표현은 최소화하면서 도움을 요청하고 있다. 따라서 상대방의 부담은 최소화하고 이익은 최대화하여 말하는 표현법인 요령의 격률에 해당하는 사례로 볼 수 있다.

02

정답 ③

먼저 분자와 분모를 따로 계산하면 다음과 같다.

- 분자 : $18\times(15^2+12+3)$
  $\rightarrow 18\times(225+12+3)$
  $\therefore 18\times240=4,320$
- 분모 : $90^2-2\times45\times4$
  $\rightarrow 8,100-(2\times45\times4)$
  $\therefore 8,100-360=7,740$

주어진 식을 정리하면 다음과 같다.

$$\frac{4,320}{7,740}+1=\frac{4,320+7,740}{7,740}=\frac{12,060}{7,740}$$

$\frac{12,060}{7,740}$을 기약분수로 만들기 위해 최대공약수 180으로 약분하면 $\frac{67}{43}$이므로 $p=43$, $q=67$이다.

따라서 $p+q=110$이다.

03

정답 ③

K시 전철의 기본요금은 1회 1,500원이고, 아침에 20% 할인을 받으면 $1,500\times0.8=1,200$원이다. A씨의 전철 이용 횟수는 총 $22\times2=44$회이며, 할인은 출근 시간에만 적용된다. 그러므로 퇴근 시 이용하는 전철 요금은 $1,500\times22=33,000$원이다.

한 달 전철 요금을 62,000원 이하로 유지하고자 하므로 출근 시 지불 가능한 전철 요금은 $62,000-33,000=29,000$원이다.

할인을 받은 일수를 x일이라 하면, 할인을 받지 않은 일수는 $(22-x)$일이므로 다음과 같은 식이 성립한다.

$1,200x+1,500(22-x)\le29,000$

$\rightarrow 1,200x+33,000-1,500x\le29,000$

$\rightarrow -300x\le-4,000$

$\therefore x\ge13.33\cdots$

따라서 최소 14일은 할인을 받아야 한 달 전철 요금을 62,000원 이하로 유지할 수 있다.

04

정답 ①

A주임은 복잡한 역사 구조로 인해 승객들이 길을 헤매는 문제를 해결하기 위한 아이디어를 지하철역과 비슷한 대상인 쇼핑센터의 증강현실 지도 기술에서 얻었고, 지하철역에서 이용 가능한 증강현실 길안내 서비스를 기획하였다. 따라서 주어진 사례에서 나타나는 창의적 사고 개발방법으로 가장 적절한 것은 대상과 비슷한 것을 찾아내 그것을 힌트로 새로운 아이디어를 생각해 내는 비교발상법인 NM법이다.

오답분석

② Synectics : 서로 관련이 없어 보이는 것들을 조합하여 새로운 것을 도출해 내는 비교발상법이다.
③ 체크리스트 : 미리 준비된 힌트들을 시각화하고, 주제를 힌트에 연결 지어 발상하는 강제연상법이다.
④ SCAMPER : 체크리스트의 발전된 기법으로, 대체, 결합, 응용, 수정, 전용, 제거, 반전과 같이 7가지 키워드를 주제와 연결 지어 발상하는 강제연상법이다.
⑤ 브레인스토밍 : 어떤 주제에서 자유롭게 생각나는 것을 계속해서 열거하여 창의적인 아이디어를 이끌어 내는 자유연상법이다.

05

정답 ②

ㄱ. 철도 이용객 수 증가는 외부환경요인인 법안에 의한 긍정적 효과이므로 기회에 해당한다.
ㄷ. 민간투자의 확대는 외부환경요인의 긍정적인 효과이므로 기회에 해당한다.
ㅂ. 기업 외부에서 발생한 공동 프로젝트에 참여하는 것은 기술혁신 등 긍정적인 측면이므로 기회에 해당한다.

오답분석

ㄴ. 내부환경요인인 운영 노하우는 기업 내부의 긍정적인 요소로 강점(Strength)에 해당한다.
ㄹ. 외부환경요인인 정부의 교통요금 동결 정책은 위협(Threat)에 해당한다.
ㅁ. 내부환경요인인 직원 수 부족으로 인한 저조한 고객 만족도는 약점(Weakness)에 해당한다.

06

정답 ⑤

A씨는 사고로 학생과 부딪힌 사건 하나만을 부풀려 젊은이들이 모두 조심성이 없으며 남을 배려하지 않는다고 주장하고 있다. 이는 특정한 사례 하나를 토대로 집단을 일반화하는 주장이므로 성급한 일반화의 오류에 해당한다.

오답분석

① 무지의 오류 : '외계인이 있다는 증거가 없으므로 외계인은 존재하지 않는다.'처럼 어떠한 주장이 증명되지 않았다고 해서 그 반대의 주장이 참이라고 주장하는 오류이다.
② 결합의 오류 : '머리카락 1개가 빠지면 대머리가 되지 않는다. 2개가 빠져도, 100개가 빠져도 그렇다. 따라서 1만 개가 빠져도 대머리가 되지 않는다.'처럼 하나의 사례에는 오류가 없지만, 여러 사례를 잘못 결합하여 발생하는 오류이다.
③ 애매성의 오류 : '여자는 남자보다 약하다. 따라서 여자는 오래 살지 못한다.'처럼 애매한 어휘의 사용으로 발생하는 오류이다.
④ 과대 해석의 오류 : '퇴근길에 조심하세요.'라는 말을 퇴근길에만 조심하라는 의미로 받아들이는 것처럼 문맥을 무시하고 과도하게 문구에만 집착하여 발생하는 오류이다.

07

정답 ④

ㄱ. A차장은 노인 이용자 대표와 논리적 토론을 통해 합리적 타협점을 찾고 있다. 이는 상이한 문화적 토양을 가지고 있는 구성원을 가정하여 서로의 생각을 직설적으로 주장하고 논쟁이나 협상을 통해 의견을 조정하는 하드 어프로치에 해당한다.
ㄴ. A센터장은 역할극과 브레인스토밍 기법을 통하여 직원들이 자발적으로 의견을 제시하고, 창의적인 해결방법을 도모할 수 있도록 촉진하고 있다. 이는 어떤 그룹이나 집단이 자발적으로 창의적인 문제해결을 할 수 있도록 촉진하는 퍼실리테이션에 해당한다.
ㄷ. A팀장은 B사원에게 실수에 대한 결과를 시사하여 실수를 줄일 수 있도록 넌지시 제안하였으며, 다른 팀원들에게도 B사원을 잘 도와줄 것을 요청하였다. A팀장은 중재자로서 같은 문화적 토양을 가지고 있는 팀원들이 서로를 이해할 수 있도록 돕고, 권위와 공감에 의지하여 의견을 중재하고 있으므로 소프트 어프로치에 해당한다.

08

정답 ⑤

'갖은'은 '골고루 다 갖춘. 또는 여러 가지의'를 의미하므로 옳은 어휘이다.

오답분석

① '겨루다'는 '서로 버티어 승부를 다툼'을 의미한다. 밑줄 친 어휘의 대상은 총구이므로 '활이나 총 따위를 쏠 때 목표물을 향해 방향과 거리를 잡음'을 의미하는 '겨누다'가 옳은 어휘이다.
② '늘이다'는 '본디보다 더 길어지게 함'을 의미한다. 밑줄 친 어휘의 대상은 수명이므로 '시간이나 기간을 길게 함'을 뜻하는 '늘리다'가 옳은 어휘이다.
③ '겉잡다'는 '겉으로 보고 대강 짐작하여 헤아림'을 의미한다. 제시된 문장에서는 퍼져나가는 소문을 붙들어 잡을 수 없음을 의미하므로 '한 방향으로 치우쳐 흘러가는 형세 따위를 붙들어 잡음'을 의미하는 '걷잡다'가 옳은 어휘이다.
④ '가늠'은 '목표나 기준에 맞고 안 맞음을 헤아려 봄'을 의미한다. 제시된 문장에서는 정치적 성향에 따라 편을 나누는 것을 의미하므로 '쪼개거나 나누어 따로따로 되게 하는 일'을 의미하는 '가름'이 옳은 어휘이다.

09

정답 ⑤

행정업무의 운영 및 혁신에 관한 규정 시행규칙 제2조에 따르면 공문서의 항목을 표시할 때에는 상위 항목부터 하위 항목까지 1. → 가. → 1) → 가) → (1) → (가) → ① → ㉮의 형태로 표시하여야 한다고 규정되어 있다.

10

정답 ③

행정업무의 운영 및 혁신에 관한 규정 시행규칙 제2조 제2항에 따르면 문서에 금액을 표기할 때는 아라비아 숫자로 쓰고, 숫자 다음에 괄호를 써 한글로 적어야 한다고 규정되어 있다. 또한 한글로 적을 때에는 숫자가 '1'일 경우 '일'이라는 표기를 하여야 하며, 금액 앞에 '금'은 붙여 써야 한다. 따라서 공문서의 금액 표기로 옳은 것은 ③이다.

11

정답 ④

두 팀장의 대화를 볼 때 부서원들의 소극적인 모습은 실수에 대한 무관용 문화, 엄격한 시스템, 실패에 대한 압박 등이 결정적인 요인으로 언급되고 있다. 이는 개인이나 팀장 간의 관계 문제가 아니라, 조직 전체 분위기와 시스템에서 비롯된 임파워먼트 장애요인이므로 조직 차원의 장애요인으로 볼 수 있다.

임파워먼트

임파워먼트(Empowerment)란 조직구성원들을 신뢰하고 그들의 잠재력을 믿으며, 그 잠재력의 개발을 통해 고성과(High Performance) 조직이 되도록 하는 일련의 권한 위임 행위이다. 성공적인 임파워먼트는 조직의 모든 사람들로부터 시너지적이고 창조적인 에너지를 끌어내어 생산성이 향상되고, 사람들이 좋은 기회에 대한 큰 기대를 하게 되며 진보적이고 성공적인 조직을 만들 수 있게 된다. 그러나 이러한 임파워먼트는 4가지 차원의 장애요인이 있으므로 이를 파악하고 대처할 수 있어야 한다.

임파워먼트 장애요인

- 개인 차원 : 주어진 일을 해내는 역량의 결여, 동기의 결여, 결의의 부족, 책임감 부족, 의존성
- 대인 차원 : 다른 사람과의 성실성 결여, 약속 불이행, 성과를 제한하는 조직의 규범, 갈등처리 능력 부족, 승패의 태도
- 관리 차원 : 통제적 리더십 스타일, 효과적 리더십 발휘 능력 결여, 경험 부족, 정책 및 기획의 실행능력 결여, 비전의 효과적 전달능력 결여
- 조직 차원 : 공감대 형성이 없는 구조와 시스템, 제한된 정책과 절차

12

정답 ②

포럼은 특정 주제에 대해 토론하고 정보를 공유하며 의견을 교환하는 자리를 의미한다. 따라서 이를 우리말로 바르게 순화한 것은 '토론회'이다.

오답분석

① 테마 : 논의 또는 예술 작품 등 특정한 영역에서 주로 다루는 화제, 소재 등을 뜻하는 말이다.
③ 팬데믹 : 세계보건기구(WHO)의 전염병 경보단계 1 ~ 6단계 중 최고 위험 등급에 해당하는 단계로 특정 전염병이나 감염병이 세계적으로 대유행하는 상태를 말한다.
④ 랜드마크 : 특정 지역에서 그 지역을 대표할 수 있는 사물로 타지역과 구별되는 표시나 특징을 가지고 있는 것을 말한다.

13

정답 ②

A의 속력을 $x$km/h라 하고, B의 속력을 $y$km/h라고 할 때, 같은 방향으로 달릴 경우의 상대 속도는 $x-y$이고, 다른 방향으로 달릴 경우의 상대 속도는 $x+y$이다. 그러므로 다음 식이 성립한다.

- 같은 방향으로 달릴 경우 : $x-y=\frac{9}{1.5}=6$km/h
- 다른 방향으로 달릴 경우 : $x+y=\frac{9}{0.5}=18$km/h

위의 식을 연립하면 $x=12$km/h, $y=6$km/h이다.
A가 B를 업고 이동할 때 속력은 12−2=10km/h이고, B가 A를 업고 이동하면 6−1=5km/h이다. 그러므로 A는 B를 업고 10km/h의 속력으로 4.5km를 달리고, B는 A를 업고 5km/h의 속력으로 나머지 4.5km를 달렸으므로 걸린 시간은 다음과 같다.

$\frac{4.5}{10}+\frac{4.5}{5}=1.35$시간

따라서 걸린 시간을 분으로 환산하면 1.35×60=81분이다.

14

정답 ①

정보기술은 정보를 생성, 저장, 처리, 전송, 관리하는 데 사용되는 모든 기술을 뜻하며 현대 사회는 정보기술의 발전으로 정보를 처리하는 데 필요한 데이터를 방대하게 수집하고 분석할 수 있다. 이러한 정보기술의 진보는 인공지능과 같이 인간의 판단이나 학습, 문제해결능력을 뛰어넘는 초지능을 가능하게 할 것이다.
따라서 빈칸에 들어갈 단어는 순서대로 정보기술, 데이터, 초지능이다.

15

정답 ②

'된서리'는 늦가을에 아주 되게 내리는 서리를 의미하며, 이런 특성으로 인해 모진 재앙이나 타격을 비유적으로 이르는 말이다. 따라서 가장 비슷한 어휘는 '어떤 일에서 크게 기를 꺾음. 또는 그로 인한 손해·손실'을 의미하는 '타격(打擊)'이다.

오답분석

① 타계(他界) : 인간계를 떠나서 다른 세계로 간다는 뜻으로, 사람의 죽음 특히 귀인(貴人)의 죽음을 이르는 말
③ 타점(打點) : 붓이나 펜 따위로 점을 찍음, 야구에서 안타 따위로 득점한 점수
④ 타락(墮落) : 올바른 길에서 벗어나 잘못된 길로 빠지는 일
⑤ 타산(打算) : 자신에게 도움이 되는지를 따져 헤아림

16 정답 ③

빈칸에 들어갈 단어의 대상은 앞의 애민주의이므로 '어떤 명목을 붙여 주의나 주장 또는 처지를 앞에 내세움'을 의미하는 '표방(標榜)'이 가장 적절한 단어이다.

오답분석

① 표징(表徵) : 겉으로 드러나는 특징이나 상징
② 표집(標集) : 사회 조사에서 모집단의 특성을 잘 반영할 수 있는 표본을 추출하는 방법
④ 표류(漂流) : 물 위에 떠서 정처 없이 흘러감
⑤ 표리(表裏) : 물체의 겉과 속 또는 안과 밖을 통틀어 이르는 말

17 정답 ①

①의 '차원'은 '물리학적 구성 요소인 시간'을 의미한다. 반면 나머지는 '사물을 보거나 생각하는 처지. 또는 어떤 생각이나 의견 따위를 이루는 사상이나 학식의 수준'을 의미한다.

18 정답 ①

A씨의 소규모 카페는 잘못된 위치 선정, 치열한 경쟁, 운영 경험 부족 등 여러 위기를 겪게 되었지만, A씨는 위기를 기회로 삼아 성공한 컨설팅 업체라는 좋은 결과를 얻었다. 따라서 '화를 바꾸어 복이 되게 하다.'의 의미를 지닌 '전화위복(轉禍爲福)'이 가장 관련 있는 한자성어이다.

오답분석

② 사필귀정(事必歸正) : 모든 일은 반드시 바른길로 돌아감
③ 일취월장(日就月將) : 나날이 다달이 자라거나 발전함
④ 우공이산(愚公移山) : 어떤 일이든 끊임없이 노력하면 반드시 이루어짐

19 정답 ①

A씨는 고향 친구의 말끔한 정장을 보고, 부자일 확률보다 부자이면서 좋은 차도 끌고 다닐 확률이 높다고 생각하고 있다. 이는 두 사건(부자, 좋은 차 소유)이 동시에 일어날 확률이 실제로는 각 사건 중 하나가 단독으로 일어날 확률보다 항상 작거나 같음에도 불구하고, 두 사건이 동시에 일어날 확률이 더 높다고 잘못 판단하는 인지적 편향이다. 따라서 A씨의 사례는 결합의 오류에 해당한다.

오답분석

② 무지의 오류 : '담배가 암을 일으킨다는 확실한 증거가 없으므로 정부의 금연 정책은 잘못된 것이다.'처럼 어떤 논리가 증명되지 않았다고 해서 그 반대의 주장이 참이라고 단정하는 오류이다.
③ 연역법의 오류 : 'TV를 많이 보면 눈이 나빠진다.', '철수는 TV를 많이 보지 않는다.', '따라서 철수는 눈이 나빠지지 않는다.' 처럼 대전제와 주장이 잘못 연결되었지만, 삼단논법에 의하기 때문에 참이라고 단정하는 오류이다.
④ 과대해석의 오류 : '퇴근길에 조심하세요.'라는 말을 퇴근길에만 조심하라는 의미로 받아들이는 것처럼 문맥을 무시하고 과도하게 문구에만 집착하여 발생하는 오류이다.

20 정답 ②

'맹아(萌芽)'는 '풀이나 나무에 새로 돋아 나오는 싹, 사물의 시초가 되는 것'을 뜻하는 말이다.

오답분석

① 호도(糊塗) : 풀을 바른다는 뜻으로, 명확하게 결말을 내지 않고 일시적으로 감추거나 흐지부지 덮어 버림을 비유적으로 이르는 말
③ 무마(撫摩) : 분쟁이나 사건 따위를 어물어물 덮어 버림
④ 은폐(隱蔽) : 덮어 감추거나 가리어 숨김

21 정답 ③

③에 쓰인 '불이 붙었다'는 비유적으로 어떤 일이나 감정 따위가 치솟기 시작함을 의미한다.

오답분석

①·②·④ '물체에 불이 붙어 타기 시작하다'의 의미로 사용되었다.

22 정답 ②

등변 사다리꼴의 가장자리(변)를 따라 2m 간격으로 의자를 배치하므로 둘레를 구해야 한다. K고등학교의 운동장은 20m의 정사각형 공간에 양쪽에 밑변이 15m, 높이가 20m인 직각삼각형이 붙어있는 형태이므로 피타고라스 정리에 따라 빗변의 길이 xm는 다음과 같다.

$x^2=15^2+20^2=625$

$\therefore x=\sqrt{625}=25$

그러므로 K고등학교 운동장의 둘레는 20+25+50+25=120m이며, 2m 간격으로 의자를 배치하므로 120÷2=60개의 의자를 배치할 수 있다(시작점과 끝점이 같은 폐곡선의 형태이므로 1을 더하지 않음).

따라서 의자에 앉을 수 있는 학생의 수는 60명이다.

23 정답 ③

현대사회에서 기업은 일을 수행하는 데 소요되는 시간을 줄이기 위해 많은 노력을 기울이고 있다. 기업의 입장에서 작업 소요 시간의 단축으로 인해 볼 수 있는 효과는 다음과 같다.

- 생산성 향상 : 시간당 산출량이 증가하여 같은 시간 안에 더 많은 제품이나 서비스를 제공할 수 있으므로 노동 생산성이 향상된다.
- 가격 인상 : 일을 수행할 때 소요되는 시간을 단축함으로써 비용이 절감되고, 상대적으로 이익이 늘어남으로써 사실상 가격 인상 효과가 있다.
- 위험 감소 : 위험에 노출되는 시간을 줄이고, 계획적 작업 운영을 통해 불확실성이 감소하므로 위험이 감소하는 효과가 있다.
- 시장 점유율 증가 : 빠르고 효율적인 생산은 납기 준수 능력 향상, 원가 절감, 품질 유지로 이어지므로 고객 만족도를 높이고, 결과적으로 경쟁사보다 유리한 조건을 만들며 시장 점유율 확대에 기여한다.

한편, 정확한 예산 분배는 효율적인 예산관리를 통하여 기업이 얻을 수 있는 효과이다.

24 정답 ④

효율적이고 합리적인 인사관리 원칙

- 적재적소 배치의 원칙 : 해당 직무 수행에 가장 적합한 인재를 배치해야 한다.
- 공정 보상의 원칙 : 근로자의 인권을 존중하고 공헌도에 따라 노동의 대가를 공정하게 지급해야 한다.
- 공정 인사의 원칙 : 직무 배당, 승진, 상벌, 근무 성적의 평가, 임금 등을 공정하게 처리해야 한다.
- 종업원 안정의 원칙 : 직장에서 신분이 보장되고 계속해서 근무할 수 있다는 믿음을 갖게 하여 근로자가 안정된 회사 생활을 할 수 있도록 해야 한다.
- 창의력 계발의 원칙 : 근로자가 창의력을 발휘할 수 있도록 새로운 제안, 건의 등의 기회를 마련하고, 적절한 보상을 하여 인센티브를 제공해야 한다.
- 단결의 원칙 : 직장 내에서 구성원들이 소외감을 갖지 않도록 배려하고, 서로 유대감을 가지고 협동, 단결하는 체제를 이루도록 한다.

25 정답 ③

회전대응의 원칙은 입·출하의 빈도가 높은 품목은 출입구 가까운 곳에 보관하는 것으로, 활용빈도가 상대적으로 높은 물품을 가져다 쓰기 쉬운 위치에 먼저 보관하는 방식을 말한다.

오답분석

① 동일성의 원칙 : 같은 품종은 같은 장소에 보관하는 원칙이다.
② 유사성의 원칙 : 유사품은 인접한 장소에 보관하는 원칙이다.
④ 기호화의 원칙 : 바코드, QR코드 등 물품을 기호화하여 관리하는 것을 의미한다.

26 정답 ④

쉼이란 대화 도중에 잠시 침묵하는 것으로, 쉼을 활용함으로써 논리성, 감정 제고, 동질감 등을 확보할 수 있다. 쉼을 사용하는 대표적인 경우는 다음과 같다.

- 이야기의 전이 시(흐름을 바꾸거나 다른 주제로 넘어갈 때)
- 양해, 동조, 반문의 경우
- 생략, 암시, 반성의 경우
- 여운을 남길 때

반면, 연단공포증은 면접이나 발표 등 청중 앞에서 이야기할 때 가슴이 두근거리고, 입술이 타고, 식은땀이 나고, 얼굴이 달아오르는 생리적인 현상으로, 쉼과는 관련이 없다. 연단공포증은 90% 이상의 사람들이 호소하는 불안이므로 극복하기 위해서는 연단공포증에 대한 걱정을 떨쳐내고 이러한 심리현상을 잘 통제하여 의사 표현하는 것을 연습해야 한다.

27 정답 ②

빅데이터 분석을 기획하고자 할 때는 먼저 범위를 설정한 다음 프로젝트를 정의해야 한다. 그 후에 수행 계획을 수립하고 위험 계획을 수립해야 한다.

28 정답 ④

A열차가 터널을 진입하고 빠져나오는 데 걸린 시간은 14초이다. B열차는 A열차보다 5초 늦게 진입하고 5초 빠르게 빠져나왔으므로 터널을 진입하고 빠져나오는 데 걸린 시간은 $14-5-5=4$초이다.

따라서 같은 거리를 빠져나오는 데 A는 14초, B는 4초가 걸렸으므로 B열차는 A열차보다 3.5배 빠르다.

29 정답 ③

사회적 기업은 수익 창출을 통해 자립적인 운영을 추구하고, 사회적 문제 해결과 경제적 성장을 동시에 달성하려는 특징을 가진 기업 모델로, 영리 조직에 해당한다.

영리 조직과 비영리 조직

- 영리 조직 : 이윤 추구를 주된 목적으로 하는 집단으로, 일반적인 사기업이 해당된다.
- 비영리 조직 : 사회적 가치 실현을 위해 공익을 추구하는 집단으로 자선단체, 의료기관, 교육기관, 비정부기구(NGO) 등이 해당된다.

30 정답 ②

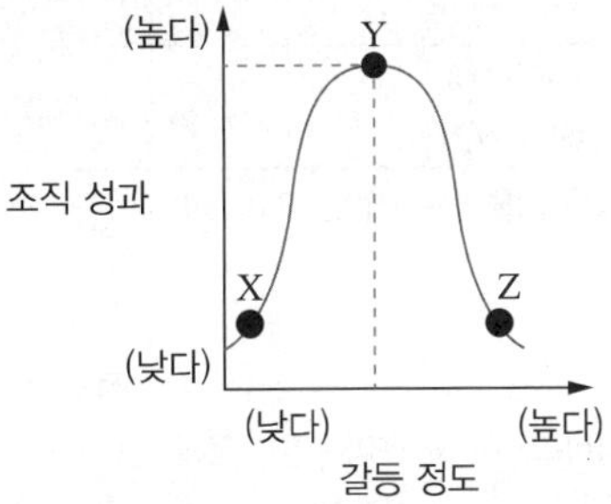

갈등 정도와 조직 성과에 대한 그래프에서 갈등이 X점 수준일 때에는 조직 내부의 의욕이 상실되고 환경의 변화에 대한 적응력도 떨어져 조직 성과가 낮아진다. 갈등이 Y점 수준일 때에는 갈등의 순기능이 작용하여 조직 내부에 생동감이 넘치고 변화 지향적이며 문제해결능력이 발휘되어 조직 성과가 높아진다. 반면, 갈등이 Z점 수준일 때에는 오히려 갈등의 역기능이 작용하여 조직 내부에 혼란과 분열이 발생하고 조직 구성원들이 비협조적이 되어 조직 성과는 낮아지게 된다.

02 PSAT형

31 정답 ②

제시문의 마지막 문단에서 현재 AI 음성 합성 기술이 사람의 감정까지 담아 표현할 수 없다는 한계점이 존재한다고 했다. 따라서 현재는 AI 음성 합성 기술이 오디오북 제작에서 전문 성우의 역할을 대체할 수 있다고 보기 어렵다.

오답분석

① 세 번째 문단을 통해 AI 음성 합성 기술이 비용과 시간 측면에서 전문 성우의 녹음보다 효율적임을 알 수 있다.
③ 마지막 문단에서 문학 도서의 경우 AI 음성 합성 기술이 사람의 감정까지 담아 표현할 수 없는 반면, 비문학 도서들은 전문 성우가 반드시 필요하지는 않으므로 AI 음성 합성 기술로 제작이 가능하다고 하였다.
④·⑤ 두 번째 문단에서 전문 성우의 오디오북 녹음에는 많은 시간이 필요하며, 비용 또한 많이 들어 현실적인 한계에 부딪히고 있다고 하였다.

32 정답 ③

제시문에 따르면 2024년 설날 노쇼 비율은 46%이지만, 이 중 19만 매가량이 재판매가 되지 않아 공석으로 운행되었다.

오답분석

① 첫 번째 문단에서 명절에 예매 경쟁률이 수십 배에 달하는 경우도 흔하다고 하였다.
② 세 번째 문단에서 노쇼 문제는 사회적 비용 증가로 연결되며, 이에 따른 비용이나 정책 변경은 국민의 부담으로 돌아올 것이라고 하였다.
④ 네 번째 문단에서 노쇼 문제를 해결하기 위해 코레일은 2025년부터 명절 특별수송기간에 출발 후 20분까지의 위약금을 기존 15%에서 30%로 상향 조정한다고 하였다.
⑤ 마지막 문단에서 노쇼 문제는 단순히 코레일의 노력만으로 해결할 수 없고, 근본적인 제도 개선과 국민들의 인식 변화가 함께 이루어져야 함을 이야기하고 있다.

33 정답 ⑤

자발적 취업자의 수는 매년 증가하고 있고, 정부 지원형 취업자 수는 매년 감소하고 있으므로 독립적인 증가 추세를 보이고 있다.

오답분석

① 정부 지원형 취업자 수는 꾸준히 감소하고 있다.
② 전체 취업자 수는 매년 증가하고 있지만, 정부 지원형 취업자 수는 매년 감소하고 있으므로 옳지 않다.
③ 전체 취업자 수와 자발적 취업자 수 모두 증가하고 있다.
④ 자발적으로 취업하는 노인의 수는 매년 증가하고 있지만, 정부 지원 취업자 수는 매년 감소하고 있으므로 옳지 않다.

34

정답 ⑤

구로디지털단지역 하차 인원은 출근시간대 400명, 퇴근시간대 2,150명이므로 2,150÷400=5.375이다. 따라서 퇴근시간대 하차 인원은 출근시간대 하차 인원의 5배 이상이다.

오답분석

① 역삼역의 점심시간대는 탑승 480명, 하차 520명으로 하차 인원이 더 많다.

② 시청역의 탑승 인원은 점심시간대에 530명, 퇴근시간대에 420명으로 점심시간대에 탑승 인원이 더 많다.

③ 역삼역의 출근시간대는 탑승 1,150명, 하차 350명으로 탑승 인원이 더 많다.

④ 시청역의 출근시간대 대비 퇴근시간대 하차 인원의 증가 폭은 1,480−870=610명, 역삼역의 출근시간대 대비 퇴근시간대 하차 인원의 증가 폭은 1,250−350=900명이므로 시청역의 증가 폭이 더 작다.

35

정답 ③

제시문에 따르면 전기 집진기는 (+) 전하를 분진에 부여하여 집진판에 흡착시키는 방식이다. 따라서 집진판은 (+) 전하가 아니라 (−) 전하를 띨 것이다.

오답분석

① 사이클론, 전기, 필터 등 여과하는 방식만 다를 뿐이며 분진 집진기는 분진이 포함된 공기를 흡입하여 분진과 공기를 분리하고, 깨끗한 공기를 외부로 배출하는 3단계를 거친다.

② 분진 집진기는 사이클론, 필터, 전기 등을 활용해 공기와 분진을 분리하는 장치이다.

④ 필터 집진기의 경우 섬유필터를 통해 분진을 걸러내므로 다양한 크기의 분진을 제거할 수 있어 큰 분진을 주로 제거하는 사이클론 방식이나 작은 분진을 주로 제거하는 전기 방식에 비해 광범위하게 사용할 수 있다.

⑤ 사이클론 집진기의 경우 큰 분진 제거에 유리하고, 전기 집진기의 경우 작은 분진 제거에 유리하기 때문에 분진의 크기를 고려하여 집진기 작동방식을 선택하는 것이 효과적이다.

36

정답 ②

고객별 캐리어 이동 비용 및 보관료를 계산하면 다음과 같다.

(단위 : 원)

구분	이동 비용	캐리어 크기(인치)	기본 보관료	추가 보관료	합계
A고객	40,000	(40+20+55)÷2.54≒45.3	15,000	1,000	56,000
B고객	60,000	(40+40+55)÷2.54≒53.1	15,000	3,000	78,000
C고객	45,000	(40+60+60)÷2.54≒63.0	20,000	10,000	75,000
D고객	60,000	(25+30+60)÷2.54≒45.3	15,000	1,000	76,000
E고객	50,000	(20+20+30)÷2.54≒27.6	7,000	8,000	65,000

따라서 가장 많은 비용을 지불하는 사람은 B고객이다.

37

정답 ①

고객별 캐리어 이동 서비스 내용을 정리하면 다음과 같다.

(단위 : 원, 개)

구분	기본 거리 비용	추가 거리 비용	시간 비용	캐리어 수량	할인 내용
갑 고객	10,000	6×3,000=18,000	42×200=8,400	2	10%
을 고객	10,000	−	14×200=2,800	3	−
병 고객	10,000	5×3,000=15,000	34×200=6,800	2	10%
정 고객	10,000	10×3,000=30,000	43×200=8,600	1	−

고객별 캐리어 이동 서비스 비용을 구하면 다음과 같다.

- 갑 고객 : (10,000+18,000+8,400)×2×0.9=65,520원
- 을 고객 : (10,000+2,800)×3=38,400원
- 병 고객 : (10,000+15,000+6,800)×2×0.9=57,240원
- 정 고객 : (10,000+30,000+8,600)×1=48,600원

따라서 4명이 지불한 캐리어 이동 서비스 비용의 총합은 65,520+38,400+57,240+48,600=209,760원이다.

38

정답 ①

2호선과 3호선의 에스컬레이터 설치율을 비교하면 다음과 같다.

- 2호선 : (50÷65)×100≒76.9%
- 3호선 : (30÷45)×100≒66.7%

따라서 2호선의 에스컬레이터 설치율이 더 높다.

오답분석

② 1호선에서 에스컬레이터가 설치된 역사의 비율은 (38÷50)×100=76%이므로 75% 이상이다.

③ 4호선에서 에스컬레이터가 설치되지 않은 역사 수는 55−44=11개이다.

④ 전체 역사 215개 중 에스컬레이터가 설치되지 않은 역사는 215−162=53개이다. 따라서 전체 역사 중 에스컬레이터가 설치되지 않은 역사의 비율은 (53÷215)×100≒24.7%이며, 이는 $\frac{1}{4}$ 이하이다.

⑤ 3호선에서 에스컬레이터가 설치된 역사는 30개이고, 1, 2, 4호선의 에스컬레이터가 설치된 역사 수의 평균은 (38+50+44)÷3=44개이므로 옳은 설명이다.

39 정답 ⑤

2024년에 S시 버스를 이용한 사람은 5,200,000명이고, 운영한 버스 노선 수는 250개이므로 노선당 평균 이용자 수는 5,200,000÷250=20,800명이다. 2025년에 S시 버스를 이용할 것으로 예상되는 사람은 5,850,000명이므로 운영할 버스 노선 수를 x개라고 할 때, 노선당 이용자 수가 20,800명 이하가 되도록 하려면 다음 식이 성립해야 한다.

$5,850,000 \div x \leq 20,800$

$\rightarrow 5,850,000 \div 20,800 \leq x$

$\therefore\ x \geq 281.25$

이때 x의 값은 자연수이므로 필요한 노선의 최솟값은 282개이다. 따라서 2025년에 충원해야 하는 최소한의 버스 노선 수는 282−250=32개이다.

40 정답 ⑤

기업별 전체 수입을 구하면 다음과 같다.

- A기업 : 400×70,000=2,800만 원
- B기업 : 650×50,000=3,250만 원
- C기업 : (550×65,000)×0.8=2,860만 원
- D기업 : 300×85,000=2,550만 원
- E기업 : (850×55,000)×0.8=3,740만 원

기업별 전체 투입 비용을 구하면 다음과 같다.

- A기업 : 4×100+3×100+500+120×1=1,320만 원
- B기업 : (3×100+2×150+470+100×1)×1.2=1,404만 원
- C기업 : 5×100+3×130+510+75×1=1,475만 원
- D기업 : 2×100+1×200+535+135×1=1,070만 원
- E기업 : (5×100+2×170+495+150×1)×1.2=1,782만 원

기업별 순수익을 구하면 다음과 같다.

- A기업 : 2,800−1,320=1,480만 원
- B기업 : 3,250−1,404=1,846만 원
- C기업 : 2,860−1,475=1,385만 원
- D기업 : 2,550−1,070=1,480만 원
- E기업 : 3,740−1,782=1,958만 원

기업별 효율성을 구하면 다음과 같다.

- A기업 : 1,480÷7,300×100≒20.27%
- B기업 : 1,846÷8,500×100≒21.72%
- C기업 : 1,385÷6,800×100≒20.37%
- D기업 : 1,480÷7,600×100≒19.47%
- E기업 : 1,958÷8,800×100=22.25%

따라서 가장 효율적인 사업을 하는 기업은 E기업이다.

41 정답 ③

선택지에 주어진 내용을 토대로 각 임직원의 귀속 강사료를 구하면 다음과 같다.

- A부사장 : 250,000×3×0.8=600,000원
- B상무 : 200,000×2×0.8=320,000원
- C부장 : 180,000×5×0.6=540,000원
- D대리 : 300,000×4×0.6=720,000원
- E사원 : 200,000×6×0.6=720,000원

각 임직원의 여비를 구하면 다음과 같다.

- A부사장 : 100,000×2+50,000×3+100,000×2+60,000×3=730,000원
- B상무 : 50,000×2+50,000×2+100,000×1+50,000×2=400,000원
- C부장 : 50,000×2+30,000×5+50,000×4+40,000×5=650,000원
- D대리 : 30,000×2+30,000×4+50,000×3+30,000×4=450,000원
- E사원 : 30,000×2+30,000×6+50,000×5+30,000×6=670,000원

따라서 A부사장, B상무, C부장은 출장비가 귀속 강사료보다 많으므로 S공사 입장에서 적자이고, D대리와 E사원은 출장비가 귀속 강사료보다 적으므로 S공사 입장에서 흑자이다.

42 정답 ①

스프레드 시트의 날짜에서 5일을 더하려면 기준 셀에 5를 더하면 된다. 따라서 「=A6+5」가 옳은 함수식이다.

43 정답 ③

제시문에서 적혈구의 수명은 최대 120일이며, 낫적혈구 빈혈 환자가 다른 사람의 혈액으로 수혈을 받는 경우 적혈구의 수명이 이보다 더 짧을 수 있고, 인공혈액으로 수혈을 받는 경우에는 120일을 모두 채울 수 있다고 하였다. 따라서 낫적혈구 빈혈 환자는 최소가 아닌 최대 4개월마다 한 번씩 수혈을 받아야 한다.

오답분석

① 첫 번째 · 두 번째 문단에 따르면, 열성 유전은 두 쌍 모두 열성인 경우이며, 낫적혈구 빈혈은 부모 양쪽 모두에게서 낫적혈구 유전자를 물려받을 경우 발생한다고 하였으므로 열성 유전 질환임을 알 수 있다.

② 세 번째 문단에 따르면, 낫적혈구는 서로 잘 달라붙는 특성 때문에 얇은 혈관의 통과가 어렵다고 했으므로 모세혈관에서의 통과가 어려울 것임을 알 수 있다.

④ 마지막 문단에 따르면, 인공혈액은 모두 젊은 적혈구로 구성되어 있어 적혈구의 생존 기간이 길어 수혈의 빈도가 감소할 것으로 예측된다고 하였으므로 수혈을 받는 주기는 길어질 것이다.

44

정답 ②

보금자리론은 민법상 성인이라면 신청 가능하나, 디딤돌대출은 민법상 성인이면서 세대주에 해당하여야 신청이 가능하고, 세대주이더라도 단독세대주라면 만 30세 이상이어야 신청이 가능하다. 따라서 30세 미만이어도 세대원이 있는 세대주라면 신청이 가능하다.

오답분석

① 대출요건을 살펴보면, 디딤돌대출은 구입용도의 대출만 취급하나, 보금자리론의 경우 구입, 보전, 상환용도 모두 가능하다.

③ 신혼부부의 경우 담보주택의 평가액 한도와 소득요건은 두 대출 모두 각각 6억 원 이하, 연소득 8천 5백만 원 이하로 동일하나, 대출한도는 보금자리론이 최대 3.6억 원, 디딤돌대출이 최대 4억 원으로 디딤돌대출이 유리하다.

④ 두 대출의 신용도 관련 요건을 살펴보면, 보금자리론이 신용점수 271점 이상, 디딤돌대출은 350점 이상이어야 한다. 또한 디딤돌대출에는 본인 및 배우자 합산 순자산 요건이 있으나 보금자리론은 해당 요건이 없으므로 본인 및 배우자의 합산 순자산 가액이 높다면 보금자리론이 더 유리하다.

45

정답 ③

각 부서의 세부 평가 항목별 점수를 바탕으로 평가 반영 비율을 적용하여 평가별 총점을 구하면 다음과 같다.

(단위 : 점)

구분		A부서	B부서	C부서	D부서
외부평가	프로젝트 목표 달성률	78×0.35 =27.3	91×0.35 =31.85	84×0.35 =29.4	71×0.35 =24.85
	업무 프로세스 효율	80×0.2 =16	60×0.2 =12	80×0.2 =16	100×0.2 =20
	고객 및 민원 대응	75×0.2 =15	25×0.2 =5	75×0.2 =15	50×0.2 =10
	규정 준수 및 책임성	75×0.25 =18.75	100×0.25 =25	50×0.25 =12.5	75×0.25 =18.75
	총점	77.05	73.85	72.9	73.6
내부평가	예산관리 효율	40×0.2 =8	40×0.2 =8	40×0.2 =8	80×0.2 =16
	근무자 성과	50×0.3 =15	50×0.3 =15	100×0.3 =30	25×0.3 =7.5
	직원 만족도	40×0.15 =6	100×0.15 =15	80×0.15 =12	60×0.15 =9
	내부 협업 수준	70×0.35 =24.5	85×0.35 =29.75	55×0.35 =19.25	85×0.35 =29.75
	총점	53.5	67.75	69.25	62.25

외부평가와 내부평가가 6 : 4의 비율로 최종 평가 점수에 반영되므로 부서별 최종 평가 점수는 다음과 같다.

- A부서 : (77.05×0.6)+(53.5×0.4)=46.23+21.4=67.63점
- B부서 : (73.85×0.6)+(67.75×0.4)=44.31+27.1=71.41점
- C부서 : (72.9×0.6)+(69.25×0.4)=43.74+27.7=71.44점
- D부서 : (73.6×0.6)+(62.25×0.4)=44.16+24.9=69.06점

따라서 최종 평가 점수가 가장 높은 부서는 C부서이다.

46

정답 ②

ㄱ. 외부평가 총점은 모든 부서가 70점 이상이지만, 내부평가 총점은 모두 70점 미만이므로 옳은 설명이다.

ㄷ. 최종 평가 점수가 가장 높은 부서는 C부서이고, 가장 낮은 부서는 A부서이므로 최종 평가 점수 차이는 71.44−67.63=3.81점으로 5점 이하이다.

오답분석

ㄴ. 부서별 외부평가 총점과 내부평가 총점의 차이를 구하면 다음과 같다.

- A부서 : 77.05−53.5=23.55점
- B부서 : 73.85−67.75=6.1점
- C부서 : 72.9−69.25=3.65점
- D부서 : 73.6−62.25=11.35점

따라서 A부서의 외부평가와 내부평가 총점이 가장 많이 차이난다.

ㄹ. 외부평가와 내부평가의 최종 평가 점수 반영 비율이 5 : 5로 동일하게 적용된다면 부서별 내・외부평가 총점을 더해서 가장 높은 부서를 구하면 된다.

- A부서 : 77.05+53.5=130.55점
- B부서 : 73.85+67.75=141.6점
- C부서 : 72.9+69.25=142.15점
- D부서 : 73.6+62.25=135.85점

따라서 최종 평가 점수가 가장 높은 부서는 C부서이다.

47

정답 ②

45번 해설에 따라 최종 평가 점수가 4등인 부서는 A부서이고, 3등인 부서는 D부서이다.

A부서와 D부서의 최종 평가 점수 차이는 69.06−67.63=1.43점이므로 A부서의 내부평가 비율점수는 21.4+1.43=22.83점을 초과해야 한다. 그러므로 A부서의 내부평가 총점은 22.83÷0.4=57.075점을 초과해야 한다. 이때 총점은 53.5점이며, 57.075−53.5=3.575점을 초과하는 최소 자연수는 4이다.

따라서 4등인 A부서가 3등이 되기 위해서 필요한 가점은 최소 4점이다.

48

정답 ④

- B+1 → C
- A+2 → C
- N+3 → Q
- A+4 → E
- N+5 → S
- A+6 → G

따라서 옳은 암호문은 'CCQESG'이다.

49

정답 ④

SUMIF 함수식은 「=SUMIF(조건범위,"조건",[합계범위])」이다. 조건범위가 합계범위일 경우 세 번째 인수는 생략할 수 있지만, 네 번째 인수인 "70"은 어떤 경우에도 포함될 수 없으므로 옳지 않은 함수이다.

오답분석

① SUMIF 함수는 범위 내에 조건을 만족하는 셀의 값을 모두 더하는 함수이다. 그러므로 [B2:B5] 범위에서 80을 초과하는 90, 95를 더한 185가 출력된다.
② COUNTIFS 함수는 범위 내에 여러 조건을 동시에 만족하는 셀의 개수를 세는 함수이다. 그러므로 [B2:B5] 범위에서 값이 85 초과, 95 미만인 [B3] 셀 하나만 해당하므로 1이 출력된다.
③ COUNTA 함수는 범위 내에 비어있지 않은 셀의 개수를 세는 함수이다. [A2:A5] 셀에는 모두 데이터(이름)가 들어있으므로 4가 출력된다.

50

정답 ①

제시문은 잠복결핵감염에 대해 설명하는 글로, 잠복결핵감염의 특성과 치료방법 등을 서술하면서 이 질환이 어떻게 개인 건강뿐 아니라 사회 전체의 공중보건에 영향을 주는지 서술하고 있다. 따라서 글의 주제로는 '잠복결핵감염의 위험성'이 가장 적절하다.

51

정답 ④

제시문은 원자력 발전소에서 방사성 물질의 차단과 외부 오염물질의 유입 방지를 위해 강력한 공기조화시스템이 필요함을 이야기하며 이 시스템의 핵심 장치인 헤파필터에 대해 상세히 설명하고 있다. 또한 원자력 발전소에서 헤파필터의 역할과 중요성에 대해 중점적으로 서술하고 있다. 따라서 글의 주제로 가장 적절한 것은 '원자력 발전소에서의 헤파필터의 역할'이다.

52

정답 ⑤

본회의 시간이 1시간이고, 전후 30분간 회의 준비 및 회의록 작성을 진행해야 하므로 총 2시간이 필요하다. 제시된 조건에 따라 회의가 불가능한 시간을 표시하면 다음과 같다.

<table>
<tr><th colspan="2">9시</th><th colspan="2">10시</th><th colspan="2">11시</th><th colspan="2">12시</th><th colspan="2">13시</th></tr>
<tr><td></td><td></td><td>예약</td><td></td><td></td><td></td><td colspan="2">점심시간</td><td></td><td></td></tr>
<tr><th colspan="2">14시</th><th colspan="2">15시</th><th colspan="2">16시</th><th colspan="2">17시</th><td colspan="2" rowspan="2">–</td></tr>
<tr><td>예약</td><td></td><td colspan="2">외부일정</td><td></td><td></td><td></td><td></td></tr>
</table>

30분 간격으로 칸을 나누었으므로 회의를 진행하기 위해서는 총 4칸이 필요하다. 따라서 16시부터 회의 준비를 할 수 있으므로 본회의를 시작할 수 있는 가장 빠른 시각은 16시 30분이다.

53

정답 ⑤

A와 B는 1명이 참이면 1명이 거짓이다. 문제에서 1명이 거짓말을 한다고 하였으므로 A와 B 둘 중 1명이 거짓말을 하였다.

i) A가 거짓말을 했을 경우

1층	2층	3층	4층	5층
C	D	B	A	E

ii) B가 거짓말을 했을 경우

1층	2층	3층	4층	5층
B	D	C	A	E

따라서 A는 항상 D보다 높은 층에서 내린다.

54

정답 ④

2022년부터 2024년까지 전체 소송 중 기관에서 제기한 기관소송 및 권한쟁의 소송의 비율은 다음과 같다.

• 2022년 : $\frac{20,000+40,000}{481,900}\times100 \fallingdotseq 12.45\%$

• 2023년 : $\frac{17,000+50,000}{509,500}\times100 \fallingdotseq 13.15\%$

• 2024년 : $\frac{16,000+53,000}{531,500}\times100 \fallingdotseq 12.98\%$

2024년의 경우 전년 대비 감소하였으므로 옳지 않은 내용이다.

오답분석

① J국의 전체 소송 건수는 2019년부터 2021년까지 증가하다가 2022년 감소한 뒤, 2022년부터 2024년까지 다시 증가하였다.
② 민사소송에서 사기가 차지하는 비율은 $\frac{250,000+140,000}{1,480,000}\times100 \fallingdotseq 26.35\%$이고, 형사소송에서 사기가 차지하는 비율은 $\frac{125,000+50,000}{710,000}\times100 \fallingdotseq 24.65\%$이다. 따라서 민사소송에서 차지하는 비율이 더 크다.
③ 기관에서만 제기한 소송은 기관소송과 권한쟁의 소송이며 매년 이들의 합은 다음과 같다.
   - 2019년 : 5,000+3,000=8,000건
   - 2020년 : 7,000+5,000=12,000건
   - 2021년 : 15,000+40,000=55,000건
   - 2022년 : 20,000+40,000=60,000건
   - 2023년 : 17,000+50,000=67,000건
   - 2024년 : 16,000+53,000=69,000건

   따라서 기관에서만 제기하는 소송의 총합 건수는 매년 증가하였다.
⑤ 개인이 제기한 형사 소송에서 상해 대비 살인의 비율은 매년 절반으로 동일하다.

55

정답 ⑤

- 가영 : 기관에서만 제기하는 소송은 기관소송 및 권한쟁의이다. 따라서 80,000+191,000=271,000건이다.
- 나리 : 제시된 자료는 주요 소송 종류에 대한 것이므로 개인이 제기한 모든 민사소송 건수를 정확히 알 수 없다.
- 다솜 : 2021년에 기관이 제기한 헌법소원의 건수는 2,000−1,000=1,000건이며, 2022년에 기관이 제기한 헌법소원의 건수는 1,900−1,000=900건으로 전년 대비 감소했다.
- 라주 : 제시된 자료는 주요 소송 종류에 대한 것이므로 개인이 제기한 소송의 전체 건수는 알 수 없다.

따라서 모두가 제시된 자료에 대해 잘못 설명하였다.

56

정답 ③

약술형에서 48점을 득점하여 과락이 된 D응시자를 제외하고 나머지 4명의 필기시험 점수의 평균과 가점을 더한 값은 다음과 같다.

- A응시자 : {(85+52+61+57)÷4}+6=69.75점 → 불합격
- B응시자 : (75+71+67+81)÷4=73.5점 → 합격
- C응시자 : {(67+81+72+54)÷4}+2=70.5점 → 합격
- E응시자 : (66+82+58+78)÷4=71점 → 합격

따라서 J국가자격 필기시험에 합격한 사람은 B, C, E응시자 3명이다.

57

정답 ②

상대참조는 수식을 복사할 때 행과 열이 함께 복사되므로 「=A2+B2」가 옳은 수식이다.

58

정답 ③

제시된 상황은 조건이 참인지 거짓인지에 따라 서로 다른 값을 반환해야 하므로 IF 함수를 활용해야 한다. IF 함수의 함수식은 「=IF(조건,"참일 때의 값","거짓일 때의 값")」이며, 조건은 참조 대상의 값이 90 이상이어야 하므로 '참조대상>=90'이어야 한다. 따라서 옳은 함수식은 「=IF(참조 대상>=90,"합격","불합격")」이다.

오답분석

① 90점을 초과해야 합격으로 값이 나오는 함수식이다.
② 90점 이상이면 불합격, 90점 미만이면 합격으로 값이 나오는 함수식이다.
④·⑤ CHOOSE 함수는 지정된 인덱스 번호를 기준으로 목록에서 특정 값을 선택하여 반환하는 함수로, 제시된 상황에는 옳지 않은 함수이다.

59

정답 ②

제시문에 따르면 큐비트는 양자 중첩 특성을 가지고 있기 때문에 0과 1의 상태를 동시에 가진다. 반면 기존의 고전적 컴퓨터는 비트(Bit)를 통해 정보를 0과 1의 형태로 나타낸다.

오답분석

①·③ 큐비트는 측정하기 전에는 0과 1의 값을 동시에 지니지만, 측정과 동시에 하나의 값으로 확정된다.
④ 4개의 큐비트를 활용하면 $2^4=16$번의 상태를 동시에 표현할 수 있다.

60

정답 ④

J공사의 비밀번호 규칙을 정리하면 다음과 같다.

- 첫 번째와 아홉 번째 숫자 : 직원 종류별 코드(1 ~ 3)
- 두 번째 ~ 일곱 번째 숫자 : 입사 연, 월, 일(YYMMDD)
- 여덟 번째 문자 : 앞의 숫자를 모두 더하고 2를 뺀 값에 해당하는 알파벳 대문자

위의 규칙에 맞지 않는 비밀번호를 고르면 다음과 같다.

- 1942131S1 : 월 부분의 숫자가 21로 존재할 수 없다.
- 1241215N2 : 첫 번째와 아홉 번째 숫자가 동일하게 부여되지 않았다.
- 2210830P2 : 여덟 번째 문자로 2+2+1+0+8+3+0−2=14번째 알파벳인 N이 부여되어야 한다.
- 4200817T4 : 직원 종류별 코드에 4는 없다.
- 2191229Z2 : 여덟 번째 문자로 2+1+9+1+2+2+9−2=24번째 알파벳인 X가 부여되어야 한다.

따라서 J공사 비밀번호 규칙에 맞지 않는 비밀번호는 모두 5개이다.

61

정답 ③

'A카페에 간다'를 p, '타르트를 주문한다'를 q, '빙수를 주문한다'를 r, '아메리카노를 주문한다'를 s라고 하면, $p \rightarrow q \rightarrow \sim r$, $p \rightarrow q \rightarrow s$의 관계가 성립한다. 'A카페를 가면 아메리카노를 주문한다'는 참인 명제이므로 대우인 '아메리카노를 주문하지 않으면 A카페를 가지 않았다는 것이다'도 참이다.

62

정답 ③

고속국도를 제외하면 본사와 이어지는 길은 A공장과 B공장밖에 없으므로 S대리는 A공장을 처음 방문하고 마지막으로 B공장을 방문하거나, B공장을 처음 방문하고 A공장을 마지막으로 방문해야 한다. 즉, S대리는 A → D → C → E → B 순서로 방문하거나, 그 반대인 B → E → C → D → A 순서로 방문해야 한다. 두 경로의 길이는 같으므로 본사 → A → D → C → E → B → 본사의 이동거리를 구하면 8+14+12+20+10+16=80km이다.

따라서 S대리가 일반국도만을 이용하여 본사에서 출발해서 모든 부속 공장을 방문하고 본사로 돌아오는 최단거리는 80km이다.

63

정답 ②

고속국도를 이용한다면 본사에서 출발하거나 본사에 도착할 때 반드시 E공장을 거쳐야 한다. 그러므로 S대리는 E → B → C → D → A 또는 A → D → C → B → E 순서로 방문해야 한다. 두 경로의 길이는 같으므로 본사 → E → B → C → D → A → 본사의 이동거리를 구하면 20+10+8+12+14+8=72km이다. 따라서 S대리가 고속국도를 이용할 때의 최단거리는 고속국도를 이용하지 않을 때와 80−72=8km 차이가 난다.

64

정답 ③

제시문의 네 번째 문단에 따르면 천식 환자는 심장박동 및 호흡 수를 증가시키는 운동은 발작을 일으킬 수 있으므로 피해야 하고, 건조하지 않고 심장 박동이나 호흡 수가 급격히 증가하지 않는 수영과 같은 운동이 좋다고 하였다. 따라서 등산의 경우는 가파른 오르막, 건조한 환경 등 천식 환자에게 좋지 않은 운동일 가능성이 높다.

오답분석

① 세 번째 문단에 따르면 당뇨는 인슐린이 제 기능을 하지 못해 혈당을 낮추지 못하는 질환으로, 유산소 운동을 통해 혈당을 낮출 수 있다.

② 세 번째 문단에 따르면 당뇨 환자와 심장병 환자에게는 유산소 운동이 좋다고 하였으며, 특히 심장병 환자의 경우 규칙적인 유산소 운동은 심혈관계를 향상시킨다고 하였다.

④ 마지막 문단에 따르면 허리 통증 환자는 유산소 운동보다는 척추를 지지하는 근육을 발달시킬 수 있는 코어 운동이 도움이 된다고 하였다.

65

정답 ①

제시된 개요에 따르면 A교수의 발표 주제는 사람이 제공하던 서비스를 인공지능 기술로 대체하자는 것이 아닌, 인공지능 기술이 건강보험 가입자의 데이터를 기반으로 가입자에게 필요한 맞춤형 서비스를 제공해 주는지에 대한 것이다.

오답분석

② B교수의 발표 주제는 sLLM(소형언어모델)을 사용한 고객 서비스의 향상과 공단 근로자의 업무 효율성을 증대 사례이므로 이에 대한 고객과 공단 근로자의 의견이 필요하다.

③ D교수의 발표 주제는 야간 인공조명이 인간의 건강에 미치는 영향에 대한 것이므로, 야간 인공조명을 받은 사람과 이를 받지 않은 사람과의 건강상의 차이에 대한 구분되는 수치가 필요하다.

④ F팀장의 발표 주제는 병원 내에서 발생하는 폐렴의 데이터 분석을 통해 감염관리 체계 마련이 필요함을 제시하는 것이므로, 병원 내 감염병에 대한 데이터 정보가 필요하다. 따라서 병원 내 어느 병동에서 어떠한 상황에서 발생하였는지, 또 어느 연령대에서 주로 발생하는지 등에 대한 데이터가 필요하다.

66

정답 ④

교도소별 잔여 형량이 1년 미만인 복역자 수 대비 3년 이상 5년 미만인 복역자 수의 비율은 다음과 같다.

- A교도소 : $\frac{400}{3,000}\times100 ≒ 13.3\%$
- B교도소 : $\frac{400}{4,000}\times100=10\%$
- C교도소 : $\frac{500}{5,000}\times100=10\%$
- D교도소 : $\frac{600}{6,000}\times100=10\%$
- E교도소 : $\frac{800}{7,000}\times100 ≒ 11.43\%$
- F교도소 : $\frac{1,000}{8,000}\times100=12.5\%$

따라서 A교도소가 가장 높으므로 옳지 않은 내용이다.

오답분석

① 1990년부터 1995년까지 전년 대비 살인 사건 발생 건수는 100건씩 일정하게 증가하고 있다. 그러나 기준이 되는 전년의 수치가 점점 커지기 때문에 전년 대비 변화율은 점점 감소한다(1990년 20% 증가, 1991년 약 16.6% 증가, …).

② K국 전체 교도소 복역자 수는 5,300+5,700+7,800+10,000+10,300+11,600=50,700명이므로 D교도소에 복역하는 비율은 $\frac{10,000}{50,700}\times100 ≒ 19.72\%$이다. 따라서 20% 이하이다.

③ 1993년부터 1995년까지 7대 주요 범죄 중 절도가 차지하는 비율을 구하기 위해 연도별 7대 주요 범죄 발생 건수를 계산하면 다음과 같다.
   - 1993년 : 900+3,000+10,000+10,000+20,000+3,000+1,000=47,900건
   - 1994년 : 1,000+2,000+20,000+10,000+27,000+5,000+900=65,900건
   - 1995년 : 1,100+3,500+17,000+9,000+34,000+2,000+1,100=67,700건

   이 중 절도가 차지하는 비율을 계산하면 다음과 같다.

   $$\frac{20,000+27,000+34,000}{47,900+65,900+67,700}\times100$$

   $$\rightarrow \frac{81,000}{181,500}\times100 ≒ 44.63\%$$

   따라서 절도가 차지하는 비율은 45% 이하이다.

67

정답 ③

제시된 자료는 7대 주요 범죄 현황이므로 한 해의 전체 범죄 현황은 알 수 없다.

오답분석

① 살인이 가장 많이 발생한 해는 1995년이며, 절도 역시 1995년에 가장 많이 발생하였다.

② K국 교도소의 잔여 형량별 복역자 수 자료를 통해 잔여 형량이 많을수록 복역자 수가 적음을 알 수 있다.

④ 잔여 형량이 1년 미만인 복역자 수가 가장 많은 교도소는 F교도소이며, 전체 복역자 수 역시 F교도소가 가장 많다.

68

정답 ③

계란 가격은 2024년 7월부터 9월까지 증가하다가, 10월부터 감소한 후 12월에 다시 증가 추세를 보이고 있다.

오답분석

① • 2024년 8월 대비 9월 쌀 가격 증가율

: $\frac{1,970-1,083}{1,083}\times 100 ≒ 81.90\%$

• 2024년 11월 대비 12월 무 가격 증가율

: $\frac{2,474-2,245}{2,245}\times 100 ≒ 10.20\%$

따라서 2024년 8월 대비 9월 쌀 가격의 증가율이 2024년 11월 대비 12월 무 가격의 증가율보다 크다.

② 국산, 미국산, 호주산 소 가격 모두 2024년 7월부터 9월까지 증가하다가 10월에 감소하였다.

④ 쌀 가격은 2024년 7월 1,992원에서 8월 1,083원으로 감소했다가, 9월 1,970원으로 증가한 후 10월부터는 꾸준히 감소하고 있다.

69

정답 ②

제시된 식재료 가격의 2024년 12월 대비 2025년 1월 증감률을 계산하면 다음과 같다.

• 쌀 : $\frac{1,805-1,809}{1,809}\times 100 ≒ -0.22\%$

• 양파 : $\frac{1,759-1,548}{1,548}\times 100 ≒ 13.63\%$

• 무 : $\frac{2,543-2,474}{2,474}\times 100 ≒ 2.78\%$

• 건멸치 : $\frac{25,200-25,320}{25,320}\times 100 ≒ -0.47\%$

따라서 증감률이 가장 큰 재료는 양파이다.

70

정답 ③

오답분석

① 2021년의 값이 서로 바뀌었다.

② 2024년 충주댐의 발전량 값이 잘못되었다.

④ 2023년 소양강댐의 발전량 값이 잘못되었다.

피듈형 NCS 집중학습 봉투모의고사

제1회 모의고사 정답 및 해설

01	02	03	04	05	06	07	08	09	10
③	③	①	②	②	⑤	②	④	③	③
11	12	13	14	15	16	17	18	19	20
④	①	③	④	⑤	①	③	④	③	④
21	22	23	24	25	26	27	28	29	30
②	②	①	⑤	④	④	④	③	②	①
31	32	33	34	35	36	37	38	39	40
④	④	①	③	②	④	④	②	④	④
41	42	43	44	45	46	47	48	49	50
②	②	①	⑤	④	①	②	④	⑤	④
51	52	53	54	55	56	57	58	59	60
①	③	①	⑤	①	②	④	②	③	①
61	62	63	64	65	66	67	68	69	70
③	③	④	③	②	④	⑤	③	②	②

01

정답 ③

마지막 문단의 혁신적 기술 등에 의한 성장이 아닌 외형성장에 주력해 온 국내 경제의 체질을 변화시키기 위해 벤처기업 육성에 관한 특별조치법이 제정되었다고 하는 부분을 통해 알 수 있는 내용이다.

오답분석

① 해외 주식시장의 주가 상승과 국내 벤처버블 발생이 비슷한 시기에 일어난 것은 알 수 있으나, 전자가 후자의 원인이라는 것은 알 수 없다.
② 벤처버블이 1999 ~ 2000년 기간 동안 국내뿐 아니라 미국, 유럽 등 전 세계 주요 국가에서 나타난 것은 알 수 있으나 전 세계 모든 국가에서 일어났는지는 알 수 없다.
④ 뚜렷한 수익모델이 없다고 하더라도 인터넷을 활용한 비즈니스를 내세우면 높은 잠재력을 가진 기업으로 인식되었다는 부분을 통해 벤처기업이 활성화되었으리라는 것을 유추할 수는 있다. 하지만 그것이 대기업과 어떠한 연관을 가지는지는 알 수 없다.
⑤ 외환위기로 인해 우리 경제에 고용창출과 경제성장을 주도할 새로운 기업군이 필요해졌다는 부분은 알 수 있으나, 외환위기가 해외 주식을 대규모로 매입하는 계기가 되었는지는 알 수 없다. 오히려 반대로 1998년 5월부터 외국인의 종목별 투자한도를 완전 자유화하여 외국인 투자자들의 국내 투자를 유인하였다는 부분이 언급되어 있다.

02

정답 ③

빈칸의 앞 문장의 '정상적인 기능을 할 수 없는 상태'와 대조를 이루는 표현이면서, 마지막 문장의 '자기 조절과 방어 시스템이 작동하는 과정인 것'이라는 내용에 어울리는 표현인 ③이 빈칸에 들어갈 내용으로 가장 적절하다.

03

정답 ①

문제해결방법에 대한 체계적인 교육을 통해 창조적인 문제해결능력을 향상시킬 수 있다. 따라서 문제해결을 위해서 개인은 체계적인 교육훈련을 통해 문제해결을 위한 기본 지식과 스킬을 습득해야 한다.

04

정답 ②

'경쟁자의 시장 철수로 인한 시장으로의 진입 가능성'은 P공사가 가지고 있는 내부환경의 약점이 아닌 외부환경에서 비롯되는 기회에 해당한다.

05

정답 ②

주어진 조건을 고려하면 C－K－A－B 또는 K－C－A－B 순서로 대기하고 있다는 것을 알 수 있다. 이때 K－C－A－B의 경우에는 마지막 조건을 만족시킬 수 없으므로 대기자 5명은 C－K－A－B－D 순서로 대기하고 있다. 따라서 K씨는 두 번째로 진찰을 받을 수 있다.

06

정답 ⑤

제시문은 미세먼지 특별법 제정과 시행 내용에 대해 설명하고 있다. 따라서 ⑤가 기사의 제목으로 가장 적절하다.

07

정답 ②

- 2018년 전체 관람객 : 6,688+3,355=10,043명
- 2018년 전체 관람객 중 외국인 관람객이 차지하는 비중

: $\frac{1,877}{10,043} \times 100 ≒ 18.69\%$

- 2024년 전체 관람객 : 7,456+6,259=13,715명
- 2024년 전체 관람객 중 외국인 관람객이 차지하는 비중

: $\frac{3,849}{13,715} \times 100 ≒ 28.06\%$

→ 2018년과 2024년의 전체 관람객 중 외국인 관람객이 차지하는 비중의 차 : 28.06−18.69=9.37%p

따라서 2024년의 전체 관람객 수에서 외국인 관람객이 차지한 비중은 2018년에 비해 15%p 미만으로 증가했다.

오답분석

① 2018년 외국인 관광객 수는 1,877명이고, 2024년 외국인 관광객 수는 3,849명이다. 따라서 2018년 대비 2024년 외국인 관광객 수의 증가율은 $\frac{3,849-1,877}{1,877} \times 100 ≒ 105.06\%$이다.

③ 2023년을 제외한 나머지 해의 경우 유료관람객 수가 무료관람객 수보다 많음을 확인할 수 있다.

④ 제시된 자료를 통해 알 수 있다.

⑤ 제시된 자료에 의하여 무료관람객 수는 지속적으로 증가하는 것을 알 수 있다. 또한, 2019 ~ 2024년 무료관람객 수의 전년 대비 증가폭을 구하면 다음과 같다.

- 2019년 : 3,619−3,355=264명
- 2020년 : 4,146−3,619=527명
- 2021년 : 4,379−4,146=233명
- 2022년 : 5,539−4,379=1,160명
- 2023년 : 6,199−5,539=660명
- 2024년 : 6,259−6,199=60명

따라서 2022년의 무료관람객 수는 전년 대비 가장 많이 증가했고, 2024년의 무료관람객 수는 전년 대비 가장 적게 증가했다.

08

정답 ④

발행형태가 4로 전집이기 때문에 한 권으로만 출판된 것이 아님을 알 수 있다.

오답분석

① 국가번호가 05(미국)로, 미국에서 출판되었다.

② 서명식별번호가 1011로, 1011번째로 발행되었다. 441은 발행자의 번호로, 이 책을 발행한 출판사의 발행자번호가 441이라는 것을 의미한다.

③ 발행자번호는 441로, 3자리로 이루어져 있다.

⑤ 도서의 내용이 710(한국어)이지만 도서가 한국어로 되어 있는지는 알 수 없다.

09

정답 ③

부산(1.9%) 및 인천(2.5%) 지역에서는 증가율이 상대적으로 낮게 나와 있으나, 서울(1.1%) 또한 마찬가지이다.

오답분석

㉠·㉡ 자료를 통해 확인할 수 있다.

㉣ 2024년 에너지 소비량은 경기(9,034천 TOE), 충남(4,067천 TOE), 서울(3,903천 TOE)의 순서이다.

㉤ 전국 에너지 소비량은 2014년이 28,588천 TOE, 2024년이 41,594천 TOE로 13,006천 TOE의 증가를 보이고 있다.

10

정답 ③

영희는 방수액의 유무와 상관없이 재충전 횟수가 200회 이상이면 충분하다고 하였으므로 100회 이상 300회 미만 충전이 가능한 리튬이온배터리를 구매한다. 또한, 방수액을 바르지 않은 것이 더 저렴하므로 영희가 가장 저렴하게 구매하는 가격은 5,000원이다.

오답분석

① • 철수가 가장 저렴하게 구매하는 가격 : 20,000원
 • 영희가 가장 저렴하게 구매하는 가격 : 5,000원
 • 상수가 가장 저렴하게 구매하는 가격 : 5,000원
 따라서 철수, 영희, 상수가 리튬이온배터리를 가장 저렴하게 구매하는 가격의 총합은 20,000+5,000+5,000=30,000원이다.

② • 철수가 가장 비싸게 구매하는 가격 : 50,000원
 • 영희가 가장 비싸게 구매하는 가격 : 10,000원
 • 상수가 가장 비싸게 구매하는 가격 : 50,000원
 따라서 철수, 영희, 상수가 리튬이온배터리를 가장 비싸게 구매하는 가격의 총합은 50,000+10,000+50,000=110,000원이다.

④ 영희가 가장 비싸게 구매하는 가격은 10,000원, 상수가 가장 비싸게 구매하는 가격은 50,000원이다. 두 가격의 차이는 40,000원으로, 30,000원 이상이다.

⑤ 상수가 가장 비싸게 구매하는 가격은 50,000원, 가장 저렴하게 구매하는 가격은 5,000원이므로 두 가격의 차이는 45,000원이다.

11

정답 ④

업무 일정 기간 및 순서를 표로 나타내면 다음과 같다.

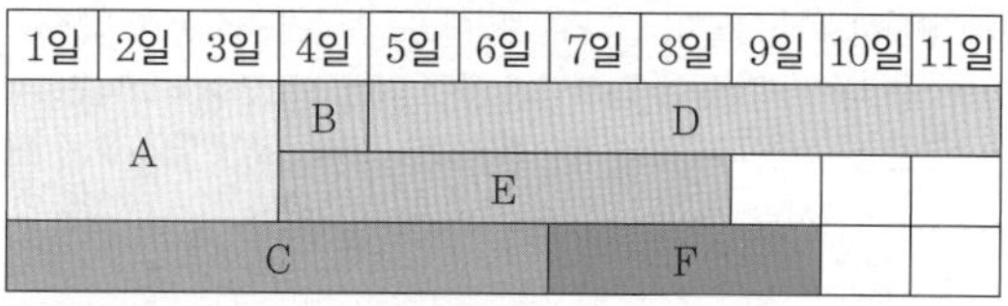

선결업무와 묶어서 생각해야 한다. D업무는 A업무와 B업무를 끝마친 후 실시해야 하므로 A(3일)+B(1일)+D(7일)=11일이 걸린다. E업무는 A업무 다음으로 실시해야 하므로 A(3일)+E(5일)=8일이 걸린다. F업무는 B, C업무를 끝낸 후 시작해야 하지만 B, C업무는 연결된 업무가 아니므로 두 업무 중 기간이 더 걸리는 C업무가 끝난 후 시작하면 C(6일)+F(3일)=9일이 걸린다.

따라서 가장 오래 걸리는 업무 기간이 모든 업무를 완료하는 최소 소요 기간이므로 최소 소요 기간은 11일이 된다.

12

정답 ①

㉠ B업무의 소요 기간이 4일로 연장된다면 3일이 늘어난 것이므로 D업무를 마칠 때까지 $3+4+7=14$일이 소요된다.

㉡ D업무의 선결업무가 없다면 가장 마지막에 마치는 업무는 F가 되고 모든 업무를 마치는 데 최소 9일이 소요된다.

오답분석

㉢ E업무의 선결업무에 C업무가 추가된다면 최소 소요 기간은 $6+5=11$일이 된다(A, C는 동시에 진행해도 된다).

㉣ C업무의 소요 기간이 2일 연장되면 C(8일)+F(3일)=11일이 소요되므로 최소 소요 기간은 변하지 않는다.

13

정답 ③

두 번째 문단에서 부조화를 감소시키는 행동은 비합리적인 면이 있는데, 그러한 행동들이 자신들의 문제에 대해 실제적인 해결책을 찾지 못하도록 할 수 있다고 하였다.

오답분석

① 인지부조화는 불편함을 유발하기 때문에 사람들은 이것을 감소시키려고 한다.

② 제시문에는 부조화를 감소시키는 행동의 합리적인 면이 나타나 있지 않다.

④ 제시문에서 부조화를 감소시키려는 자기방어적인 행동은 부정적인 결과를 초래한다고 하였다.

⑤ 부조화를 감소시키는 행동으로 사람들은 자신의 긍정적인 측면의 이미지를 유지하게 되는데, 이를 통해 부정적인 이미지를 감소시키는지는 알 수 없다.

14

정답 ④

제시문에 따르면 인지부조화 이론에서 '사람들은 현명한 사람을 자기 편, 우매한 사람을 다른 편이라 생각할 때 마음이 편안해질 것이다.'라고 하였다. 따라서 자신의 의견과 동일한 주장을 하는 논리적인 글을 기억하고, 자신의 의견과 반대되는 주장을 하는 형편없는 글을 기억할 것이라 예측할 수 있다.

15

정답 ⑤

문서적인 의사소통은 언어적인 의사소통에 비해 권위감이 있고, 정확성과 전달성이 높고, 보존성도 크다. 반면, 언어적인 의사소통은 상대방의 반응이나 감정을 살필 수 있고, 그때그때 상대방을 설득시킬 수 있으므로 유동성이 있다.

16

정답 ①

과목별 의무 교육이수 시간은 다음과 같다.

구분	글로벌 경영	해외사무영어	국제회계
의무 교육 시간	$\frac{15점}{1점/h}=15시간$	$\frac{60점}{1점/h}=60시간$	$\frac{20점}{2점/h}=10시간$

지금까지 B과장이 이수한 시간을 계산해 보면, 글로벌 경영과 국제회계의 초과 이수 시간은 $2+14=16$시간이며, 해외사무영어의 부족한 시간은 10시간이다. 초과 이수 시간을 점수로 환산하면 3.2점이고, 이 점수를 부족한 해외사무영어 점수 10점에서 제외하면 6.8점이 부족하다. 따라서 미달인 과목은 해외사무영어이며, 부족한 점수는 6.8점임을 알 수 있다.

17

정답 ③

지하철의 이동거리를 $x$km라 하자. 이상이 생겼을 때 지하철의 속력은 $60\times0.4=24$km/h이다. 이때 평소보다 45분 늦게 도착하였으므로 다음 식이 성립한다.

$\frac{x}{24}-\frac{x}{60}=\frac{45}{60}$

$\rightarrow 5x-2x=90 \rightarrow 3x=90$

$\therefore x=30$

따라서 지하철의 이동거리는 30km이다.

18

정답 ④

제시문의 경우 '미국의 양적완화로 인한 경제가치의 변화와 그에 따른 우리경제의 변화요인'이 핵심 내용이고, 선택지의 주된 내용은 우리나라의 변화 추이이므로 이에 따른 명제를 설정하면, '미국이 양적완화를 중단하면 미국금리가 상승한다.'에 따른 우리나라의 변동 사항, 즉 '우리나라 금리가 상승하고 가계부채 문제가 심화되며 국내소비는 감소한다.'이다. 또한, '우리나라 경제는 대외의존도가 높기 때문에 경제의 주요지표들이 개선되기 위해서는 수출이 감소하면 안 된다.'를 전제로 도출한 명제인 '수출이 증가하지 않으면 지표들이 개선되지 않는다.'와 '우리나라의 달러 환율이 하락하면 우리나라의 수출이 감소한다.'를 종합하면 '달러 환율이 하락하면 지표들이 개선되지 않는다.'가 되기 때문에 이의 대우인 '우리나라 경제의 주요지표들이 개선되었다면 우리나라의 달러 환율이 하락하지 않았을 것이다.'는 항상 참이 된다.

오답분석

① 제시문의 '우리나라의 달러 환율이 하락하면 우리나라의 수출이 감소한다.'와 상반되므로 참이 아니다.

② 제시문을 통해 도출한 명제인 '미국이 양적완화를 중단하면 가계부채 문제가 심화된다.'의 역이므로 항상 참이라고 할 수 없다.

③ 금리가 상승하면 외국인 투자가 증가하고 경제 전망이 어두워지지만, 외국인 투자와 우리나라 경제 전망의 직접적인 상관관계는 알 수 없다.

⑤ 금리가 상승하면 국내소비가 감소하고 외국인 투자가 증가하지만, 둘의 상관관계는 알 수 없다.

19

정답 ③

오답분석

① A지원자 : 9월에 복학 예정이기 때문에 인턴 기간이 연장될 경우 근무할 수 없으므로 부적합하다.
② B지원자 : 경력 사항이 없으므로 부적합하다.
④ D지원자 : 근무 시간(9 ~ 18시) 이후에 업무가 불가능하므로 부적합하다.
⑤ E지원자 : 포토샵을 활용할 수 없으므로 부적합하다.

20

정답 ④

과거에는 의사소통을 기계적인 정보의 전달만으로 이해하였다. 그러나 의사소통은 정보 전달 이상의 것으로, 일방적인 언어나 문서를 통해 의사를 전달하는 것은 의사소통이라고 할 수 없다. 의사소통은 상대방에게 메시지를 전달하는 과정이 아니라 상대방과의 상호작용을 통해 메시지를 다루는 과정이다. 따라서 성공적인 의사소통을 위해서는 상대방이 어떻게 받아들일 것인가에 대한 고려를 바탕으로 메시지를 구성하여야 한다.

21

정답 ②

(일교차)=(최고기온)−(최저기온)이고, $a-(-b)=a+b$에 따라 요일별 일교차를 구하면 다음과 같다.

- 월요일 : 10.7−(−1.8)=12.5℃
- 화요일 : 12.3−(−1.3)=13.6℃
- 수요일 : 11.4−2.0=9.4℃
- 목요일 : 6.6−(−1.1)=7.7℃
- 금요일 : 10.4−(−3.1)=13.5℃
- 토요일 : 12.7−0.1=12.6℃
- 일요일 : 10.1−(−1.5)=11.6℃

따라서 일교차가 가장 큰 요일은 화요일이다.

22

정답 ②

제시문은 '시장집중률은 시장 내 일정 수의 상위 기업들이 차지하는 비중을 나타내 주는 수치, 즉 일정 수의 상위 기업의 시장점유율을 합한 값이다.'라고 시장집중률의 개념을 설명하고 있다. 그리고 이를 통해 시장 구조를 구분하여 설명하고, 시장 내의 공급이 기업에 집중되는 양상을 파악할 수 있다는 의의를 밝히고 있다. 따라서 제시문의 중심 주제로 가장 적절한 것은 ②이다.

23

정답 ①

- 시차는 런던을 기준으로 계산되어 있다. 가장 빠른 모스크바 시간을 중심으로 계산하면 밴쿠버는 모스크바보다 11시간, 뉴욕은 8시간이 늦고, 밴쿠버는 뉴욕보다 3시간이 늦다. A대리가 모스크바에서 8월 19일 오후 2시에 보고서 작성을 시작해 B대리에게 전송했으며, B대리는 밴쿠버 시간으로 8월 19일 오전 6시에 메일 도착 시간을 확인했다. 메일은 밴쿠버 시간으로 오전 6시에 도착한 것이므로 모스크바에서는 6시+11시간=17시, 즉 8월 19일 오후 5시에 보낸 것이다. 따라서 A대리의 보고서 작성시간은 3시간이다.
- B대리는 오전 9시부터 보고서 작성을 시작하여 뉴욕에 있는 C대리에게 메일로 전송했으며, C대리가 메일을 받은 시간은 8월 19일 오후 4시이다. 밴쿠버는 뉴욕보다 3시간 느리므로 B대리가 밴쿠버에서 보고서를 끝내고 메일을 보낸 시간은 오후 1시이다. B대리는 오전 9시부터 오후 1시까지 보고서를 작성했으므로 4시간 동안 작성하였다.
- C대리는 메일로 자료를 받아 1시간 동안 검토하고 제출다.

따라서 세 명이 프로젝트 보고서를 작성하는 데 걸린 시간은 총 3+4+1=8시간이다.

24

정답 ⑤

다섯 번째 조건에 의해 나타날 수 있는 경우는 다음과 같다.

구분	1순위	2순위	3순위
경우 1	A	B	C
경우 2	B	A	C
경우 3	A	C	B
경우 4	B	C	A

- 두 번째 조건 : 경우 1+경우 3=11명
- 세 번째 조건 : 경우 1+경우 2+경우 4=14명
- 네 번째 조건 : 경우 4=6명

따라서 C에 3순위를 부여한 사람의 수는 14−6=8명이다.

25

정답 ④

위험 한 단위당 기대수익률은 '(기대수익률)÷(표준편차)'로 구할 수 있다. E는 8÷4=2이며, F는 6÷3=2이다. 따라서 E와 F는 위험 한 단위당 기대수익률이 같다.

오답분석

① 지배원리에 의해 동일한 기대수익률이면 최소의 위험을 선택하여야 하므로, 동일한 기대수익률인 A와 E, C와 F는 표준편차를 기준으로 우열을 가릴 수 있다.
② 위험 한 단위당 기대수익률이 높은 투자 대안을 선호한다고 하였으므로 A, B, C, D 중에서 D가 가장 낫다고 평가할 수 있다.
③ G가 기대수익률이 가장 높지만 표준편차도 가장 높기 때문에 가장 바람직한 대안이라고 볼 수 없다.
⑤ E는 B와 G에 비해 표준편차는 낮지만, 기대수익률 역시 낮으므로 우월하다고 볼 수 없다.

26

정답 ④

팀장 1명과 회계 담당자 2명을 뽑는 경우의 수는 각각 다음과 같다.

- 팀장 1명을 뽑는 경우의 수 : ${}_{10}C_1=10$가지
- 회계 담당자 2명을 뽑는 경우의 수 : ${}_{9}C_2=\frac{9\times 8}{2!}=36$가지

따라서 10×36=360가지이다.

27

정답 ④

P구 건강관리센터 운영규정은 '출산일을 기준으로 6개월 전부터 계속하여 P구에 주민등록을 두고 실제로 P구에 거주하고 있는 산모'에 한해 산모·신생아 건강관리 서비스를 이용할 수 있다. 따라서 사례의 갑은 2024년 6월 28일 아이를 출산했으므로 6개월 전인 2023년 12월 28일 이전에 P구에 주민등록이 되고 실제 거주해야 한다. 그러므로 변경 전 규정에 의하면 갑은 2024년 1월 1일에 P구에 주민등록이 되었기에 산모·신생아 건강관리 서비스를 이용할 수 없다. 만약 P구 건강관리센터 운영규정의 '출산일'을 모두 '출산 예정일 또는 출산일'로 개정한다면 갑은 출산 예정일인 2024년 7월 2일을 기준으로 6개월 전인 2024년 1월 2일 이전인 2024년 1월 1일에 P구에 주민등록을 했고 실거주했으므로 해당 서비스를 이용할 수 있다.

28

정답 ③

P사의 전 직원을 x명이라고 할 때, 찬성한 직원은 $0.8x$명이고, 그중 남직원은 $0.8x \times 0.7 = 0.56x$명이다.

(단위 : 명)

구분	찬성	반대	합계
남자	$0.56x$	$0.04x$	$0.6x$
여자	$0.24x$	$0.16x$	$0.4x$
합계	$0.8x$	$0.2x$	x

따라서 여직원 한 명을 뽑았을 때, 유연근무제에 찬성한 사람일 확률은 $\frac{0.24x}{0.4x} = \frac{3}{5}$이다.

29

정답 ②

주어진 자료를 토대로 모델별 향후 1년 동안의 광고효과를 계산하면 다음과 같다.

(단위 : 백만 원, 회)

모델	1년 광고비	1년 광고횟수	1회당 광고효과	총 광고효과
A	180−120 =60	60÷2.5 =24	140+130 =270	24×270 =6,480
B	180−80 =100	100÷2.5 =40	80+110 =190	40×190 =7,600
C	180−100 =80	80÷2.5 =32	100+120 =220	32×220 =7,040
D	180−90 =90	90÷2.5 =36	80+90 =170	36×170 =6,120
E	180−70 =110	110÷2.5 =44	60+80 =140	44×140 =6,160

따라서 광고효과가 가장 클 것으로 예상되는 모델은 B이다.

30

정답 ①

A ~ E직원 가운데 C는 E의 성과급이 늘었다고 말했고, D는 E의 성과급이 줄었다고 말했으므로 C와 D 중 한 명은 거짓말을 하고 있다.

- C가 거짓말을 하고 있는 경우 : B, A, D 순으로 성과급이 늘었고, E와 C는 성과급이 줄어들었으나, C와 E의 성과급 순위는 알 수 없다.
- D가 거짓말을 하고 있는 경우 : B, A, D 순으로 성과급이 늘었고, C와 E도 성과급이 늘었지만, 모든 순위는 알 수 없다.

따라서 어떤 경우이든 직원 E의 성과급 순위는 알 수 없다.

31

정답 ④

- 5% 설탕물 600g에 들어있는 설탕의 양 : $\frac{5}{100} \times 600 = 30$g
- 10분 동안 가열한 후 남은 설탕물의 양 : $600 - (10 \times 10) = 500$g
- 가열 후 남은 설탕물의 농도 : $\frac{30}{500} \times 100 = 6\%$

여기에 더 넣은 설탕물 200g의 농도를 x%라 하면,

$$\left(\frac{6}{100} \times 500\right) + \left(\frac{x}{100} \times 200\right) = \frac{10}{100} \times 700$$

$\rightarrow 2x + 30 = 70$

$\therefore x = 20$

따라서 더 넣은 설탕물 200g의 농도는 20%이다.

32

정답 ④

- C강사 : 셋째 주 화요일 오전, 목요일, 금요일 오전에 스케줄이 비어 있으므로 목요일과 금요일에 이틀간 강의가 가능하다.
- E강사 : 첫째, 셋째 주 화 ~ 목요일 오전에 스케줄이 있으므로 수요일과 목요일 오후에 강의가 가능하다.

오답분석

- A강사 : 매주 수 ~ 목요일에 스케줄이 있으므로 화요일과 금요일 오전에 강의가 가능하지만 강의가 연속 이틀에 걸쳐 진행되어야 한다는 조건에 부합하지 않는다.
- B강사 : 화요일과 목요일에 스케줄이 있으므로 수요일 오후와 금요일 오전에 강의가 가능하지만 강의가 연속 이틀에 걸쳐 진행되어야 한다는 조건에 부합하지 않는다.
- D강사 : 수요일 오후와 금요일 오전에 스케줄이 있으므로 화요일 오전과 목요일에 강의가 가능하지만 강의가 연속 이틀에 걸쳐 진행되어야 한다는 조건에 부합하지 않는다.

33

정답 ①

제시문에 따르면 기존의 경제학에서는 인간을 철저하게 합리적이고 이기적인 존재로 보았지만, 행동경제학에서는 인간을 제한적으로 합리적이고 감성적인 존재로 보았다. 따라서 제시문의 흐름상 ㉠에는 '다른'이 적절하다.

34

정답 ③

2018 ~ 2023년의 KTX 부정승차 평균 적발 건수가 70,000건이라고 하였으므로 2018년 부정승차 적발 건수를 a건이라고 하면

$$\frac{a+65,000+70,000+82,000+62,000+67,000}{6}=70,000$$

$\rightarrow a+346,000=420,000$

$\therefore\ a=74,000$

그러므로 2018년 부정승차 적발 건수는 74,000건이다.

또한, 2019 ~ 2024년의 부정승차 평균 적발 건수가 65,000건이라고 하였으므로 2024년 부정승차 적발 건수를 b건이라고 하면

$$\frac{65,000+70,000+82,000+62,000+67,000+b}{6}=65,000$$

$\rightarrow 346,000+b=390,000$

$\rightarrow b=390,000-346,000$

$\therefore\ b=44,000$

그러므로 2024년 부정승차 적발 건수는 44,000건이다.

따라서 2024년도 부정승차 적발 건수와 2018년도 적발 건수의 차이는 74,000−44,000=30,000건이다.

35

정답 ②

ㄱ. 이조는 주로 인사를 담당하였지만 과거 관리의 업무는 예조에서 담당하고 있었다.

ㄷ. 당상관은 정3품 이상의 판서, 참판, 참의를 지칭하는데 조마다 정2품의 판서 1인, 종2품의 참판 1인, 정3품의 참의 1인 등으로 구성되었다고 하였으므로 육조에 속한 당상관은 18명이다. 또한 육관은 육조의 별칭이고, 육조의 서열은 1418년까지는 이, 병, 호, 예, 형, 공조의 순서였고, 이후에는 이, 호, 예, 병, 형, 공조의 순서가 되었다고 하였다.

오답분석

ㄴ. 병조의 정랑·좌랑은 문관만 재직할 수 있도록 되어 있었다.

ㄹ. 조선 후기에 호조의 역할이 강화된 것은 맞지만 실학사상의 영향인지는 알 수 없다.

ㅁ. 육조의 정랑과 좌랑은 임기제로 운영되었으나 당상관이 어떠했는지는 알 수 없다.

36

정답 ④

- A직원 : 문제점을 제대로 파악하지 못한 채, 무계획적이고 과도하게 자료를 수집하였다. 이러한 경우 수집된 자료 역시 제대로 파악하기 어렵다.
- B직원 : 일반적인 고정관념에 얽매여 새로운 가능성을 무시하고 있다.
- C직원 : 누구나 쉽게 떠오르는 단순한 생각을 말하고 있다. 이는 문제를 해결하지 못하게 할 뿐 아니라 오류를 범할 가능성도 높다.

37

정답 ④

사냥개의 한 걸음의 길이를 a, 토끼의 한 걸음의 길이를 b, 사냥개와 토끼의 속력을 각각 c, d라고 하자.

사냥개의 두 걸음의 길이와 토끼의 세 걸음의 길이가 같으므로

$2a=3b \rightarrow a=\frac{3}{2}b$

사냥개가 세 걸음 달리는 시간과 토끼가 네 걸음 달리는 시간이 같으므로

$\frac{3a}{c}=\frac{4b}{d} \rightarrow \frac{9}{2}bd=4bc \rightarrow 8c=9d$

사냥개가 9m 뛸 동안 토끼는 8m 뛰므로 사냥개가 9m를 뛰어야 토끼와의 간격이 1m 줄어든다. 따라서 사냥개가 10m 앞선 토끼를 잡으려면 사냥개는 90m를 더 달려야 한다.

38

정답 ②

강제연상법은 각종 힌트에서 강제로 연결지어 발상하는 방법으로, 해당 힌트를 통해 사고의 방향을 미리 정해서 아이디어를 도출하는 방식이다. 이러한 강제연상법의 대표적인 방법으로 체크리스트법이 있는데, 이는 어떤 주제에 아이디어를 찾고자 할 때 이에 대한 질문 항목을 표로 만들어 정리하고 하나씩 점검해 가며 아이디어를 생각해 내는 것이다. 이처럼 모든 항목에 대해 하나씩 점검하기 때문에 누락될 염려도 없을 뿐만 아니라 반복적인 작업에서는 보다 편리한 작업을 가능하게 한다. 따라서 강제연상법에 해당하는 것은 ㉤, ㉦이다.

오답분석

- 자유연상법 : 어떤 생각에서 다른 생각을 계속해서 떠올리는 작용을 통해 어떤 주제에서 생각나는 것을 계속해서 열거해 나가는 발산적 사고 중 하나의 방법으로, 대표적으로 브레인스토밍이 있다. 보기에서 자유연상법에 해당하는 것은 ㉡, ㉥이다.
- 비교발상법 : 주제와 본질적으로 닮은 것을 힌트로 하여 새로운 아이디어를 얻는 방법으로, 이때 주제와 본질적으로 닮았다는 것은 단순히 겉만을 의미하는 것이 아니라 힌트와 주제가 제시한 개별 아이디어 자체의 의미를 잃지 않는 수준에서 닮았다는 것을 의미한다. 이에 해당하는 방법으로는 대상과 비슷한 것을 찾아내 그것을 힌트로 하여 새로운 아이디어를 도출하는 NM법과 서로 관련이 없어 보이는 요소들을 결합하여 새로운 아이디어를 도출하는 시네틱스(Synectics)법이 있다. 보기에서 비교연상법에 해당하는 것은 ㉠, ㉢, ㉣이다.

39

정답 ④

- (가)=723−(76+551)=96
- (나)=824−(145+579)=100
- (다)=887−(131+137)=619
- (라)=114+146+688=948

∴ (가)+(나)+(다)+(라)=96+100+619+948=1,763

40

정답 ④

(라)는 기존의 문제 해결 방안이 지니는 문제점을 지적하고 있다.

41

정답 ②

전체 1인 가구 중 서울·인천·경기의 1인 가구가 차지하는 비율은 $\frac{1,012+254+1,045}{5,279}\times100 ≒ 43.78\%$이므로 옳은 설명이다.

오답분석

① 강원도의 1인 가구 비율은 $\frac{202}{616}\times100 ≒ 32.79\%$이고, 충청북도의 1인 가구 비율은 $\frac{201}{632}\times100 ≒ 31.80\%$이므로 강원도가 더 높다.

③ 도 지역의 가구 수의 총합은 4,396+616+632+866+709+722+1,090+1,262+203=10,496가구이고, 서울특별시 및 광역시의 가구 수는 19,017−10,496=8,521가구이므로 도 지역 가구 수의 총합이 더 크다.

④ 경기도를 제외한 도 지역 중 1인 가구 수가 가장 많은 지역은 경상북도이지만, 전체 가구 수가 가장 많은 지역은 경상남도이다.

⑤ 전라북도와 전라남도의 1인 가구 수 합의 2배는 (222+242)×2=928가구이므로 경기도의 1인 가구 수보다 적다.

42

정답 ②

호실별 환자 배치와 회진 순서는 다음과 같다.

101호 A, F환자	102호 C환자	103호 E환자	104호
105호	106호 D환자	107호 B환자	108호

병실 이동 시 소요되는 행동 수치가 가장 적은 순서는 '101호 – 102호 – 103호 – 107호 – 106호'이다. 또한, 환자 회진 순서는 A(09:40 ~ 09:50) → F(09:50 ~ 10:00) → C(10:00 ~ 10:10) → E(10:30 ~ 10:40) → B(10:40 ~ 10:50) → D(11:00 ~ 11:10)이다. 회진 규칙에 따라 101호부터 회진을 시작하고, 같은 방에 있는 환자는 연속으로 회진하기 때문에 A환자와 F환자를 회진한다. 따라서 회진할 때 세 번째로 회진하는 환자는 C환자이다.

43

정답 ①

회진 순서는 A → F → C → E → B → D이므로 E환자를 B환자보다 먼저 진료한다.

오답분석

② 네 번째 진료 환자는 E이다.
③ 마지막 진료 환자는 D이다.
④ 회진은 11시 10분에 마칠 수 있다.
⑤ 10시부터 회진을 해도 마지막으로 진료하는 환자는 바뀌지 않는다.

44

정답 ⑤

허수아비 공격의 오류는 상대가 의도하지 않은 것을 강조하거나 허점을 비판하여 자신의 주장을 내세울 때 발생하는 오류이다.

오답분석

① 애매성의 오류 : 논증에 사용된 개념이 여러 가지로 해석될 수 있을 때, 상황에 맞지 않은 의미로 해석하는 오류이다.
② 연역법의 오류 : 삼단논법의 대전제 오류 등과 같이 논거와 논증 자체의 오류, 언어상의 오류를 포함한 심리의 오류이다.
③ 인신공격의 오류 : 상대방의 주장이 아닌 상대방의 인격을 공격하는 오류이다.
④ 대중에 호소하는 오류 : 타당한 논거를 제시하지 않고 많은 사람이 그렇게 생각하거나 행동한다는 것을 논거로 제시하는 오류이다.

45

정답 ④

흡연자 A씨가 금연프로그램에 참여하면서 진료 및 상담 비용과 금연보조제(니코틴패치) 구매에 지불해야 하는 부담금은 지원금을 제외한 나머지 금액이다. 따라서 A씨가 부담해야 하는 금액은 총 {(30,000×0.1)×6}+{(12,000×0.25)×3}=27,000원이다.

46

정답 ①

업체들의 항목별 가중치 미반영 점수를 도출한 후, 가중치를 적용하여 선정점수를 도출하면 아래 표와 같다.

(단위 : 점)

구분	납품 품질 점수	가격 경쟁력 점수	직원 규모 점수	가중치를 반영한 선정점수
A업체	90	90	90	(90×0.4)+(90×0.3)+(90×0.3)=90
B업체	80	100	90	(80×0.4)+(100×0.3)+(90×0.3)=89
C업체	70	100	80	(70×0.4)+(100×0.3)+(80×0.3)=82
D업체	100	70	80	(100×0.4)+(70×0.3)+(80×0.3)=85
E업체	90	80	100	(90×0.4)+(80×0.3)+(100×0.3)=90

따라서 선정점수가 가장 높은 업체는 90점을 받은 A업체와 E업체이며, 이 중 가격경쟁력 점수가 더 높은 A업체가 선정된다.

47

정답 ②

㉠ 작성 주체에 의한 구분 : 문서는 작성 주체에 따라 공문서와 사문서로 구분한다.
- 공문서 : 행정기관에서 공무상 작성하거나 시행하는 문서와 행정기관이 접수한 모든 문서
- 사문서 : 개인이 사적인 목적을 위하여 작성한 문서

㉡ 유통 대상에 의한 구분 : 외부로 유통되지 않는 내부결재문서와 외부로 유통되는 문서인 대내문서, 대외문서 등으로 구분한다.
- 외부로 유통되지 않는 문서 : 행정기관이 내부적으로 계획 수립, 결정, 보고 등을 하기 위하여 결재를 받는 내부결재 문서
- 외부 유통 문서 : 기관 내부에서 보조기관 상호 간 협조를 위하여 수신·발신하는 대내문서, 다른 행정기관에 수신·발신하는 대외문서, 발신자와 수신자 명의가 다른 문서

㉢ 문서의 성질에 의한 분류 : 성질에 따라 법규문서, 지시문서, 공고문서, 비치문서, 민원문서, 일반문서로 구분한다.
- 법규문서 : 법규사항을 규정하는 문서
- 지시문서 : 행정기관이 하급기관이나 소속 공무원에 대하여 일정한 사항을 지시하는 문서
- 공고문서 : 고시·공고 등 행정기관이 일정한 사항을 일반에게 알리기 위한 문서
- 비치문서 : 행정기관 내부에 비치하여 업무에 활용하는 문서
- 민원문서 : 민원인이 행정기관에 특정한 행위를 요구하는 문서와 그에 대한 처리문서
- 일반문서 : 위의 각 문서에 속하지 않는 모든 문서

48

정답 ④

1년 동안 A회사원이 내는 월 임대료는 $650,000 \times 12 = 7,800,000$원이고, 이 금액에서 최대 58%까지 보증금으로 전환 가능하므로 $7,800,000 \times 0.58 = 4,524,000$원을 보증금으로 전환할 수 있다. 보증금에 전환이율 6.24%를 적용하여 환산한 환산보증금은 $4,524,000 \div 0.0624 = 72,500,000$원이 된다. 즉, 월세를 최대로 낮췄을 때의 월세는 $650,000 \times (1-0.58) = 273,000$원이며, 보증금은 기존 보증금에 환산보증금을 추가하여 $70,000,000 + 72,500,000 =$ 1억 4,250만 원이 된다.

49

정답 ⑤

유사 물품 역시 동일 물품과 마찬가지로 인접한 장소에 보관해야 정확한 위치를 모르더라도 대략의 위치를 알 수 있게 되어 사용 시에 물품을 찾는 시간을 단축할 수 있다.

오답분석

① 물품은 일괄적으로 같은 장소에 보관하는 것이 아닌 물품의 재질 등의 특성을 고려하여 보관하여야 파손의 위험으로부터 대비할 수 있다.
② 동일 물품은 같은 물품은 같은 장소에 보관한다는 동일성의 원칙에 따라 보관함으로써 사용 시에 물품을 찾는 시간을 단축할 수 있다.
③·④ 사용 물품과 보관 물품에 대한 설명으로, 물품을 정리하고 보관하고자 할 때 해당 물품을 앞으로 계속 사용할 것인지, 그렇지 않은지를 구분하는 것이 먼저 이루어져야 한다. 그렇지 않을 경우 가까운 시일 내에 활용하게 될 물품을 창고나 박스 등에 넣어두었다가 다시 꺼내야 하는 경우가 발생하게 된다.

50

정답 ④

7월 20 ~ 21일은 주중이며 출장 혹은 연수 일정이 없고 부서이동 전에 해당되므로 K대리가 B시 본부의 정기 점검을 진행할 수 있는 일정이다.

오답분석

① 6 ~ 7일은 K대리의 연수 참석 기간이므로 정기 점검을 진행할 수 없다.
② 11 ~ 12일은 주말인 11일을 포함하고 있다.
③ 14 ~ 15일 중 15일은 목요일로, K대리가 C시 본부로 출장을 가는 날짜이다.
⑤ 27 ~ 28일은 K대리가 부서를 이동한 이후이므로, K대리가 아니라 후임자가 B시 본부의 정기 점검을 간다.

51

정답 ①

미를 도덕이나 목적론과 연관시킨 톨스토이나 마르크스와 달리 칸트는 미에 대한 자율적 견해를 지녔다. 즉, 미적 가치를 도덕 등 다른 가치들과 관계없는 독자적인 것으로 본 것이다. 따라서 문학 작품을 감상할 때 다른 외부적 요소들은 고려하지 않고 작품 자체에만 주목하여 감상해야 한다는 절대주의적 관점이 이러한 칸트의 견해와 유사함을 추론할 수 있다.

52

정답 ③

P유통업체는 바코드(Bar Code)를 사용하여 물품을 관리하고 있다. 물품의 수명기간 동안 무선으로 물품을 추적 관리할 수 있는 것은 바코드가 아닌 RFID 물품관리 시스템으로, 물품에 전자태그(RFID)를 부착하여 물품을 관리한다.

53

정답 ①

제시문에서는 대형마트와 백화점 중 판매되는 곳에 따라 나타나는 상품에 대한 구매 선호도의 차이를 이야기하고 있다. 따라서 제시문과 관련 있는 한자성어로는 '회남의 귤을 회북에 옮겨 심으면 탱자가 된다.'는 뜻으로, '환경에 따라 사람이나 사물의 성질이 변함'을 의미하는 '귤화위지(橘化爲枳)'가 가장 적절하다.

오답분석

② 좌불안석(坐不安席) : '앉아도 자리가 편안하지 않다.'는 뜻으로, 마음이 불안하거나 걱정스러워서 한 군데에 가만히 앉아 있지 못하고 안절부절못하는 모양을 이르는 말이다.
③ 불문가지(不問可知) : '묻지 아니하여도 알 수 있음'을 뜻하는 말이다.

④ 전화위복(轉禍爲福) : '재앙과 근심, 걱정이 바뀌어 오히려 복이 됨'을 뜻하는 말이다.
⑤ 일망타진(一網打盡) : '한 번 그물을 쳐서 고기를 다 잡는다.'는 뜻으로, 어떤 무리를 한꺼번에 모조리 다 잡음을 이르는 말이다.

54

정답 ⑤

달걀 난각 표시 개정안에 따르면 달걀의 산란 일자 4자리와 생산자 고유번호 5자리, 그리고 사육환경번호 1자리를 차례로 달걀 껍질에 표기해야 한다. 맨 뒤의 사육환경번호는 사육방식에 따라 방사 사육의 경우 1, 축사 내 평사 사육은 2, 개선된 케이지 사육은 3, 기존 케이지 사육은 4로 표시되므로 10월 7일, 'AB38E'의 고유번호를 지닌 농장에서 방사 사육(1)된 닭이 낳은 달걀에는 ⑤와 같이 표기해야 한다.

55

정답 ①

도시락 구매비용을 요일별로 계산하면 다음과 같다.

- 월요일 : (5,000×3)+(2,900×10)=44,000원
- 화요일 : (3,900×10)+(4,300×3)=51,900원
- 수요일 : (3,000×8)+(3,900×2)=31,800원
- 목요일 : (4,500×4)+(7,900×2)=33,800원
- 금요일 : (5,500×4)+(4,300×7)=52,100원
- 토요일 : (3,900×2)+(3,400×10)=41,800원
- 일요일 : (3,700×10)+(6,000×4)=61,000원

따라서 P공사의 지난주 도시락 구매비용은 총 316,400원이다.

56

정답 ②

시간이 지날수록 훼손・변형되는 문제점은 디지털 지적도가 아닌 종이 지적도에 해당하는 내용이다.

57

정답 ④

첫 번째 조건에서 A는 경부선 전체 졸음쉼터 개수의 12.5%를 차지한다고 했으므로 (12+12)×0.125=3이다. 두 번째 조건에서는 다섯 노선의 주차면수가 10개 이상 20개 미만인 졸음쉼터 총개수를 알 수 없으므로 D를 먼저 구해야 한다. 네 번째 조건에서 D는 서해안선에 있는 주차면수가 10개 미만인 졸음쉼터 개수의 6.25%이므로 16×0.0625=1임을 알 수 있다. 또한 C는 D보다 2만큼 크므로 1+2=3이 되고, C는 B보다 5만큼 작으므로 B는 3+5=8이 된다. 따라서 A~D에 들어갈 수는 각각 3, 8, 3, 1이다.

58

정답 ②

ㄱ. LNG 구매력이 우수하다는 강점을 이용해 북아시아 가스관 사업이라는 기회를 활용하는 것은 SO전략에 해당된다.
ㄷ. 수소 자원 개발이 고도화되고 있다는 기회를 이용하여 높은 공급단가라는 약점을 보완하는 것은 WO전략에 해당된다.

오답분석

ㄴ. 북아시아 가스관 사업은 강점이 아닌 기회에 해당되므로 ST전략에 해당된다고 볼 수 없다.
ㄹ. 높은 LNG 확보 능력이라는 강점을 이용해 높은 가스 공급단가라는 약점을 보완하려는 것은 WT전략에 해당된다고 볼 수 없다.

59

정답 ③

ㄱ. • 검수대상 : 1,000×0.1=100건(∵ 검수율 10%)
 • 모조품의 적발개수 : 100×0.01=1건
 • 평균 벌금 : 1,000만 원×1=1,000만 원
 • 인건비 : 30만 원×10=300만 원
 ∴ (평균 수입)=1,000만 원−300만 원=700만 원
ㄴ. • 전수조사 시 검수율 : 100%
 • 조사인력 : 10+(20×9)=190명
 • 인건비 : 30만 원×190=5,700만 원
 • 모조품의 적발개수 : 1,000×0.01=10건
 • 벌금 : 1,000만 원×10=1억 원
 • 수입 : 1억 원−5,700만 원=4,300만 원
 따라서 전수조사를 할 때 수입보다 인건비가 더 크다.
ㄹ. • 검수율을 30%로 하는 방안
  – 조사인력 : 10+(20×2)=50명
  – 인건비 : 30만 원×50=1,500만 원
  – 검수대상 : 1,000×0.3=300건
  – 모조품의 적발개수 : 300×0.01=3건
  – 벌금 : 1,000만 원×3=3,000만 원
  – 수입 : 3,000만 원−1,500만 원=1,500만 원
 • 검수율을 10%로 유지한 채 벌금을 2배 인상하는 방안
  – 검수대상 : 1,000×0.1=100건
  – 모조품의 적발개수 : 100×0.01=1건
  – 벌금(2배) : 1,000만 원×2×1=2,000만 원
  – 인건비 : 30만 원×10=300만 원
  – 수입 : 2,000만 원−300만 원=1,700만 원
 따라서 벌금을 인상하는 방안의 1일 평균 수입이 더 크다.

오답분석

ㄷ. 검수율이 40%일 때
 • 조사인력 : 10+(20×3)=70명
 • 인건비 : 30만 원×70=2,100만 원
 • 검수대상 : 1,000×0.4=400건
 • 모조품의 적발개수 : 400×0.01=4건
 • 벌금 : 1,000만 원×4=4,000만 원
 • 수입 : 4,000만 원−2,100만 원=1,900만 원
 현재 1일 평균 수입은 700만 원이므로 검수율이 40%일 때 1일 평균 수입은 현재의 1,900÷700≒2.71배이다.

60

정답 ①

네 번째 조건에 따라 K팀장은 토마토 파스타, S대리는 크림 리소토를 주문한다. 이때, L과장은 다섯 번째 조건에 따라 토마토 리소토나 크림 리소토를 주문할 수 있는데, 만약 L과장이 토마토 리소토를 주문한다면, 두 번째 조건에 따라 M대리는 토마토 파스타를 주문해야 하고, 사원들은 둘 다 크림소스가 들어간 메뉴를 주문할 수밖에 없으므로 조건과 모순이 된다. 따라서 L과장은 크림 리소토를 주문했음을 알 수 있다. 다음으로 사원 2명 중 1명은 크림 파스타, 다른 한 명은 토마토 파스타나 토마토 리소토를 주문해야 하는데, H사원이 파스타면을 싫어하므로 J사원이 크림 파스타, H사원이 토마토 리소토, M대리가 토마토 파스타를 주문했다.

다음으로 일곱 번째 조건에 따라 J사원이 사이다를 주문하였고, H사원은 J사원과 다른 음료를 주문해야 하지만 여덟 번째 조건에 따라 주스를 함께 주문하지 않으므로 콜라를 주문했다. 또한 여덟 번째 조건에 따라 주스를 주문한 사람은 모두 크림소스가 들어간 메뉴를 주문한 사람이어야 하므로 S대리와 L과장이 주스를 주문했다. 마지막으로 여섯 번째 조건에 따라 M대리는 사이다를 주문하고, K팀장은 콜라를 주문했다. 이를 표로 정리하면 다음과 같다.

구분	K팀장	L과장	S대리	M대리	H사원	J사원
토마토 파스타	○			○		
토마토 리소토					○	
크림 파스타						○
크림 리소토		○	○			
콜라	○				○	
사이다				○		○
주스		○	○			

따라서 사원들 중 주스를 주문한 사람은 없다.

61

정답 ③

60번의 표에 따르면 S대리와 L과장은 모두 주스와 크림 리소토를 주문했다.

62

정답 ③

ㄱ. 5원까지는 펼친 손가락의 개수와 실제 가격이 동일하지만 6원부터는 펼친 손가락의 개수와 실제 가격이 일치하지 않는다.

ㄴ. 펼친 손가락의 개수가 3개라면 숫자는 3 혹은 7이므로 물건의 가격은 최대 7원임을 알 수 있다.

ㄷ. 물건의 가격이 최대 10원이라고 하였으므로, 물건의 가격과 같이 지불하려는 금액이 8원만큼 차이가 나는 경우는 상인이 손가락 2개를 펼쳤을 때 지불해야 하는 금액이 10원인 경우와 손가락 1개를 펼쳤을 때 지불해야 하는 금액이 9원인 경우뿐이다.

오답분석

ㄹ. 5원까지는 실제 가격과 지불하려는 금액이 일치하므로 문제가 되지 않으며, 그 이후인 6원부터는 펼친 손가락의 개수가 6개 이상인 경우는 없으므로 물건의 가격을 초과하는 금액을 지불하는 경우는 발생하지 않는다.

63

정답 ④

형의 나이 중 십의 자리 숫자를 A, 일의 자리 숫자를 B, 동생의 나이 중 십의 자리 숫자를 C, 일의 자리 숫자를 D라고 하자.

$A+C=5$ …㉠

$B+D=11$ …㉡

$A \cdot C$는 $1 \sim 9$인 자연수이고, $B \cdot D$는 $0 \sim 9$의 정수이다.

$(A,\ C)=(4,\ 1),\ (3,\ 2)$ $(\because A>C)$

$(B,\ D)=(5,\ 6)\ (4,\ 7)\ (3,\ 8),\ (2,\ 9)$ $(\therefore B<D)$

형과 동생의 나이 차가 최소이려면 십의 자리가 (3, 2)여야 한다. 이를 토대로 $(B,\ D)$를 적용하여 형과 동생의 나이와 차를 나타내면 다음과 같다.

(단위 : 세)

형	동생	나이 차
35	26	9
34	27	7
33	28	5
32	29	3

따라서 형과 동생의 나이 차이가 최소일 때는 3살 차이이고, 이때 동생의 나이는 29세이다.

64

정답 ③

대표적인 직접비용으로는 재료비, 원료와 장비비, 시설비, 여행(출장)비와 잡비, 인건비가 있다. 반면, 간접비용으로는 보험료, 건물관리비, 광고비, 통신비, 사무비품비, 각종 공과금이 있다. 따라서 잡비는 직접비용에 해당한다.

오답분석

①·②·④·⑤ 간접비용에 해당한다.

65

정답 ②

원 중심에서 멀어질수록 점수가 높아지는데 B국의 경우 수비보다 미드필드가 원 중심에서 먼 곳에 표시가 되어 있으므로, B국은 수비보다 미드필드에서의 능력이 뛰어남을 알 수 있다.

66

정답 ④

A, B, C의 청소 주기 6, 8, 9일의 최소공배수는 $2\times3\times4\times3=72$이다. 9월은 30일, 10월은 31일까지 있으므로 9월 10일에 청소를 하고 72일 이후인 11월 21일에 세 사람이 같이 청소하게 된다.

67

정답 ⑤

제시문은 철학에서의 '부조리'에 대한 개념을 설명하는 글이다. 부조리의 개념을 소개하는 (나) 문단이 가장 먼저 나오고, 부조리라는 개념을 도입하고 설명한 알베르 카뮈에 대해 설명하고 있는 (라) 문단이 나오는 것이 적절하다. 다음으로 앞 문단에서 제시된 연극의 비유에 관해 설명하고 있는 (가) 문단이 오고, 이에 대한 결론을 제시하는 (다) 문단 순서로 나열하는 것이 가장 적절하다.

68

정답 ③

물건의 부실한 관리는 물건의 훼손·멸실 등을 초래함으로써 물적 자원을 낭비하는 요인에 해당한다.

오답분석

① 과도한 선물은 필요 이상으로 예산자원을 낭비하는 것에 해당한다.
② 과도한 수면은 시간자원을 낭비하는 것에 해당한다.
④ 주변 사람들에 대한 무관심은 인적자원을 낭비하는 것에 해당한다.
⑤ 필요하지 않은 물건의 구입은 예산자원을 낭비하는 것에 해당한다.

69

정답 ②

조건에 따르면 박물관 실태조사는 전국의 박물관 관장들을 대상으로 하고, 민감한 내용이 포함되어 있다. 집단조사는 다수가 한자리에 모여야 하고, 인터넷조사는 보안이 문제가 될 수 있으며, 전화조사 민감한 주제에 대한 답을 듣기가 어렵다. 또한, 면접조사는 시간이 오래 걸리기 때문에 짧은 기간 안에 전수조사를 완료하기 어렵다. 따라서 우편조사가 가장 적절하다.

70

정답 ②

A과장은 직접적인 대화보다 눈치를 중요시하고 있으므로 '말하지 않아도 아는 문화'에 안주하고 있다. 따라서 A과장은 의사소통에 대한 잘못된 선입견을 가지고 있다고 볼 수 있다.

의사소통을 저해하는 요소

- '일방적으로 말하고', '일방적으로 듣는' 무책임한 마음 → 의사소통 과정에서의 상호작용 부족
- '그래서 하고 싶은 말이 정확히 뭐야?' 분명하지 않은 메시지 → 복잡한 메시지, 경쟁적인 메시지
- '말하지 않아도 아는 문화'에 안주하는 마음 → 의사소통에 대한 잘못된 선입견, 고정관념

피듈형 NCS 집중학습 봉투모의고사

제2회 모의고사 정답 및 해설

01	02	03	04	05	06	07	08	09	10
③	①	④	③	③	③	④	①	②	④
11	12	13	14	15	16	17	18	19	20
④	①	③	③	④	④	②	⑤	④	④
21	22	23	24	25	26	27	28	29	30
①	③	③	①	①	④	②	④	⑤	①
31	32	33	34	35	36	37	38	39	40
②	⑤	②	①	③	③	①	⑤	①	②
41	42	43	44	45	46	47	48	49	50
②	②	④	④	②	②	③	①	④	①
51	52	53	54	55	56	57	58	59	60
③	④	①	③	③	③	①	②	④	③
61	62	63	64	65	66	67	68	69	70
④	①	①	②	⑤	④	③	④	④	④

01

정답 ③

1일 구입량을 x개, 1일 판매량을 y개, 현재 보유량을 A개라 하자.

$A+60x=60y$ … ㉠

$A+(0.8x\times40)=40y \rightarrow A+32x=40y$ … ㉡

㉠-㉡을 하면 다음과 같다.

$28x=20y \rightarrow 7x=5y$ … ㉢

60일 동안 판매하기 위한 감소 비율을 k%라 하면 다음 식이 성립한다.

$A+(0.8x\times60)=(1-k)\times y\times60$

$\rightarrow 60y-60x+48x=(1-k)\times y\times60$ ($\because$ ㉠)

$\rightarrow 12x=60ky$

$\rightarrow \frac{60}{7}y=60ky$ ($\because$ ㉢)

$\therefore k=\frac{1}{7}$

따라서 1일 판매량을 $\frac{1}{7}$% 감소해야 60일 동안 가방을 판매할 수 있다.

02

정답 ①

브레인스토밍은 대표적인 자유연상법으로 생각나는 대로 자유롭게 발상한다.

오답분석

② NM법은 비교발상법이다.
③ 비교발상법에는 NM법, Synectics 등이 있다. 체크리스트는 강제연상법이다.
④ 각종 힌트에 강제적으로 연결 지어서 발상하는 강제연상법에는 체크리스트 등이 있다.
⑤ 브레인스토밍은 구성원이 서로 얼굴을 볼 수 있도록 사각형이나 타원형의 책상을 배치하는 것이 방법이 일반적이다.

03

정답 ④

대리와 이사장은 2급 이상 차이 나기 때문에 A대리는 이사장과 같은 호텔 등급의 객실에서 묵을 수 있다.

오답분석

① 비행기 요금은 실비이기 때문에 총비용은 변동이 있을 수 있다.
② 숙박비 5만 원, 교통비 2만 원, 일비 6만 원, 식비 4만 원으로 C차장의 출장비는 17만 원이다.
③ 같은 조건이라면 이사장과 이사는 출장비가 같다.
⑤ 부장과 차장은 출장비가 다르기 때문에 부장이 더 많이 받는다.

04

정답 ③

- K부장의 숙박비 : 80,000×9=720,000원
- S차장의 숙박비 : 50,000×9=450,000원

따라서 S차장의 호텔을 한 단계 업그레이드했을 때, 720,000−450,000=270,000원 이득이다.

05

정답 ③

제시문은 태양의 온도를 일정하게 유지해 주는 에너지원에 대한 설명이다. 태양의 온도가 일정하게 유지되는 이유는 태양 중심부의 온도가 올라가 핵융합 에너지가 늘어나면 에너지의 압력으로 수소를 밖으로 밀어내어 중심부의 밀도와 온도를 낮춰주기 때문이다. 즉, 태양 내부에서 중력과 핵융합 반응의 평형상태가 유지되기 때문에 태양은 50억 년간 빛을 낼 수 있었고, 앞으로도 50억 년 이상 더 빛날 수 있는 것이다. 따라서 빈칸에 들어갈 내용으로 '태양이 오랫동안 안정적으로 빛을 낼 수 있게 된다.'가 가장 적절하다.

06 정답 ③

- 경민 : 기준중위소득 50% 이하는 의료비가 160만 원 초과 시 의료비를 지원받을 수 있다.
- 정미 : 뇌혈관은 중증질환에 해당되고 소득수준도 조건에 해당되기 때문에 의료비를 지원받을 수 있다.

오답분석

- 민기 : 중증질환이 아닌 통원 치료는 대상 질환에 해당하지 않는다.
- 미현 : 기준중위소득 200%는 연소득 대비 의료비부담비율을 고려해 개별심사 후 지원받을 수 있다. 이때 재산 과표 5.4억 원을 초과하는 고액재산보유자는 지원이 제외되는데, 미현의 어머니는 재산이 5.4억 원이므로 심사의 대상이 될 수 있다.

07 정답 ④

서류 합격자의 비율을 x라고 하면 최종 합격자를 구하는 식은 다음과 같다.

$7,750\times x\times 0.3=93$

$\rightarrow 7,750\times x=310$

$\therefore x=0.04$

따라서 서류 합격자 비율은 4%이다.

08 정답 ①

제시된 문단 다음에는 청바지의 시초에 대한 내용이 나와야 하므로 (가)가 와야 한다. 그 다음에는 '비록 시작은 그리하였지만'으로 이어지는 (다)가 위치해야 하며, 패션 아이템화의 각론으로서 한국에서의 청바지를 이야기하는 (나)가 와야 한다. (라)는 청바지가 가지고 있는 단점과 그 해결을 설명하는 것이므로 마지막에 오는 것이 적절하다.

09 정답 ②

성과급 지급 기준에 따라 영업팀의 성과를 평가하면 다음과 같다.

구분	성과평가 점수(점)	성과평가 등급	성과급 지급액
1/4분기	$(8\times 0.4)+(8\times 0.4)+(6\times 0.2)=7.6$	C	80만 원
2/4분기	$(8\times 0.4)+(6\times 0.4)+(8\times 0.2)=7.2$	C	80만 원
3/4분기	$(10\times 0.4)+(8\times 0.4)+(10\times 0.2)=9.2$	A	100+10 =110만 원
4/4분기	$(8\times 0.4)+(8\times 0.4)+(8\times 0.2)=8.0$	B	90만 원

따라서 영업팀에게 1년간 지급된 성과급의 총액은 80+80+110+90=360만 원이다.

10 정답 ④

입사 예정인 신입사원은 총 600명이므로 볼펜 600개와 스케줄러 600권이 필요하다.

A, B, C 세 업체 모두 스케줄러의 구매가격에 따라 특가상품 구매 가능 여부를 판단할 수 있으므로 스케줄러의 가격을 먼저 계산한다.

- A도매업체 : 25만×6=150만 원
- B도매업체 : 135만 원
- C도매업체 : 65만×2=130만 원

즉, 세 업체 모두 특가상품 구매 조건을 충족하였으므로 특가상품을 포함해 볼펜의 구매가격을 구하면 다음과 같다.

- A도매업체 : 25.5만 원(볼펜 300개 특가)+(13만 원×2SET) =51.5만 원
- B도매업체 : 48만 원(볼펜 600개 특가)
- C도매업체 : 23.5만 원(볼펜 300개 특가)+(8만 원×3SET)= 47.5만 원

이를 토대로 업체당 전체 구매가격을 구하면 다음과 같다.

- A도매업체 : 150만+51.5만=201.5만 원
- B도매업체 : 135만+48만=183만 원
- C도매업체 : 130만+47.5만=177.5만 원

따라서 가장 저렴하게 구매할 수 있는 업체는 C도매업체이며, 구매가격은 177.5만 원이다.

11 정답 ④

P공사는 자유경쟁 시장 질서의 문제점을 지적하는 것이 아니라 자유경쟁의 시장 질서를 존중한다.

12 정답 ①

ㄱ. 2024년 상위 10개 스포츠 구단 중 전년보다 순위가 상승한 구단은 C, D, E, I로 4개이며, 순위가 하락한 구단은 F, J, H로 3개이다.

ㄴ. 2024년 상위 10개 스포츠 구단 중 미식축구 구단은 A, G, I이며 구단 가치액 합은 58+40+37=135억 달러이다. 농구 구단은 C, D, E이며 구단 가치액 합은 45+44+42=131억 달러이다.

오답분석

ㄷ. 2024년 상위 10개 스포츠 구단 중 전년 대비 가치액 상승률이 가장 큰 구단은 E구단으로, $\frac{9}{33}\times 100 \fallingdotseq 27.27\%$ 상승했으며, 종목은 농구이다.

ㄹ. 제시된 자료는 2024년 가치액 기준 상위 10개 구단에 대한 자료이므로 2023년 가치액 10위의 구단에 대한 정보는 알 수 없다. 2023년 9위인 E구단의 가치액이 33억 달러, 11위인 I구단의 가치액이 31억 달러이므로 2023년 10위 구단의 가치액은 31억 달러보다 많고 33억 달러보다 적을 것이다. 이를 고려해 판단하면 2024년 상위 10개 스포츠 구단의 가치액 합이 2023년 상위 10개 스포츠 구단의 가치액 합보다 크다.

13

정답 ③

제시된 사례에 나타난 의사표현에 영향을 미치는 요소는 연단공포증이다. 연단공포증은 90% 이상의 사람들이 호소하는 불안이므로, 이러한 심리현상을 잘 통제하면서 구두표현을 한다면 청자는 그것을 더 인간다운 것으로 생각하게 될 것이다. 이러한 공포증은 본질적인 것이기 때문에 완전히 치유할 수는 없으나, 노력에 의해서 심리적 불안을 얼마간 유화시킬 수 있다. 따라서 완전히 치유할 수 있다는 ③은 적절하지 않다.

14

정답 ③

우편물을 가장 적게 보냈던 2024년의 1인당 우편 이용 물량은 96통 정도이므로 365÷96≒3.80이다. 즉, 3.80일에 1통은 보냈다는 뜻이므로 4일에 1통 이상은 보냈다고 볼 수 있다.

오답분석

① 1인당 우편 이용 물량은 증가와 감소를 반복한다.
② 1인당 우편 이용 물량은 2016년에 가장 높았으나, 2024년에 가장 낮았다. 꺾은선 그래프와 혼동하지 않도록 유의해야 한다.
④ 접수 우편 물량은 2023~2024년 사이에 증가했다.
⑤ 접수 우편 물량이 가장 많은 해는 약 5,500백만 통인 2016년이고, 가장 적은 해는 약 4,750백만 통인 2019년이다. 따라서 그 차이는 약 750백만 통 정도이다.

15

정답 ④

돈을 모으는 생활 습관을 만들기 위해서는 '이번 주에 4번 배달음식을 먹었다면, 3번으로 줄이는 등 실천할 수 있도록 조정해 가는 것이 필요합니다.'라고 하였으므로 행동을 완전히 바꾸는 것보다는 실천할 수 있는 방법으로 점진적인 개선이 도움이 된다.

오답분석

① 습관을 만들기 위해서는 잘하는 것보다 매일 하는 것이 중요하다고 하였으므로 꾸준히 하는 것이 중요하다고 볼 수 있다.
② 보상심리로 스트레스를 돈을 쓰면서 해소하는 금액의 한도를 정해 줄여 나가라고 하였으므로 적절하다.
③ 소액 적금으로 적은 돈이라도 저축하는 습관을 들이고 규모를 점차 늘리라고 하였다.
⑤ 사려고 하는 물품을 장바구니에 담아 두고 다음 날 아침에 다시 생각해 보는 등의 습관이 필요하다고 하였다.

16

정답 ④

첫 시작점에 있는 나무는 제외하고 6m 간격으로 옮겨 심을 때, 256m 도로에는 $\frac{256\text{m}}{6\text{m}}$≒42그루를 심어야 한다. 그 가운데 옮기지 않아도 되는 나무들은 4m와 6m의 최소공배수인 12m 간격으로 심은 나무들이다. $\frac{256\text{m}}{12\text{m}}$≒21그루가 12m 간격으로 심어져 있어 나무 21그루는 첫 시작점의 나무와 같이 그대로 두면 된다. 따라서 옮겨 심어야 하는 나무는 42−21=21그루임을 알 수 있다.

17

정답 ②

전체 쓰레기의 양을 xg이라 하면, 젖은 쓰레기의 양은 $\frac{1}{3}x$g이므로 젖지 않은 쓰레기의 양은 $x-\frac{1}{3}x=\frac{2}{3}x$g이다. 포인트를 지급할 때 젖은 쓰레기의 양은 50%를 감량해 적용하므로

$$2\left(\frac{1}{2}\times\frac{1}{3}x+\frac{2}{3}x\right)=950 \rightarrow \frac{1}{3}x+\frac{4}{3}x=950 \rightarrow \frac{5}{3}x=950$$

$\therefore x=570$

따라서 젖지 않은 쓰레기의 양은 $\frac{2}{3}x=\frac{2}{3}\times570=380$g이다.

18

정답 ⑤

제시문은 지방에 대해 사실과 다르게 알려진 내용을 지적하고 건강에 유익한 지방도 있음을 설명하고 있다. 따라서 제시문의 서술상 특징으로 가장 적절한 것은 ⑤이다.

19

정답 ④

'왜 애초에 오른손이 먹는 일에, 그리고 왼손이 배변 처리에 사용되었는지 설명해 주지 못한다.'에서 적절하지 않은 추론임을 알 수 있다.

오답분석

① 제시문에서 배변 처리를 왜 왼손으로 하게 되었는지에 대한 추론을 막연히 할 뿐 그 문헌적 근거는 언급되어 있지 않다.
② 개념적·논리적 사고 같은 좌반구 기능이 오른손잡이를 낳게 되었으므로 타당한 추론이다.
③ '사람이 오른손을 즐겨 쓰듯 다른 동물들도 앞발 중에 더 선호하는 쪽이 있는데, 포유류에 속하는 동물들은 대개 왼발을 즐겨 쓰는 것으로 나타났다.'에서 추론 가능하다.
⑤ '왜 애초에 오른손이 먹는 일에, 그리고 왼손이 배변 처리에 사용되었는지 설명해 주지 못한다.'에서 추론 가능하다.

20

정답 ④

읽기와 쓰기, 개념적·논리적 사고 같은 좌반구 기능이 무시된 인류의 성패 사실이 있다면 제시문의 핵심 논점인 '뇌의 좌반구가 인간의 행동을 지배하는 권력을 갖게 되었기 때문에 오른손 선호에 이르렀다.'는 주장을 정면으로 반박할 수 있다.

오답분석

① 오스트랄로피테쿠스가 어느 손을 즐겨 썼는지에 대한 통계는 인간의 손의 사용 빈도의 보충자료이므로 관계가 없다.
② '왼쪽'에 대한 반감의 정도와 오른손잡이의 상관관계가 이미 밝혀졌으므로 타당한 논거가 아니다.
③ 뇌의 해부학적 구조에서 유의미한 차이를 보이지 않는다는 사실이 오른손잡이가 80% 이상을 차지한다는 사실을 뒤집을 수 있는 논거가 되지 못한다.
⑤ 왼손에 대한 반감이 문제가 아니라 왜 오른손잡이가 80% 이상을 차지하느냐이므로 내용과 상관이 없다.

21 정답 ①

WT전략은 외부 환경의 위협 요인을 회피하고 약점을 보완하는 전략을 적용해야 한다. ①은 강점인 'S'를 강화하는 방법에 대해 이야기하고 있다.

22 정답 ③

제시된 규칙에 따라 준 먹이의 양을 날짜별로 나열하면 '(1일 차) $=3x$ → (2일 차)$=3x+1$ → (3일 차)$=3x-1$ → (4일 차)$=3x$ → (5일 차)$=3x-2$ → (6일 차)$=3x-1$ → (7일 차)$=3x-3$'이다. 이때 홀수 날짜를 보면 (1일 차)$=3x$, (3일 차)$=3x-1$, (5일 차)$=3x-2$, …로 -1씩 계산되어 13일 차에는 $(3x-6)$개의 먹이를 준다. 문제에서 13일 차에 준 먹이의 양이 0이 된다고 했기 때문에 $3x-6=0$ → $x=2$이다. 두 항씩 묶어서 계산하면, (1일 차)+(2일 차)$=6x+1$, (3일 차)+(4일 차)$=6x-1$, …이므로 첫 번째 항이 $6x+1$이고, 공차가 -2인 등차수열임을 알 수 있다. 12일 차까지는 6개의 항이 되며, 각 항을 모두 더하면 $6\times6x+(1-1-3-5-7-9)=36x-24$이다. 따라서 13일 차까지 어항에 준 먹이의 총합은 $36\times2-24=48$개이다.

23 정답 ③

마지막 문단의 '이러한 점을 반영하여 유네스코에서는 한글을 문화유산으로 등록함은 물론, 세계적으로 문맹 퇴치에 이바지한 사람에게 '세종대왕'의 이름을 붙인 상을 주고 있다.'라는 문장을 통해 추론할 수 있다.

오답분석

① 문자와 모양의 의미를 외워야 하는 것은 문자 하나하나가 의미를 나타내는 표의문자인 한자에 해당한다.
② 한글이 표음문자인 것은 맞지만, 기본적으로 24개의 문자를 익혀야 학습할 수 있다.
④ '세종이 만든 28자는 세계에서 가장 훌륭한 알파벳'이라고 평가한 사람은 미국의 다이아몬드(J. Diamond) 교수이다.
⑤ 한글이 세계 언어학계에 본격적으로 알려진 것은 1960년대이다.

24 정답 ①

- B씨 가족이 주간권을 구매할 경우의 할인금액
  $(54,000\times0.4)+\{(54,000+46,000+43,000)\times0.1\}=$ 35,900원
- B씨 가족이 야간권을 구매할 경우의 할인금액
  $(45,000\times0.4)+\{(45,000+39,000+36,000)\times0.1\}=$ 30,000원

따라서 할인금액의 차이는 $35,900-30,000=5,900$원이다.

25 정답 ①

농도를 구하는 식은 $\frac{(\text{용질})}{(\text{용액})}=\frac{(\text{녹차 가루의 양})}{(\text{녹차 가루})+(\text{물})}$이므로, B사원이 마시는 녹차의 농도에 대하여 식을 세우면 다음과 같다.

$$\frac{(50-35)}{(200-65)+(50-35)}\times100=\frac{15}{135+15}\times100=10\%$$

따라서 B사원이 마시는 녹차의 농도는 10%이다.

26 정답 ④

ㄴ. 질병감염아동특별지원서비스의 이용 대상은 장애 아동이 아닌 법정 전염성 및 유행성 질병에 감염되어 사회복지시설, 유치원, 보육시설 등을 이용하고 있는 만 12세 이하의 아동이다. 장애 아동과 관련된 내용은 제시문에 나타나 있지 않다.
ㄹ. 아동돌봄서비스는 취업 부모의 일·가정 양립을 위해 야간·주말 등 틈새시간의 '일시 돌봄' 및 '영아 종일 돌봄' 등을 제공한다.

오답분석

ㄱ. 아이돌봄서비스는 만 12세 이하 아동을 둔 맞벌이 가정의 아동을 돌봐주는 서비스이므로 만 13세 이상의 아동은 이용 대상이 될 수 없다.
ㄷ. 기관연계돌봄서비스의 이용 대상은 만 0 ~ 12세 아동에 대한 돌봄 서비스가 필요한 사회복지시설이나 학교·유치원·보육시설 등이다.

27 정답 ②

7개의 팀을 두 팀씩 3개 조로 나누고, 한 팀은 부전승으로 둔다. 부전승 조가 될 수 있는 경우의 수는 7가지이고, 남은 6팀을 두 팀씩 3조로 나눌 수 있는 방법은 ${}_6C_2\times{}_4C_2\times{}_2C_2\times\frac{1}{3!}=\frac{6\times5}{2}\times\frac{4\times3}{2}\times1\times\frac{1}{3\times2}=15$가지이다.

3개의 조로 나눈 다음 한 개의 조가 경기 후 부전승 팀과 시합을 하는 경우를 구하면 3가지가 나온다. 따라서 7개의 팀이 토너먼트로 경기를 할 수 있는 경우의 수는 $7\times15\times3=315$가지이다.

28 정답 ④

㉠ 한 가지의 사안은 한 장의 용지에 작성하는 것이 원칙이다.
㉡ 첨부자료는 반드시 필요한 내용만 첨부하여 산만하지 않게 하여야 한다.
㉣ 금액, 수량, 일자의 경우 정확하게 기재하여야 한다.

29

정답 ⑤

2023년 대비 2024년 지진발생 횟수의 증가율이 가장 큰 지역은 6배 증가한 광주・전남이다. 지진발생 횟수가 전년 대비 증가한 지역만 보면, 전북은 2배, 북한은 $\frac{25}{23}≒1.09$배, 서해는 $\frac{19}{6}≒3.17$배, 남해는 $\frac{18}{11}≒1.64$배, 동해는 $\frac{20}{16}=1.25$배 증가하였다. 따라서 전년 대비 2024년 지진발생 횟수의 증가율이 광주・전남 다음으로 두 번째로 높은 지역은 서해이다.

오답분석

① 연도별로 전체 지진발생 횟수 중 가장 많은 비중을 차지하는 지역은 해당연도에 지진발생 횟수가 가장 많은 지역이다. 지진발생 횟수가 가장 많은 지역은 2022년은 남해, 2023년과 2024년은 대구・경북으로 서로 다르다.

② 전체 지진발생 횟수 중 북한의 지진횟수가 차지하는 비중은 2023년에 $\frac{23}{252}\times100=9.1\%$, 2024년에 $\frac{25}{223}\times100≒11.2\%$이다. 따라서 11.2−9.1=2.1%p로, 5%p 미만 증가하였다.

③ 2022년 전체 지진발생 횟수 중 대전・충남・세종이 차지하는 비중은 $\frac{2}{44}\times100≒4.5\%$로, 2023년 전체 지진발생 횟수 중 동해가 차지하는 비중인 $\frac{16}{252}\times100≒6.3\%$보다 작다.

④ 전체 지진발생 횟수 중 수도권에서의 지진발생 횟수가 차지하는 비중을 분수로 나타내면 2022년에 $\frac{1}{44}$, 2023년에 $\frac{1}{252}$, 2024년에 $\frac{1}{223}$로 분자는 1로 동일하면서 분모는 2023년에 전년 대비 증가하였다가 2024년에는 전년 대비 감소하였다. 따라서 2023년에는 비중이 전년 대비 감소하고, 2024년에는 비중이 전년 대비 증가했다.

30

정답 ①

TRIZ 이론(창의적 문제해결 이론)은 문제가 발생된 근본 모순을 찾아내 해결하는 방법을 모색하는 것으로, 발견은 해당되지 않는다.

오답분석

② 회전에 제약이 없는 구형 타이어는 TRIZ 40가지 이론 중 곡선화에 해당된다.

③ 자동으로 신발 끈이 조여지는 운동화는 TRIZ 40가지 이론 중 셀프서비스에 해당된다.

④ 줄 없이 운동할 수 있는 줄 없는 줄넘기는 TRIZ 40가지 이론 중 기계 시스템의 대체에 해당된다.

⑤ 자전거 헬멧을 여러 구간으로 납작하게 접을 수 있는 접이식 헬멧은 TRIZ 40가지 이론 중 분할에 해당된다.

31

정답 ②

2명씩 짝을 지어 한 그룹으로 보고 원탁에 앉는 방법을 구하기 위해서 원순열 공식 $(n-1)!$을 이용한다.

2명씩 3그룹이므로 $(3-1)!=2\times1=2$가지이다. 또한 그룹 내에서 2명이 자리를 바꿔 앉을 수 있는 경우는 2가지씩이다.

따라서 6명이 원탁에 앉을 수 있는 방법은 $2\times2\times2\times2=16$가지이다.

32

정답 ⑤

조건에서 a, b, c의 나이를 식으로 표현하면 $a\times b\times c=2,450$, $a+b+c=46$이다. 세 명의 곱을 소인수분해하면 $a\times b\times c=2,450=2\times5^2\times7^2$이다. 2,450의 약수 중에서 19 ~ 34세 나이를 구하면 25세이므로 甲의 동생 a는 25세가 된다. 그러므로 아들과 딸 나이의 합은 $b+c=21$이다. 甲과 乙 나이의 합은 $21\times4=84$가 되며, 甲은 乙보다 연상이거나 동갑이라고 했으므로 乙의 나이는 42세 이하이다.

33

정답 ②

대화 내용에서 각자 연차 및 교육 일정을 정리하면 다음과 같다.

10월 달력						
일요일	월요일	화요일	수요일	목요일	금요일	토요일
	1	2 E사원 연차	3 개천절	4	5	6
7	8	9 한글날	10 A과장 연차	11 D대리 교육	12 D대리 교육	13
14	15 C사원 연차	16	17 D대리 연차	18 B대리 교육	19 B대리 교육	20
21	22	23	24 B대리 연차	25	26	27
28	29 워크샵	30 워크샵	31			

달력에서 바로 확인 가능한 사실은 세 번째 주에 3명의 직원이 연차 및 교육을 신청했다는 것이다. 그러나 B대리와 C사원이 먼저 신청했으므로 D대리가 옳지 않음을 알 수 있고, B대리의 말에서 자신이 교육받는 주에 다른 사람 2명이 신청 가능할 것 같다고 한 것은 네 번째 조건에 어긋난다. 따라서 옳지 않은 말을 한 직원은 B대리와 D대리임을 알 수 있다.

34

정답 ①

0 ~ 14세 인구의 구성비는 2026년에 12.4%이고, 2028년에 12.2%로, 2026년이 더 높다.

오답분석

ㄴ. 남자 중위연령은 항상 여자 평균연령보다 더 낮은 수치를 보인다.

ㄷ. 2029년 15 ~ 64세 인구는 35,756,863명이고, 65세 이상 인구의 3배는 10,507,986×3=31,523,958명이므로 3배 이상이다.

ㄹ. 2027년 중위연령의 전년 대비 증가율은 $\frac{45.1-44.6}{44.6}\times100$ ≒1.12%로, 평균연령의 전년 대비 증가율인 $\frac{43.9-43.5}{43.5}\times$ 100≒0.92%보다 높다.

35

정답 ③

월요일에는 늦지 않게만 도착하면 되므로, 서울역에서 8시에 출발하는 KTX를 이용한다. 수요일에는 최대한 빨리 와야 하므로, 사천공항에서 19시에 출발하는 비행기를 이용한다.

따라서 소요되는 교통비는 65,200('서울 – 사천' KTX 비용)+22,200('사천역 – 사천연수원' 택시비)+21,500('사천연수원 – 사천공항' 택시비)+[93,200('사천 – 서울' 비행기 비용)×0.9]=192,780원이다.

36

정답 ③

- P공사의 10개월 동안의 복사지 한 달 사용량 : 20,000장÷10개월=2,000장/개월
- P공사의 현재부터의 복사지 한 달 사용량 : 2,000장×2=4,000장

따라서 4,000장×4=16,000장이므로 4개월 후에 연락해야 한다.

37

정답 ①

㉠ 단순한 인과관계 : 원인과 결과를 분명하게 구분할 수 있는 경우이다.

㉡ 닭과 계란의 인과관계 : 원인과 결과를 구분하기 어려운 경우이다.

㉢ 복잡한 인과관계 : 단순한 인과관계와 닭과 계란의 인과관계의 두 유형이 복잡하게 서로 얽혀 있는 경우이다.

38

정답 ⑤

좋은 경청은 상대방과 상호작용하고, 말한 내용에 대해 생각하고, 무엇을 말할지 기대하는 것을 의미한다. 질문에 대한 답이 즉각적으로 이루어질 수 없다고 하더라도 질문을 하려고 하면 오히려 경청하는 데 적극적인 태도를 갖게 되고 집중력이 높아질 수 있다.

39

정답 ①

먼저 16진법으로 표현된 수를 10진법으로 변환하여야 한다.

- 43 : 4×16+3=67
- 41 : 4×16+1=65
- 54 : 5×16+4=84

변환된 수를 아스키 코드표를 이용하여 해독하면 67=C, 65=A, 84=T임을 확인할 수 있다. 따라서 철수가 장미에게 보낸 문자의 의미는 CAT이다.

40

정답 ②

한글맞춤법 규정에 따라 '사실이나 비밀 · 입장 등을 명확하게 한다'는 뜻의 '밝히기 위한'으로 수정하는 것이 적절하다.

오답분석

① 의존 명사는 띄어 쓰는 것이 원칙이므로 '정하는 바에 의하여'가 적절한 표기이다.

③ ㉢의 '–하다'는 앞의 명사와 붙여 써야 하는 접미사이므로 '등록하거나'가 적절한 표기이다.

④ '주가 되는 것에 달리거나 딸리다'는 의미의 '붙는'이 적절한 표기이다.

⑤ 맥락상 '관리하는'이 적절한 표기이다.

41

정답 ②

2회 차 토익점수를 x점, 5회 차 토익점수를 y점이라 하면 평균점수가 750점이므로 다음 식이 성립한다.

$\frac{620+x+720+840+y+880}{6}=750$

→ $x+y=1,440$

∴ $x=1,440-y$

x값의 범위가 $620\le x\le 700$이므로

$620\le 1,440-y\le 700$

→ $-820\le -y\le -740$

∴ $740\le y\le 820$

따라서 ㉡에 들어갈 수 있는 최소점수는 740점이다.

42

정답 ②

도색이 벗겨진 차선과 지워지기 직전의 흐릿한 차선은 현재 직면하고 있으면서 바로 해결방법을 찾아야 하는 문제이므로 눈에 보이는 발생형 문제에 해당한다. 발생형 문제는 기준을 이탈함으로써 발생하는 이탈 문제와 기준에 미달하여 생기는 미달 문제로 나누어 볼 수 있는데, 기사에서는 정해진 규격 기준에 미달하는 불량 도료를 사용하여 문제가 발생하였다고 하였으므로 이를 미달 문제로 분류할 수 있다. 따라서 기사에 나타난 문제는 발생형 문제로, 미달 문제에 해당한다.

43

정답 ④

작년 교통비를 x원, 숙박비를 y원이라 하자.

• $1.15x+1.24y=1.2(x+y)$ … ㉠
• $x+y=36$ … ㉡

㉠과 ㉡을 연립하면 $x=16$, $y=20$이다.
따라서 올해 숙박비는 $20\times1.24=24.8$만 원이다.

44

정답 ④

각 도입 규칙을 논리기호로 나타내면 다음과 같다.
규칙 1) A
규칙 2) ~B → D
규칙 3) E → ~A
규칙 4) F, E, B 중 2개 이상
규칙 5) (~E and F) → ~C
규칙 6) 되도록 많은 설비 도입
규칙 1)에 따르면 A는 도입하며, 규칙 3)의 대우인 A → ~E에 따르면 E는 도입하지 않는다. 규칙 4)에 따르면 E를 제외한 F, B를 도입해야 하고, 규칙 5)에서 E는 도입하지 않으며, F는 도입하므로 C는 도입하지 않는다. D의 도입 여부는 규칙 1 ~ 5)에서는 알 수 없지만, 규칙 6)에서 최대한 많은 설비를 도입한다고 하였으므로 D를 도입한다. 따라서 도입할 설비는 A, B, D, F이다.

45

정답 ②

1) K기사가 거쳐야 할 경로는 'A도시 → E도시 → C도시 → A도시'이다. A도시에서 E도시로 바로 갈 수 없으므로 다른 도시를 거쳐야 하는데, 가장 짧은 시간 내에 A도시에서 E도시로 갈 수 있는 경로는 B도시를 경유하는 것이다. 따라서 K기사의 운송경로는 'A도시 → B도시 → E도시 → C도시 → A도시'이며, 이동시간은 1.0+0.5+2.5+0.5=4.5시간이다.
2) S기사는 A도시에서 출발하여 모든 도시를 한 번씩 거친 뒤 다시 A도시로 돌아와야 한다. 해당 조건이 성립하는 운송경로의 경우는 다음과 같다.
   • A도시 → B도시 → D도시 → E도시 → C도시 → A도시
     – 이동시간 : 1.0+1.0+0.5+2.5+0.5=5.5시간
   • A도시 → C도시 → B도시 → E도시 → D도시 → A도시
     – 이동시간 : 0.5+2.0+0.5+0.5+1.5=5시간
   따라서 S기사가 운행할 최소 이동시간은 5시간이다.

46

정답 ②

ㄱ. B의 마지막 발언에 따르면 중생대에 우리나라 바다에서 퇴적된 해성층이 있었을 가능성이 있으므로 거짓이다.
ㄴ. B의 견해에 따르면 공룡 화석은 중생대에만 한정되어 생존하였다고 말하고 있다. 따라서 공룡 화석이 암모나이트 화석과 같은 중생대 표준화석이 아니라고 말할 수 없으므로 거짓이다.
ㅂ. 공룡 화석이 나왔으므로 경상도 지역에는 중생대 지층이 없다는 판단은 거짓이다.

오답분석

ㄷ. B의 마지막 발언에 따르면, 우리나라에서도 우리나라 바다에서 퇴적된 해성층이 있었을 가능성이 있으므로 당연히 암모나이트 화석이 발견될 가능성이 있다.
ㄹ. 육지의 표준화석인 공룡 화석과 바다의 표준화석인 암모나이트 화석이 같이 발견되었으므로 타당한 판단이다.
ㅁ. 일본 북해도에서 암모나이트가 발견되었으므로 바다에서 퇴적된 해성층이 분포되어 있다고 말할 수 있다.

47

정답 ③

인적자원은 자연적인 성장과 성숙은 물론, 오랜 기간 동안에 걸쳐 개발될 수 있는 많은 잠재능력과 자질, 즉 개발가능성을 보유하고 있다. 환경변화와 이에 따른 조직변화가 심할수록 현대조직의 인적자원관리에서 개발가능성이 차지하는 중요성은 더욱 커진다.

48

정답 ①

P부장은 자신감이 있고 지도력이 있으나, 논쟁적이고 독단이 강하여 대인 갈등을 겪을 수 있는 지배형에 해당한다. P부장에게는 타인의 의견을 경청하고 수용하는 자세가 필요하다.

오답분석

② 냉담형 : 이성적인 의지력이 강하고 타인의 감정에 무관심하고 피상적인 대인관계를 유지하므로, 타인의 감정 상태에 관심을 가지고 긍정적 감정을 표현하는 것이 필요하다.
③ 고립형 : 혼자 있는 것을 선호하고 사회적 상황을 회피하며 지나치게 자신의 감정을 억제하므로, 대인관계의 중요성을 인식하고 타인에 대한 비현실적인 두려움의 근원을 성찰해 볼 필요가 있다.
④ 복종형 : 수동적이고 의존적이며 자신감이 없으므로, 적극적인 자기표현과 주장이 필요하다.
⑤ 친화형 : 따뜻하고 인정이 많고 자기희생적이나 타인의 요구를 거절하지 못하므로, 타인과의 정서적인 거리를 유지하는 노력이 필요하다.

49

정답 ④

A ~ E씨의 진료 날짜를 2024년 1월 이후를 기준으로 구분한 후, 현행 본인부담금 제도와 개선된 본인부담금 제도를 적용하여 본인부담금을 계산하면 다음과 같다.

• A씨 : 17,000×0.3(∵ 현행)=5,100원
• B씨 : 1,500원(∵ 진료비 1만 5천 원 이하)
• C씨 : 23,000×0.2(∵ 개선)=4,600원
• D씨 : 24,000×0.3(∵ 현행)=7,200원
• E씨 : 27,000×0.3(∵ 개선)=8,100원

따라서 A ~ E씨의 본인부담금의 합은 5,100+1,500+4,600+7,200+8,100=26,500원이다.

50

정답 ①

가격이 25,000원인 제품의 경우 30,000원 미만에만 속한다고 볼 수 있다. 이처럼 홈쇼핑 이용 과정에서 하나의 제품을 기준으로 가격, 할부 / 일시불, 구매 결제 방법, 배송의 경우 세부적인 과업 중 하나의 행위에만 적용되므로 'OR'에 해당한다고 볼 수 있다. 반면 타깃층의 경우 하나의 제품에 대해 다양한 연령대의 타깃층이 존재할 수 있으므로 'AND'가 적절하다.

51

정답 ③

(다) 문단에서 보건복지부와 국립암센터에서 국민 암 예방 수칙의 하나를 '하루 한두 잔의 소량 음주도 피하기'로 개정하였으며, 뉴질랜드 연구진의 연구에 따르면 '소량에서 적당량의 알코올 섭취도 몸에 상당한 부담으로 작용한다.'라고 하였으므로 가벼운 음주라도 몸에 위험하다는 결과를 끌어낼 수 있다. 따라서 가벼운 음주가 대사 촉진에 도움이 된다는 말은 적절하지 않다.

52

정답 ④

네 번째 조건을 제외한 모든 조건과 그 대우를 논리식으로 표현하면 다음과 같다.

- $\sim(D \vee G) \rightarrow F$ / $\sim F \rightarrow (D \wedge G)$
- $F \rightarrow \sim E$ / $E \rightarrow \sim F$
- $\sim(B \vee E) \rightarrow \sim A$ / $A \rightarrow (B \wedge E)$

마지막 조건에 따라 A가 투표를 하였으므로, 세 번째 조건의 대우에 의해 B와 E 모두 투표를 하였다. 또한 E가 투표를 하였으므로, 두 번째 조건의 대우에 따라 F는 투표하지 않았으며, F가 투표하지 않았으므로 첫 번째 조건의 대우에 따라 D와 G는 모두 투표하였다. A, B, D, E, G 5명이 모두 투표하였으므로 마지막 조건에 따라 C는 투표하지 않았다.

따라서 투표를 하지 않은 사람은 C와 F이다.

53

정답 ①

G상품의 판매 이익을 높이려면 재료비, 생산비, 광고비, A/S 부담 비용, A/S 비율을 낮추어야 한다. 선택지 ①~⑤에 따라 감소되는 비용을 계산하면 다음과 같다.

① 2,500×0.25=625원

② 4,000×0.1=400원

③ 1,000×0.5=500원

④ 3,000×0.2=600원

⑤ 무료 A/S 비율을 감소시키는 것은 A/S 부담 비용을 감소시키는 것과 같으므로 3,000×0.05=150원만큼 비용이 감소한다.

따라서 G상품의 판매 이익을 가장 많이 높일 수 있는 방법은 비용이 가장 많이 감소되는 ①이다.

54

정답 ③

A팀장은 개최기간(4월 11일~14일) 총 4일 동안 차량을 렌트하여야 하며, 업체별로 A팀장이 지불할 렌트비용을 계산하면 다음과 같다.

렌탈업체	총 렌트비용	할인내역
부릉이 렌탈	(35,000×2×0.9) +(35,000×2) =133,000원	4월 11~12일 10% 할인
편한여행	39,000×4×0.9 =140,400원	10% 할인쿠폰 1개 적용
렌트여기	멤버십 가입 ○ : 15,000+(36,000×4×0.8)=130,200원	멤버십 가입 시 1일당 20% 할인 (멤버십 가입비 15,000원 지출)
	멤버십 가입 × : 36,000×4 =144,000원	-
싸다렌탈	(40,500×4)−10,000 =152,000원	10,000원 할인

따라서 가장 저렴한 경우는 '렌트여기'에서 '멤버십 가입 ○'이고, 총 130,200원의 비용이 든다.

55

정답 ③

ㄱ. 탐색형 문제란 눈에 보이지 않는 문제로, 이를 방치하면 뒤에 큰 손실이 따르거나 결국 해결할 수 없는 문제로 확대되게 된다. 따라서 지금 현재는 문제가 아니지만 계속해서 현재 상태로 진행할 경우를 가정하고 앞으로 일어날 수 있는 문제로 인식하여야 한다. 이에 해당되는 것은 ㄱ으로 지금과 같은 공급처에서 원료를 수입하게 되면 미래에는 원료의 단가가 상승하게 되어 회사 경영에 문제가 될 것이다. 따라서 이에 대한 해결책을 갖추어야 미래에 큰 손실이 발생하지 않을 것이다.

ㄴ. 발생형 문제란 눈에 보이는 이미 일어난 문제로, 당장 걱정하고 해결하기 위해 고민해야 하는 문제를 의미한다. 따라서 ㄴ은 신약의 임상시험으로 인해 임상시험자의 다수가 부작용을 보여 신약 개발이 전면 중단된 것으로 이미 일어난 문제에 해당한다.

ㄷ. 설정형 문제란 미래상황에 대응하는 장래 경영전략의 문제로, '앞으로 어떻게 할 것인가'에 대한 문제를 의미한다. 따라서 이에는 미래에 상황에 대한 언급이 있는 ㄷ이 해당된다.

56

정답 ③

주어진 조건을 정리하면 다음과 같다.

구분	월	화	수	목	금	토	일
첫째	○	×		×	○		
둘째						○	
셋째							○
넷째			○				

- 첫째는 화요일과 목요일에 병간호를 할 수 없고, 수, 토, 일요일은 다른 형제들이 병간호를 하므로 월요일과 금요일에 병간호를 한다.
- 둘째와 셋째에게 남은 요일은 화요일과 목요일이지만, 둘 중 누가 화요일에 병간호를 하고 목요일에 병간호를 할지는 알 수 없다.

57

정답 ①

평가지표 결과와 지표별 가중치를 이용하여 지원자들의 최종 점수를 계산하면 다음과 같다.

- A지원자 : 3×3+3×3+5×5+4×4+4×5+5=84점
- B지원자 : 5×3+5×3+2×5+3×4+4×5+5=77점
- C지원자 : 5×3+3×3+3×5+3×4+5×5=76점
- D지원자 : 4×3+3×3+3×5+5×4+4×5+5=81점
- E지원자 : 4×3+4×3+2×5+5×4+5×5=79점

따라서 P공사에서 올해 채용할 지원자는 A, D지원자이다.

58

정답 ②

조건에 따라 스캐너 기능별 가용한 스캐너를 찾으면 다음과 같다.

- 양면 스캔 가능 여부 – Q・T・G스캐너
- 50매 이상 연속 스캔 가능 여부 – Q・G스캐너
- 예산 420만 원까지 가능 – Q・T・G스캐너
- 카드 크기부터 계약서 크기까지 스캔 지원 – G스캐너
- A/S 1년 이상 보장 – Q・T・G스캐너
- 기울기 자동 보정 여부 – Q・T・G스캐너

따라서 모두 부합하는 G스캐너가 가장 우선시되고, 그 다음은 Q스캐너, 그리고 T스캐너로 순위가 결정된다.

59

정답 ④

대리와 과장이 2박 3일간 부산 출장비로 받을 수 있는 금액은 다음과 같다.

- 일비 : (30,000×3)+(50,000×3)=240,000원
- 교통비 : (3,200×2)+(121,800×2)+10,300=260,300원
- 숙박비 : (120,000×2)+(150,000×2)=540,000원
- 식비 : (8,000×3×3)+(10,000×3×3)=162,000원

따라서 출장비는 총 240,000+260,300+540,000+162,000=1,202,300원이다.

60

정답 ③

사원 2명과 대리 1명이 1박 2일간 강릉 출장비로 받을 수 있는 금액은 다음과 같다.

- 일비 : (20,000×2×2)+(30,000×2)=140,000원
- 교통비 : 0원(자가용 이용)
- 숙박비 : (80,000×3)=240,000원
- 식비 : (6,000×3×2×2)+(8,000×3×2)=120,000원

따라서 출장비는 총 140,000+240,000+120,000=500,000원이다.

61

정답 ④

D역에서 A역까지는 1(역 수)×2분(3호선)+3분(환승)+2(역 수)×6분(1호선)=17분이 걸리고, B역에서 A역까지는 6(역 수)×2분(3호선)+3분(환승)+2(역 수)×6분(1호선)=27분이 걸리므로 D역에서 현지퇴근하는 것이 회사에서 퇴근하는 것보다 10분 덜 걸린다.

62

정답 ①

회사가 위치한 B역에서 D역까지 3호선을 타고 가면 최소 소요시간인 10분이 걸린다. 하지만 3호선이 아닌 다른 지하철을 통해 D역으로 갔으므로 20분이 걸리는 2호선을 이용한 것이다. 따라서 3호선이 B역에서 11분 이상 정차하기 때문에 2호선을 통해 D역으로 간 것을 알 수 있다.

63

정답 ①

현재 상태, 셔틀버스 1, 2를 이용하는 경우에 소요되는 시간을 구하면 다음과 같다.

- 현재 상태(1호선 – 3호선 환승) : (6×2)+3+(2×6)=27분
- 셔틀버스 1을 이용하는 경우(버스 – 3호선 환승)
  : 5+3+(7×2)=22분
- 셔틀버스 2를 이용하는 경우(버스 – 2호선 – 3호선 환승)
  : 8+3+(1×4)+3+(3×2)=24분

따라서 소요되는 시간은 '셔틀버스 1 – 셔틀버스 2 – 현재 상태' 순서로 짧다.

64

정답 ②

기본요금이 x원이고 추가요금이 y원이므로

- $x+19y=20,950$ …㉠
- $x+30y=21,390$ …㉡

㉠과 ㉡을 연립하면 $11y=440$ → $y=40$, $x=20,190$이다.

따라서 엄마의 통화요금은 20,190+40×40+(2×40)×1=21,870원이다.

65

정답 ⑤

- 1 Set : 프랑스의 B와인이 반드시 포함된다(B와인 60,000원). 인지도와 풍미가 가장 높은 것은 영국 와인이지만 영국 와인은 65,000원이므로 포장비를 포함하면 135,000원이 되기 때문에 세트를 구성할 수 없다. 가격이 되는 한도에서 인지도와 풍미가 가장 높은 것은 이탈리아 와인이다.
- 2 Set : 이탈리아의 A와인이 반드시 포함된다(A와인 50,000원). 모든 와인이 가격 조건에 해당하고, 와인 중 당도가 가장 높은 것은 포르투갈 와인이다.

66

정답 ④

논리의 흐름에 따라 순서를 나열해 보면, 문화 변동은 수용 주체의 창조적・능동적 측면과 관련되어 이루어짐 – (나) 수용 주체의 창조적・능동적 측면은 외래문화 요소의 수용을 결정지음 – (다) 즉, 문화의 창조적・능동적 측면은 내부의 결핍 요인을 자체적으로 극복하려 노력하나 그렇지 못할 경우 외래 요소를 수용함 – (가) 결핍 부분에 유용한 부분만을 선별적으로 수용함 – 다시 말해 외래문화는 수용 주체의 내부 요인에 따라 수용 여부가 결정됨의 순으로 나열해야 한다.

67

정답 ③

세 번째 조건과 마지막 조건을 기호로 나타내면 다음과 같다.

- D → ~E
- ~E → ~A

각각의 대우 E → ~D와 A → E에 따라 A → E → ~D가 성립하므로 A를 지방으로 발령한다면 E도 지방으로 발령하고, D는 지방으로 발령하지 않는다. 이때, P공사는 B와 D에 대하여 같은 결정을 하고, C와 E에 대하여는 다른 결정을 하므로 B와 C를 지방으로 발령하지 않는다. 따라서 A가 지방으로 발령된다면 지방으로 발령되지 않는 직원은 B, C, D 총 3명이다.

68

정답 ④

㉣의 앞에서 제시된 술탄 메흐메드 2세의 행적을 살펴보면 성소피아 대성당으로 가서 성당을 파괴하는 대신 이슬람 사원으로 개조하였고, 그리스 정교회 수사에게 총대주교직을 수여하는 등 '역대 비잔틴 황제들이 제정한 법을 그가 주도하고 있던 법제화의 모델로 이용하였던 것'을 보아 '단절을 추구하는 것'이 아닌 '연속성을 추구하는 것'으로 고치는 것이 가장 적절하다.

69

정답 ④

첫 번째 조건에 따라 E의 재정 자립도는 58.5와 65.7 사이에 위치해야 하므로 ⑤를 소거한다.

두 번째 조건에 따라 주택노후화율이 가장 높은 지역이 I이므로 I의 시가화 면적 비율이 가장 낮아야 한다. 그러기 위해서는 (나)에 20.7보다 적은 수치가 들어가야 하므로 ①을 소거한다.

세 번째 조건에 따라 10만 명당 문화시설 수가 가장 적은 지역이 B이다. 따라서 (다)에는 114.0과 119.2 사이의 숫자가 들어가야 하므로 ②를 소거한다.

네 번째 조건에 따라 H의 주택보급률은 도로포장률보다 높아야 한다. 따라서 (라)에는 92.5보다 큰 수치가 들어가야 하므로 ③을 소거한다.

70

정답 ④

제시문에서는 일방적으로 자신의 말만 하고, 무책임한 마음으로 자신의 말이 '정확히 전달되었는지', '정확히 이해했는지'를 확인하지 않는 미숙한 의사소통 기법이 직장생활에서의 원만한 의사소통을 저해하고 있다.

피듈형 NCS 집중학습 봉투모의고사

제3회 모의고사 정답 및 해설

01	02	03	04	05	06	07	08	09	10
②	④	②	④	②	①	④	③	④	③
11	12	13	14	15	16	17	18	19	20
③	①	③	④	④	③	③	②	②	②
21	22	23	24	25	26	27	28	29	30
③	③	③	②	②	③	③	②	④	⑤
31	32	33	34	35	36	37	38	39	40
④	②	③	④	③	④	④	①	④	④
41	42	43	44	45	46	47	48	49	50
④	②	③	②	⑤	②	①	①	④	③
51	52	53	54	55	56	57	58	59	60
②	⑤	③	①	④	④	②	③	④	③
61	62	63	64	65	66	67	68	69	70
③	④	③	④	①	③	③	③	④	④

01

정답 ②

이노비즈(Innobiz)는 혁신(Innovation)과 기업(Business)의 합성어로 뛰어난 기술력을 바탕으로 경쟁력을 확보하는 중소기업을 가리킨다.

02

정답 ④

올바른 갈등해결방법

- 다른 사람들의 입장을 이해한다. 사람들이 당황하는 모습을 자세하게 살핀다.
- 어려운 문제는 피하지 말고 맞선다.
- 자신의 의견을 명확하게 밝히고 지속적으로 강화한다.
- 사람들과 눈을 자주 마주친다.
- 마음을 열어놓고 적극적으로 경청한다.
- 타협하려 애쓴다.
- 어느 한쪽으로 치우치지 않는다.
- 논쟁하고 싶은 유혹을 떨쳐낸다.
- 존중하는 자세로 사람들을 대한다.

03

정답 ②

2021년부터 2024년까지 전년도 대비 시·도별 매년 합계출산율 증감 추이를 보면 '증가 – 증가 – 감소 – 감소'로 모두 같다. 따라서 빈칸 ㉠, ㉡에 들어갈 수치로 옳은 것은 ②이다.

04

정답 ④

거절의 의사결정에는 이 일을 거절함으로써 발생될 문제들과 자신이 거절하지 못해서 그 일을 수락했을 때의 기회비용을 따져보고, 거절하기로 결정하였다면 이를 추진할 수 있는 의지가 필요하다. 거절의 의사결정을 하고 이를 표현하기 위해서는 다음을 유의하여야 한다.

- 상대방의 말을 들을 때에는 주의하여 귀를 기울여서 문제의 본질을 파악한다.
- 거절의 의사결정은 빠를수록 좋다. 오래 지체될수록 상대방은 긍정의 대답을 기대하게 되고, 의사결정자는 거절을 하기 더욱 어려워진다.
- 거절을 할 때에는 분명한 이유를 만들어야 한다.
- 대안을 제시한다.

05

정답 ②

각종 위원회 위원 위촉에 대한 전결규정은 없다. 단, 대표이사의 부재중에 부득이하게 위촉을 해야 하는 경우가 발생했다면 차하위자(전무)가 대결을 할 수는 있다.

06

정답 ①

ㄱ. 중요도 점수가 높은 영역부터 순서대로 나열하면 '교수활동 – 학생복지 – 교육환경 및 시설 – 교육지원 – 비교과 – 교과'로 매년 동일하다.

ㄴ. 제시된 자료를 통해 2024년 만족도 점수는 전년 대비 모든 영역에서 높음을 알 수 있다.

오답분석

ㄷ. 만족도 점수가 가장 높은 영역과 가장 낮은 영역의 만족도 점수 차이는 2023년이 $3.52-3.27=0.25$점으로 2022년 $3.73-3.39=0.34$점보다 작다.

ㄹ. 2024년 요구충족도가 가장 높은 영역은 $\frac{3.56}{3.64}\times100≒97.8\%$인 비교과 영역이며, 교과 영역 요구충족도는 $\frac{3.45}{3.57}\times100≒96.6\%$이다.

07
정답 ④

모딜리아니 – 밀러 이론은 이상적 시장 상태를 가정했을 때 기업의 자본 구조와 가치는 연관이 없다는 이론이고, 이에 반대하여 현실적 요소들을 고려한 상충 이론과 자본 조달 순서 이론이 등장하였다. 반박에 직면하여 밀러는 다양한 현실적 요소들을 고려하였고, 그럼에도 불구하고 기업의 자본 구조와 가치는 연관이 없다는 결론을 도출하였다.

오답분석

① · ③ 밀러의 기존 이론이 고려하지 않은 것을 고려하였다.
② 개량된 이론에서는 개별 기업을 고려하였지만, 기존 이론에서 밀러가 개별 기업을 분석 단위로 삼았다고 볼 근거가 없다.
⑤ 기업의 자본 조달에는 타인의 자본이 소득세를 통해 영향을 준다고 하나, 결국 기업의 가치와는 무관하다는 결론을 재확인했다.

08
정답 ③

다섯 번째 문단에 나타난 내용을 요건에 따라, 이론이 부채와 요건 간의 관계를 어떻게 보고 있는지를 나타내면 다음과 같다.

구분	기업 규모	성장성
상충 이론	비례	반비례
자본 조달 순서 이론	반비례	비례

상황에 따르면 A씨는 상충 이론에 해당하므로 2행만 참조하면 된다. B기업은 성장성이 높은 규모가 작은 기업이므로, A씨는 B기업에게 부채 비율을 낮출 것을 권고하는 것이 타당하다. 기업 규모가 작은 경우에는 법인세 감세 효과로 얻는 편익보다 기대 파산 비용이 높다고 판단되고, 성장성이 높은 경우에도 기대 파산 비용이 높다고 보이기 때문이다. 이를 통해서 ①, ②, ④가 옳지 않은 것을 판단할 수 있다.

⑤의 경우에는, 타인 자본에는 부채가 포함되므로 상충 이론과 배치되는 주장이다. 상충 이론은 부채 발생 시의 편익 – 비용의 비율이 기업 가치에 영향을 끼친다고 주장하므로 이 의견을 다르게 표현하고 있는 ③이 바르게 판단한 것이다.

09
정답 ④

[E2:E7]은 평균 점수를 소수점 둘째 자리에서 반올림한 값이다. 따라서 [E2]에 「=ROUND(D2,1)」를 넣고 채우기 핸들 기능을 이용하면 이와 같은 값을 구할 수 있다.

오답분석

① INT : 정수 부분을 제외한 소수 부분을 모두 버림하는 함수이다.
② ABS : 절댓값을 구하는 함수이다.
③ TRUNC : 원하는 자릿수에서 버림하는 함수이다.
⑤ COUNTIF : 조건에 맞는 셀의 개수를 구하는 함수이다.

10
정답 ③

A열차의 길이를 xm라고 하자. A열차가 다리를 완전히 통과할 때까지의 이동거리는 (열차의 길이)+(다리의 길이)이므로 다음과 같은 식이 성립한다.

$x+440=20\times30$

$\rightarrow x=600-440$

$\therefore x=160$

따라서 A열차의 길이는 160m이다.

11
정답 ③

(가) 부산에서 서울로 가는 버스터미널은 2개이므로 고객에게 바르게 안내해 주었다.
(다) 소요 시간을 고려하여 도착시간에 맞게 출발하는 버스 시간을 바르게 안내해 주었다.
(라) 도로 교통 상황에 따라 소요 시간에 차이가 있다는 사실을 바르게 안내해 주었다.

오답분석

(나) 고객의 집에서 부산 동부 터미널이 더 가깝다고 하였으므로 출발해야 되는 시간 등을 물어 부산 동부 터미널에 적당한 차량이 있는지 확인하고, 없을 경우 부산 터미널을 권유하는 것이 적절하다. 단지 배차가 많다는 이유만으로 부산 터미널을 이용하라고 안내하는 것은 적절하지 않다.
(마) 우등 운행 요금만 안내해 주었고, 일반 운행 요금에 대한 안내를 하지 않았다.

12
정답 ①

기업의 입장에서는 상품의 사회적 마모 기간이 짧은 게 유리하기 때문에 이를 위해 노력한다. 하지만 상품의 품질이 나빠지거나 전에 비해 발전하지 않은 것은 아니다.

13
정답 ③

㉠은 기업들이 더 많은 이익을 내기 위해 디자인의 향상에 몰두하는 것이 바람직하다는 것이다. 즉, 상품의 사회적 마모를 짧게 해서 소비를 계속 증가시키기 위한 방안인데, 이에 대한 반론을 제기하기 위해서는 ㉠의 주장이 지니고 있는 문제점을 비판하여야 한다. ㉠이 지니고 있는 가장 큰 문제점은 '과연 성능 향상 없는 디자인 변화가 소비를 촉진시킬 수 있는 것인가?'이다. 디자인 변화는 분명히 상품의 소비를 촉진시킬 수 있는 효과적 방법 중의 하나이지만 '성능이나 기능, 내구성'의 향상이 전제되지 않았을 때는 효과를 내기 힘들기 때문이다.

14

정답 ④

Ⓛ은 자본주의 상품의 모순을 설명하고 있는 부분인데, '상품의 기능이나 성능, 내구성이 향상되었는데도 상품의 생명이 짧아지는 것'을 의미한다. 이에 대한 사례로는 ④와 같이 상품을 아직 충분히 쓸 수 있는데도 불구하고 새로운 상품을 구매하는 행위가 있다.

15

정답 ④

문화회관 이용 가능 요일표와 주간 주요 일정표에 따를 때, B지점이 교육에 참석할 수 있는 요일과 시간대는 화요일 오후, 수요일 오후, 금요일 오전이다.

16

정답 ③

어떠한 비난도 하지 않고 문제를 해결하는 것이 고객 불만에 대응하는 적절한 방법이다.

오답분석

① 회사 규정을 말하며 변명을 하는 것은 오히려 화를 키울 수 있다.
② 먼저 사과를 하고 이야기를 듣는 것이 더 효과적이다.
④ 실현 가능한 최선의 대안을 제시해야 한다.
⑤ 내 잘못이 아니라는 것을 고객에게 알리는 것은 화를 더 키울 수 있다.

17

정답 ③

①·②·④·⑤는 전략 과제에서 도출할 수 있는 추진 방향이지만, 국제경쟁입찰의 과열 경쟁 심화와 컨소시엄 구성 시 민간기업과 업무 배분, 이윤 추구 성향 조율의 어려움 등은 문제점에 대한 내용이기 때문에 추진 방향으로 적절하지 않다.

18

정답 ②

Index 뒤의 문자 SHAWTY와 File 뒤의 문자 CRISPR에서 일치하는 알파벳의 개수를 확인하면, 'S' 1개만 일치하는 것을 알 수 있다. 따라서 판단 기준에 따라 Final Code는 Atur이다.

19

정답 ②

(나) 문단에서는 의료보장제도의 사회보험과 국민보건서비스 유형에 대해 먼저 설명하고, 건강보험제도의 운영 방식에 대해 이야기하고 있다. 따라서 (나) 문단의 주제로는 '건강보험제도의 유형'이 가장 적절하다.

20

정답 ②

A과장은 회사 직원이 아닌 지인들과 인근 식당에서 식사를 하였고, C팀장이 지적을 하자 거짓으로 둘러댄 것이 들키면서 징계를 받았다. 따라서 늘 정직하게 임하려는 태도가 가장 적절하다.

21

정답 ③

사회생활에 있어 신뢰가 기본이 되기 때문에 신뢰가 없으면 사회생활에 지장이 생긴다.

22

정답 ③

'언쟁하기'는 단지 논쟁을 위해서 상대방의 말에 귀를 기울이는 것으로, 상대방이 무슨 주제를 꺼내든지 설명은 하지 않고 자신의 생각만을 늘어놓는 행위이다. 그런데 D사원의 경우 A사원과 언쟁을 하기보다는 A사원의 말에 귀를 기울이며 동의하고 있다. 또한 A사원이 앞으로 취할 수 있는 행동에 대해 자신의 생각을 조언하고 있으므로 적절하지 않다.

오답분석

① '짐작하기'는 상대방의 말을 듣고 받아들이기보다 자신의 생각에 들어맞는 단서들을 찾아 자신의 생각을 확인하는 것으로, B사원은 A사원의 말을 듣고 받아들이기보다는 G부장이 매일 일 점검한다는 것을 근거로 삼아 A사원에게 문제점이 있다고 짐작하고 있다.
② '판단하기'는 상대방에 대한 부정적인 선입견 때문에 또는 상대방을 비판하기 위해 상대방의 말을 듣지 않는 것을 말한다. C사원은 A사원이 예민하다는 선입견 때문에 G부장의 행동보다 A사원의 행동을 문제시하고 있다.
④ '비위 맞추기'는 상대방을 위로하기 위해 혹은 비위를 맞추기 위해 너무 빨리 동의하는 것을 말한다. E사원은 A사원을 지지하고 동의하는 데 너무 치중함으로써 A사원이 충분히 자신의 감정과 상황을 표현할 시간을 주지 못하고 있다.
⑤ '슬쩍 넘어가기'는 대화가 너무 사적이거나 위협적이면 주제를 바꾸거나 농담으로 넘기려 하는 것으로, 문제를 회피하려고 함으로써 상대방의 진정한 고민을 놓치는 것을 말한다. F사원의 경우 A사원의 부정적인 감정을 회피하기 위해 다른 주제로 대화 방향을 바꾸고 있다.

23

정답 ③

1회전과 3회전에서 을이 x점을 획득했다면, 갑은 $(x+2)$점이고, 2회전에서는 갑이 x점, 을은 $(x+2)$점이 된다. 갑의 최종 점수는 $(3x+4)$점이며, 을은 $(3x+2)$점임을 알 수 있다. 이에 대한 식을 세우면 다음과 같다.

$2(3x+4)=3x+2+15 \rightarrow 6x+8=3x+17 \rightarrow 3x=9$

$\therefore x=3$

따라서 1회전에서 갑이 획득한 점수는 $3+2=5$점이다.

24

정답 ②

대인관계능력이란 직장생활에서 협조적인 관계를 유지하고, 조직 구성원들에게 도움을 줄 수 있으며, 조직 내부 및 외부의 갈등을 원만히 해결하고 고객의 요구를 충족시켜 줄 수 있는 능력이다. B의 경우, 신입직원의 잘한 점을 칭찬하지 않고 못한 점만을 과장하여 지적한 것은 신입직원의 사기를 저하할 수 있고, 보이지 않는 벽이 생길 수 있으므로 좋은 대인관계능력이라고 할 수 없다.

F의 경우, 인간관계를 형성할 때 가장 중요한 요소인 개인의 사람됨보다 무엇을 말하느냐, 어떻게 행동하느냐를 중시하였다. 만약 그 사람의 말이나 행동이 깊은 내면에서가 아니라 피상적인 인간관계 기법이나 테크닉에서 나온다면, 상대방도 곧 그 사람의 이중성을 감지하게 된다. 따라서 효과적인 상호의존성을 위해 필요한 상호신뢰와 교감, 관계를 만들 수도, 유지할 수도 없게 된다.

25

정답 ②

5명이 노란색 원피스 2벌, 파란색 원피스 2벌, 초록색 원피스 1벌 중 1벌씩 선택하여 사는 경우의 수는 5명을 2명, 2명, 1명으로 이루어진 3개의 팀으로 나누는 방법과 동일하므로 ${}_5C_2 \times {}_3C_2 \times {}_1C_1 \times \frac{1}{2!} = \frac{5\times4}{2} \times 3 \times 1 \times \frac{1}{2} = 15$가지가 된다. 이때, 원피스 색깔 중 2벌인 색은 노란색과 파란색 2가지이므로 선택할 수 있는 경우의 수는 모두 $15\times2=30$가지이다.

26

정답 ③

K대리의 전화 모습을 보면 통화를 마칠 때, 전화를 건 상대방에게 감사의 표시를 하지 않았음을 확인할 수 있다. '네! 전화 주셔서 감사합니다. 이만 전화 끊겠습니다.'와 같이 전화를 건 상대방에게 감사의 표시를 하는 것이 적절하다.

27

정답 ③

C가 계획을 제대로 실천하지 못한 이유는 직장에 다니고 있기 때문에 개인 시간에 한계가 있는데 그에 비해 계획이 과했기 때문이다(⑤). 또한 다른 욕구를 이기지 못한 것도 원인이다. 몸이 아파서(내부), 회사 회식에 빠지기 어려워서(외부), 즉 쉬고 싶은 욕구와 다른 사람과 어울리고 싶은 욕구가 계획 실천 욕구보다 강했다(①·④). 이때, C는 자신에게는 그럴 만한 이유가 있었다고 생각했을 것이다(②).

하지만 자기개발에 대한 구체적인 방법을 몰라서 계획을 실천하지 못한 것은 아니다. 업무와 관련한 자격증 강의 듣기, 체력 관리, 친목 다지기 등 계획 자체는 구체적으로 세웠기 때문이다.

28

정답 ②

이산화탄소의 농도가 계속해서 증가하고 있는 것과 달리 오존전량은 2018년부터 2021년까지 차례로 감소하고 있다.

오답분석

① 이산화탄소의 농도는 2018년 387.2ppm에서 시작하여 2024년 395.7ppm으로 해마다 증가했다.
③ 2024년 오존전량은 335DU로, 2018년의 331DU보다 4DU 증가했다.
④ 2024년 이산화탄소 농도는 2019년 388.7ppm에서 395.7ppm으로 7ppm 증가했다.
⑤ 2019년 오존전량은 1DU 감소하였고, 2020년에는 2DU, 2021년에는 3DU 감소하였다. 2024년에는 8DU 감소하였다.

29

정답 ④

연차 계산법에 따라 A씨의 연차를 구하면 다음과 같다.

- 기간제 : $(6\times365)\div365$일$\times15=90$일
- 시간제 : $(8\times30\times6)\div365$일$\fallingdotseq4$일

따라서 $90+4=94$일이다.

30

정답 ⑤

언어의 친교적 기능이란 어떤 정보를 요구하거나 전달하기보다는 언어를 통해 사람들 간의 친밀한 관계를 확인하거나 유지하는 기능으로, 대부분의 인사말이 이에 속한다. ㉠의 '밥은 먹었니?', ㉢의 '이따가 전화하자.', ㉤의 '조만간 밥 한번 먹자.', ㉥의 '너 요즘도 거기서 근무하니?' 등은 어떤 대답을 요구하거나 행동을 할 것을 요청하는 것이 아니라 특별한 의미 없이 친근함을 나타내고 있다.

오답분석

㉡과 ㉣의 경우 A가 대답을 요구하는 질문을 하고 B는 그에 대한 정보를 전달하고 있으므로 친교적 기능이 드러난 대화로 보기 어렵다.

31

정답 ④

문제 도출은 선정된 문제를 분석하여 해결해야 할 것이 무엇인지를 명확히 하는 단계로, (가) 문제 구조 파악과 (나) 핵심 문제 선정의 절차를 거쳐 수행된다. 이때, 문제 구조 파악을 위해서는 현상에 얽매이지 말고 문제의 본질과 실제를 봐야 하며, 한쪽만 보지 말고 다면적으로 바라보며, 눈앞의 결과만 보지 말고 넓은 시야로 문제를 바라봐야 한다.

32

정답 ②

제시된 그래프에서 선의 기울기가 가파른 구간은 2015 ~ 2016년, 2016 ~ 2017년, 2019 ~ 2020년이다. 이를 토대로 2016년, 2017년, 2020년 물이용부담금 총액의 전년 대비 증가폭을 구하면 다음과 같다.

- 2016년 : $6{,}631-6{,}166=465$억 원
- 2017년 : $7{,}171-6{,}631=540$억 원
- 2020년 : $8{,}108-7{,}563=545$억 원

따라서 물이용부담금 총액이 전년 대비 가장 많이 증가한 해는 2020년이다.

오답분석

㉠ 제시된 자료를 통해 확인할 수 있다.
㉢ 2024년 금강유역 물이용부담금 총액은 $8{,}661\times0.2=1{,}732.2$억 원이고, 2024년 금강유역에서 사용한 물의 양은 1,732.2억 원$\div160$원/$m^3\fallingdotseq10.83$억m^3이다.
㉣ 2024년 물이용부담금 총액의 전년 대비 증가율 : $\frac{8{,}661-8{,}377}{8{,}377}\times100\fallingdotseq3.39\%$

33

정답 ③

ㄱ. 2차 구매 시 1차와 동일한 제품을 구매하는 소비자가 다른 어떤 제품을 구매하는 소비자보다 1.5배 이상 높은 수치를 보이고 있다.

ㄷ. 1차에서 C를 구매한 소비자는 204명으로 가장 많았고, 2차에서 C를 구매한 소비자 역시 231명으로 가장 많았다.

오답분석

ㄴ. 1차에서 A를 구매한 뒤 2차에서 C를 구매한 소비자는 44명이고, 반대로 1차에서 C를 구매한 뒤 2차에서 A를 구매한 소비자는 17명이므로 전자의 경우가 더 많다.

34

정답 ④

제시문에서는 태학의 명륜당은 종학으로 만들어 국자 즉, 종실의 자제 및 공경의 적자가 다니게 하고, 비천당은 백성들이 다니는 학교로 만들어 별도로 운영해야 한다고 하였다.
따라서 국자와 서민들을 나누어 가르치던 주례의 전통을 따르는 것이 바람직하다고 주장하는 것이다.

오답분석

① 태학의 명륜당은 종학으로 만들어 종실의 자제 및 공경의 적자가 다니게 하고, 비천당은 백성들이 다니는 학교로 만들어 별도로 운영하는 것이 합당할 것이라고 하였으므로 적절하지 않은 내용이다.
② 옛날 태학에서 사람들에게 풍악을 가르쳤기 때문에 명칭을 성균관이라 하였다는 것은 언급되어 있지만, 이러한 전통을 회복해야 한다는 내용은 언급되어 있지 않으므로 적절하지 않은 내용이다.
③ 옛날에 사람을 가르치는 법들 중 하나인 향학이 서민들을 교육하기 위한 기관이라는 것은 언급되어 있지만 이 내용만으로 향학의 설립을 통해 백성에 대한 교육을 강화해야 한다는 내용을 추론하기는 어려우므로 적절하지 않은 내용이다.
⑤ 제시문에서는 종실의 자제 및 공경의 적자와 백성들을 별도로 교육해야 한다고 주장하고 있으므로 이들을 통합하는 교육 과정이 필요하다는 것은 적절하지 않은 내용이다.

35

정답 ③

H의 자기개발을 방해하는 장애요인은 욕구와 감정이다. 이와 비슷한 사례는 회식과 과음으로 인해 자기개발을 못한 C이다.

자기개발을 방해하는 장애요인
- 욕구와 감정
- 제한적인 사고
- 문화적인 장애
- 자기개발 방법의 무지

36

정답 ④

K주임이 가장 먼저 해야 하는 일은 오늘 2시에 예정된 팀장 회의 일정을 G팀장에게 전달하는 것이다. 다음으로 내일 진행될 언론홍보팀과의 회의 일정에 대한 답변을 오늘 내로 전달해 달라는 요청을 받았으므로 먼저 익일 업무 일정을 확인한 후 회의 일정에 대한 답변을 전달해야 한다. 이후 메일을 통해 회의 전에 미리 숙지해야 할 자료를 확인하는 것이 적절하다.

37

정답 ④

혁신도시개발의 매출총이익은 법인세비용 차감 전 순이익의 $\frac{771}{903}\times100\fallingdotseq85.4\%$이므로 75% 이상이다.

오답분석

① 주택관리사업의 판매비와 관리비는 공공주택사업의 판매비와 관리비의 $\frac{1,789}{2,764}\times100\fallingdotseq64.7\%$이다.
② 금융원가가 가장 높은 사업은 주택관리사업이고, 기타수익이 가장 높은 사업은 일반사업이므로 순위는 동일하지 않다.
③ 행정중심복합도시의 영업이익이 2024년 전체 영업이익에서 차지하는 비율은 $\frac{2,976}{26,136}\times100\fallingdotseq11.4\%$이다.
⑤ 산업단지개발의 매출원가는 일반사업의 매출원가의 $\frac{4,436}{56,828}\times100\fallingdotseq7.8\%$이다.

38

정답 ①

문제란 발생한 상황 자체를 의미하는 것으로, 그 상황이 발생한 원인인 문제점과 구분된다. 따라서 보기에서 발생한 문제 상황은 '아이의 화상' 자체이다.

오답분석

②·③·④·⑤ 아이의 화상이라는 문제가 발생한 것에 대한 원인을 나타내는 것으로 문제점에 해당한다.

39

정답 ④

자기개발 계획을 수립할 때는 장기적인 목표와 단기적인 목표 모두 수립해야 한다. 보통 장기목표는 5 ~ 20년 뒤를 설계하며, 단기목표는 1 ~ 3년 정도의 목표를 설계한다. 장기목표는 자신의 욕구, 가치, 흥미, 적성 및 기대를 고려하여 수립하며, 직장에서의 일과 관련된 직무의 특성, 타인과의 관계 등을 고려해야 한다. 단기목표는 장기목표를 이룩하기 위한 기본단계가 되며, 필요한 직무 관련 경험, 개발해야 할 능력 혹은 자격증, 쌓아 두어야 할 인간관계 등을 고려하여 수립한다.

오답분석

① 개인은 가족, 친구, 직장동료, 부하직원, 상사, 고객 등 많은 인간관계를 맺고 살아가고 있으므로, 이를 고려하지 않고 자기개발 계획을 수립한다면 계획을 실행하는 데 어려움을 겪게 된다.

② 직업인이라면 현재의 직무 상황과 이에 대한 만족도가 자기개발 계획을 수립하는 데 중요한 역할을 담당하게 된다. 따라서 현 직무를 담당하는 데 필요한 능력과 이에 대한 자신의 수준, 개발해야 될 능력, 관련된 적성 등을 고려해야 한다.
③ 자기개발을 애매모호한 방법으로 계획하게 되면 어떻게 계획을 수행해야 하는지 명확하게 알 수 없으므로, 계획을 중간 정도의 수준에서 적당히 수행하게 되거나 계획 수행 중 자신의 노력을 낭비하게 된다. 따라서 구체적인 방법으로 자기개발을 계획해야 한다.
⑤ 자신의 흥미, 장점 등과 같은 내부의 정보와 회사 내의 경력기회 및 직무 가능성, 다른 직업이나 회사 밖의 기회 등의 외부 정보를 충분히 알지 못할 경우, 자기개발 계획을 성공시키기 어렵다.

40

정답 ④

서울 지점의 B씨에게 배송할 제품과 경기 남부 지점의 P씨에게 배송할 제품에 대한 기호를 정리하면 다음과 같다.

- B씨 : MS11EISS
  - 재료 : 연강(MS)
  - 판매량 : 1박스(11)
  - 지역 : 서울(E)
  - 윤활유 사용 : 윤활작용(I)
  - 용도 : 스프링(SS)
- P씨 : AHSS00SSST
  - 재료 : 초고강도강(AHSS)
  - 판매량 : 1세트(00)
  - 지역 : 경기 남부(S)
  - 윤활유 사용 : 밀폐작용(S)
  - 용도 : 타이어코드(ST)

41

정답 ④

첫 번째 조건을 이용하여 B・C가 참가하는 경우, B・F가 참가하는 경우, C・F가 참가하는 경우로 나누어 본다.

i) B, C가 참가하는 경우 : B, C, D, E가 참가하고, F, G가 참가하지 않는다. 그러므로 A, H 중 한 명이 반드시 참가해야 하지만 마지막 명제의 대우에 의해 A가 참가하면 H도 참가해야 하므로 6명이 산악회에 참가하게 된다. 따라서 모순이다.
ii) B, F가 참가하는 경우 : B, E, F, G가 참가하고, C, D가 참가하지 않는다. 따라서 i)의 경우와 마찬가지로 모순이다.
iii) C, F가 참가하는 경우 : C, D, F, G가 참가하고, B, E는 참가하지 않거나 C, E, F가 참가하고, B, D, G가 참가하지 않는다. 이때, C, D, F, G가 참가하는 경우는 i)과 마찬가지로 모순이지만 C, E, F가 참가하는 경우 A, H는 참가한다.

따라서 항상 산악회에 참가하는 사람은 H이다.

42

정답 ②

업무상으로 소개를 할 때는 직장 내에서의 서열과 나이를 고려한다. 이때 성별은 고려의 대상이 아니다.

43

정답 ③

민수가 부정행위를 했을 경우 ㉡과 ㉢에 따라 정태와 은수도 함께 부정행위를 하게 되므로 ㉠에 부합하지 않는다. 따라서 민수는 부정행위를 하지 않았으며, ㉡에 따라 정태도 부정행위를 하지 않았다. 태희가 부정행위를 했을 경우 ㉤의 대우인 '태희가 부정행위를 했다면 경미도 부정행위를 했다.'와 ㉢에 따라 경미와 은수가 함께 부정행위를 하게 되므로 ㉠에 부합하지 않는다. 따라서 태희 역시 부정행위를 하지 않았다. 결국 민수, 정태, 태희를 제외한 은수와 경미가 시험 도중 부정행위를 했음을 알 수 있다.

44

정답 ②

대화를 통해 부하직원인 A씨 스스로 업무성과가 떨어지고 있고, 업무방법이 잘못되었음을 인식시켜서 이를 해결할 방법을 스스로 생각하도록 해야 한다. 이후 B팀장이 조언하며 A씨를 독려한다면, B팀장은 A씨의 자존감과 자기결정권을 침해하지 않으면서도 A씨 스스로 책임감을 느끼고 문제를 해결할 가능성이 높아지게 할 수 있다.

오답분석

① 징계를 통해 억지로 조언을 듣도록 하는 것은 자존감과 자기결정권을 중시하는 A씨에게 적절하지 않다.
③ 칭찬은 A씨로 하여금 자신의 잘못을 인식하지 못하도록 할 수 있어 적절하지 않다.
④ 자존감과 자기결정권을 중시하는 A씨에게 강한 질책은 효과적이지 못하다.
⑤ A씨가 자기 잘못을 인식하지 못한 상태로 시간만 흘러갈 수 있다.

45

정답 ⑤

- 직접비용 : ㉠, ㉡, ㉤, ㉥
- 간접비용 : ㉢, ㉣

직접비용은 제품 또는 서비스를 창출하기 위해 직접 소비된 것으로 여겨지는 비용을 말하며, 재료비, 원료와 장비 구입비, 인건비, 출장비 등이 해당한다.
간접비용은 생산에 직접 관련되지 않은 비용을 말하며, 광고비, 보험료, 통신비 등이 해당한다.

46

정답 ②

공기청정기에 1번 통과할 때 미세먼지의 $\frac{3}{10}$이 걸러지므로 걸러지지 않는 미세먼지의 양은 $\frac{7}{10}$이다.

공기청정기에 2번 통과할 때 걸러지는 미세먼지의 양은 1번째에서 걸러지지 않은 $\frac{7}{10}$의 $\frac{3}{10}$만큼 걸러지고 $\frac{7}{10}\times\frac{7}{10}=\left(\frac{7}{10}\right)^2$만큼 걸러지지 않는다.

공기청정기에 3번 통과할 때 걸러지는 미세먼지의 양은 2번째에서 걸러지지 않은 $\left(\frac{7}{10}\right)^2$의 $\frac{3}{10}$만큼 걸러지고 $\left(\frac{7}{10}\right)^3$만큼 걸러지지 않는다.

따라서 걸러지는 미세먼지의 양은 공비가 $\frac{7}{10}$인 등비수열이다.

초항이 $10\times\frac{3}{10}=3$이므로 공기청정기를 6번 통과할 때 걸러지는 미세먼지의 총합은 $\frac{3(1-0.7^6)}{1-0.7}=\frac{3\times(1-0.118)}{0.3}=8.82$g이다.

47

정답 ①

R대리와 S과장은 경력개발의 이유로 환경변화를 이야기하고 있다. 환경변화에 따른 개발 요인에는 지식정보의 빠른 변화, 인력난 심화, 삶의 질 변화, 중견사원 이직 증가 등이 있다.

48

정답 ①

성희롱 문제는 개인의 문제뿐만 아니라 사회적 문제이기 때문에 제도적인 차원에서의 제재도 필요하다. 따라서 사전에 방지하고 효과적으로 처리하는 방안이 필요하다.

49

정답 ④

내려오는 경우, 구간별 트레킹 소요 시간은 50% 단축되므로 F지점에서 E지점으로 가는 데에는 1시간이 소요된다. 따라서 ④는 옳지 않은 설명이다.

오답분석

① A지점에서 B지점까지 가는 데 3시간이 소요되고, B지점에서 C지점을 거쳐 D지점까지 가는 데에도 2+1=3시간이 소요된다.

② F지점에서 G지점까지 가는 데 3시간이 소요되고, E지점에서 F지점까지 가는 데 2시간이 소요된다.

③ 내려오는 경우이므로 M지점에서 L지점까지 가는 데 3×0.5=1시간 30분이 소요되고, K지점에서 J지점을 거쳐 I지점까지 가는 데에도 (2+1)×0.5=1시간 30분이 소요된다.

⑤ 3시간이 소요되는 구간은 'A → B', 'F → G', 'K → L', 'L → M' 구간으로 'A → B' 구간의 거리가 1,638−1,050=588m로 가장 길다.

50

정답 ③

10월 3일에 트레킹을 시작한 총무부의 트레킹과 관련된 정보는 다음과 같다.

(단위 : m, 시간)

구분	이동 경로	이동 거리	소요 시간	해발고도
10월 3일	A → D	1,061	6	2,111
10월 4일	D → G	237	6	2,348
10월 5일	G → I	246	4	2,502
10월 6일	I → K	139	3	2,641
10월 7일	K → L	192	3	2,833
10월 8일	L → M	179	3	3,012
10월 9일	M → H	545	5.5	2,467
10월 10일	H → B	829	5.5	1,638
10월 11일	B → A	588	1.5	1,050

하루에 가능한 트레킹의 최장 시간은 6시간으로 셋째 날에 G지점에서 J지점까지 5시간이 소요되기 때문에 올라갈 수 있지만, 해발 2,500m를 통과한 순간부터 고산병 예방을 위해 수면고도를 전날 수면고도에 비해 200m 이상 높일 수 없으므로 셋째 날은 J지점이 아닌 I지점까지만 올라간다. 따라서 둘째 날의 트레킹 소요 시간은 6시간, 셋째 날에는 4시간이다.

51

정답 ②

50번의 표로부터 총무부가 모든 트레킹 일정을 완료한 날짜는 10월 11일임을 알 수 있다.

52

정답 ⑤

50번의 표로부터 총무부는 10월 9일에 도착한 비박지점인 H지점에 기념 깃발을 꽂아 두었음을 알 수 있다.

53

정답 ③

P사의 사례는 팀워크의 중요성과 주의할 점을 보여 주고, E병원의 사례는 공통된 비전으로 인한 팀워크의 성공을 보여 준다. 두 사례 모두 팀워크에 대한 내용이지만, 개인 간의 차이를 중시해야 한다는 것은 언급되지 않았다.

54

정답 ①

[휴지통]에 들어 있는 자료는 언제든지 복원 가능하다. 단, [휴지통] 크기를 0%로 설정한 후, 파일을 삭제하면 복원이 불가능하다.

55

정답 ④

자신에게 직접적인 도움을 줄 수 있는 사람들을 관리하는 것은 개인 차원에서의 인적자원관리인 인맥관리이다.

효율적이고 합리적인 인사관리 원칙
- 적재적소 배치의 원리 : 해당 직무 수행에 가장 적합한 인재를 배치해야 한다.
- 공정 보상의 원칙 : 근로자의 인권을 존중하고, 공헌도에 따라 노동의 대가를 공정하게 지급해야 한다.
- 공정 인사의 원칙 : 직무 배당, 승진, 상벌, 근무 성적의 평가, 임금 등을 공정하게 처리해야 한다.
- 종업원 안정의 원칙 : 직장에서 신분이 보장되고 계속해서 근무할 수 있다는 믿음을 가지게 하여 근로자가 안정된 회사 생활을 할 수 있도록 해야 한다.
- 창의력 계발의 원칙 : 근로자가 창의력을 발휘할 수 있도록 새로운 제안, 건의 등의 기회를 마련하고, 적절한 보상을 하여 인센티브를 제공해야 한다.
- 단결의 원칙 : 직장 내에서 구성원들이 소외감을 갖지 않도록 배려하고, 서로 유대감을 가지고 협동·단결하는 체제를 이루도록 해야 한다.

56

정답 ④

공모방법에 따라 '건강iN 콘텐츠 아이디어 공모전 기획서', '건강iN 콘텐츠 아이디어 공모전 참가 서약서', '개인정보 수집·이용 동의서'를 이메일로 제출해야 한다.

오답분석

① P공단은 10월 27일(금)부터 11월 25일(토)까지 대략 한 달간 '건강iN 콘텐츠 아이디어 공모전'을 개최한다.
② 공단이 보유하고 있는 데이터 등을 융합한 신규 서비스는 건강iN의 웹과 앱 모두에서 제공할 수 있는 서비스여야 한다.
③ 공모전에는 개인 또는 팀의 형태로 누구나 참여 가능하며, 팀의 경우 별도의 인원 제한은 없다.
⑤ 공모 당선 결과는 건강iN 공지사항을 통해 게시되며, 개별적으로도 통보될 예정이다.

57

정답 ②

②는 간접적 벤치마킹의 단점이다. 간접적 벤치마킹은 인터넷, 문서자료 등 간접적인 형태로 조사·분석하게 됨으로써 대상의 본질보다는 겉으로 드러나 보이는 현상만을 결과로 얻을 수 있는 단점을 가진다.

58

정답 ③

해결해야 할 전략 과제란 취약한 부분에 대해 보완해야 할 과제를 말한다. 따라서 이미 우수한 고객서비스 부문을 강화한다는 것은 전략 과제로 삼기에 적절하지 않다.

오답분석

① 해외 판매망이 취약하다고 분석되었으므로 중국시장의 판매유통망을 구축하는 전략 과제를 세우는 것은 적절하다.
② 중국시장에서 구매 방식이 대부분 온라인으로 이루어지는 데 반해, 자사의 온라인 구매시스템은 미흡하기 때문에 온라인 구매시스템을 강화한다는 전략 과제는 적절하다.
④ 중국기업들 간의 가격 경쟁이 치열하다는 것은 제품의 가격이 내려가고 있다는 의미인데, 자사는 생산원가가 높다는 약점이 있다. 그러므로 원가 절감을 통한 가격 경쟁력 강화 전략은 적절하다.
⑤ 중국시장에서 인간공학이 적용된 제품을 지향하고 있으므로 인간공학을 기반으로 한 제품 개발을 강화하는 것은 적절한 전략 과제이다.

59

정답 ④

제시된 조건을 정리하면 다음과 같다.
- 최소비용으로 가능한 많은 인원 채용
- 급여는 희망 임금으로 지급
- 6개월 이상 근무하되, 주말 근무시간은 협의가능
- 지원자들은 주말 이틀 중 하루만 출근하길 원함
- 하루 1회 출근만 가능

위 조건을 모두 고려하여 근무스케줄을 작성하면 다음과 같다.

<table>
<tr><th>시간</th><th>토요일</th><th>일요일</th></tr>
<tr><td>11 ~ 12</td><td rowspan="7">최지홍(9,000)
3시간</td><td rowspan="4">박소다(9,500)
3시간</td></tr>
<tr><td>12 ~ 13</td></tr>
<tr><td>13 ~ 14</td></tr>
<tr><td>14 ~ 15</td></tr>
<tr><td>15 ~ 16</td><td rowspan="5">우병지(9,000)
3시간</td></tr>
<tr><td>16 ~ 17</td></tr>
<tr><td>17 ~ 18</td></tr>
<tr><td>18 ~ 19</td><td rowspan="4">한승희(9,500)
2시간</td></tr>
<tr><td>19 ~ 20</td></tr>
<tr><td>20 ~ 21</td><td rowspan="2">김래원(10,000)
2시간</td></tr>
<tr><td>21 ~ 22</td></tr>
</table>

김병우 지원자의 경우 희망근무기간이 4개월이므로 채용하지 못한다. 따라서 최소비용으로 채용할 수 있는 최대 인원은 5명이다.

60

정답 ③

메일 내용에서 검색기록 삭제 시 기존에 체크되어 있는 항목 외에도 모든 항목을 체크하라고 되어 있으나, 괄호 안에 '즐겨찾기 웹사이트 데이터 보존 부분은 체크 해제할 것'이라고 명시되어 있으므로 모든 항목을 체크하는 행동은 옳지 않다.

61
정답 ③

안내문의 두 번째 항목에 의하여 식사 횟수는 6회이다(첫째 날 중식・석식, 둘째 날 조식・중식・석식, 셋째 날 조식).

첫째 날 출발하는 선발대 인원은 50－15=35명이고, 둘째 날 도착하는 후발대 인원 15명은 둘째 날 조식부터 가능하므로 첫째 날은 35명에 관한 예산을, 둘째 날부터 마지막 날까지는 50명에 관한 예산을 작성해야 한다.

- 첫째 날 중식(정식) 비용 : 9,000×35=315,000원
- 셋째 날 조식(일품) 비용 : 8,000×50=400,000원

이때 나머지 4번의 식사는 자유롭게 선택할 수 있으나 예산을 최대로 편성해야 하므로 정식과 일품을 제외한 나머지 중 가장 비싼 스파게티의 가격을 기준해 계산한다.

- 나머지 식사 비용 : 7,000×(35+50+50+50)=1,295,000원

따라서 작성해야 하는 예산금액은 315,000+400,000+1,295,000 =2,010,000원이다.

62
정답 ④

- C사원 : 문서의 첨부 자료는 반드시 필요한 자료 외에는 첨부하지 않도록 해야 하므로 옳지 않다.
- D사원 : 문서를 작성한 후에는 다시 한 번 내용을 검토해야 하지만, 문장 표현은 작성자의 성의가 담기도록 경어나 단어 사용에 신경을 써야 하므로 낮춤말인 '해라체'로 고쳐 쓰는 것은 옳지 않다.

63
정답 ③

인적자원의 특성은 크게 능동성, 개발가능성, 전략적 중요성으로 나눌 수 있다.

- 능동성 : 인적자원으로부터의 성과는 인적자원의 욕구와 동기, 태도와 행동 그리고 만족감 여하에 따라 결정되므로 인적자원은 능동적이고 반응적인 성격을 지닌다.
- 개발가능성 : 인적자원은 자연적인 성장과 성숙은 물론, 오랜 기간 동안에 걸쳐서 개발될 수 있는 많은 잠재능력과 자질을 보유하고 있다.
- 전략적 중요성 : 조직의 성과는 인적자원, 물적자원 등을 효과적이고 능률적으로 활용하는 데 달려 있다. 이러한 자원을 활용하는 것이 바로 사람, 즉 인적자원이므로 다른 어느 자원보다도 전략적 중요성이 강조된다.

64
정답 ④

차별화 전략은 조직이 생산품이나 서비스를 차별화하여 고객에게 가치가 있고 독특하게 인식되도록 하는 전략으로, P사는 창의적인 발상을 통해 애니메이션을 차별화하고 관객에게 가치가 있고 독특하게 인식되도록 하였다.

오답분석

① 윈윈 전략 : 한 기업과 경쟁기업 모두 이익을 얻고자 하는 경영전략이다.
② 관리 전략 : 관리조직, 정보시스템이나 인재 양성 같은 관리면에서 경쟁의 우위에 서려고 하는 전략이다.
③ 집중화 전략 : 특정 시장이나 고객에게 한정된 전략으로, 원가우위나 차별화 전략이 산업전체를 대상으로 하는 것과 달리 특정 산업을 대상으로 한다.
⑤ 원가우위 전략 : 원가 절감을 통해 해당 산업에서 우위를 점하는 전략이다.

65
정답 ①

오답분석

복장이나 승강기, 이메일, 인사에 대한 내용은 나오지 않았다.

66
정답 ③

P사는 최근 1년간 자사 자동차를 구매한 고객들의 주문기종을 조사하여 조사결과를 향후 출시할 자동차 설계에 반영하고자 하므로, 이를 위한 정보는 조사 자료에 기반하여야 한다. 유가 변화에 따른 P사 판매지점 수에 대한 정보는 신규 출시 차종 개발이라는 목적에 맞게 자료를 가공하여 얻은 것이 아니므로 ㉡에 들어갈 내용으로 적절하지 않다.

오답분석

① 향후 출시할 자동차를 개발하기 위한 자료로서 적절한 자료이며, 객관적 실제의 반영이라는 자료의 정의에도 부합하는 내용이다.
② 구매대수 증가율이 높을수록 선호도가 빠르게 상승하고 있는 것이므로 신규 차종 개발 시 적절한 정보이다.
④ P사 자동차 구매 고객들이 연령별로 선호하는 디자인을 파악하는 것은 고객 연령대에 맞추어 신규 차종의 디자인을 설계할 때 도움이 되는 체계적 지식이다.
⑤ 최근 1년간 P사 자동차 구매 고객들이 선호하는 배기량을 파악하는 것은 신규 차종의 배기량을 설계할 때 도움이 되는 체계적 지식이다.

67
정답 ③

조직외부의 정보를 내부 구성원들에게 전달하는 것은 정보 수문장(Gate Keeping)의 혁신 활동으로 볼 수 있다. (C)에 들어갈 내용으로는 '프로젝트의 효과적인 진행을 감독한다.' 등이 적절하다.

오답분석

④ 조직 외부의 정보를 구성원들에게 전달하고, 조직 내에서 정보원 기능을 수행하기 위해서는 '원만한 대인관계능력'이 요구된다.

68

정답 ③

기술 발전에 있어 환경 보호를 추구하는 점을 볼 때, 지속 가능한 개발의 사례로 볼 수 있다. 지속 가능한 개발은 경제 발전과 환경 보전의 양립을 위하여 새롭게 등장한 개념으로 볼 수 있으며, 미래 세대가 그들의 필요를 충족시킬 수 있는 가능성을 손상시키지 않는 범위에서 현재 세대의 필요를 충족시키는 개발인 것이다.

오답분석

① 개발독재 : 개발도상국에서 개발이라는 이름으로 행해지는 정치적 독재를 말한다.
② 연구개발 : 자연과학기술에 대한 새로운 지식이나 원리를 탐색하고 해명해서 그 성과를 실용화하는 일을 말한다.
④ 개발수입 : 기술이나 자금을 제3국에 제공하여 미개발자원 등을 개발하거나 제품화하여 수입하는 것을 말한다.
⑤ 조직개발 : 기업이 생산능률을 높이기 위하여 기업조직을 개혁하는 일을 말한다.

69

정답 ④

'재해자는 전기 관련 자격이 없었으며, 복장은 일반 안전화, 면장갑, 패딩점퍼를 착용한 상태였다.'는 문장에서 불안전한 행동·상태, 작업 관리상 원인, 작업 준비 불충분이란 것을 확인할 수 있다. 그러나 기술적 원인은 제시문에서 찾을 수 없다.

오답분석

① 불안전한 행동 : 위험 장소 접근, 안전장치 기능 제거, 보호장비의 미착용 및 잘못 사용, 운전 중인 기계의 속도 조작, 기계·기구의 잘못된 사용, 위험물 취급 부주의, 불안전한 상태 방치, 불안전한 자세와 동작, 감독 및 연락 잘못 등
② 불안전한 상태 : 시설물 자체 결함, 전기 시설물의 누전, 구조물의 불안정, 소방기구의 미확보, 안전 보호 장치 결함, 복장·보호구의 결함, 시설물의 배치 및 장소 불량, 작업 환경 결함, 생산 공정의 결함, 경계 표시 설비의 결함 등
③ 작업 관리상 원인 : 안전 관리 조직의 결함, 안전 수칙 미제정, 작업 준비 불충분, 인원 배치 및 작업 지시 부적당 등
⑤ 작업 준비 불충분 : 작업 관리상 원인의 하나이며, 재해자는 경첩의 높이가 높음에도 불구하고 작업 준비에 필요한 자재를 준비하지 않은 채 불안전한 자세로 일을 시작함

70

정답 ④

먼저 조건과 급여명세서가 바르게 표시되어 있는지 확인해 보면, 국민연금과 고용보험은 조건의 금액과 일치한다. 4대 보험 중 건강보험과 장기요양을 계산하면 건강보험은 기본급의 6.24%로 회사와 A씨가 50%씩 부담한다고 하여 2,000,000×0.0624×0.5=62,400원이지만 급여명세서에는 총 67,400−62,400=5,000원이 더 공제되었으므로 다음 달에 5,000원을 돌려받게 된다. 또한 장기요양은 건강보험료의 7.0% 중 50%로 2,000,000×0.0624×0.07×0.5=4,368원이며, 약 4,360원이므로 적절하게 지급되었다.
네 번째 조건에서 야근수당은 기본급의 2%로 2,000,000×0.02=40,000원이며, 이틀 동안 야근하여 8만 원을 받고, 상여금은 5%로 2,000,000×0.05=100,000원을 받아야 하지만 급여명세서에는 5만 원으로 명시되어 있다.
A대리가 다음 달에 받게 될 소급액은 덜 받은 상여금과 더 공제된 건강보험료로 50,000+5,000=55,000원이다.
소급액을 반영한 다음 달 급여명세서는 다음과 같다.

(단위 : 원)

성명 : A	직위 : 대리	지급일 : 2025-9-25	
지급항목	지급액	공제항목	공제액
기본급	2,000,000	소득세	17,000
상여금	−	주민세	1,950
기타	−	고용보험	13,000
식대	100,000	국민연금	90,000
교통비	−	장기요양	4,360
복지후생	−	건강보험	62,400
소급액	55,000	연말정산	−
		공제합계	188,710
지급 총액	2,155,000	차감수령액	1,966,290

따라서 A대리가 받게 될 다음 달 수령액은 1,966,290원이다.

제4회 모의고사 정답 및 해설

01	02	03	04	05	06	07	08	09	10
①	④	②	②	①	⑤	④	④	③	⑤
11	12	13	14	15	16	17	18	19	20
①	④	①	③	③	⑤	③	②	③	④
21	22	23	24	25	26	27	28	29	30
⑤	②	②	⑤	④	⑤	⑤	②	①	⑤
31	32	33	34	35	36	37	38	39	40
②	④	⑤	①	①	④	④	⑤	④	②
41	42	43	44	45	46	47	48	49	50
⑤	②	①	⑤	③	⑤	①	②	④	②
51	52	53	54	55	56	57	58	59	60
④	④	⑤	②	⑤	②	②	③	③	④
61	62	63	64	65	66	67	68	69	70
③	③	①	②	①	④	⑤	①	②	④

01

정답 ①

제시문에서는 악의적인 체납자에 대한 정부의 제재 강화를 언급하며, 대다수 국민에게 상대적 박탈감을 주는 고액 체납자를 강력한 제재로 다스려야 한다고 주장한다. 따라서 제시문과 관련 있는 한자성어로는 '한 사람을 벌주어 백 사람을 경계한다.'라는 뜻의 '다른 사람들에게 경각심을 불러일으키기 위하여 본보기로 한 사람에게 엄한 처벌을 하는 일'을 의미하는 '일벌백계(一罰百戒)'가 가장 적절하다.

오답분석

② 유비무환(有備無患) : 미리 준비가 되어 있으면 걱정할 것이 없음을 이르는 말
③ 일목파천(一目破天) : 일이 미처 때를 만나지 못함을 이르는 말
④ 가정맹어호(苛政猛於虎) : 가혹한 정치는 호랑이보다 무섭다는 뜻으로, 혹독한 정치의 폐가 큼을 이르는 말
⑤ 오십보백보(五十步百步) : 조금 낫고 못한 정도의 차이는 있으나 본질적으로는 차이가 없음을 이르는 말

02

정답 ④

• 잘 익은 귤을 꺼낼 확률 : $1-\left(\frac{10}{100}+\frac{15}{100}\right)=\frac{75}{100}$

• 썩거나 안 익은 귤을 꺼낼 확률 : $\frac{10}{100}+\frac{15}{100}=\frac{25}{100}$

따라서 한 사람은 잘 익은 귤, 다른 한 사람은 그렇지 않은 귤을 꺼낼 확률은 $2\times\frac{75}{100}\times\frac{25}{100}=37.5\%$이다.

03

정답 ②

제시문은 기술혁신의 예측 어려움, 즉 불확실성에 대해 설명하고 있으므로 ②가 가장 적절하다.

오답분석

① 기술개발로부터 이로 인한 기술혁신의 가시적인 성과가 나타나기까지는 비교적 장시간이 필요하다.
③ 인간의 지식과 경험은 빠른 속도로 축적되고 학습되는 데 반해, 기술개발에 참가한 엔지니어의 지식은 문서화되기 어렵기 때문에 다른 사람들에게 쉽게 전파될 수 없어, 해당 엔지니어들이 그 기업을 떠나는 경우 기술과 지식의 손실이 크게 발생하여 기술개발을 지속할 수 없는 경우가 종종 발생하는데, 이는 기술혁신의 지식 집약적 활동이라는 특성 때문이다.
④ 기술혁신은 기업의 기존 조직 운영 절차나 제품구성, 생산방식, 나아가 조직의 권력구조 자체에도 새로운 변화를 야기함으로써 조직의 이해관계자 간의 갈등을 유발하는데 이는 기술혁신으로 인해 조직 내에서도 이익을 보는 집단과 손해를 보는 집단이 생기기 때문이다.
⑤ 기술혁신은 연구개발 부서 단독으로 수행될 수 없다. 예를 들어 새로운 제품에 관한 아이디어는 마케팅 부서를 통해 고객으로부터 수집되었을 것이며, 원재료나 설비는 구매 부서를 통해 얻어졌을 것이기 때문이다. 이처럼 기술혁신은 부서 간의 상호 의존성을 갖고 있다.

04

정답 ②

②는 '해결할 수 있는 갈등'에 대한 설명이다. 해결할 수 있는 갈등은 목표와 욕망, 가치, 문제를 바라보는 시각과 이해하는 시각이 다를 경우에 일어날 수 있는 갈등이다.

05

정답 ①

공장의 연기 형태가 환상형을 이루는 때는 대기가 불안정하여 대류 혼합이 심할 때이다.

오답분석

② 대기오염 물질은 기상이나 지형 조건에 의해 다른 지역으로 이동·확산되거나 한 지역에 농축된다.
③ 공장의 오염 물질은 연기 형태로 보이기 때문에 추적하기가 더 용이하다.
④ 마지막 문단에 따르면 굴뚝이 건물보다 높을 때와 높지 않을 때에 따라 이동 양상이 달라질 수 있다고 하였다.
⑤ 아래쪽이 차갑고 위쪽이 뜨거우면 공기의 대류가 발생하지 않아 오염 물질이 모여 스모그가 생기기 쉽다.

06

정답 ⑤

가격, 조명도, A/S 등의 요건이 주어진 조건에 모두 부합한다.

오답분석

① 예산이 150만 원이므로 예산을 초과하여 적절하지 않다.
② 신속한 A/S가 조건이므로 해외 A/S만 가능하여 적절하지 않다.
③ 조명도가 5,000lx 미만이므로 적절하지 않다.
④ 가격과 조명도도 적절하고 특이사항도 문제없지만 가격이 저렴한 제품을 우선으로 한다고 하였으므로 E가 적절하다.

07

정답 ④

구거법은 '어떤 수를 9로 나눈 나머지는 그 수의 각 자리의 숫자의 합을 9로 나눈 나머지와 같다.'는 사실을 이용한 검산법으로, 검산을 할 때 각 수를 9로 나눈 나머지만 계산해서 좌변과 우변을 9로 나눈 나머지가 같은지 확인하는 방법이다. 이를 통해 역연산 방법보다 더 빠르게 계산할 수 있다.

오답분석

① 역연산은 원래의 연산 순서를 거꾸로 계산하는 방법이므로 곱셈과 나눗셈보다 덧셈과 뺄셈을 먼저 계산하지만, 곱셈과 나눗셈의 정해진 우선순위는 없다.
② 역연산은 덧셈의 역연산은 뺄셈 연산이고, 곱셈의 역연산은 나눗셈을 이용한 연산이다.
③ 구거법과 역연산 방법 중 무엇이 더 간단한지는 알 수 없다.
⑤ 구거법으로 검사했을 때 정답과 오답의 나머지 차이가 9일 경우 검산을 해도 틀린 곳을 발견하지 못할 수도 있다.

08

정답 ④

벽걸이형 난방기구를 설치하기 위해서는 거치대를 먼저 벽에 고정시킨 뒤, 평행을 맞춰 제품을 거치대에 고정시키고, 거치대의 고정 나사를 단단히 조여 흔들리지 않도록 한다.

오답분석

① 벽걸이용 거치대의 상단에 대한 내용은 설명서에 나타나 있지 않다.
② 스탠드는 벽걸이형이 아닌 스탠드형 설치에 필요한 제품이다.
③ 벽이 단단한 콘크리트나 타일일 경우 전동드릴로 구멍을 내어 거치대를 고정시킨다.
⑤ 스탠드가 아닌 거치대의 고정 나사를 조여 흔들리지 않도록 고정시킨다.

09

정답 ③

실내온도가 설정온도보다 약 2～3℃ 내려가면 히터가 다시 작동한다. 따라서 실내온도가 20℃라면 설정온도를 20℃보다 2～3℃ 이상으로 조절해야 히터가 작동한다.

10

정답 ⑤

작동되고 있는 히터를 손으로 만지는 것은 화상을 입을 수 있는 위험한 행동이지만, 난방기 고장의 원인으로 보기에는 거리가 멀다.

11

정답 ①

'유발하다'는 '어떤 것이 다른 일을 일어나게 하다.'의 의미를 지닌 단어로, 이미 사동의 의미를 지니고 있다. 따라서 사동 접미사 '-시키다'와 결합하지 않고 ㉠과 같이 사용할 수 있다.

12

정답 ④

시간계획이란 시간이라고 하는 자원을 최대한 활용하기 위하여 가장 많이 ㉠ <u>반복</u>되는 일에 가장 많은 시간을 분배하고, ㉡ <u>최단</u>시간에 최선의 목표를 달성하는 것을 의미한다. 자신의 시간을 잘 계획하면 할수록 일이나 개인적 측면에서 자신의 이상을 달성할 수 있는 시간을 ㉢ <u>창출</u>할 수 있다.

13

정답 ①

C사원은 혁신성, 친화력, 책임감이 '상 - 상 - 중'으로 영업팀의 핵심역량가치에 부합하며, 창의성과 윤리성은 '하'이지만 영업팀에서 중요하게 생각하지 않는 역량이므로 영업팀으로의 부서배치가 적절하다.

E사원은 혁신성, 책임감, 윤리성이 '중 - 상 - 하'로 지원팀의 핵심역량가치에 부합하기에 지원팀으로의 부서배치가 적절하다.

14

정답 ③

직장인들이 지속적으로 현 분야 또는 새로운 분야에 대해 공부하는 것은 자기개발의 일환으로, 이는 회사의 목표가 아닌 자신이 달성하고자 하는 목표를 성취하기 위해 필요하다.

15
정답 ③

다른 사람의 의견을 듣는 과정에 관련된 장애 극복을 위한 전략

- 긴 어휘를 들으려고 노력하기보다는 요점, 즉 ㉠ 의미의 파악에 집중하라.
- 말하고 있는 바에 대한 생각과 사전 정보를 동원하여 말하는 데 몰입하라.
- 모든 이야기를 듣기 전에 ㉡ 결론에 이르지 말고 전체 생각을 청취하라.
- 말하는 사람의 관점에서 그의 진술을 반복하여 ㉢ 피드백해 주어라.
- 들은 내용을 ㉣ 요약하라.

16
정답 ⑤

현재 시각이 오전 11시이므로 오전 중으로 처리하기로 한 업무를 가장 먼저 처리해야 한다. 따라서 오전 중으로 고객에게 보내기로 한 자료 작성(ㄹ)을 가장 먼저 처리한다. 다음으로 오늘까지 처리해야 하는 업무 두 가지(ㄱ, ㄴ) 중 비품 신청(ㄱ)보다 부서장이 지시한 부서 업무 사항(ㄴ)을 먼저 처리하는 것이 적절하다. 그리고 특별한 상황이 없는 한 개인의 단독 업무보다는 타인 · 타 부서와 협조된 업무(ㄷ)를 우선적으로 처리해야 한다.

따라서 '고객에게 보내기로 한 자료 작성 – 부서 업무 사항 – 인접 부서의 협조 요청 – 단독 업무인 비품 신청' 순서로 업무를 처리해야 한다.

17
정답 ③

동남아 국제선의 도착 운항 1편당 도착 화물량은 $\frac{36,265.7}{16,713} \fallingdotseq$ 2.17톤이므로 옳은 설명이다.

오답분석

① 중국 국제선의 출발 여객 1명당 출발 화물량은 $\frac{31,315.8}{1,834,699} \fallingdotseq$ 0.017톤이며, 도착 여객 1명당 도착 화물량은 $\frac{25,217.6}{1,884,697} \fallingdotseq$ 0.013톤이므로 옳지 않은 설명이다.

② 미주 국제선의 전체 화물 중 도착 화물이 차지하는 비중은 $\frac{106.7}{125.1} \times 100 \fallingdotseq 85.3\%$로 90%보다 작다.

④ 중국 국제선의 도착 운항편수(12,427편)는 일본 국제선의 도착 운항편수의 70%인 $21,425 \times 0.7 \fallingdotseq 14,997.5$편 미만이다.

⑤ 각 국제선의 전체 화물 중 도착 화물이 차지하는 비중은 일본 국제선이 $\frac{49,302.6}{99,114.9} \times 100 \fallingdotseq 49.7\%$이고, 동남아 국제선은 $\frac{36,265.7}{76,769.2} \times 100 \fallingdotseq 47.2\%$이다. 따라서 동남아 국제선이 일본 국제선보다 비중이 낮다.

18
정답 ②

매몰비용은 이미 지불한 비용에 대한 노력을 계속하려는 경향이며, 거래커플링이 강할 때 높게 나타난다고 했다. ②는 이 두 가지 조건을 모두 만족하고 있다.

19
정답 ③

김사원은 소개예절에 따라 소개하는 사람에 대해 성과 이름을 함께 말했다.

소개예절

- 직장에서 비즈니스 매너상 소개를 할 때는 직장 내에서의 서열과 나이를 고려한다.
- 나이 어린 사람을 연장자에게 먼저 소개한다.
- 내가 속해 있는 회사의 관계자를 타 회사의 관계자에게 소개한다.
- 동료를 고객에게 먼저 소개한다.
- 반드시 성과 이름을 함께 말한다.

20
정답 ④

악수는 오른손으로 하는 것이 일반적인 악수예절이다.

악수예절

- 비즈니스에서 악수를 하는 동안에는 상대에게 집중하는 의미로 눈을 맞추고 미소를 짓는다.
- 악수를 할 때는 오른손을 사용하고, 너무 강하게 쥐어짜듯이 잡지 않는다.
- 악수는 서로의 이름을 말하고 간단한 인사 몇 마디를 주고받는 정도의 시간 안에 끝내야 한다.
- 악수는 윗사람이 아랫사람에게, 여성이 남성에게, 선배가 후배에게 청한다.

21
정답 ⑤

농도가 14%인 A설탕물 300g과 18%인 B설탕물 200g을 합친 후 100g의 물을 더 넣으면 600g의 설탕물이 되고, 이 설탕물에 용해된 설탕의 양은 $(300 \times 0.14) + (200 \times 0.18) = 78$g이다. 여기에 C설탕물을 합치면 $600 + 150 = 750$g의 설탕물이 되고, 이 설탕물에 용해된 설탕의 양은 $78 + (150 \times 0.12) = 96$g이다.

따라서 합친 후 버리고 남은 200g에 포함된 설탕의 질량은 $200 \times \frac{96}{750} = 200 \times 0.128 = 25.6$g이다.

22

정답 ②

시각, 청각, 후각, 촉각, 미각의 다섯 가지 감각을 통해 만들어진 감각 마케팅의 사례로, 개인화 마케팅의 사례로 보기는 어렵다.

오답분석

① 고객들의 개인적인 사연을 기반으로 광고 서비스를 제공함으로써 개인화 마케팅의 사례로 적절하다.
③ 고객들이 자신이 직접 사과를 받는 듯한 효과를 얻게 됨으로써 개인화 마케팅의 사례로 적절하다.
④ 댓글 작성자의 이름을 기반으로 이벤트를 진행함으로써 개인화 마케팅의 사례로 적절하다.
⑤ 고객의 이름을 불러서 서비스를 제공함으로써 개인화 마케팅의 사례로 적절하다.

23

정답 ②

첫 번째 문단에 따르면 범죄는 취잿감으로 찾아내기가 쉽고 편의에 따라 기사화할 수 있을 뿐만 아니라 범죄 보도를 통해 시청자의 관심을 끌 수 있기 때문에 언론이 범죄를 보도의 주요 소재로 삼지만, 지나친 범죄 보도는 범죄자나 범죄 피의자의 초상권을 침해하여 법적・윤리적 문제를 일으킨다. 그러므로 마지막 문단의 내용처럼 범죄 보도가 초래하는 법적・윤리적 논란은 언론계 전체의 신뢰도에 치명적인 손상을 가져올 수도 있다.

따라서 이를 비유하기에 가장 적절한 표현은 '부메랑'이다. 부메랑은 그것을 던진 사람에게 되돌아와 상처를 입힐 수도 있기 때문이다.

오답분석

① 시금석(試金石) : 귀금속의 순도를 판정하는 데 쓰는 검은색의 현무암이나 규질의 암석을 뜻하며, 가치・능력・역량 등을 알아볼 수 있는 기준이 되는 기회나 사물을 비유적으로 이르는 말로도 쓰인다.
③ 아킬레스건(Achilles 腱) : 치명적인 약점을 비유하는 말이다.
④ 악어의 눈물 : 일반적으로 강자가 약자에게 보이는 '거짓 눈물'을 비유하는 말이다.
⑤ 뜨거운 감자 : 삼킬 수도 뱉을 수도 없다는 뜻에서 할 수도 안 할 수도 없는 난처한 경우 또는 다루기 어려운 미묘한 문제를 비유하는 말이다.

24

정답 ⑤

경기남부의 가구 수가 경기북부의 가구 수의 2배라면, 가구 수의 비율은 남부가 $\frac{2}{3}$, 북부가 $\frac{1}{3}$이다.

따라서 경기지역에서 개별난방을 사용하는 가구 수의 비율은 가중평균으로 구할 수 있다.

$$\left(26.2\%\times\frac{2}{3}\right)+\left(60.8\%\times\frac{1}{3}\right)\fallingdotseq 37.7\%$$

오답분석

① 경기북부지역에서 도시가스를 사용하는 가구 수는 66.1%, 등유를 사용하는 가구 수는 3.0%이다. 따라서 $66.1\div3\fallingdotseq22$배이다.
② 서울과 인천지역에서 사용하는 비율이 가장 낮은 연료는 LPG이다.
③ 주어진 자료에서는 서울과 인천의 지역별 가구 수를 알 수 없으므로, 지역난방을 사용하는 가구 수도 알 수 없다.
④ 지역난방의 비율은 경기남부가 67.5%, 경기북부가 27.4%로 경기남부가 더 높다.

25

정답 ④

전혀 새로운 일을 탐색하더라도 현재의 직무상황과 이에 대한 만족도가 자기개발 계획을 수립하는 데 중요한 역할을 담당하므로, 현 직무를 담당하는 데 필요한 능력과 이에 대한 자신의 수준, 개발해야 할 능력, 관련된 적성 등을 고려해야 한다.

26

정답 ⑤

㉢에는 약점을 보완하여 위협에 대비하는 WT전략이 들어가야 한다. ⑤는 풍부한 자본, 경영상태라는 강점을 이용하여 위협에 대비하는 ST전략이다.

오답분석

① ㉠(WO전략) : 테크핀 기업과의 협업 기회를 통해 경영 방식을 배워 시중은행의 저조한 디지털 전환 적응력을 개선하려는 것이므로 적절하다.
② ㉠(WO전략) : 테크핀 기업과 협업을 하며, 이러한 혁신기업의 특성을 파악해 발굴하고 적극적으로 대출을 운영함으로써 전당포식의 소극적인 대출 운영이라는 약점을 보완할 수 있다는 것이므로 적절하다.
③ ㉡(ST전략) : 오프라인 인프라가 풍부하다는 강점을 이용하여, 점유율을 높이고 있는 기업들에 대해 점유율 방어를 하고자 하는 전략이므로 적절하다.
④ ㉢(WT전략) : 디지털 문화에 소극적인 문화를 혁신하여 디지털 전환 속도를 높임으로써 테크핀 및 핀테크 기업의 점유율 잠식으로부터 방어하려는 내용이므로 적절하다.

27

정답 ⑤

마지막 헤밍웨이의 대답을 통해 위스키 회사 간부가 협상의 대상인 헤밍웨이를 분석하지 못하였음을 알 수 있다. 헤밍웨이의 특징, 성격 등을 파악하고 헤밍웨이로 하여금 신뢰감을 느낄 수 있도록 협상을 진행하였다면 협상의 성공률은 올라갔을 것이다.

28

정답 ②

즐거움・의미・성장을 일의 이유로 삼고, 스스로 알아서 일하는 모습을 통해, 동기부여가 성과와 목표의 실현에 얼마나 중요한지를 알 수 있다. 자신의 소신대로 일하고, 업무처리에 있어 자신에게 동기를 부여하면, 좋은 결과를 얻을 수 있다.

29

정답 ①

먼저 첫 번째 조건을 살펴보면 두 개의 국가의 제조업 생산액 비중을 더한 것이 다른 국가의 제조업 생산액 비중이 되는 것은 A와 (D, E)의 관계뿐이므로 A가 헝가리, D, E가 각각 루마니아 또는 세르비아임을 알 수 있다.

다음으로 두 번째 조건을 살펴보면, 세르비아(D 혹은 E)와 B, C 중 하나를 더해 남은 하나의 값이 되는 것은 B와 (C, E)의 관계뿐이므로 E는 세르비아, C는 불가리아, B는 체코가 된다.

30

정답 ⑤

S사원이 자기개발을 하지 못하는 이유는 자기실현에 대한 욕구보다 인간의 기본적인 생리적 욕구를 더 우선적으로 여기기 때문이다.

31

정답 ②

A씨는 두 딸이 오렌지를 왜 원하는지에 대한 갈등 원인을 확인하지 못해 협상에 실패한 것으로 볼 수 있다. 따라서 협상하기 전에는 반드시 이해당사자들이 가지는 갈등 원인을 파악해야 한다.

32

정답 ④

소득평가액은 실제소득에서 가구특성별 지출비용을 뺀 것이다. 따라서 ④는 옳지 않은 설명이다.

33

정답 ⑤

총무부서 직원은 총 250×0.16=40명이다. 2023년과 2024년의 독감 예방접종 여부가 총무부서에 대한 자료라면, 총무부서 직원 중 2023년과 2024년의 예방접종자 수의 비율 차는 56−38=18%p이다. 따라서 40×0.18≒7명 증가하였다.

오답분석

① 2023년 독감 예방접종자 수는 250×0.38=95명, 2024년 독감 예방접종자 수는 250×0.56=140명이므로, 2023년에는 예방접종을 하지 않았지만, 2024년에는 예방접종을 한 직원은 총 140−95=45명이다.

② 2023년의 예방접종자 수는 95명이고, 2024년의 예방접종자 수는 140명이다. 따라서 $\frac{140-95}{95}\times100 \fallingdotseq 47\%$ 증가했다.

③ 2023년의 예방접종을 하지 않은 직원들을 대상으로 2024년의 독감 예방접종 여부를 조사한 자료라고 하면, 2023년과 2024년 모두 예방접종을 하지 않은 직원은 총 250×0.62×0.44≒68명이다.

④ 제조부서를 제외한 직원은 250×(1−0.44)=140명이고, 2024년 예방접종을 한 직원은 250×0.56=140명이다. 따라서 제조부서 중 예방접종을 한 직원은 없다.

34

정답 ①

A는 일에 대한 책임감이 결여되어 있고, 스스로 일에 열심히 참여하지 않는다. 즉, 팀장이 지시하지 않으면 임무를 수행하지 않기 때문에 수동형 유형이다.

반면, B는 앞장서지는 않지만 맡은 일은 잘 하며, 일에 불만을 가지고 있어도 이를 표현해서 대립하지 않는다. 또한, 지시한 일 이상을 할 수 있음에도 노력하지 않는 실무형 유형이다.

35

정답 ①

30m 도로에 심어지는 나무의 개수는 (30÷2)+1=16그루이고, 16개의 나무를 심는 데 1시간이 걸리므로 1개의 나무를 심는 데 $\frac{60}{16}=\frac{15}{4}$분이 소요된다.

20m 도로에 심어지는 울타리의 개수는 20÷1+1=21개이고, 21개의 울타리를 심는 데 30분이 걸리므로 1개의 울타리를 심는 데 $\frac{30}{21}=\frac{10}{7}$분이 소요된다.

i) 2m 간격으로 나무를 심는 경우
- 100m에 심을 나무의 개수 : 100÷2=50그루(∵ 한쪽 모서리만 포함)
- 40m에 심을 나무의 개수 : 40÷2=20그루(∵ 한쪽 모서리만 포함)
  → 직사각형 모양의 땅의 둘레에 심을 나무의 개수 : 2(50+20)=140그루
- 작업 소요 시간 : $140\times\frac{15}{4}$=525분=8시간 45분

ii) 1m 간격으로 울타리를 심는 경우
- 100m에 심을 울타리의 개수 : 100÷1=100개(∵ 한쪽 모서리만 포함)
- 40m에 심을 울타리의 개수 : 40÷1=40개(∵ 한쪽 모서리만 포함)
  → 직사각형 모양의 땅의 둘레에 심을 울타리의 개수 : 2(100+40)=280개
- 작업 소요 시간 : $280\times\frac{10}{7}$=400분=6시간 40분

따라서 총 작업 소요 시간은 8시간 45분+6시간 40분=15시간 25분이다.

36

정답 ④

표의 규칙을 파악하기 위해 전날 대비 차액을 구하면 다음과 같다.

2일	3일	4일	5일	6일
−85	−105	−125	−145	−165

차액은 첫 항이 −85이고, 공차가 −20인 등차수열임을 알 수 있다. 따라서 원자재가 소모되는 규칙은 계차수열을 따르며, 10일 후의 양은 $a_{10}=a_1-\sum_{n=1}^{9}[85+20(n-1)]$이다. a_1=5,600이므로 $a_{10}=5{,}600-\sum_{n=1}^{9}[85+20(n-1)]$이고, 식을 풀면 a_{10}=5,600

$-\sum_{n=1}^{9}(20n+65)$이다.

$\sum_{n=1}^{9}(20n+65)$는 $20\sum_{n=1}^{9}n+(65\times9)$가 되고,

$\sum_{k=1}^{n}k=\frac{n(n+1)}{2}$을 이용하여 풀이하면

$20\sum_{n=1}^{9}n+(65\times9)=20\times\frac{9\times10}{2}+(65\times9)=900+(65\times9)=$
$900+585=1,458$

따라서 10일 P공장에 남은 원자재량은 $5,600-1,485=4,115$개이다.

37

정답 ④

파일 이름에 주어진 규칙을 적용해 암호를 구하면 다음과 같다.

1. 비밀번호 중 첫 번째 자리에는 파일 이름의 첫 문자가 한글일 경우 @, 영어일 경우 #, 숫자일 경우 *로 특수문자를 입력한다.
   - 2022매운전골Cset3인기준recipe8 → *
2. 두 번째 자리에는 파일 이름의 총 자리 개수를 입력한다.
   - 2022매운전골Cset3인기준recipe8 → *23
3. 세 번째 자리부터는 파일 이름 내에 숫자를 순서대로 입력한다. 숫자가 없을 경우 0을 두 번 입력한다.
   - 2022매운전골Cset3인기준recipe8 → *23202238
4. 그 다음 자리에는 파일 이름 중 한글이 있을 경우 초성만 순서대로 입력한다. 없다면 입력하지 않는다.
   - 2022매운전골Cset3인기준recipe8 → *23202238ㅁㅇㅈㄱㅇㄱㅈ
5. 그 다음 자리에는 파일 이름 중 영어가 있다면 뒤에 덧붙여 순서대로 입력하되, a, e, i, o, u만 'a=1, e=2, i=3, o=4, u=5'로 변형하여 입력한다(대문자·소문자 구분 없이 모두 소문자로 입력한다).
   - 2022매운전골Cset3인기준recipe8 → *23202238ㅁㅇㅈㄱㅇㄱㅈcs2tr2c3p2

따라서 주어진 파일 이름의 암호는 '*23202238ㅁㅇㅈㄱㅇㄱㅈcs2tr2c3p2'이다.

38

정답 ⑤

현대의 상류층은 다른 상류층 사이에 있을 때는 경쟁적으로 사치품을 소비하며 자신을 과시하고, 차별해야 할 아래 계층이 있을 때는 소비하지 않기를 통해 서민들처럼 소박한 생활을 한다는 것을 과시함으로써 오히려 자신을 더 드러낸다.

오답분석

① 현대의 상류층은 서민들처럼 소박한 생활을 한다는 것을 과시함으로써 서민들에게 친근감을 주지만, 사실 이는 극단적인 위세의 형태로 이를 통해 오히려 자신을 한층 더 드러낸다.
② 겸손한 태도로 자신을 한층 더 드러내는 소비행태를 보이는 것은 현대의 서민이 아닌 상류층이며, 서민들은 상류층을 따라 사치품을 소비한다.
③ 현대의 상류층은 차별화해야 할 아래 계층이 없거나 경쟁 상대인 다른 상류층 사이에 있을 때 경쟁적으로 고가품을 소비하며 자신을 과시한다.
④ 위계질서를 드러내는 명품을 과시적으로 소비하는 것은 과거의 소비행태로, 현대에 들어와서는 상류층이 오히려 소박한 생활을 과시하는 새로운 소비행태가 나타났다.

39

정답 ④

제시된 일화는 민주 시민으로서 기본적으로 지켜야 하는 의무와 생활 자세인 '준법정신'에 대한 사례이다. 사회가 유지되기 위해서는 준법정신이 필요한 것처럼 직장생활에서도 조직의 운영을 위해 준법정신이 필요하다.

오답분석

① 봉사(서비스)에 대한 설명이다.
② 근면에 대한 설명이다.
③ 책임에 대한 설명이다.
⑤ 정직과 신용에 대한 설명이다.

40

정답 ②

P기업은 기존에 수행하지 않던 해외 판매 업무가 추가될 것이므로 그것에 따른 해외영업팀 등의 조직 신설이 필요하다. 해외에 공장 등의 조직을 보유하게 되므로 이를 관리하는 해외 관리 조직이 필요하며, 물품의 수출에 따른 통관 업무를 담당하는 통관물류팀, 외화 대금 수취 및 해외 조직으로부터의 자금 이동 관련 업무를 담당할 외환업무팀, 국제 거래상 발생하게 될 해외 거래 계약 실무를 담당할 국제법무 조직 등이 필요하다. 그러나 기업회계팀은 P기업의 해외 사업과 상관없이 기존 회계를 담당하는 조직이라고 볼 수 있다.

41

정답 ⑤

K과장이 이동할 거리는 총 12+18=30km이다. 렌트한 H차량은 연비가 10km/L이며, 1L 단위로 주유가 가능하므로 3L를 주유해야 한다. 이때 H차량의 연료인 가솔린은 리터당 1.4달러이므로, 총 유류비는 3L×1.4달러=4.2달러이다.

42

정답 ②

K과장이 시속 60km로 이동하는 구간은 18+25=43km이고, 시속 40km로 이동하는 구간은 12km이다. 그러므로 첫 번째 구간의 소요 시간은 $\frac{43\text{km}}{60\text{km/h}}$=43분이며, 두 번째 구간의 소요 시간은 $\frac{12\text{km}}{40\text{km/h}}$=18분이다.

따라서 총 이동시간은 43+18=61분, 즉 1시간 1분이다.

43
정답 ①

자기관리는 자신의 목표성취를 위해 자신의 행동과 자신의 업무수행을 관리하고 조정하는 것이라는 점에서 (가) 자기관리 계획, (마) 업무의 생산성 향상 방안, (아) 대인관계 향상 방안이 자기관리에 해당하는 질문이다.

오답분석

• (나), (라), (자) : 자아인식에 해당하는 질문이다.
• (다), (바), (사) : 경력개발에 해당하는 질문이다.

44
정답 ⑤

제시문은 과학적인 논리보다 동료나 사람들의 행동에 의해서 상대방을 설득하는 사회적 입증 전략의 사례로 가장 적절하다.

오답분석

① 상대방 이해 전략 : 상대방에 대한 이해를 바탕으로 갈등 해결을 용이하게 하는 전략이다.
② 권위 전략 : 직위나 전문성, 외모 등을 활용하여 협상을 용이하게 하는 전략이다.
③ 희소성 해결 전략 : 인적·물적자원 등의 희소성을 해결함으로써 협상과정상의 갈등 해결을 용이하게 하는 전략이다.
④ 호혜 관계 형성 전략 : 서로에게 도움을 주고받는 관계 형성을 통해 협상을 용이하게 하는 전략이다.

45
정답 ③

지수는 비영리조직이면서 대규모조직인 학교에서 5시간 있었다.

• 학교 : 공식조직, 비영리조직, 대규모조직
• 카페 : 공식조직, 영리조직, 대규모조직
• 스터디 : 비공식조직, 비영리조직, 소규모조직

오답분석

① 비공식적이면서 소규모조직인 스터디에서 2시간 있었다.
② 공식조직인 학교와 카페에서 8시간 있었다.
④ 영리조직인 카페에서 3시간 있었다.
⑤ 비공식적이면서 비영리조직인 스터디에서 2시간 있었다.

46
정답 ⑤

C주임은 출장으로 인해 참석하지 못하며, B사원과 D주임 중 한 명만 참석이 가능하다. 또한 주임 이상만 참여 가능하므로 A사원과 B사원은 참석하지 못한다. 그리고 가능한 모든 인원이 참석해야 하므로 참석하지 못할 이유가 없는 팀원은 전부 참여해야 한다. 따라서 참석할 사람은 D주임, E대리, F팀장이다.

47
정답 ①

㉠ 〈Ctrl〉+〈F4〉 : 현재 문서를 닫는다.
㉡ 〈Alt〉+〈F4〉 : 워드(Word)를 닫는다.

48
정답 ②

인건비는 제품 생산에 직접적으로 소비된 것으로, 직접비에 해당한다. 출장비 역시 제품 생산 또는 서비스를 창출하기 위해 출장이나 다른 지역으로의 이동이 필요한 경우와 기타 과제 수행상에서 발생하는 다양한 비용을 포함하며, 이는 제품 생산을 위해 직접적으로 소비된 것에 해당한다.

오답분석

① 통신비 : 회사의 업무 용도로 개인 휴대폰을 이용했을 경우 지급되는 사용료로, 제품 생산을 위해 간접적으로 소비되는 간접비에 해당한다.
③ 광고비(광고선전비) : 광고 활동을 위해 사용되는 비용으로, 간접비에 해당한다.
④ 보험료 : 보험계약자가 보험계약에 의거하여 보험자에게 지급하는 요금으로, 간접비에 해당한다.
⑤ 사무비품비 : 사무실에서 사용하는 도구나 부속품에 사용되는 비용으로, 간접비에 해당한다.

49
정답 ④

네 번째 조건에 따라, 운동 분야에는 강변 자전거 타기와 필라테스의 두 프로그램이 있으므로 필요성 점수가 낮은 강변 자전거 타기는 탈락시킨다. 마찬가지로 여가 분야에도 자수교실과 볼링모임이 있으므로 필요성 점수가 낮은 자수교실은 탈락시킨다. 나머지 4개의 프로그램에 대해 조건에 따라 수요도 점수와 선정 여부를 나타내면 다음과 같다.

(단위 : 점)

분야	프로그램명	가중치 반영 인기 점수	가중치 반영 필요성 점수	수요도 점수	비고
진로	나만의 책 쓰기	10	7+2	19	
운동	필라테스	14	6	20	선정
교양	독서토론	12	4+2	18	
여가	볼링모임	16	3	19	선정

수요도 점수는 '나만의 책 쓰기'와 '볼링모임'이 19점으로 동일하지만, 인기점수가 더 높은 '볼링모임'이 선정된다. 따라서 하반기 동안 운영될 프로그램은 '필라테스', '볼링모임'이다.

50
정답 ②

표준 언어 예절에 따르면 직장에서는 압존법을 사용하지 않으므로 '과장님, 김대리님이 이 자료를 전달하라고 하셨습니다.'가 적절하다.

51
정답 ④

㉡·㉢ 역선택은 시장에서 거래를 할 때 주체 간 정보 비대칭으로 인해 부족한 정보를 가지고 있는 쪽이 불리한 선택을 하게 되어 경제적 비효율이 발생하는 상황을 말한다.

오답분석

㉠·㉣ 도덕적 해이와 관련된 사례이다. 도덕적 해이는 감추어진 행동이 문제가 되는 상황에서 정보를 가진 측이 정보를 가지지 못한 측의 이익에 반하는 행동을 취하는 경향을 말한다. 역선택이 거래 이전에 발생하는 문제라면, 도덕적 해이는 거래가 발생한 후 정보를 더 많이 가지고 있는 사람이 바람직하지 않은 행위를 하는 것을 말한다.

52

정답 ④

보기의 '묘사'는 '어떤 대상이나 현상 따위를 있는 그대로 언어로 서술하거나 그림으로 그려서 나타내는 것'이다. 그러므로 보기의 앞에는 어떤 모습이나 장면이 나와야 하므로 (다) 다음의 '분주하고 정신없는 장면'이 와야 한다. 또한, 보기에서 묘사는 '본 사람이 무엇을 중요하게 판단하고, 무엇에 흥미를 가졌느냐에 따라 크게 다르다.'고 했으므로 보기 뒤에는 (라) 다음의 '어느 부분에 주목하고, 또 어떻게 그것을 해석했는지에 따라 즐겁기도 하고 무섭기도 하다.'는 구체적 내용이 이어져야 한다. 따라서 보기의 문장은 (라)에 들어가는 것이 가장 적절하다.

53

정답 ⑤

성찰은 지속적인 연습을 통하여 보다 잘할 수 있게 되므로, 성찰이 습관화되면 문제가 발생하였을 때 축적한 노하우를 발현하여 이를 해결할 수 있다. 이러한 성찰 연습 방법으로는 매일 자신이 잘한 일과 잘못한 일을 생각해 보고, 그 이유와 개선점 등을 생각나는 대로 성찰노트에 적는 방법이 있다.
따라서 한 번의 성찰로 같은 실수를 반복하지 않도록 도와준다는 ⑤는 조언으로 적절하지 않다.

54

정답 ②

제시문에서는 건강 불평등 격차를 줄여 모든 국민의 건강권을 보장하고자 하는 네덜란드의 의료복지 정책에 대해 설명하며, 건강 불평등 격차가 큰 우리나라의 현재 상황을 제시하고 있다.
따라서 제시문의 뒤에 이어질 내용으로는 네덜란드의 보험 제도를 참고하여 우리나라의 건강 불평등 해소 방향을 생각해 볼 수 있다는 ②가 가장 적절하다.

55

정답 ⑤

신용카드의 공제율은 15%이고, 체크카드의 공제율은 30%이기 때문에 공제받을 금액은 체크카드를 사용했을 때 더 유리하다.

오답분석

① 신용카드와 체크카드 사용금액이 연봉의 25%를 넘어야 공제 가능하다.
② 연봉의 25%를 초과 사용한 범위가 공제대상에 해당된다. 연봉 35,000,000원의 25%는 8,750,000원이므로 현재까지의 사용 금액인 6,000,000원에서 2,750,000원 이상 더 사용해야 초과한 금액을 공제받을 수 있다.
③ 사용한 금액 5,000,000원에서 더 사용해야 하는 금액 2,750,000원을 뺀 2,250,000원이 공제대상금액이 된다. 이는 체크카드 사용금액 내에 포함되므로, 공제율 30%를 적용한 소득공제금액은 675,000원이다.
④ 사용한 금액 5,750,000원에서 더 사용해야 하는 금액 2,750,000원을 뺀 3,000,000원이 공제대상금액이 된다. 이는 체크카드 사용금액 내에 포함되므로, 공제율 30%를 적용한 소득공제금액은 900,000원이다.

56

정답 ②

기존 1～8월 지출 내역에 8월 이후 지출 내역을 합산하여 지출 총액과 소득공제 대상금액을 계산하면 다음과 같다.

- 지출 총액 : 2,500,000+3,500,000+4,000,000+5,000,000 =15,000,000원
- 소득공제 대상금액 : 15,000,000−(40,000,000×0.25) =5,000,000원

이때, 소득공제 대상금액 5,000,000원은 현금영수증 사용금액 내에 포함되므로 공제율 30%를 적용하고, 세율표에 따른 세금을 적용하면 다음과 같다.

- 소득공제금액 : 5,000,000×0.3=1,500,000원
- 세금 : 1,500,000×0.15=225,000원

따라서 H씨의 소득공제금액에 대한 세금은 225,000원이다.

57

정답 ②

꺾은선 그래프는 시간이 흐름에 따라 변해가는 모습을 나타내는 데 많이 쓰인다. 따라서 변화의 추이가 중요한 날씨 변화, 에너지 사용 증가율, 물가의 변화 등을 나타내는 데 가장 적절하다.

오답분석

① 막대그래프는 크거나 작은 것, 많거나 적은 것을 한눈에 비교하여 읽는 데 적당하다.
③·④ 원그래프나 띠그래프는 전체를 100%로 놓고 그에 대한 부분의 비율을 나타내는 데 많이 쓰인다. 따라서 각각의 항목이 차지하는 비중이 어느 정도인지를 나타내거나 중요도나 우선순위를 고려해야 할 자료에 적합하다.
⑤ 그림그래프는 지역이나 위치에 따라 수량의 많고 적음을 한눈에 알 수 있도록 하기 때문에, 조사한 자료의 크기를 쉽게 비교할 필요성이 있는 자료에 적합하다.

58

정답 ③

임유리 직원은 첫째 주 일요일 6시간, 넷째 주 토요일 5시간으로 월 최대 10시간 미만인 당직 규정을 어긋나므로 당직 일정을 수정해야 한다.

59

정답 ③

제시문은 효율적 제품 생산을 위한 방법 중 제품별 배치 방법의 장단점에 대해 설명하는 글이다. 따라서 (다) 효율적 제품 생산을 위해 필요한 생산 설비의 효율적 배치 – (라) 효율적 배치의 한 방법인 제품별 배치 방식 – (가) 제품별 배치 방식의 장점 – (나) 제품별 배치 방식의 단점의 순서로 나열해야 한다.

60

정답 ④

- 한국 시각 기준 비행기 탑승 시각 : 21일 8시 30분+13시간=21일 21시 30분
- 비행기 도착 시각 : 21일 21시 30분+17시간=22일 14시 30분

따라서 A사원이 출발해야 하는 시각은 22일 14시 30분−1시간 30분−30분=22일 12시 30분이다.

61

정답 ③

VLOOKUP 함수는 「=VLOOKUP(첫 번째 열에서 찾으려는 값, 찾을 값과 결과로 추출할 값들이 포함된 데이터 범위, 값이 입력된 열의 열 번호, 일치 기준)」으로 구성된다. 찾으려는 값은 [B2]가 되어야 하며, 추출할 값들이 포함된 데이터 범위는 [E2:F8]이고, 자동 채우기 핸들을 이용하여 사원들의 교육점수를 구해야 하므로 [$E$2:$F$8]과 같이 절대참조가 되어야 한다. 그리고 값이 입력된 열의 열 번호는 [E2:F8] 범위에서 2번째 열이 값이 입력된 열이므로 2가 되어야 하며, 정확히 일치해야 하는 값을 찾아야 하므로 FALSE 또는 0이 들어가야 한다.

62

정답 ③

균형주의는 모든 팀원에 대한 평등한 적재적소, 즉 팀 전체의 적재적소를 고려하는 것으로, 팀 전체의 능력 향상, 의식 개혁, 사기 고취 등을 도모하는 것이다. C기업의 사례에서는 직원들의 능력 향상이 팀 전체의 능력을 향상시킬 뿐만 아니라 시간의 경과가 아닌 열심히 할수록 진급할 수 있는 기회를 제공해 직원들의 의식을 개혁하고 사기를 높였다.

오답분석

① A기업은 팀원을 그의 능력이나 성격 등과 가장 적합한 위치에 배치하여 팀원 개개인의 능력을 최대로 발휘해 줄 것을 기대하는데, 이는 적재적소주의에 해당하는 사례이다.

② B기업은 개인에게 능력을 발휘할 수 있는 기회와 장소를 부여한 뒤, 그 성과를 바르게 평가하고 평가된 능력과 실적에 대해 상응하는 보상을 하는데, 이는 능력주의에 해당하는 사례이다.

④ D기업은 근로자의 인권을 존중하고 공헌도에 따라 노동의 대가를 공정하게 지급하는데, 이는 공정 보상의 원리에 해당하는 사례이다.

⑤ E기업은 근로자가 직장에서 신분이 보장되고 계속해서 근무할 수 있다는 믿음을 갖게 하여 근로자가 안정된 회사 생활을 할 수 있도록 하는데, 이는 종업원 안정의 원칙에 해당하는 사례이다.

63

정답 ①

ㄱ. • A : (1.5×5)+(2.5×4)=17.5톤
• B : (1.5×6)+(2.5×2)=14톤
• C : (1.5×2)+(2.5×6)=18톤
따라서 모든 보유 트럭의 최대 적재량 합이 가장 큰 시공 업체는 C이다.

ㄴ. • 한강 : 70+70+60+70+60+70=400점
• 금강 : 60+50+70+60+80+50=370점
• 낙동강 : 60+60+50+50+60+60=340점
• 영산강 : 80+50+80+50+80+50=390점
따라서 관광객 평가 결과에서 가장 높은 점수를 받은 자전거 종주길은 한강이다.

오답분석

ㄷ. • 한강 : 70+70+60+70+60=330점
• 금강 : 60+50+70+60+80=320점
• 낙동강 : 60+60+50+50+60=280점
• 영산강 : 80+50+80+50+80=340점
따라서 인터넷 설문 조사의 5개 항목만을 고려한 관광객 평가 결과의 합이 가장 높은 자전거 종주길은 영산강이다.

ㄹ. • 한강 : 70+70=140점
• 금강 : 60+60=120점
• 낙동강 : 60+50=110점
• 영산강 : 80+50=130점
따라서 인터넷 설문 조사 결과 상위 2개 항목만을 고려한 관광객 평가 결과의 합이 가장 높은 자전거 종주길은 한강이다.

64

정답 ②

피드백에 따라 최종 점수를 정리하면 다음과 같다.

(단위 : 점)

구분	한강	금강	낙동강	영산강
자연경관(6)	420	360	360	480
편의시설(4)	280	200	240	200
하천수질(3)	180	210	150	240
접근성(5)	350	300	250	250
종주길 규모(2)	120	160	120	160
이용가능시간(1)	70	50	60	50
합계	1,420	1,280	1,180	1,380

따라서 자전거 종주길과 최종 점수가 바르게 연결된 것은 ②이다.

65

정답 ①

고정하기를 원하는 행의 아래, 열의 오른쪽에 셀 포인터를 위치시킨 후 [보기] – [틀 고정]을 선택해야 한다.

66

정답 ④

회사와 팀의 업무 지침은 변화하는 환경 속에서 그 일의 전문가들에 의해 확립된 것이므로, 기본적으로 지켜야 할 것은 지키되 그 속에서 자신의 방식을 발견해야 한다. 따라서 본인이 속한 팀의 업무 지침이 마음에 들지 않는다는 이유로 이를 지키지 않고 본인만의 방식을 찾겠다는 D대리의 행동전략은 적절하지 않다.

67

정답 ⑤

제시문에서 '응용프로그램과 데이터베이스를 독립시킴으로써 데이터가 변경되더라도 응용프로그램은 변경되지 않는다.'고 하였다. 따라서 '데이터 논리적 의존성'이 아니라 '데이터 논리적 독립성'이 적절하다.

오답분석

① '여러 명의 사용자가 동시에 공유가 가능하고'라는 부분에서 동시 공유가 가능함을 알 수 있다.
② '대량의 데이터는 사용자의 질의에 대한 신속한 응답 처리를 가능하게 한다.'는 내용이 실시간 접근성에 해당한다.
③ '삽입·삭제·수정·갱신 등을 통해 항상 최신의 데이터를 유동적으로 유지할 수 있으며'라는 부분에서 데이터베이스는 그 내용을 변화시키면서 계속적인 진화를 하고 있음을 알 수 있다.
④ '각 데이터를 참조할 때는 사용자가 요구하는 내용에 따라 참조가 가능함'이라는 부분에서 내용에 의한 참조인 것을 알 수 있다.

68

정답 ①

「=MID(데이터를 참조할 셀 번호, 왼쪽을 기준으로 시작할 기준 텍스트, 기준점을 시작으로 가져올 자릿수)」로 표시되기 때문에 「=MID(B2,5,2)」가 옳다.

69

정답 ②

전기산업기사, 건축산업기사, 정보처리산업기사 등의 자격 기술은 구체적 직무수행능력 형태를 의미하는 기술의 협의의 개념으로 볼 수 있다.

오답분석

① 로봇은 인간의 능력을 확장시키기 위한 하드웨어로 볼 수 있으며, 기술은 이러한 하드웨어와 그것의 활용을 뜻한다.
③ 사회는 기술 개발에 영향을 준다는 점을 볼 때, 산업혁명과 같은 사회적 요인은 기술 개발에 영향을 주었다고 볼 수 있다.
④ 컴퓨터의 발전으로 개인이 정보를 효율적으로 활용·관리하게 됨으로써 현명한 의사결정이 가능해졌음을 알 수 있다.
⑤ 기술은 하드웨어를 생산하는 과정이며, 하드웨어는 소프트웨어에 대비되는 용어로, 건물, 도로, 교량, 전자장비 등 인간이 만들어낸 모든 물질적 창조물을 뜻한다.

70

정답 ④

2024년에 고령취업자 중 농가취업자의 비율이 53%이고 비농가취업자의 비율이 11.4%이므로 단순 비율계산을 통해 전체 고령취업자 중 농가취업자 수가 $\frac{53}{53+11.4}\times 100 \fallingdotseq 82\%$라고 생각하기 쉽지만, 이러한 계산은 전체 농가취업자 수와 전체 비농가취업자 수가 같을 때에만 성립하게 되므로 옳지 않다.

오답분석

① 2024년에 고령취업자 중 농가취업자의 비율은 53%로 절반이 넘어가므로 농가에서 취업자 두 사람 중 한 명은 고령자이다.
② 2024년에 고령취업자 중 농가취업자의 비율은 53%이고 비농가취업자의 비율은 11.4%이므로 고령취업률은 농가가 비농가보다 높다.
③ 자료를 보면 고령취업자 비율은 매년 여성이 남성보다 높은 것을 알 수 있다.
⑤ 자료를 보면 고령취업자 중 농가취업자의 비율은 매년 증가하고 있는 것을 알 수 있다.

피듈형 NCS 집중학습 봉투모의고사 답안카드

성 명

지원 분야

문제지 형별기재란	
( )형	Ⓐ Ⓑ

수 험 번 호						
⓪	⓪	⓪	⓪	⓪	⓪	⓪
①	①	①	①	①	①	①
②	②	②	②	②	②	②
③	③	③	③	③	③	③
④	④	④	④	④	④	④
⑤	⑤	⑤	⑤	⑤	⑤	⑤
⑥	⑥	⑥	⑥	⑥	⑥	⑥
⑦	⑦	⑦	⑦	⑦	⑦	⑦
⑧	⑧	⑧	⑧	⑧	⑧	⑧
⑨	⑨	⑨	⑨	⑨	⑨	⑨

감독위원 확인
ⓘ인

1	① ② ③ ④ ⑤	21	① ② ③ ④ ⑤	41	① ② ③ ④ ⑤	61	① ② ③ ④ ⑤
2	① ② ③ ④ ⑤	22	① ② ③ ④ ⑤	42	① ② ③ ④ ⑤	62	① ② ③ ④ ⑤
3	① ② ③ ④ ⑤	23	① ② ③ ④ ⑤	43	① ② ③ ④ ⑤	63	① ② ③ ④ ⑤
4	① ② ③ ④ ⑤	24	① ② ③ ④ ⑤	44	① ② ③ ④ ⑤	64	① ② ③ ④ ⑤
5	① ② ③ ④ ⑤	25	① ② ③ ④ ⑤	45	① ② ③ ④ ⑤	65	① ② ③ ④ ⑤
6	① ② ③ ④ ⑤	26	① ② ③ ④ ⑤	46	① ② ③ ④ ⑤	66	① ② ③ ④ ⑤
7	① ② ③ ④ ⑤	27	① ② ③ ④ ⑤	47	① ② ③ ④ ⑤	67	① ② ③ ④ ⑤
8	① ② ③ ④ ⑤	28	① ② ③ ④ ⑤	48	① ② ③ ④ ⑤	68	① ② ③ ④ ⑤
9	① ② ③ ④ ⑤	29	① ② ③ ④ ⑤	49	① ② ③ ④ ⑤	69	① ② ③ ④ ⑤
10	① ② ③ ④ ⑤	30	① ② ③ ④ ⑤	50	① ② ③ ④ ⑤	70	① ② ③ ④ ⑤
11	① ② ③ ④ ⑤	31	① ② ③ ④ ⑤	51	① ② ③ ④ ⑤		
12	① ② ③ ④ ⑤	32	① ② ③ ④ ⑤	52	① ② ③ ④ ⑤		
13	① ② ③ ④ ⑤	33	① ② ③ ④ ⑤	53	① ② ③ ④ ⑤		
14	① ② ③ ④ ⑤	34	① ② ③ ④ ⑤	54	① ② ③ ④ ⑤		
15	① ② ③ ④ ⑤	35	① ② ③ ④ ⑤	55	① ② ③ ④ ⑤		
16	① ② ③ ④ ⑤	36	① ② ③ ④ ⑤	56	① ② ③ ④ ⑤		
17	① ② ③ ④ ⑤	37	① ② ③ ④ ⑤	57	① ② ③ ④ ⑤		
18	① ② ③ ④ ⑤	38	① ② ③ ④ ⑤	58	① ② ③ ④ ⑤		
19	① ② ③ ④ ⑤	39	① ② ③ ④ ⑤	59	① ② ③ ④ ⑤		
20	① ② ③ ④ ⑤	40	① ② ③ ④ ⑤	60	① ② ③ ④ ⑤		

※ 본 답안카드는 마킹연습용 모의 답안카드입니다.

피듈형 NCS 집중학습 봉투모의고사 답안카드

성 명

지원 분야

문제지 형별기재란	
(　　)형	Ⓐ Ⓑ

수 험 번 호						
⓪	⓪	⓪	⓪	⓪	⓪	⓪
①	①	①	①	①	①	①
②	②	②	②	②	②	②
③	③	③	③	③	③	③
④	④	④	④	④	④	④
⑤	⑤	⑤	⑤	⑤	⑤	⑤
⑥	⑥	⑥	⑥	⑥	⑥	⑥
⑦	⑦	⑦	⑦	⑦	⑦	⑦
⑧	⑧	⑧	⑧	⑧	⑧	⑧
⑨	⑨	⑨	⑨	⑨	⑨	⑨

감독위원 확인
㉢인

1	① ② ③ ④ ⑤	21	① ② ③ ④ ⑤	41	① ② ③ ④ ⑤	61	① ② ③ ④ ⑤
2	① ② ③ ④ ⑤	22	① ② ③ ④ ⑤	42	① ② ③ ④ ⑤	62	① ② ③ ④ ⑤
3	① ② ③ ④ ⑤	23	① ② ③ ④ ⑤	43	① ② ③ ④ ⑤	63	① ② ③ ④ ⑤
4	① ② ③ ④ ⑤	24	① ② ③ ④ ⑤	44	① ② ③ ④ ⑤	64	① ② ③ ④ ⑤
5	① ② ③ ④ ⑤	25	① ② ③ ④ ⑤	45	① ② ③ ④ ⑤	65	① ② ③ ④ ⑤
6	① ② ③ ④ ⑤	26	① ② ③ ④ ⑤	46	① ② ③ ④ ⑤	66	① ② ③ ④ ⑤
7	① ② ③ ④ ⑤	27	① ② ③ ④ ⑤	47	① ② ③ ④ ⑤	67	① ② ③ ④ ⑤
8	① ② ③ ④ ⑤	28	① ② ③ ④ ⑤	48	① ② ③ ④ ⑤	68	① ② ③ ④ ⑤
9	① ② ③ ④ ⑤	29	① ② ③ ④ ⑤	49	① ② ③ ④ ⑤	69	① ② ③ ④ ⑤
10	① ② ③ ④ ⑤	30	① ② ③ ④ ⑤	50	① ② ③ ④ ⑤	70	① ② ③ ④ ⑤
11	① ② ③ ④ ⑤	31	① ② ③ ④ ⑤	51	① ② ③ ④ ⑤		
12	① ② ③ ④ ⑤	32	① ② ③ ④ ⑤	52	① ② ③ ④ ⑤		
13	① ② ③ ④ ⑤	33	① ② ③ ④ ⑤	53	① ② ③ ④ ⑤		
14	① ② ③ ④ ⑤	34	① ② ③ ④ ⑤	54	① ② ③ ④ ⑤		
15	① ② ③ ④ ⑤	35	① ② ③ ④ ⑤	55	① ② ③ ④ ⑤		
16	① ② ③ ④ ⑤	36	① ② ③ ④ ⑤	56	① ② ③ ④ ⑤		
17	① ② ③ ④ ⑤	37	① ② ③ ④ ⑤	57	① ② ③ ④ ⑤		
18	① ② ③ ④ ⑤	38	① ② ③ ④ ⑤	58	① ② ③ ④ ⑤		
19	① ② ③ ④ ⑤	39	① ② ③ ④ ⑤	59	① ② ③ ④ ⑤		
20	① ② ③ ④ ⑤	40	① ② ③ ④ ⑤	60	① ② ③ ④ ⑤		

※ 본 답안카드는 마킹연습용 모의 답안카드입니다.

피듈형 NCS 집중학습 봉투모의고사 답안카드

성 명

지원 분야

문제지 형별기재란	
(　　)형	Ⓐ Ⓑ

수 험 번 호						
⓪	⓪	⓪	⓪	⓪	⓪	⓪
①	①	①	①	①	①	①
②	②	②	②	②	②	②
③	③	③	③	③	③	③
④	④	④	④	④	④	④
⑤	⑤	⑤	⑤	⑤	⑤	⑤
⑥	⑥	⑥	⑥	⑥	⑥	⑥
⑦	⑦	⑦	⑦	⑦	⑦	⑦
⑧	⑧	⑧	⑧	⑧	⑧	⑧
⑨	⑨	⑨	⑨	⑨	⑨	⑨

감독위원 확인
㉔

1	① ② ③ ④ ⑤	21	① ② ③ ④ ⑤	41	① ② ③ ④ ⑤	61	① ② ③ ④ ⑤
2	① ② ③ ④ ⑤	22	① ② ③ ④ ⑤	42	① ② ③ ④ ⑤	62	① ② ③ ④ ⑤
3	① ② ③ ④ ⑤	23	① ② ③ ④ ⑤	43	① ② ③ ④ ⑤	63	① ② ③ ④ ⑤
4	① ② ③ ④ ⑤	24	① ② ③ ④ ⑤	44	① ② ③ ④ ⑤	64	① ② ③ ④ ⑤
5	① ② ③ ④ ⑤	25	① ② ③ ④ ⑤	45	① ② ③ ④ ⑤	65	① ② ③ ④ ⑤
6	① ② ③ ④ ⑤	26	① ② ③ ④ ⑤	46	① ② ③ ④ ⑤	66	① ② ③ ④ ⑤
7	① ② ③ ④ ⑤	27	① ② ③ ④ ⑤	47	① ② ③ ④ ⑤	67	① ② ③ ④ ⑤
8	① ② ③ ④ ⑤	28	① ② ③ ④ ⑤	48	① ② ③ ④ ⑤	68	① ② ③ ④ ⑤
9	① ② ③ ④ ⑤	29	① ② ③ ④ ⑤	49	① ② ③ ④ ⑤	69	① ② ③ ④ ⑤
10	① ② ③ ④ ⑤	30	① ② ③ ④ ⑤	50	① ② ③ ④ ⑤	70	① ② ③ ④ ⑤
11	① ② ③ ④ ⑤	31	① ② ③ ④ ⑤	51	① ② ③ ④ ⑤		
12	① ② ③ ④ ⑤	32	① ② ③ ④ ⑤	52	① ② ③ ④ ⑤		
13	① ② ③ ④ ⑤	33	① ② ③ ④ ⑤	53	① ② ③ ④ ⑤		
14	① ② ③ ④ ⑤	34	① ② ③ ④ ⑤	54	① ② ③ ④ ⑤		
15	① ② ③ ④ ⑤	35	① ② ③ ④ ⑤	55	① ② ③ ④ ⑤		
16	① ② ③ ④ ⑤	36	① ② ③ ④ ⑤	56	① ② ③ ④ ⑤		
17	① ② ③ ④ ⑤	37	① ② ③ ④ ⑤	57	① ② ③ ④ ⑤		
18	① ② ③ ④ ⑤	38	① ② ③ ④ ⑤	58	① ② ③ ④ ⑤		
19	① ② ③ ④ ⑤	39	① ② ③ ④ ⑤	59	① ② ③ ④ ⑤		
20	① ② ③ ④ ⑤	40	① ② ③ ④ ⑤	60	① ② ③ ④ ⑤		

※ 본 답안카드는 마킹연습용 모의 답안카드입니다.

피듈형 NCS 집중학습 봉투모의고사 답안카드

성 명

지원 분야

문제지 형별기재란	
(　　　)형	Ⓐ Ⓑ

수 험 번 호						
⓪	⓪	⓪	⓪	⓪	⓪	⓪
①	①	①	①	①	①	①
②	②	②	②	②	②	②
③	③	③	③	③	③	③
④	④	④	④	④	④	④
⑤	⑤	⑤	⑤	⑤	⑤	⑤
⑥	⑥	⑥	⑥	⑥	⑥	⑥
⑦	⑦	⑦	⑦	⑦	⑦	⑦
⑧	⑧	⑧	⑧	⑧	⑧	⑧
⑨	⑨	⑨	⑨	⑨	⑨	⑨

감독위원 확인
㊞ 인

1	① ② ③ ④ ⑤	21	① ② ③ ④ ⑤	41	① ② ③ ④ ⑤	61	① ② ③ ④ ⑤
2	① ② ③ ④ ⑤	22	① ② ③ ④ ⑤	42	① ② ③ ④ ⑤	62	① ② ③ ④ ⑤
3	① ② ③ ④ ⑤	23	① ② ③ ④ ⑤	43	① ② ③ ④ ⑤	63	① ② ③ ④ ⑤
4	① ② ③ ④ ⑤	24	① ② ③ ④ ⑤	44	① ② ③ ④ ⑤	64	① ② ③ ④ ⑤
5	① ② ③ ④ ⑤	25	① ② ③ ④ ⑤	45	① ② ③ ④ ⑤	65	① ② ③ ④ ⑤
6	① ② ③ ④ ⑤	26	① ② ③ ④ ⑤	46	① ② ③ ④ ⑤	66	① ② ③ ④ ⑤
7	① ② ③ ④ ⑤	27	① ② ③ ④ ⑤	47	① ② ③ ④ ⑤	67	① ② ③ ④ ⑤
8	① ② ③ ④ ⑤	28	① ② ③ ④ ⑤	48	① ② ③ ④ ⑤	68	① ② ③ ④ ⑤
9	① ② ③ ④ ⑤	29	① ② ③ ④ ⑤	49	① ② ③ ④ ⑤	69	① ② ③ ④ ⑤
10	① ② ③ ④ ⑤	30	① ② ③ ④ ⑤	50	① ② ③ ④ ⑤	70	① ② ③ ④ ⑤
11	① ② ③ ④ ⑤	31	① ② ③ ④ ⑤	51	① ② ③ ④ ⑤		
12	① ② ③ ④ ⑤	32	① ② ③ ④ ⑤	52	① ② ③ ④ ⑤		
13	① ② ③ ④ ⑤	33	① ② ③ ④ ⑤	53	① ② ③ ④ ⑤		
14	① ② ③ ④ ⑤	34	① ② ③ ④ ⑤	54	① ② ③ ④ ⑤		
15	① ② ③ ④ ⑤	35	① ② ③ ④ ⑤	55	① ② ③ ④ ⑤		
16	① ② ③ ④ ⑤	36	① ② ③ ④ ⑤	56	① ② ③ ④ ⑤		
17	① ② ③ ④ ⑤	37	① ② ③ ④ ⑤	57	① ② ③ ④ ⑤		
18	① ② ③ ④ ⑤	38	① ② ③ ④ ⑤	58	① ② ③ ④ ⑤		
19	① ② ③ ④ ⑤	39	① ② ③ ④ ⑤	59	① ② ③ ④ ⑤		
20	① ② ③ ④ ⑤	40	① ② ③ ④ ⑤	60	① ② ③ ④ ⑤		

※ 본 답안카드는 마킹연습용 모의 답안카드입니다.